東洋史研究叢刊之六十九

清朝のアムール政策と少数民族

松浦茂 著

京都大学学術出版会

目次

第三部　アムール川中・下流地方の辺民

序文

アムール川（黒龍江）はハイラル川に源を発し、中ロの国境地帯を西から東へと流れて、最後はオホーツク海に注ぐ。総延長は四千キロメートル以上にも及び、そのためにその上流地方と下流地方では、自然条件や住民の生活様式にはっきりとした違いが認められる。上流は乾燥地帯に属し、遊牧民の活躍する舞台であったのに対して、下流はタイガ地帯を流れ、川とともに生きる漁撈の民が住民の大多数を占めた。

アムール川の流域を含む東北アジア地域は、長い間世界史の表舞台に登場することはなかった。その重要性が認識されるようになるのは、ようやく十七世紀後半のことである。そのころ清朝とロシアがアムール地方に勢力を伸ばし、その支配をめぐって衝突を繰り返した。康熙二十八年（一六八九）に両国はネルチンスク条約を締結して、ひとまず戦争状態を終決させたが、アムール地方ではその後も大きな事件があいついだ。それらはいずれも世界史的な意義をもつものであり、その余波は遠く日本にも及んでいる。

歴史的にみると、アムール川水系の河川は、沿岸の諸地域とその住民を結びつける交通の大動脈であった。アムール川沿岸と中国・朝鮮半島との間には、連続する一本の交易ルートが形成されており、それを通って北方の産物と南方の製品が交差した。北方からは毛皮・鷹の羽・膠などが南方に運ばれ、南方からは繊維製品・タバコ・焼酎などが北方にもたらされた。とくに清がこの地方を統治した十七・十八世紀には交易量はいちだんと増え、南方の物資は北方住民の日常生活に欠かせないものとなった。またアムール川に沿う交易ルートは途中で幾筋にも枝分かれして、西はモンゴル方面へ、そして東はサハリン・北海道方面へと伸び、それを経由してさまざまな商品が行き交った。サハリン経由で北海道に流入した清の絹製品は、江戸時代の我国では蝦夷錦の名で呼ばれて大いに珍重された。このようにアムール川の下流地方は、日本列島とも経済的・文化的に深いつながりをもっていたのである。

以上の理由からわたしは、アムール地方の歴史を研究することは大きな意義をもつと考えている。とくに十七・十八世紀はアムール地方の住民にとっては激動の時代であり、その期間に起こった出来事は、今日の問題に直接つながっている。そこでわたしは、十七・十八世紀のアムール川の中・下流地方とそこに生きる人びとの歴史、およびそれと周辺地域との関係・交流を、政治・経済・社会の各方面から研究する。なお本書では歴史的および文化的な理由にもとづき、アムール川の流域をゼヤ川とウスリ川の河口で三つに分け、上から上流、中流、下流と呼ぶことにする。

ところで十九世紀中葉以前のアムール川中・下流地方の歴史を研究しようと思えば、一般には中国の文献によるしかない。しかし初期の記録は物語的な傾向が強く、その内容を史実とするには問題がある。中国においてアムール川中・下流地方に関する最初の確実な史料は、『金史』である。同書巻二四、地理志に、金の版図の東部国境は「吉里迷・兀的改諸野人之境」にあると記され、この吉里迷と兀的改がアムール川下流地方の住民を指すといわれる。しかし詳細は不明である。次の元朝と明朝はアムール川下流・サハリン地方にまで勢力を伸ばし、アムグン川の河口付近に征東元帥府と奴児干都司を置いて、この地域を統治した。この両時代にはアムール地方に関する情報は、前代よりも増大したはずであるが、その大半は散逸してしまい、かろうじて現在残っているのは、後世の史料に引用された記録だけである。その内容はきわめて断片的であり、それから歴史を再構成することはほとんど不可能に近い。

清の史料状況も、しばらく前までは明以前と大差はなかった。清はネルチンスク条約によってアムール川の下流地方を領有することになり、住民二千三百九十八戸を辺民に組織して、毎年各戸一枚ずつ黒貂の毛皮を貢納させた。だが既存の文献の記述はそこまでにとどまり、それ以上のことはわからない。こうしてアムール川下流・サハリン地方の研究は、その重要性にもかかわらず、史料上の制約によって著しく立ち後れていたのである。

ところが一九八〇年代に入り中国の研究者が、同国の遼寧省檔案館に所蔵される『三姓副都統衙門檔案』の中に、アムール川の下流地方に関する資料が大量に含まれることを明らかにし、それを使って一連の研究論文を発表した。十八世紀末からアムール川沿岸の辺民を実質的に管轄していたのは、イランハラ（三姓、現在の黒龍江省依蘭県）の副都統衙門であり、『三姓副都統衙門檔案』はその行政文書である。これらの研究が現れて、清代のアムール川中・下流地方の研究は新たな段階に入った。

わたしは、中国の研究者が刊行した史料集『三姓副都統衙門満文檔案訳編』やその研究論文に大いに啓発をうけたが、研究を進めるうちに、『三姓副都統衙門檔案』にも歴史史料として限界があることに気がついた。すなわちイランハラ副都統衙門がアムール川の中・下流地方全体を管轄したのは、乾隆四十四年（一七七九）からであって、辺民制度の歴史では後期に属し、制度自体が衰亡する時期にあたっている。そのことは檔案の内容にも反映しており、同じ事項の繰り返しが多くて具体的な内容に乏しい。ところが中国の研究者は、完成期の辺民制度について述べる史料を発掘することなく、十年足らずで研究を終ってしまい、ほとんどの課題を将来の研究に委ねたのであった。

わたしは一九八九年に遼寧省檔案館において、初めて『三姓副都統衙門檔案』を調査する機会をえた。それにより東北地区における八旗衙門の檔案がどのように構成されるのか、そしていかなる種類の記録が含まれるのかということを、大体理解することができた。その経験から類推して、乾隆四十四年以前にアムール川下流地方を統轄していたニングタ（寧古塔）副都統衙門の檔案（『寧古塔副都統衙門檔案』）の中には、必ず辺民に関する記録が残されているはずであると考え、それを調査できる機会を待っていた。

そうしたおり一九九三年に文部省の在外研究員として、中国に派遣されるという幸運をえた。わたしは同年六月から三か月間は瀋陽に滞在して、遼寧省檔案館で『三姓副都統衙門満文檔案訳編』に収録されなかった関連檔案を収集することができた。九月からは北京に移り、九四年三月までの半年間、中国第一歴史檔案館において『寧古塔副都統衙門檔案』を調べることができた。『寧古塔副都統衙門檔案』の内容が豊かなことは、事前に予想していた以上であった。ニングタ副都統衙門がアムール下流地方を管轄した時期は、辺民制度が形成されて整備されていくときにあたっており、そのためにその檔案は、辺民社会とアムール地方の状況について多様で生彩ある記述に富むのである。

在外研究員の期間が終わり帰国した後も、わたしはたびたび中国第一歴史檔案館を訪問して檔案を調査した。そのときには『黒龍江将軍衙門檔案』、『礼科史書』、『軍機処満文録副奏摺』なども調査して、そのつどアムール地方に関する新しい資料を収集した。『寧古塔副都統衙門檔案』も含めて、これらの檔案はそれまでほとんど利用されたことがなかった。本書の基本的な部分は、それらの研究を通してえられた成果である。

わたしは、始め辺民制度や少数民族の組織の問題から出発し、檔案についての理解が深まるにつれて、アムール地方の政治や経済の問題へと関心を広げていった。さらに清の地理調査の問題に取り組み始めると、清の檔案だけでは問題を解決できないことがわかった。そこで当時中国に滞在したイエズス会士の書簡や、ロシアの大使が残した報告書を利用することにした。これらのヨーロッパ文献はみな著名なものであるが、本書と同じ視点から取り上げられたことはこれまでなかった。しかしそれが檔案などと同等の価値をもつことは、本書の研究により明らかである。

一方でわたしは、国際的な視野をもって研究することに努め、日本と中国の研究ばかりでなく欧米に於ける研究成果も参考にした。たとえばアムール川下流・サハリン地方に住む少数民族に関しては、ロシアを始めとする欧米の研究論文を参考にしたし、上記の地理調査の研究を行なったときには、西ヨーロッパの文献によって世界の学説史を理解することができた。これによりわたしは、日本の東洋史学の方法とヨーロッパのアジア研究の伝統を一つに融合できたと信じる。

最後に本書の構成と目的を述べておきたい。全体は四部十二章からなり、三章ずつでひとつのテーマを研究している。まず第一部は、アムール川下流・サハリン地方が世界史の中でいかなる位置にあるのかを考察したものである。アムール川左岸とサハリン海域は、世界の地理学において最後まで残された空白部分であり、清とロシアもその地理について正確な知識をもってはいなかった。両国はネルチンスク、キャフタ両条約でこの付近の国境を画定したとはいうものの、その位置を明確に示すことはできなかった。そこで清はロシアとの国境交渉の後に、国境を確認するための大規模な調査を行なった。清が実施した三回の地理調査を通して、この地域のもつ政治的・外交的な位置を明らかにする。

続く第二部は、アムール川中・下流とサハリン地方の経済的な構造・特質を考察したものである。かつてアムール川水系では、下流と中流に二つの経済圏が存在し、それらは交易のネットワークによりたがいに結ばれていた。わたしは、アムール川水系の経済構造と清のアムール統治が、どのように関連するのかを研究し、アムール川水系における交易のネットワークの形態と、その中核になった商人と清朝との政治的・経済的な関係を明らかにする。

第三部では、アムール川中・下流に形成された辺民組織の変遷を通して、清の少数民族政策を考察する。清は十六世紀前半からアムール川沿岸の住民を辺民に組織し、貂皮の貢納を義務づけたが、ロシアとの関係が緊迫すると、北辺の兵力を補充するために中流地方の辺民を八旗に編入して、東北の各地に移住させた。これに対して下流の辺民には、もとどおり貢納を続けさせた。わたしは辺民組織の構成とその分布、そして中流沿岸の辺民が東北の各地に移住する過程を明らかにし、十七・十八世紀の間にアムール川中流沿岸の住民の構成と分布は根本的に変化したことを論じた。

最後に第四部では、清朝による辺民の統治システムと、それが辺民の社会にもたらした変化について考察した。具体的には貂皮の徴収制度やウリンの輸送制度などの運用システムを考察して、清の辺民統治の問題点やその限界を明らかにする。また貢納・交易を通じてアムール下流・サハリン地方に流入した清の繊維製品が、少数民族の社会にもたらした変化について述べる。中国の研究者が紹介した辺民制度の形態は、乾隆四十四年以降のものであるが、本書ではそれが完成する以前の過程を論じた。

本書で使用した一次資料は、基本的には満洲語史料である。これらの史料は中国以外ではみることができないので、本来ならばローマ字化したものを引用すべきであったが、様々な理由からそれをすることはできなかった。ただ必要最小限の部分を日本語訳して示した。またそれを補うために表や図表を多数入れてあり、巻末の索引では固有名詞の一部をローマ字化しておいた。

なお本書においては、地名と官職名はニングタとイランハラの如く片仮名で表記したが、書名は慣用にもとづき『寧古塔副都統衙門檔案』や『三姓副都統衙門檔案』のように漢字で表記した。なお集団名を表すときには、漢字で「三姓」「七姓」「八姓」とする。

清朝のアムール政策と少数民族

第一部　清朝の北方調査

第一章　ネルチンスク条約直後清朝のアムール川左岸調査

はじめに

清朝がアムール川の沿岸地域に勢力を伸ばすのは、十七世紀中葉のことである。ちょうどその時期にはロシア人もアムール地方に進出しており、両者はその領有権をめぐり激しく衝突した。アムール川の流域に平和が回復するのは、両国がネルチンスク条約を締結した康熙二十八年（一六八九）のことである。

清はネルチンスク条約を結んだ翌年に、アムール川の左岸地域に大規模な調査隊を派遣する。調査隊の目的はロシアとの間の国境を調査して、国境の近くに碑を建設することであったが、これにより清はネルチンスク条約を具体化するとともに、アムール川の左岸地域に関する地理知識を飛躍的に拡大することができた。アムール地方の歴史においてこの調査のもつ意義は、きわめて大きいものがある。

それにもかかわらず康熙二十九年の国境調査について、本格的な研究が行なわれたことは、これまでほとんどなかった。その理由は明白であり、調査隊に関する史料が既存の文献に残っていないからである。そうした中にあって吉田金一氏は、調査隊の成果であるランタン作製の地図を発見して、研究を前進させられたが[1]、しかし調査の全体像を解明するためには、ランタンの地図だけでは限界があり、新しい文献史料の発見がぜひとも必要であった。

さて清代のアムール地方に関する研究は、一九八〇年代に入ってめざましく進捗した。これは、中国に現存する歴史檔案の研究が始まって、その使用が一般化したことの結果である。わたしは一九九五年に中国において満洲語檔案を調査する機会を得たが、そのとき『黒龍江将軍衙門檔案』の中に[2]ネルチンスク条約直後の国境調査に関する史料が、多数保存されているのを発見した。それ以来わたしは資料の収集と整理につとめてきたが、ここにきてようやくこの問題に見通しを得ることができた。

そこで本章においては、まず康熙二十九年に実施された調査の概要を述べ、続いて国境に関する清朝の解釈について明らかにする。

第一節　アムール川左岸調査隊の結成

康熙二十八年（一六八九）七月八日から、シルカ川流域のネルチンスクの地において、中国とロシアとの間に講和会議が開催された。会議の結果、両国はゴルビツァ川からオホーツク海まで達するアムール地方の国境を画定し、戦争状態を終結して国交を結ぶことに成功する。これが有名なネルチンスク条約であって、これによりロシアはアムール川流域への南下を阻まれて、カムチャツカ半島方面への展開を加速することになった世界史的な事件であった。

清初の中国人が、アムール川左岸地域に関してどの程度の知識をもっていたのかという問題は、従来の研究では必ずしも明確になっていないが、わたしは、講和会議以前の清はそれについて正確な知識をもっておらず、ロシアの場合よりも一層不確かであったと考えている。というのは清朝がアムール地方に進出する際に採用した戦略の特徴は、アムール川の本流沿いに少数民族を制圧することであった。このためアムール川の流域については、上流地域までかなりの知識をもっており、講和会議のときにチョルナヤ川やゴルビツァ川など、左岸の小さな支流を先に国境として提案したのは、清側であった。[3] ところがいったん左岸の内陸地域に入ると、そこは放置したも同然の状況であった。満洲人や漢人がこの地域に足を踏み入れたことは、記録にはほとんど現れない。わずかに康熙二十二年（一六八三）と翌年の二回、清の八旗兵がロシア人を討伐するために進軍したにすぎない。このとき清軍の一部はゼヤ川を遡り、別の一隊はアムグン川を遡ってトゥグル川の流域まで進んだが、[4] かれらはただちに引き揚げたので、これらの地域を調査することはなかった。このことは講和会議の交渉にも影を落としており、左岸地域の国境に関して、清の代表は正確な知識にもとづく具体的な提案を行なうことができなかった。清が使用した地図には、アムールの上流はアルバジンまでしか描かれていなかったといわれ、[5] 左岸地域は空白になっていた可能性がつよい。国境を確認するための調査は、清朝にとってすべてに優先する緊急の課題であった。

さて清朝がアムール川左岸の調査に乗り出すのは、康熙二十八年の年末になってである。『黒龍江将軍衙門檔案』第一〇冊、康熙二十九年正月四日の条によると、黒龍江将軍サブスは次の如く上奏している。

わたくしどもの兵を調べましたところ、エルグネ〔アルグン〕川のメリルケンの地と〔そこへの〕陸路を知るものがおりますので、かれらを一ルートから送って調査に行かせることができます。エルグネ川の河口から上流メリルケンまでと、サハリヤン＝ウラ（一般にはアムール川、ここはその上流シルカ川）対岸のゲルビチ（ゴルビツァ）川の上流にある、草も生えない興安の尾根づたいに海にかかるまでの地を知るものを兵士の中に求めますと、それを知るものはおりません。そこでエルグネ川の河口から上流メリルケンまでと、北興安から発してサハリヤン＝ウラに合流するジンキリ（ゼヤ）・シリムディ（セレムジャ）・ニオマン（ブレヤ）などの河川の源流では、索倫総管マブダイなどが管轄するオロンチョンとソロンたちが、牧畜したり猟を行なっておりますので、マブダイたちに（かれらの中から）地理に明るいものを捜して、幾つのルートから調査に行かせるべきかを上奏させていただきたいと思います。サハリヤンとスンガリ＝ウラ（松花江）の合流する地点から海までの北興安から発してスンガリ＝ウラに流れこむキムニン（ビラ）・クル・ゲリン（ゴリュン）・ヘングン（アムグン）などの河川の源流には、いずれもニングタ将軍トゥンボーが所管しますキレルたちが住んでいますので、トゥンボーたちに地理を知るものを捜して、幾つのルートから調査に行かせるべきかを上奏させていただきたいと思います。（括弧内は、現在の名称。以下同様）

このときサブスが、アムール川の上流地域と左岸内陸部の地理に詳しいものを兵の中に求めた理由は、計画が進行していた国境調査のためであったことは、いうまでもない。サブスの上奏がいつ行なわれたのか、正確な日付は明らかではないが、議政王たちがこれをとりついで康熙帝に上奏したのが、二十八年十二月八日であるので、計画自体はそれよりも前から始まっていたということになる。

なおこの計画の中には、地理の調査と並行して、国境に碑を建設することも含まれていた。そもそも国境に石碑を建設することは、講和会議に臨む前からすでに清の既定方針であった。清の代表は会議の初日に早くもこの問題を提起しており、[6] 交渉が妥結した後にも、満洲語・ロシア語・ラテン語三種類の文字を刻んだ石碑を両国の国境に建てることを、条約文の末尾にわざわざ書き入れたほどであった。[7]『清実録』康熙二十八年十二月丙子（十四日）の条によると、清はこのときゴルビツァ川などの国境に、満洲語・中国語・ロシア語・ラテン語・モンゴル語五種類の文字の碑を建設することを正式に決定したのである。

ところで前述したサブスの上奏に対して、議政王たちは次のように答えている。

考えますに、国境としたところを調べることは重要であります。〔……〕いまただちにここから二人の官を出して、将軍サブスと総管マブダイのもとに一人、将軍トゥンボーのところに一人を派遣して、いっしょに地形を知るものをよく捜して、幾つのルートから調査するのか、あるいは隊伍を組んで調査に行くべきかどうかを、よくはかって上奏させた後、所管の官庁から派遣すべきものを上奏させて、上意を待ちたいと思います。

議政王たちの上奏があった五日後の十二月十三日に、康熙帝はこれを裁可し、その決定に従って議政王らは、索倫総管マブダイと黒龍江将軍サブスのところには員外郎ダライを、ニングタ将軍トゥンボーのもとには主事サルトゥをそれぞれ送って、協議に入らせたのであった。[8]

北京から行ったダライとサルトゥをまじえて、サブスとトゥンボーらが協議した結果は、翌二十九年（一六九〇）二月初めにはすでに議政王たちのもとに到着している。『黒龍江将軍衙門檔案』第一〇冊、康熙二十九年三月五日の条によると、ダライとサブスは次の六ルートの調査を提案した。

(1)メルゲン城からエルグネ川のメリルケンまでは、秋八月に陸路を一ルートとして調査に行かせることができる。

⑵エルグネ川の河口からメリルケンまでは、一ルートとして水路から調べに行かせることができる。

⑶メルゲンからジンキリ川の河源までは、秋八月ごろは馬で行けば一か月余りで至る。そこから先興安の尾根までは、一日で達する。これを騎馬の一ルートとして調査に行かせることができる。

⑷黒龍江城からシリムディ川の源流であるイェンケン（インカン）川の河口までは、秋八月ごろであれば馬で一か月余りで到着する。イェンケン川の河口から先は、馬では行くことができないが、徒歩で行けば興安の尾根まで四、五日で達する。これを一ルートとして調べに行かせることができる。

⑸ゲルビチ川の河口から河源までは、秋八月ごろは馬で行けば十日余りで達するが、馬が食べる草のない場所がある。それから先は崖と岩ばかりなので、徒歩でも馬でも行くことはできない。

⑹黒龍江城から丸木船で行けば、ニオマン川の源流であるオロンキ（ニマン）川の河口までは、一か月余りで到着する。それから先は崖と岩ばかりなので、徒歩でも馬でも行くことはできない。

一方サルトゥとトゥンボーは、次のルートを提案した。

興安まで到達する陸路を知るものはいない。ゲリン・ヘングンなどの河川は、興安から流れ出ているので、氷が解けたら船や丸木船で、⑺ゲリン・⑻ヘングン・⑼海岸沿いの三ルートから調査に行かせることができる。

これらの計画は、議政王たちの協議をへて、二月十四日に帝にほぼそのとおりに上奏された。ただし⑸と⑹に関しては、途中から先は崖と岩ばかりで、徒歩でも馬でも行けないというが、もし「先に行くことができる場所があれば行くように。行くことができず、通り抜ける場所がなければ、到達した地点からひきあげるように」と、修正されたのであった。二月十七日に康熙帝はこれを承認して、同時に調査に派遣すべき高官を推薦するように兵部に命令した。

兵部はただちに調査隊の人選を行ない、その日のうちに康熙帝に上奏した。帝はその中から以下の十一人を選んで、二十二日に兵部に通知している。[9] すなわちメルゲンを出発する三隊（1）〜（3）には、正白旗満洲都統ランタン・正紅旗満洲副都統ジョーサン・鑲黄旗漢軍副都統シャナハイ・索倫総管アンジュフの四人を、黒龍江を出発する三隊（4）〜（6）には、左翼前鋒統領ムトゥ・正黄旗蒙古都統三等公ノミン・鑲紅旗蒙古副都統フワシャン・黒龍江副都統ナチンの四人を、ニングタから出発する三隊（7）〜（9）には、鑲藍旗蒙古都統バハイ・鑲白旗漢軍副都統スヘ・吉林副都統バルダの三人をあてることになった。

選ばれた十一人の中で、まずランタンは、歴史の分岐点となった一五九三年のグレの戦いで大功を建てたウリカンの孫であった。ランタン自身もアルバジンの攻防戦では、清軍の先頭に立って戦った経歴をもち、また前年に行なわれたロシアとの国境交渉では、ソンゴトゥとともに清側を代表した。[10] ジョーサンは三十二年に督捕侍郎に進むが、三十四年に革職になったので、詳しいことはわからない。[11] シャナハイについては、のちにベドゥネ副都統からニングタ将軍を歴任し、康熙四十年にはサブスの後をうけ黒龍江将軍に就任したことはわかっているが、詳細は不明である。[12] それからアンジュフは、かつて吉林とニングタの副都統の地位にあったときに、新満洲佐領に編成したばかりの少数民族を、松花江下流付近から東北の各地に移住させるのに功績があった武将である。それにより康熙十七年（一六七八）には奉天将軍に昇進するが、その後帝の忌避にあって地位を追われた。しかし二十三年のトゥグル川遠征と翌年のアルバジン攻略の功績により、索倫総管の職に復帰していた。[13]

黒龍江を出発する三隊を率いる高官の中で、ムトゥは三藩の乱の討伐に加わって左翼前鋒統領まで昇進したが、アムール左岸の調査を行なった後、まもなくして歿している。[14] 次にノミンは、かつて正黄旗満洲都統・撫遠大将軍・中和殿大学士を歴任して三等公に封ぜられたトゥハイの子で、トゥハイの死後に三等公を世襲した。ノミンは康熙二十六年に正黄旗蒙古都統に任命されて以来、三十二年に歿するまでその地位にあった。[15] フワシャンに関しては、手がかりはほとんどない。またナチンは満洲正紅旗に属していたが、本来は朝鮮族の出身であったといわれる。[16]

アムール川の下流を調査するバハイは、順治十六年（一六五九）に病死した父シャルフダの後を継いで以来、康熙二十二年（一六八三）に免職になるまで、ニングタ将軍として北辺を防衛する重責を担った。ニングタ将軍の職を退いた後は、二十三年から鑲藍旗蒙古都統に就任していた。[17] 残るスヘとバルダについては、詳しい経歴はわからない。

調査隊の構成についても、同じころに決定している。それに関して、兵部は二月二十五日に次のように上奏した。すなわち陸路を行く隊の構成は、それぞれ官（janggin）三人と兵五十人とし、これに対して水路を行く隊は、官三人と兵および水夫五十人で構成して、みな同程度の規模とする。このうちメルゲンから出発する三隊には、ソロンとダグルの官と兵をあてることにし、黒龍江から出かける三隊には、黒龍江での任務を終えてこの年吉林に戻る予定であった八旗の官と兵をふりむける、そしてニングタを起点とする三隊は、吉林とニングタの八旗の官と兵、水夫で編成させるという内容であった。[18]

ところが康熙帝は兵部の上奏に不安を感じて、兵部に対して北京にいるロシア人たちに興安（大興安）までのルートを尋ねてから、再度上奏するように命じた。[19] 清との対立が激しかったころ、ロシア人の中には自ら清に投降するものや、捕虜となりそのまま中国に留まるものがいた。康熙帝はかれらを北京に集めて佐領に編成し、一部のものには官職まで授けるほどであった。[20] これらのロシア人は、過去にアムール川の左岸地域で活動していたので、中国人よりもその地域の地理に明るいと考えられていた。

そこで兵部は改めて北京在住のロシア人に質問を行なったが、かれらもまたこの方面の地理に詳しくないことが明らかになった。ロシア人たちはメルゲン関係の三ルートと、ニングタから出発するゴリュン川と海岸沿いの二ルート、さらには黒龍江城を発ってブレヤ川の上流方向に行くルートについては、みな知らないと答えた。だが残る三ルートに関しては、過去に踏破した経験をもつものがいた。たとえばラサリ〈ラザリ〉は、アルバジンからセレムジャ川まで船に乗って一か月余りで達したことがあるという。また領催オリクシ〈アレクセイ〉は、ゴルビツァ川の河口から河源までは徒歩で十一日かかり、それからさきは冬季雪が積もっていたので、崖や岩ばかりの場所をスキーで滑走して七日目にトゥグル川に到達したと語った。しかし興安の名は聞いたことがないという。そして領催シトゥバン〈ステパン〉の証言は、最も詳細であった。アムグン川の河口から上流に丸木船で二十日上るとニメレン川に達し、それを五日遡った後陸上を徒歩で四日行くと、トゥグル川に達するという。それから徒歩で二十五日行くとウダ川に至るが、その間は草は生えず木と苔だけであった。アムグン川とウダ川に居住するのはキレルとオロンチョンばかりであり、山道はたくさんあるが、しかし興安の名は知らないと答えた。[21]

（〈　〉内は、推定できるロシア人の名前）

ロシア人の回答を待って、兵部は二月二十七日に再び上奏した。その内容は、当初に計画した九ルートの調査のうち(1)から(4)までの四隊は、黒龍江将軍たちが国境までの日程とルートを調べて上奏しているので、始めの通りに調査させる。さらに(5)から(9)までの五ルートについては、両将軍が地形を知るものを調べているうえに、ロシア人の中にはアムグン川からウダ川まで行ったものもいるので、計画通りに出発させ、現地のキレルやオロンチョンに興安を尋ねて必ず頂上まで行くようにし、もしも前進できなくなったときは、到達したところまでで引き返すようにさせたいというものであった。[22]

康熙帝は兵部の上奏を基本的に承認して、同時に各調査隊にロシア人を一人ずつ北京から随行させることを命じた。一行は三月中旬に北京を出発して現地に向かったが[23]、索倫総管アンジュフと黒龍江副都統ナチンはメルゲンと黒龍江で、そして吉林副都統バルダは吉林でこれに合流したとみられる。また調査隊の中には石碑の建設と地図の作製に従事する石工や画工なども含まれており、さらに高官の親丁や下僕も北京から従っていた[24]。

これよりさき調査隊の一員に決まったババイは上奏して、国境を調査することをロシアに通知するかどうか尋ねている。二月二十五日の段階では、兵部と理藩院がこれを協議することになったが[25]、最終的には清はロシアに通知することを決定したらしい。同年にゴロヴィーンの手紙をもって北京に向かっていたロンシャコフは、チチハルにおいて国境の調査を通知する文書を携えてネルチンスクに急ぐ清の使者と出会った。なおロンシャコフは四月二十一日（ユリウス暦五月十九日）から五月二十四日（六月二十日）まで北京に滞在して帰国の途についたが、その途中で清の調査隊がアムール川の左岸地域に向かったことを知った[26]。ロンシャコフの記述は、清の記録と完全に一致する。

第二節　アムール川左岸調査の概要

三月中旬に北京を発って北に向かったランタン・ジョーサン・シャナハイ・ムトゥ・ノミン・フワシャンらの一行は、メルゲンには五月初めに、それから黒龍江には五月上旬に到着する見通しであった[27]。

その間に調査隊の基地となるメルゲンと黒龍江においては、調査に同行する官と兵の人選や調査に使用する船舶その他の準備にとりかかった。ところが三月一日と十四日に到着した二通の兵部の文書は、黒龍江将軍サブス・

索倫総管マブダイと員外郎ダライが協議した当初のプランを大きく変更する内容のものであった(28)。最初の計画によれば、全部で六ルートあるうち、(2)アルグン川の河口からメリルケンに至るまでと、(6)ブレヤ川の河口から源流のニマン川の河口に至るまでの二つのルートでだけ、船舶を使用する予定であったが、北京からの知らせによると六隊すべてが船舶を使うことになったという。また調査隊はもともと八月を期して、目的地に出発する予定であったが、やはり兵部の通知によって、高官たちが北京から到着し次第ただちに行動を起こすことに変更になった。調査に船舶を用いる以上、冬になり河川が凍結する前に調査を終了しておきたかったからである。なお黒龍江を発ってゴルビツァ川を遡る一行だけは、水・陸二手に分けることになって、船で行くものは官二人と兵・水夫など三十人で構成し、陸上を行くものは官一人と兵二十人とした。かれらは五月上旬までにメルゲンに入って、高官の到着するのを待った(29)。

同時期にニングタ方面に向かったバハイとスへに関しては、『寧古塔副都統衙門檔案』に記載が残っていないので詳しいことはわからない。しかしかれらもまたバルダと現地で落ち合って、計画された調査地に出かけたのである（表1と図1を参照）。

ここから先は、各調査隊が実際に踏査したルートをたどってみることにする。まずメリルケン方面に出かけた隊は、ランタンとジョーサンが指揮していた。ランタンとジョーサンには、ロシア人の驍騎校オゲファン〈アガフォン〉と、画工・石工などが随行していた(30)。最初の計画では、メリルケンまで陸上と水上二手から調査を行なう予定であったが、実施の段階になって二つの隊は合同し、ランタンとジョーサンは行動をともにしたと考えられる。『八旗通志初集』巻一五三、郎談伝には、

〔康熙〕二十九年三月、旨を奉じて副都統詔三とともに厄里谷納〔アルグン川〕河口に往き交界牌を立つ。

　五月十五日、黙爾根（メルゲン）城を経て興安嶺を越ゆ。羅刹猶ほ屋十余間有り、田禾地に満つるを見る。……郎談其の屋を毀た使めて其の資を給ひ、其の禾を刈りて載帰するを允す。羅刹等悦拝して嶺を度りて去る。二十一日、厄里古納に至り、牌を河口石壁の上に立て、清・漢・鄂羅斯・蒙古・里的諾五様の字を鐫り畢りて還る。

と、調査隊の行動が記されている。『黒龍江将軍衙門檔案』と併せて考えると、三月は命令を受けてランタンら

表1　アムール川左岸調査隊の構成と調査内容

調査地	調査隊の構成	調査内容
(1) (2) Merilken 川→アルグン川の河口	正白旗満洲都統 Langtan 正紅旗満洲副都統 Joosan	アルグン川の河口に碑を立てる
(3) ゼヤ川の源流→興安	鑲黄旗漢軍副都統 Ŝanahai 索倫総管 Anjuhū	Bahana まで水路、それから馬で行く予定だったが、Bahana で待機していた馬の大半が死亡したので、計画を変更
(4) セレムジャ川→Yengken 川の河口→興安	左翼前鋒統領 Mutu	
(5) ゴルビツァ川の河口→源流	正黄旗蒙古都統・三等公 Nomin ┐	ゴルビツァ川の河口東岸に碑を立てる
(6) ブレヤ川→Olongki（Olonki）川の河口→興安	鑲紅旗蒙古副都統 Hūwašan ├ が分担 黒龍江副都統 Nacin ┘	
(7) ゴリュン川→アムグン川の源流	鑲白旗漢軍副都統 Suhe	Uleci 村の八戸を従えた
(8) アムグン川→ニメレン川→トゥグル川	鑲藍旗蒙古都統 Bahai	Uyeken 山に碑を立てる
(9) サハリン・オホーツク海沿岸	吉林副都統 Balda	サハリンの五十三戸を従えた

が北京を出発したときで、五月十五日はメルゲンを発ちメリルケンに向かった日であろう。これによると、ランタンらの調査隊は陸路大興安嶺を越えて、メリルケンに到着したらしい。それから右岸に残っていたロシア人の住民を清の領内から退去させた後、二十一日にアルグン川の河口まで進んで、五種類の文字を彫った牌（国境碑）を付近の岸壁上に立てた(31)。ランタンらはメリルケンからは水路を使って、アルグン川河口を経てアムール川へと下って行ったと考えられる。なおこの隊は一か月分の食料を携帯していた(32)。

ゼヤ川を遡って興安をめざしたのは、シャナハイとアンジュフが率いる調査隊であった。シャナハイらは、四か月分の食料を装備し、ロシア人の領催と画工をともなって出発した。『吉林通志』巻八七、安珠瑚伝附王燕緒安将軍行状に次の記載がみえる。

> 後に、鄂羅斯と界を立つ。公は副都統沙那海と偕に、同に精奇里江（ゼヤ川）に至る。（以下略）

ゼヤ川流域の調査に関しては、『黒龍江将軍衙門檔案』の記載が具体的で詳しい。同書第一三冊、康熙二十九年六月二十八日の条には、シャナハイとアンジュフが、ゼヤ川の沿岸にあったバハナという地点から、サブスらに対して途中経過を報告した記事が載っている。それによると、シャナハイらは出発前にメルゲンでガイド役のものと協議して、綿密な計画を練っていた。この時期はちょうど雨季にあたり、道路はぬかるむうえに虻や蚊が多くて、馬で行くことはむずかしかった。そこで調査隊は小型の船舶に乗って黒龍江城を発ち、六月九日にバハナに到着した。計画ではバハナからは船を馬に代えて進むつもりであったが、予めバハナに送った馬百九十頭のうち、百七十頭余りが途中で伝染病にかかり死んでしまった。そのためにシャナハイとアンジュフは計画を変更して、

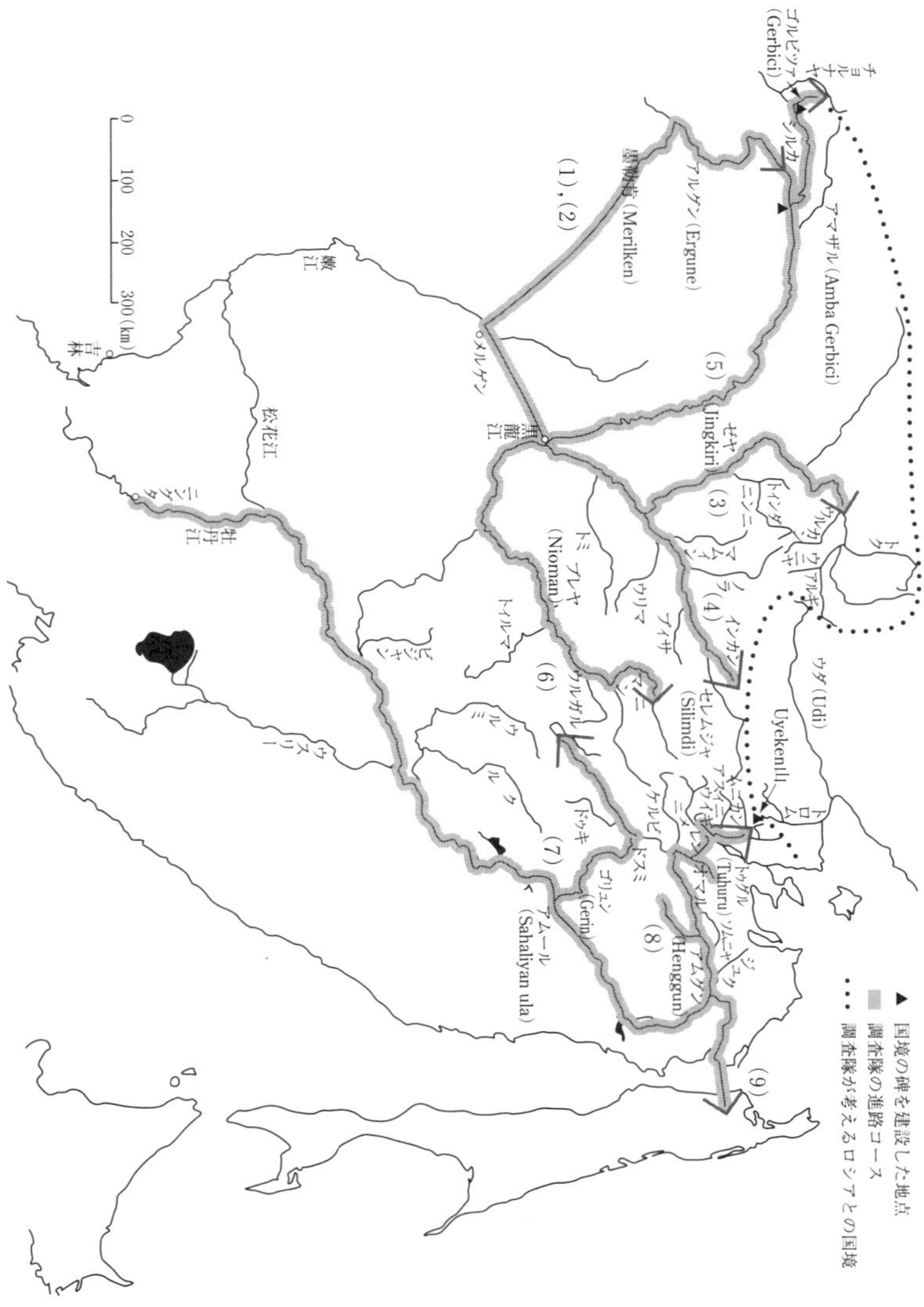

図1　アムール川左岸の支流と調査隊の進路コース

われわれはバハナから馬に乗って興安に達するといったのを中止して、船・白樺船・板船・丸木船ででできるだけ遡って興安を探しに行きます。もしも板船・丸木船で進めなくなったら、徒歩で進めれば徒歩で行きます。万一旱魃の年にあたっておれば水がないので、板船・丸木船では興安に近づくことはできないし、また徒歩でも進めないかもしれません。そのときには引き返して秋八月ごろに来たいと考えます。

と報告する。サブスは報告を受けると、すぐに兵部に対して、シャナハイたちにもう一度馬を与えて、八、九月中に再度出発させるかどうかを問い合せた。兵部は、興安に到達できなかった場合は、体勢を立て直して再び出発させ、必ず目的地まで調査するようにしたいと、七月二十一日に上奏したが、ところが康熙帝は、

どうして何度もそこへ行くのか。到達できないところはもうよい。

と、意外な返答をしている[33]。

後述する如く、調査が終了した後にランタンが作製したと推定される地図では、ゼヤ川の水系を詳しく描き、トク・アルギ・ニンニなど合計九本の支流の名をあげている[34]。このうち最も上流にある支流はネルヘスヒ川で、シャナハイらの調査隊も、大体そのあたりまでは踏査したと思われる（表2）。

ゼヤ川の上流、セレムジャ川の源流を調査したのは、ムトゥらの一行であった。かれらもまたロシア人と画工をともない、四か月分の食料をもって黒龍江を出発している[35]。ムトゥを案内したのは、オロンチョンのハライダ、リブディンゲであった[36]。

ランタンの地図をみると、セレムジャ川水系の支流として、イェンケ・ナラなど全部で四本の河川が描かれて

第二節　アムール川左岸調査の概要

表2　ゼヤ川（Jingkiri ula）水系の支流

現在の河川名	ランタン作成の地図	『黒龍江将軍衙門檔案』第291冊、康熙49年11月12日（水源）	備　　考
Zeia	Jingkiri	Jingkiri ula　（北興安）	アムール川と合流
Argi	Argi bira	Argi bira　（北興安）	ゼヤ川と合流
	Elge bira	Elge bira　（北興安）	Argi 川と合流
Un'ia	Unen bira	Unen bira　（北興安）	Argi 川と合流
Urkan	Urkan bira	Urkan bira　（北興安）	Argi 川と合流
		Urge bira　（北興安）	ゼヤ川と合流
	Nelhesuhi bira	Nelhesuhi bira　（北興安）	ゼヤ川と合流
Tok	Tok bira	Tok bira　（北興安）	ゼヤ川と合流
Ninni	Ningni bira	Ningni bira　（北興安）	ゼヤ川と合流
Tynda	Kindu bira	Kindu bira　（北興安）	Ningni 川と合流
	Tiyenio bira	Tiyenio bira　（北東興安）	Ningni 川と合流

表3　セレムジャ川（Silimdi bira）水系の支流

現在の河川名	ランタン作成の地図	『黒龍江将軍衙門檔案』第291冊、康熙49年11月12日（水源）	備　　考
Selemdzha	Silimdi bira	Silimdi bira　（北興安）	ゼヤ川と合流
Inkan	Yengke bira	Yengken bira　（北興安）	Silimdi 川と合流
	Ormolko bira	Ormolakū bira　（北東興安）	Silimdi 川と合流
Byssa		Biša bira　（北東興安）	Silimdi 川と合流
Nora	Nara bira	Nara bira　（北興安）	Silimdi 川と合流
Mamyn		Mumin bira　（北東興安）	Silimdi 川と合流
	Ungge bira	Ungge bira（北東 Sukduliki 山）	Silimdi 川と合流

表4　ブレヤ川（Nioman bira）水系の支流

現在の河川名	ランタン作成の地図	『黒龍江将軍衙門檔案』第291冊、康熙49年11月12日（水源）	備　考
Bureia	Nioman	Nioman bira（北東興安）	アムール川と合流
Niman	Olongki bira	Olongki bira（北東興安）	Nioman川と合流
Urgal		Urgal bira（北東興安）	Nioman川と合流
	（Silimdir Bira）	Silimdir bira（北東興安）	Nioman川と合流
Tyrma	Siyarmi bira	Siyarman bira（東興安）	Nioman川と合流

いる。イェンケ川は現在のインカン川にあたり、ムトゥらはこの川を目標に調査を行なった（表3）。

残る二隊のうち、ゴルビツァ川を陸路源流まで遡る兵二十人には、黒龍江において一か月分の食料を支給して、追加する分については高官が到着してから、メルゲンで調整したことがわかっている。[37] しかしこの一隊をだれが指揮したのか、肝心な問題は不明である。当初から清は、アルグン川と並んでゴルビツァ川の岸辺にも、国境の碑を建てることを計画しており、ゴルビツァ川に向かった調査隊がその使命をになったと思われるが、それに関する記述は残っていない。しかしランタンらの例から類推すると、ゴルビツァ川の調査隊にもそのための人員を配置したはずで、調査隊はアルグン川と同程度の碑を建設したものと考える。

ブレヤ川の源流を調べに行った隊についても、詳しいことはわからない。ランタンの地図には、ブレヤ川の水系ではシヤルミとオロンキ二つの支流をあげるだけである。調査の目標になったオロンキ川は、現在のニマン川にあたる（表4）。

続いてアムール川の下流方面に向かった調査隊について、調査の概要を明らかにしてみよう。かれらに関しては楊賓の『柳辺紀略』巻一が、これまで唯一の史料であった。それによると、威伊克阿林は、極東北の大山なり。上に樹木なく、惟だ青苔を生ずるのみ。厚さ常に三、四尺。康熙庚午〔二十九年〕阿羅斯と国界を分かち、天子鑲藍旗固山額真巴海（バハイ）等に命じて、三道を分かちて往って視べしむ。一は亨烏喇〔アムグン川〕より入り、一は格林必拉〔ゴリュン川〕より入り、一は北海より繞りて入る。見る所はみな同じ。遂に碑を山上に立つ。碑に満洲・阿羅斯・喀爾喀文を刻む。

とある。著者の楊賓は、罪を得てニングタに流された父楊越と母に会うために、康熙中ごろにニングタへ旅行したが、その間に自ら見聞した事柄をつぶさに記録した貴重な文献が、『柳辺紀略』である。楊賓が旅行に出発した正確な年次はこれまで不明とされていたが、『楊大瓢先生雑文残稿』によると、かれは康熙二十八年の後半にニングタへと旅立ったのである(38)。それから翌年までニングタに滞在して、バハイが行なった調査の一部始終を目撃していたらしい。楊賓が証言する内容は、前述した調査隊のルートと完全に一致する。

ここからは『寧古塔副都統衙門檔案』に拠って調査隊のたどったルートをあとづけようと思うが、残念なことにそれには康熙二十九年の部分が欠けており、調査に関する檔案は一つも残っていない。ただ後世の檔案に引用されて断片的な記述がかろうじて伝わるので、今はそれを手がかりに考察を進めることにする。たとえば同書第二九冊、雍正十二年正月二十六日の条によると、バハイ以外の二つの隊について、

漢軍副都統スへは、勅旨に従ってゲリン〔ゴリュン川〕を調査に行き、ゲリンからヘングン〔アムグン川〕を越え源流の方に遡るとき、ウレチ〔ウリケ〕というところに達して、貢納をしていないグルバダなど八戸を従えて徴収した貂皮八枚を管轄官庁に引き渡したいといった。同年にニングタ等処〔吉林〕副都統バルダは〔……〕ヘングンなどの地方に国境の場所を調べにいき、海島に住むチュウェニ氏族とドボノンゴ姓、東海の岸にいたクイェ姓・オロンチョン姓、全部で五十三戸を従えて、各戸一枚ずつ五十三

枚の貂皮を徴収したと上奏した。〔以下略〕

と伝えている。まずスへが率いる隊であるが、ゴリュン川を遡って、おそらくエヴォロン湖からドスミ川を経てアムグン川の中流に出たと思われる。それからはアムグン川を上流に向かって、その河源と分水嶺を調査したとみられる。スへらが従えたウレチという村は、クル川沿岸にあったウリケ村と推定されるので[39]、調査隊はアムグン川を引き返してクル川に入ったのであろう。

バルダの一行は、アムール川の河口から海上に出て海岸線に沿って北上した。ここでいう海島は、サハリンのことである。チュウェニ氏族というのは、チュウェネ村（チフナイ川付近）やビシケ（プイスキ）村などサハリンの北西海岸にいた、ニヴフ族のチフィヌング氏族である[40]。ドボノンゴ姓についての詳細は不明であるが、かれらもやはり北西部の沿岸に居住した集団であるとみられる。

これに対して「東海の岸」に住んでいたクイェ姓とオロンチョン姓であるが、『寧古塔副都統衙門檔案』の別の箇所を見ると、たとえば第四二冊、乾隆七年十月二十八日の条に「海島にいるクイェ・オロンチョンなどの村六十五、戸数二百六十八」とあることや、同じく第五九冊、乾隆十九年正月二十四日の条に「クイェ・オロンチョン・カダイェ・ワルル・チョリル・ドボノンゴ・チュウェニ・プニヤフン・シュルングルなどの氏族のものは、東海の島に居住する」とあることから、かれらは大陸ではなく、海上の島に居住していたとみられる。後者にみえる氏族の中で、チュウェニ氏族がサハリンに住むニヴフ族であったことは、すでに論じたとおりである。さらにプニヤフン（プニャグアン）氏族も、サハリン北端のボモド（ポムイド）村にいたニヴフ族の一氏族である[41]。したがってこれらの史料に海島とか東海の島とかあるのは、みなサハリンのことであり、クイェとオロンチョンの二集団がいたのも、サハリンであったと考えられる。クイェは、サハリン西海岸の中部以北にいたアイヌのことであろう。[42] 他方オロンチョンというのは、サハリンで唯一トナカイを飼養した北東部のウイルタ族を指すと考えられる。ちなみに中国においてサハリンを庫頁島と呼ぶのは、クイェに由来する。

ところでバルダらの調査隊が、アムール川の河口からサハリンにまで到達したことは、イエズス会士が記した史料にもうかがうことができる。たとえばジェルビヨンの日誌によると、一六九一年一月二十四日（グレゴリォ暦）に、学問の進講が終わった後の会話で、康熙帝はジェルビヨンに、「この年東のかたアムール川の河口に人を派遣したが、そのものたちは、河口のむこうは七月（Juillet）というのにまだ海が結氷していて、付近の土地には人はまったく住んでいないと報告した」と語ったといわれる。[43] 一六九一年一月二十四日は、康熙二十九年十二月二十六日に該当し、この年というのは康熙二十九年のことである。グレゴリオ暦の七月は、陰暦の五月二十五日から六月二十六日までにあたっており、康熙帝が派遣したという人びとが、バルダの一行を指すことはほぼまちがいない。また康熙二十九年に当時北京に滞在したイエズス会士のトマが作製した地図には、アムール川の河口よりやや南の海上に大きな島が描かれていて、フイェ王国（Regnu' Huye）と読むことができる。[44] フイェとはクイェの訛音であって、サハリンのことである。トマはこのときすでにバルダの調査について知っていて、その成果をいち早く自らの地図に採り入れたのである。

第二節　アムール川左岸調査の概要

本隊であるバハイの隊が進んだのは、アムグン川を遡るルートであった。バハイはランタンと同様に、調査の終了後にその結果を地図にして報告していた。『黒龍江将軍衙門檔案』第二九〇冊、康熙四十九年八月二十三日の条によると、『大清一統志』を編纂中であった一統志館は、ロシアとの国境付近の地名を検討して次の如く述べる。

さらに『大絵図』とバハイが描いて持ってきた図を見ると、チチガル〔チチハル〕城の北東のかた、へングン〔アムグン〕川の西にドゥキ川がある。この川は西から東に流れて、ヘングン川に流入する。ヘングン川の東の源流を、ヘメン川という。この川は北西から南東に流れて、ヘングン川となる。ヘングン川の北に、ゲルビ〔ケルビ〕川がある。この川は南西から北東に流れて、イミレ〔ニメレン〕川に入る。イミレ川の北東には、アマル〔オマル〕川がある。この川は北東から南西に向かって、イミレ川に注ぐ。イミレ川の北東に、シムル川がある。この川は北東から南西に流れて、イミレ川に入る。ヘングン川の南に、イム川がある。この川は南西から北東に向かい、ヘングン川と合流する。ヘングン川の北に、ルク〔ジュク〕川がある。この川は北から南に流れて、ヘングン川に注ぐ。ヘングン川の北側にサムニン〔ソムニヤ〕川がある。この川は北から南に向かい、ヘングン川と合流する。ウェルギ〔ウイギ〕川とアサルニ〔アスィニ〕川二つの間に、ニオワクタ川がある。この川は北西から南東に流れて、トゥフル〔トゥグル〕川に入る。アサルニ川とムニケ〔ムニカン〕川二つの間には、タリン川がある。この川は北西から南東に流れて、トゥフル川に入る。タリン川とムニケ川二つの間にミヨーワン〔メワンジャ〕山がある。ムニケ川の北側にミイェミレ川がある。この川は北から南に向かって、ムニケ川に注ぐ。ムニケ川の東にエルゲケン川がある。この川は北から南に流れて、トゥフル川に入る。〔原文ではヘンクンとするが、ヘングンに訂正する。〕

この部分は、アムグン川とトゥグル川の水系について述べたものである。〔　〕の中は、ロシアの現代地図にみえる地名である。方位の問題はしばらく置いて、ここにあがった川と山の名称は、現代の地名と比較しても非常に正確である。これは、バハイの一行がこの地域を実地に踏査して、十分な調査を行なった成果と考えてよい。

バハイらの調査隊が最終的に到達した地点は、どこだったのであろうか。ここでもう一度『柳辺紀略』に注目してみよう。バハイらは威伊克阿林に満洲語・ロシア語・モンゴル語三体の碑を立てたといわれるが、ここにいう威伊克阿林は、『黒龍江将軍衙門檔案』にいうウイェケン山（Uyeken alin）のことであろう。[45]吉田氏が発見されたランタンの地図によると、トロン（トロム）川の支流キルフィ川の上流にウイェケンという川があり、そのウイェケン川の西に山が一つそびえている。ウイェケン山はこの山とみられる。[46]後述するようにバハイとランタンは、トゥグル川水系とトロム川水系を分ける山脈をロシアとの国境と考えるので、ウイェケン山はその山脈を形成する一山である。バハイはこのとき国境の碑を、ウイェケン山のふもと、トゥグル川からトロム川に通じるルート上の峠近くに建設したと推定されるが、しかしその碑は雍正初めには早くも倒壊してしまった。[47]なおランタンの地図には、ウイェケン山の北にさらにトロン川とキルフィ川が描かれているが、ウイェケン山の国境の碑付近が、バハイ調査隊の到達点であろう。

さて黒龍江副都統オンダイが黒龍江将軍サブスに送った七月十日付けの文書によると、興安を調査に行ったものが黒龍江にぞくぞく帰ってきているという。[48]アムール川左岸の調査は、このころに一応終結したのである。

第三節　ランタンの地図と国境の問題

清朝が康熙二十九年（一六九〇）に実施した国境調査は、アムール川地域における最初の試みであり、調査隊の規模と調査の範囲いずれをとっても、中国においては空前絶後の事件であった。しかし調査が終了した時点で、調査隊がいかなる報告を行なったのか、また清の中央がそれをどう評価したのかということは、既存の文献からは解明することができない。ただ調査を指揮したランタンとバハイが、それぞれ地図を作製したことが知られていて、今のところそれだけが調査の成果といえるくらいである。バハイ作製の地図はいまだに所在を確認できないが、ランタンの地図に関しては、吉田金一氏が近年に台北で発見された地図が、そうであると推測されている。吉田氏は、地図の左下に満洲語で「内大臣であったランタンなどが描いて持ち帰った九道の図」という書き込みがあることと、アイグン（黒龍江）とメルゲンは載っているが、チチハルがみえないことなどから、この地図はランタンにより康熙二十九年ごろに作製されたと推定されたが、右下にある五十年十二月十三日という漢字の日付については、内府がこれを収蔵したときのものと推測されるに止まった。(49) わたしは、吉田氏の結論は大体正当であると考えるが、作製年代に疑いを残したまま論述を進めることはできないので、この地図の来歴についてもう少し事情を説明しておきたい。

わたしは『黒龍江将軍衙門檔案』康熙四十九年（一七一〇）の条を検索していたときに、ランタンが作製した地図のことを、「内大臣であったランタンなどが描いて持ち帰った九道の図」とか、「内大臣であったランタンなどが調べて持ち帰った図」などと、吉田氏が発見した地図の端に書いてあった名称と、ほぼ同じ名称で呼んでいることを発見した。この時期になって『黒龍江将軍衙門檔案』の中に、ランタン作製の地図が集中的に現れる理由は、『大清一統志』を編纂するためにそれが必要になったからである。周知のように康熙帝は、二十五年にはすでに一統志館を開設して編集に着手した。(50) かつて黒龍江将軍衙門がメルゲンにあったときに、黒龍江将軍は、一統志を編纂するための材料を内閣の一統志館に送ったが、黒龍江将軍がメルゲンからチチハルに移駐した現在、黒龍江将軍管内の地名はすべて、メルゲンに代えてチチハルを基準とする方位・距離で記述されなければならなかった。そのうえ黒龍江将軍が提出した最初の報告は、ランタン作製の図と比較すると、非常に粗略な内容であった。そのために一統志館は、黒龍江将軍に対して管内の地理について再調査を要請し、同時に編集の参考にするために、内閣が保存していた「ランタンなどが描いて持ち帰った九道の図」を黒龍江将軍のもとに送った。こ

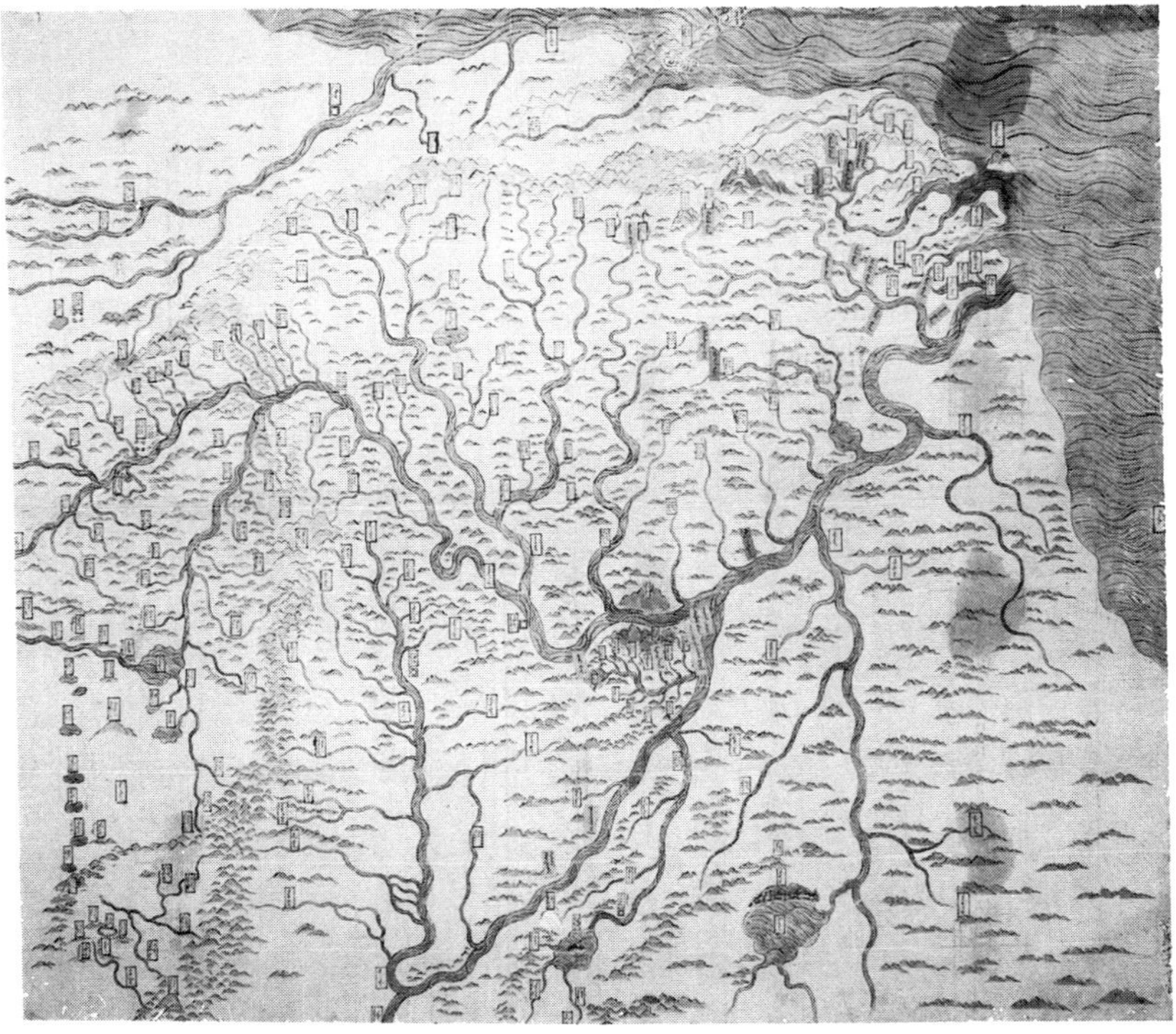

内大臣であったランタンなどが描いて持ち帰った九道の図。いわゆる吉林九河図。（国立故宮博物院蔵）

れが、康熙四十八年十一月ごろのことである。[51]それから黒龍江将軍の地元では、黒龍江副都統・メルゲン協領・索倫総管などが内容の再調査を行なったが、依然としてその内容に不備があるために、黒龍江将軍はさらなる調査を命じた。[52]こうして二度、三度同じことを繰り返して、問題点を絞りこんでいった。[53]やがて黒龍江将軍は再調査を終わって、その結果を文書と地図にして中央に送ったが、一統志館はこれにも遺漏を発見して、みたび検討を求めた。[54]このようなやりとりをへて、黒龍江将軍ヤンフらは、康熙四十九年十一月十二日に最終的な報告を行なったのである。[55]

『黒龍江将軍衙門檔案』に記されるランタン作製の地図に関する特徴は、吉田氏発見の地図と共通であって、両者は同一のものである。地図の右下に残っていた五十年十二月十三日の日付は、地図の作製年代とは無関係である。ランタンが地図を作製したのは、調査が終了した直後であることにまちがいない。ちなみに「内大臣であったランタンなどが描いて持ち帰った九道の図」という字句は、ランタンが領侍衛内大臣に任命された三十一年三月以後に書き込まれたはずであるが、[56]『黒龍江将軍衙門檔案』康熙四十九年の部分では、ランタンの地図の呼び方が一定しないので、この字句もまた四十九年以後に挿入されたと考えられる。

ここからは康熙二十九年の調査が、現代に語りかけるものを考えてみたい。まずネルチンスク条約で両国が国境と定めた、ゴルビツァ川の水源から海岸に達するという山脈の問題である。この山脈の解釈をめぐっては、古くから論争がある。一般にはスタノヴォイ山脈（外興安嶺）とする説が有力であり、教科書などでも広く採用されている。しかし分水嶺にしかすぎないとする説も存在し、それを無視することはできない。[57]

ネルチンスク条約の正文であるラテン語文では、この山脈を固有名詞で呼ぶことはなく、アムール川の支流の水源であるという条件を述べて、その位置を規定しているにすぎない。[58]国境線としては何か漠然としているが、交渉の過程で交換した条約文の草稿でも、みな同様の表現を用いている。[59]これに対して清の漢文献ではこの山脈を大興安（amba hinggan）と呼ぶが、興安という単語はそもそも満洲語には存在せず、モンゴル語からの借用語である。『黒龍江将軍衙門檔案』康熙四十九年の部分を見ると、興安ということばは頻繁に使用されており、各地にある大小の山脈に対して、頭に各方位を付けて一様に「……興安」と呼んでいる。大興安というのは、一般の興安よりは特殊化しているが、それでも外興安嶺とはただちに結びつかない。ところでネルチンスク条約に規定された国境の山脈は、もとをただせばロシアの代表が所持した地図に描かれた山脈のことである。一枚のロシアの地図には、ゴルビツァ川の源流付近からV字型ないしはY字型の山脈が、真東と東北の方向に一本ずつ描かれており、このうち真東方向に伸びる山脈は、アムール川と平行に海まで達していた。両国は交渉の過程で真東の山脈を国境としたが、本来これらの山脈はシベリア地図の系統をひくものであり、実在の山脈というよりは、むしろ人間の想像力が作り出した山脈というべきである。[60] ちなみにロシア側が使ったもう一枚の地図（ペイトンの地図）においても、ゴルビツァ川の水源からアムール川の河口まで、両国の国境とみられる山が弓形に一列になって描かれているが、[61] このように直線的な山脈はやはりこの地域には実在しない。要するにネルチンスク条約に規定された山脈は、特定の山脈とは結びつかないのである。

それでは清朝の解釈はどうかというと、かれらはこの山脈を実在すると信じていたと考えられる。調査隊がたどったルートを見ると、かれらはネルチンスク条約を忠実に守って、アムール川左岸の支流であるゼヤ・セレムジャ・ブレヤ・ゴリュン・アムグンの各河川をひたすら源流まで遡って、その水源をきわめようと努めている。かれらにとっては、そうしてつきとめた分水嶺ないし水源の山を結んだ山脈こそが、大興安でありまたロシアとの国境であった。ランタンの地図中に描かれる大興安は、アムール川の北側に東西に連なる大きな山脈がそうである。その山脈は途中で二本に枝分かれして、北側の突端は海中に長く突き出す。ゼヤ川・セレムジャ川・ブレヤ川・アムグン川などのアムール川左岸の支流は、みなその南麓に源を発しており、それに対してウダ川は、二本の山脈の間を海に向かって流れている。[62]この山脈は、ネルチンスク条約で合意した国境の条件をすべて満たしている。現在の地図でそれを示すとすれば、調査隊が通過したゼヤ川・セレムジャ川・ブレヤ川の分水嶺を結んだ線が実際の国境ということになる。

続いて国境の西端に位置するゴルビツァ川と碑の問題について考察してみたい。かつてこの問題は多くの研究者を悩ませたが、ランタンの地図が現れてすっきりと整理された。すなわちアムール川の上流に大小二つのゲルビチ（ゴルビッァ）川が存在することを指摘したのは、康熙二十九年の調査に始まるのである。それによると、上流の方から順にゲルビチ・ジョロクチ・アムバ=ゲルビチ・オル・オルドコンの各河川が、アムール川とその上流のシルカ川に北から流入しており、この中ではゲルビチ川が最も上流に位置していた。康熙四十九年に『大清一統志』を編纂するために、黒龍江将軍が行なった調査の報告においても、ゲルビチ川とアムバ=ゲルビチ川の位置関係は、ランタンが調査したものと同じで、一統志館もそれを問題視することはなかった。[63]一方国境の碑については、ランタンの地図には何も述べないが、康熙四十九年当時、石碑は確かにゲルビチ川の河口の東岸に存在した。[64]清朝が、当初に上流のゲルビチ川をロシアとの国境と解釈していたことはまちがいない。

ところで『大清一統志』の編纂作業と並行して、康熙四十九年（一七一〇）にはレジスらイエズス会士の一行も、黒龍江地区を調査に訪れている。かれらの目的はアムール川の上流地域を測量することで、ロシアとの国境を確認することもその中に含まれていた。後にイエズス会士たちが康熙帝に上呈した『皇輿全覧図』の系統を引くダンヴィルの地図では、アムバ=ゲルビチ川とゲルビチ川（ダンヴィルはアジゲ=ゲルビチ川という）の名称が互いに入れ替わって、ランタンの地図とは反対になっているが、国境の石碑は上流のアムバ=ゲルビチ川の河口東岸に描かれている。[65]一見すると混乱したかにみえるイエズス会士の記述は、かれらのミスで起こったとすることはできない。イエズス会士たちは、何かの理由があって意図的に修正を行なったのである。

イエズス会士が調査に訪れたころの黒龍江の地元では、ゴルビツァ川と碑の所在地に関して、時間の経過とともにその記憶はあいまいになっていた。たとえば碑の位置について、黒龍江将軍は四十九年の報告で、いったんはゲルビチ川の水源にあるとしていたが、調査をやり直した結果、ゲルビチ川の河口の東岸にあることが判明した。[66]それもそのはずで、碑の場所を知る生き証人は、このときすでにアラル=アバのソロン、トゥングニ（トゥングネイ）ただ一人となっていた。[67]また康熙五十二年から五十六年に歿するまでチチハルに流されていた方式済[68]の『龍沙紀略』では、一方では昂班格里必斉河界碑と、碑がアムバ=ゲルビチ川の沿岸にあったことをいいながら、他方では国境の碑から東に阿集格格里必斉河・卓爾克斉河・昂班格里必斉河とあげて、アジゲ=ゲルビチすなわちゲルビチ川が、アムバ=ゲルビチ川より上流にあって、石碑もゲルビチ川の沿岸にあったことをいうのである。わたしは、黒龍江におけるこうした状況が、イエズス会士の見解に反映したと考えている。

似たような混乱は、後の地誌にももちこまれた。すなわち『大清一統志』は、乾隆・嘉慶両時代に前後三度編纂されたが、乾隆年間に成立した二つの版ではランタンの説を棄てて、イエズス会士の説に従っている。乾隆九年（一七四四）に成った最初の版では従来の公式見解を転換して、大格爾必齊河（アムバ=ゲルビチ）を格爾必齊河（ゲルビチ）の上流に位置させた。そして国境の碑は大格爾必齊河の東にあるといいながら、他方国境の碑を紹介する箇所では、碑は格爾必齊河の河口の東岸にあると説明する。ところが黒龍江城から碑までの距離千七百九十里というのは、黒龍江城から格爾必齊河までの距離千六百九十里ではなくて、黒龍江城から大格爾必齊河までの千七百九十里に等しいので、この場合の格爾必齊河は上流の大格爾必齊河のことである。[69]同様の誤りは、乾隆二十九年勅撰の第二版にも共通している。[70]しかし嘉慶二十五年（一八二〇）勅撰の第三版になると、安巴吉爾巴齊河（アムバ=ゲルビチ）と吉爾巴齊河（ゲルビチ）の位置関係は、ランタン調査時のものに戻されて、国境の碑も上流にある吉爾巴齊河の東岸にあるとしたので、第二版までの矛盾は解消されることになった。[71]どうして変更されたのかは不明である。

最後に東部の国境で問題となるのは、オホーツク海に流れこむトゥグル川以北の河川の帰属である。ネルチンスク条約を厳密に適用するならば、これらの河川はロシアとの中立地域となってしまう。しかし調査隊の解釈はそれとちがって、トゥグル川までを国境と考えていた。上述した如くバハイが率いた調査隊は、トゥグル川を越えて源流付近に達し、トゥグル川水系とトロム川水系との分水嶺であるウイェケン山に、ロシアとの国境を示す碑を立てた。ランタン作製の地図をみると、ウイェケン山はちょうど大興安の東端が海岸に達した付近に存在する。バハイとランタンが考える清とロシアとの国境の東端は、この分水嶺である。かれらの解釈は、ネルチンスク条約と矛盾するようにみえる。しかし現代の地図でこの地域を検討すると、トゥグル川とその南側を流れてアムグン川に合流するニメレン川との間には、高い山は存在せず、両者の距離も相当に接近している。ここを実地に踏査したバハイらにとって、トゥグル川とニメレン川の中間に国境線を引くことはできなかったのである。(72)

二人の考えは、清の公式見解でもあった。『寧古塔副都統衙門檔案』第二九冊、雍正十二年八月十九日の条によると、ネルチンスク講和会議に参加していた黒龍江将軍サブスは、ロシアとの間に取り決めた国境について、

〔康熙二十八年〕ゲルビチなる川から東、東海・トゥグル川に至るまで、東西七千里余り、往返数千里の領土を拡張した。

と述べており、やはりゴルビツァ川とトゥグル川を結んだ線の南側を中国領と考えていた。さらに康熙四十九年の段階でも、清朝はトゥグル川を中国領とする立場を確認している。『黒龍江将軍衙門檔案』第二九四冊、康熙四十九年十月二十一日の条によれば、黒龍江将軍ヤンフらのことばとして、次の如く伝えている。

しらべたところ、トゥフル〔トゥグル〕川を、京師の大臣たちはロシアとの国境と定めている。

また同年に一統志館が、黒龍江将軍に地名の再調査を依頼した際に、

内大臣であったランタンたちが描いて持ち帰った図をみると、黒龍江の境界にかなり近いところに、北東の方角ではキルフィ川・トロン〔トロム〕川がある。〔……〕以上の山と川で黒龍江の管下にあるものは、チチハル城のどちらの方位にあるのか、何里離れているのか〔……〕ということをよく調べて報告してほしい。

と述べる。[73] これによると一統志館の官僚たちが、トゥグル川の北に流れるトロム川とその支流であるキルフィ川を、国境の周辺にあると認識していたことはまちがいない。その後この件に関して、再びトロム川とキルフィ川のことを議論したようすはないので、二つの河川は国境の外にあると断定されたのであろう。実際に『大清一統志』のいずれの版においても、これらの河川名を見つけることはできない。

これに対してイエズス会士たちは、トゥグル川の水系を中国領と考えていないように思える。ダンヴィルの地図をみると、大輿安（Hinkan Chaine de Montagnes）はゴルビツァ川などの源流を横切り、ゼヤ川水系やアムグン川水系を囲むように南下して、最後はトゥグル川のかなり南で海岸に達している。地図の中にはトゥグル川も描かれるが、イエズス会士が考える国境はその南の山脈である。イエズス会士たちは、トゥグル川がオホーツク海に流れこむことを重視して、ネルチンスク条約に従い、それを中立地帯とみなすのである。

トゥグル川をめぐるイエズス会士の考えは、後世に一定の影響を与えることになるが、最も忠実な支持者は斉召南であった。斉召南は、内府にあったイエズス会士の地図をもとに『水道提綱』を記述したが、かれはその中

で、大興安山がアムール川の北を通り、数千里の距離を連なってトゥグル川の南で海に達すると考えた[74]。しかしこうした考えは多数意見とはならず、清の公式見解はトゥグル川の北を境界とする立場で一貫していた[75]。

おわりに

ネルチンスク条約を締結した直後、清においてはアムール地方に関する数種類の地図が作製された。それらはみなロシアの地図の影響を受けており、中央には国境となった独特なY字型の山脈を描いている[76]。ランタンの地図もその一つであるが、しかし河川の名称の詳細さと正確さで他の地図よりも際立っている。また同時期のロシアの地図と比較しても、格段に優れている。ランタンの地図が、このように当時として最高の精度をもつことができたのは、地道な実地調査の成果を基礎にしていたからである[77]。

同時にアムール地方の地理に関する清人の知識は、康熙二十九年の調査で頂点に達した。ネルチンスク条約の後、清はアムール川の左岸地域を軍政下に置き、ビジャン川を起点とする線で東西に分割して、黒龍江将軍とニングタ将軍に分掌させた[78]。しかしそれ以後も正規軍である八旗の兵は、左岸地域に常駐することはなく、かれらが駐防した地域はアムール川の右岸、つまり南岸に限られていた。ただ両将軍が派遣するわずかな兵が、定期的にこの地域を見回るだけであった[79]。したがって左岸地域に関する地理知識はこのときからほとんど進歩せず、ランタンの地図を越えるものは、清代を通じてついに現われなかった。現存している『大清一統志』の吉林と黒龍江関連の山と河川の項目をみると、それらは黒龍江将軍が『大清一統志』を編纂するために、康熙四十九年にランタンの地図などを参考にして作った資料とほとんど重複しており、内容的にも大きな変更はみられない。

注

(1) 吉田金一「郎談の『吉林九河図』とネルチンスク条約」(『東洋学報』第六二巻第一・二号、一九八〇年)、『ロシアの東方進出とネルチンスク条約』(東洋文庫、一九八四年)、『ロシアと中国の東部国境をめぐる諸問題』(環翠堂、一九九二年)を参照。

(2) 『黒龍江将軍衙門檔案』は、現在黒龍江省檔案館に所蔵されている。わたしは中国第一歴史檔案館で、そのマイクロフィルムを調査した。

(3) *Русско-китайские отношения в XVII веке*, том 2, Москва, 1972, стр. 524-527.

(4) 『寧古塔副都統衙門檔案』第二九冊、雍正十二年八月十九日の条、そして『黒龍江将軍衙門檔案』第一冊、康熙二十三年八月十八日、八月二十五日、十月二十日、十月二十七日および第三冊、康熙二十四年三月十一日の条。なお本書第七章「アムール川中・下流地方の辺民組織」註(69)、楠木賢道「黒龍江将軍衙門檔案からみた康熙二十三年の露清関係」(『歴史人類』第二四号、一九九六年)を参照。

(5) *Русско-китайские отношения в XVII веке*, том 2, стр. 556, 557.

(6) *Русско-китайские отношения в XVII веке*, том 2, стр. 510, 511.

(7) J. Sebes, *The Jesuits and the Sino-Russian Treaty of Nerchinsk (1689)*, Rome, 1961, p. 287.

(8) 『黒龍江将軍衙門檔案』第一〇冊、康熙二十九年三月五日の条。

(9) 『黒龍江将軍衙門檔案』第一〇冊、康熙二十九年三月十四日の条。

(10) 『八旗通志初集』巻一五三、郎談伝。

(11) 『清実録』康熙三十二年十一月戊辰、および三十四年八月辛丑の条。

(12) 『清実録』康熙三十五年七月己巳、および康熙四十年二月乙丑の条。前者によると、シャナハイはニングタ副都統からニングタ将軍に進んだというが、『八旗通志初集』巻一一二、直省大臣年表および『吉林通志』巻六二、職官志により、ベドゥネ副都統から陞進したとするのが正しい。

(13) 『八旗通志初集』巻一五一、安珠瑚伝。

(14) 『八旗通志初集』巻二〇五、穆図伝。

(15) 『国朝耆献類徴初編』巻二七五、諾敏伝。

(16)『黒龍江志稿』巻四四、職官志、および『八旗満洲氏族通譜』巻七二、韓尼伝。
(17)『八旗通志初集』巻一六七、巴海伝、および『満洲名臣伝』巻一〇、巴海伝。前者では、バハイは康熙二十五年に病歿したことになっているが、三十五年の誤りである。
(18)『黒龍江将軍衙門檔案』第一〇冊、康熙二十九年三月十四日の条。
(19)注(18)に同じ。
(20)水原重光「近世前期国家領域劃定時の Boundary zone 経営の一例としての清朝の黒龍江省経営」(『西日本史学』第三号、一九五〇年)五七頁、吉田金一『近代露清関係史』(東京、一九七四年)一九五、一九六頁を参照。
(21)注(18)に同じ。
(22)注(18)に同じ。
(23)注(18)に同じ。
(24)『黒龍江将軍衙門檔案』第一四冊、康熙二十九年三月二十六日、および第一五冊、康熙二十九年五月十五日の条。
(25)注(18)に同じ。
(26)*Русско-китайские отношения в XVIII веке*, том 1, Москва, 1978, стр. 8. なお吉田『ロシアの東方進出とネルチンスク条約』二九七頁を参照。
(27)『黒龍江将軍衙門檔案』第一四冊、康熙二十九年三月十五日の条。ただし一行が実際に到着したのは、それより十日近く遅れたもようである。
(28)『黒龍江将軍衙門檔案』第一四冊、康熙二十九年四月二十一日の条。
(29)『黒龍江将軍衙門檔案』第一五冊、康熙二十九年五月三日の条。
(30)『黒龍江将軍衙門檔案』第一五冊、康熙二十九年五月十五日の条。
(31)吉田氏は、このときランタンが立てた国境碑は仮のもので、清は後年それを立て直したというが、その説に根拠があるわけではない。わたしは、三か所の国境碑はもともと遠方にあり、清はそれを立て直すことはしなかったと考える。吉田『ロシアの東方進出とネルチンスク条約』二九四～三〇四頁を参照。
(32)注(30)に同じ。

（33）『黒龍江将軍衙門檔案』第一〇冊、康熙二十九年八月八日の条。

（34）吉田『ロシアの東方進出とネルチンスク条約』附図を参照。以下同じ。

（35）注（30）に同じ。

（36）『黒龍江将軍衙門檔案』第三〇冊、康熙三十年閏七月二十一日の条。

（37）『黒龍江将軍衙門檔案』第一三冊、康熙二十九年五月七日の条。

（38）同書「晞髪堂詩稿自序」、および「附楊大瓢出塞省親詩文巻」。前者に「己巳歳〔一六八九年〕出塞省親」とみえる。この史料については、李興盛氏からコピーをいただいた。記して謝意を表したい。

（39）О. П. Суник, О языке зарубежных нанайцев, *Доклады и сообщения Института языкознания АН СССР*, 1958, 11, стр. 168, Б. О. Долгих, *Родовой и племенной состав народов Сибири в XVII в*, Москва, 1960, стр. 605.

（40）А. В.Смоляк, Родовой состав нивхов в конце XIX- начале XX в, *Социальная организация и культура народов Севера*, Москва, 1974, стр. 194, 195. また本書第七章表15を参照。

（41）注（40）に同じ。

（42）本書第三章「一七二七年の北京会議と清朝のサハリン中・南部進出」八七頁を参照。

（43）J. B. Du Halde, *Description géographique, historique, chronologique, politique, et physique de l'Empire de la Chine et de la Tartarie Chinoise,*（以下*Description*と省略）tome 4, Paris, 1735, p.244. また吉田『ロシアの東方進出とネルチンスク条約』二九七頁を参照。

（44）Sebes, *The Jesuits and the Sino-Russian Treaty of Nerchinsk (1689)*, 附図を参照。なおトマの地図に関しては、A. Florovsky, Maps of the Siberian Route of the Belgian Jesuit, A. Thomas (1690), *Imago Mundi*, 8, 1951. を参照。

（45）『黒龍江将軍衙門檔案』第二九〇冊、康熙四十九年正月四日の条。

（46）威伊克阿林について、吉田氏はトロム川水源のエルキレ山（標高二三八四メートル、北緯五三度・東経一三五度付近）を、劉遠図氏はトロム川西北のトィリスキー（タイカンスキー）山脈の最高峰（標高二二七八メートル）をあてられるが、誤りである。吉田『ロシアと中国の東部国境をめぐる諸問題』一〇二～一〇四頁、劉「《柳辺紀略》所記威伊克阿林界碑補証」（『学習与探索』一九八五年第六期）一三四頁を参照。

(47) 中国第一歴史檔案館編『清代中俄関係檔案史料選編』第一編（北京、一九八一年）、第二八二号、雍正十二年十二月十四日付け領侍衛内大臣・英誠公豊盛額の上奏文。なお本書第五章「十八世紀アムール川下流地方のホジホン」一七七、一七八頁を参照。

(48)『黒龍江将軍衙門檔案』第一三冊、康熙二十九年七月十二日の条。

(49) 吉田「郎談の『吉林九河図』とネルチンスク条約」三三、三四頁を参照。現在国立故宮博物院に所蔵されるこの地図は、『吉林九河図』と呼ばれているが、もとより正式な名称ではない。

(50)『清実録』康熙二十五年三月己未の条。

(51)『黒龍江将軍衙門檔案』第二九〇冊、康熙四十九年正月四日の条。

(52)『黒龍江将軍衙門檔案』第二九三冊、康熙四十九年正月七日、二月三日、および二月九日の条。

(53)『黒龍江将軍衙門檔案』第二九三冊、康熙四十九年二月二十六日の条。

(54)『黒龍江将軍衙門檔案』第二九〇冊、康熙四十九年八月二十三日の条。

(55)『黒龍江将軍衙門檔案』第二九一冊、康熙四十九年十一月十二日の条。

(56) ランタンが領侍衛内大臣となったのは、康熙三十一年三月乙丑（十六日）である。『清実録』同条。

(57) 入江啓四郎「ネルチンスク条約の研究」（アジア・アフリカ国際関係研究会編『中国をめぐる国境紛争』巌南堂書店、一九六七年）三一頁、野見山温『露清外交の研究』（酒井書店、一九七七年）「満文ネルチンスク条約の研究」註（25）を参照。

(58) ネルチンスク条約の正文であるラテン語条文については、ロシア語訳を参照した。*Русско-китайские отношения в XVII веке*, том 2, стр. 645, 646.

(59) たとえば、*Русско-китайские отношения в XVII веке*, том 2, стр. 563, 571, 574, 583, 593.

(60) 国境となった山脈については、ネルチンスク講和会議に参加したイエズス会士ジェルビヨンの日誌に説明がある。Du Halde, *Description*, tome 4, pp. 198. なおシベリア地図に関しては、三上正利「スパファリのシベリア地図」（『史淵』第九九輯、一九六八年）などを参照。

(61) 吉田『ロシアと中国の東部国境をめぐる諸問題』七五～八四頁、第九図を参照。

(62) 吉田『ロシアの東方進出とネルチンスク条約』附図を参照。

(63) 注（55）に同じ。

(64) 注（55）に同じ。

(65) イエズス会士が収集した資料に拠って作製されたダンヴィルの地図では、両国の国境は下流のアジゲ＝ゲルビチ川にあると明記している。ダンヴィルの注記はかれ自身から出たというよりは、イエズス会士たちの見解に従ったと考えるべきである。イエズス会士たちは、おそらく国境碑の意味を知らなかったのであろう。

(66)『黒龍江将軍衙門檔案』第二九〇冊、康熙四十九年八月二十三日、および第二九一冊、康熙四十九年十一月十二日の条。

(67)『黒龍江将軍衙門檔案』第二九二冊、康熙四十九年九月十二日、および第二九三冊、康熙四十九年閏七月二十一日の条。またソロンに関しては、柳澤明「いわゆる『ブトハ八旗』の設立について」（『松村潤先生古稀記念清代史論叢』汲古書院、一九九四年）一一三頁を参照。

(68) 李興盛『東北流人史』（黒龍江人民出版社、一九九〇年）二〇九頁を参照。

(69)『大清一統志』（乾隆九年）巻三六、黒龍江。

(70)『大清一統志』（乾隆二十九年）巻四八、黒龍江。

(71)『大清一統志』（嘉慶二十五年）巻七一、黒龍江。

(72) 一八四四年にこの地域に入ったミッデンドルフによると、トゥグル川とニメレン川との間は四、五マイルの距離しかなく、住民たちは自由に往来していたという。E. G. Ravenstein, *The Russians on the Amur*, London, 1861, p. 204.

(73) 注（51）に同じ。

(74)『水道提綱』巻二四、黒龍江。なお内藤虎次郎「支那史学史」（『内藤湖南全集』第一一巻、筑摩書房、一九六九年）三七四〜三七六頁を参照。

(75) トゥグル川水系の諸河川は、ニングタ（吉林）将軍の管轄地域内に含まれていた。一例をあげると、『大清一統志』（乾隆九年）巻三五、寧古塔。

(76) 吉田『ロシアと中国の東部国境をめぐる諸問題』第六章を参照。なおランタン作製の地図以外の地図に関しては、W. Fuchs, Über einige Landkarten mit Mandjurischer Beschriftung,（『満洲学報』第二号、一九三三年）、船越昭生「康熙時代のシベリア地図」（『東方学報』（京都）、第三三冊、一九六三年）、Sebes, *The Jesuits and the Sino-Russian Treaty of Nerchinsk (1689)*,

附図などを参照。

(77) 吉田氏は、清朝にはランタンの地図よりも早く、そのもとになった地図が存在しており、ネルチンスク講和会議のときにもその地図が使われたと推測された。だが康熙二十九年の国境調査の事実が明らかになったいま、もはやこの説は成り立たない。『ロシアと中国の東部国境をめぐる諸問題』五五~五七頁を参照。

(78)『黒龍江将軍衙門檔案』第二九四冊、康熙四十九年九月一日、九月二十二日、十月二十一日、および『寧古塔副都統衙門檔案』第二二冊、雍正七年七月二十二日の条。

(79)『龍沙紀略』経制。

第二章　一七〇九年イエズス会士レジスの沿海地方調査

はじめに

周知のように清の康熙帝は、『皇輿全覧図』を製作する一環として、一七〇九年にイエズス会士レジスらを東北地区に派遣した。このときレジスらは、東北地区から沿海地方、さらにはアムール下流地方まで踏破して、各地において測量を実施した。康熙帝は二年後にさらに満洲人の調査隊を派遣して、レジスらが到達できなかったアムール河口とサハリンを調査させて、東北アジア地域の測量をほぼ完了したのである。学界の通説ではこのときに達成された最大の成果は、サハリンの存在を確かめたことであるといわれる。しかしわたしは、それは副次的な成果であって、レジスらが敢行した調査の目的とその成果は、別のところにあったと考える。

さて北海道が本州の北に存在することは、現代人には自明の事実である。しかしそれは近代に入って明らかになったことであり、それ以前の西太平洋地域は、先住民を除けば、世界の大多数にとっては未知の領域であった。

とくにエゾつまり北海道の存在は、十七、八世紀には地理学上の大問題であって、レジスが沿海地方を調査するまでは、エゾは島であるのか、それとも大陸の一部なのかで、専門家の間でも見解は分かれていた[1]。

わたしがエゾ問題の存在を知ったのは、数年前に遡る。十七世紀末に中国に入ったベルギー人のイエズス会士、アントワヌ＝トマの地図を見ていたときであった。そこには本州の北に海峡を挟んで大陸が伸びており、その一角は点線で囲まれてエゾ Yesso とあり、松前 Mazuma などの地名が記されていた[2]。不思議に思って調べていくと、その当時ヨーロッパにおいては、エゾの位置をめぐって論争があったことを知った[3]。さらに関連の史料を収集して検討を重ねるうちに、わたしは一七〇九年にレジスらが東北アジアを調査したときに、わざわざ沿海地方に迂回した理由も、このエゾ問題と関係していたのではないかと考えるに至った。やがてそれは、わたしの中で確信に変わったのである。

本章でわたしは、最初に中国在住のイエズス会士たちが抱いていたエゾ観について明らかにする。次にレジスたちが行なった沿海地方の調査を説明し、レジスが行なった研究の意義について論じることにする。

第一節　中国在住イエズス会士のエゾ観

大航海時代の結果、世界地図の上に残された空白地域は大幅に減少したが、日本の北方海域を含むユーラシア大陸の東端が、どういう形状をしているのかという問題は、依然として謎のままであった。そうした中で十六世紀半ばに、本州の北にエゾという地域が存在して、先住民のアイヌが居住することが、ヨーロッパ人の間に知られるようになった[4]。しかし情報が限られていたので、エゾの形状や位置をめぐる疑問は、永く解明されることはなかった。その間エゾをめぐって果てしない論争が繰り広げられたが、とくに十七世紀中はそれが島か、あるいは大陸の一部かということが、議論の中心となった。

中国に滞在したイエズス会士も、この論争に強い関心を示した。十六世紀の後半以来キリスト教の勢力は、マカオを拠点に日本の各地に浸透したが、江戸幕府がキリシタンを追放した後は、日本からほとんど消えてしまった。そのために中国のイエズス会士たちは、日本に入るための新しい方法として、エゾを経由するルートを模索していた。かれらにとってエゾがいかなる土地であるかは、重大な問題であったのである。

第一節　中国在住イエズス会士のエゾ観

日本とエゾに関して重要な情報を提供したのは、日本にいたイエズス会士の文書や書簡であった。ただこれらの原資料はだれでも自由に利用できるというものではなかったので、一般にはそれらを編纂して出版された書物が、日本とエゾの情報をヨーロッパに広めた。十六世紀末以来ヨーロッパとくにカトリックの世界で、日本についてもっとも権威があるとみなされたのは、ジョヴァンニ＝マフェイの『インド史』である。マフェイが日本について記すのは第一部「インド史」の第十二巻においてであり、それは主にイエズス会の巡察使アレサンドロ＝ヴァリニャーノの資料にもとづいていた[5]。さらに第二部「インドからの書簡」の第四巻では、イエズス会士のルイス＝フロイスが一五六五年三月二日に日本から送った書簡を引いて、エゾの先住民アイヌのことを紹介している[6]。中国に滞在したイエズス会士は常にこれらの記述を参照しており、日本に関するかれらの知識は、基本的にはマフェイを越えるものではなかった。

さて中国在住のイエズス会士で、エゾを最初に地図に描いた人物は、マテオ＝リッチである。一六〇二年に製作した『坤輿万国全図』において、リッチは日本の北方海域を現実とは似つかない不思議な形に描いている。本州の北端は北緯四十度付近に位置し、その北には島がひとつあって、朝鮮半島の付根から海岸線が、ほぼ東西に湾曲しながらその島の北まで伸びて、日本列島を北から覆うかっこうになっている[7]。

リッチの『坤輿万国全図』は、そのほとんどを既成の地図に依拠している。中でもメルカトル、オルテリウス、プランチウスなどヨーロッパ人の地図に負うところが大きい。[8] ただ東アジアに関してはアジア人の地図を参考にしており、たとえば中国本土の形状は、十六世紀に中国で作られた『広輿図』を模倣している。[9] ところがリッチの描く日本列島の形は、日本の行基図をまねてはいるが、それよりも進歩しており、とくに本州の北にある島や沿海地方の海岸線は、従来の地図では知られていなかった。[10] もちろん中国の地図にも現れない。リッチはこうした構図を自ら考案したとは考えらないので、どこかでそれを学んだはずである。

さて十六世紀末に日本では、新しい型の東アジア地図が出現した。これらの地図はエゾをユーラシア大陸の一部とみなし、朝鮮半島の付根から大陸の海岸線を東に延ばして、本州北端の対岸部分をエゾであると考えた。このような形状を描いた具体例としては、一五九三年に作製された豊臣秀吉の扇面図と、一五九六年に写されたサンフェリッペ号の航海図などをあげることができる。[11] これらの地図は経緯度がないなど欠陥をもつが、それにもかかわらず北方図の歴史を転回させる画期的な内容を含んでいた。

このような地図が日本で出現した理由は、朝鮮に対する秀吉の拡張政策が発端になって、東北アジア地域に対する地理的な関心が強まったことに関係があるといわれる。[12] 同様の地理観は、当時上級武士の間に相当広まっており、かれらを通じて海外にも流れた。たとえば一六〇七年に日本を訪れた朝鮮通信使のキョン＝ソム（慶暹）は、その旅行記『海槎録』において、

〔五月〕二十九日辛卯〔……〕江戸に留まる。支官等云く、日本陸奥州の境は、貴国北方の胡地と一海を隔て、互相に往来す。仍って天兵尚ほ朝鮮に留まるを聞く、と云々。

と、接待の武士からそのはなしを聞いたと記している。しかし中国にいたリッチが、これから直接想像をふくら

マテオ=リッチ『坤輿万国全図』（東アジア部分）　1602年の作製。（京都大学附属図書館蔵）

ませたとは考えられない。

同じ時期に日本では、さらに一種新しい地図が現れた。これは第一の地図を改良したもので、全体の構図はほとんど同じであるが、エゾをユーラシア大陸から分離して、大陸と本州との間に浮かぶ大きな島としたことと、今の日本海を、朝鮮半島、大陸の海岸線、日本列島で周囲を囲まれる内海として表したことに、その特徴がある。日本の各地に残る屏風の世界図や各種の航海図が、その代表例である。第二の地図を作製したのは、長崎在住のイエズス会士といわれ、その作者は第一の地図とともに、一五九〇年に巡察使ヴァリニャーノに同行して日本を訪れたイナッシオ＝モレイラの日本地図も参考にしている。[13] モレイラは西日本の各地で測量を行なったが、かれ自身は京都から東へは行ったことがないので、東日本の位置は日本人の情報にもとづいて推定した。その結果モレイラは、本州北端の緯度を約三十九度と計算した。[14] 日本で永く活動したイエズス会士ルイス＝フロイスが、その著『日本史』の中で、

この朝鮮地方は〔……〕北部および北東部ではタルタール人とオランカイ人（の土地）に接している。オランカイ人（の土地）は、日本の北部と大きい入江を形成し、蝦夷島の上方で北方に向かって延びている突出した陸地である。

と述べるのは、この地図を念頭に置いたものだろう。[15] 十八世紀以前のヨーロッパ人は、中国の北に広がる地域を漠然とタルタリアと呼んでいた。タルタール（タルタル）人はそこに生きる住民のことで、ここでは満洲人とモンゴル人を指す。またオランカイは、朝鮮の文献にいう兀良哈、清人のいうワルカのことで、朝鮮の東北部、豆満江北岸にいた女直集団を指す。フロイスによると、エゾはオランカイの南方に存在するという。ちなみにフロイスがマフェイの委嘱を受けて『日本史』の執筆を始めたのは、一五八三年からであるが、かれがこの部分を記

述したのは九五年ころと推定される。[16] リッチの描く日本の北方地域は第二の地図と酷似するので、おそらくリッチはそれに倣って東アジアの部分を描いたのであろう。

『坤輿万国全図』においてリッチは、日本に関して次のような説明を行なっている。

日本は、乃ち海内の一大島なり。長さ三千二百里、寛さ六百里を過ぎず。今六十六州有り、おのおの国主有り。俗は強力を尚び、総王有るといへども、而して権は常に強臣に在り。其の民は武を習ふもの多く、文を習ふもの少なし。土は銀・鉄・好漆を産す。其の王は、生子年三十にならば、王を以て之に譲る。其の国は大抵宝石を重んぜず、只金・銀及び古窰器を重んず。

この文章は、マフェイの『インド史』などをもとにしている。[17]

また日本列島の地名については、『広輿図』掲載の行基図を参考にする。しかしその地名と位置には杜撰なところがあって、紀伊を伊紀として四国に置いたりする。[18] また北海道の位置にある上述の島には、佐渡、加賀、能登などの地名を付しており、この島が北海道（エゾ）ではなくて、別の島であるかのような疑いをいだかせる。

他方でユーラシア東北部の地名（民族名）は、ほとんどが『文献通考』から借用したものであるが、[19] 中には架空のものまであり、しかも恣意的に配置されている。その中でリッチは上述の島の真北にあたる大陸の沿岸に、「野作」という地名を記入しているが、野作は『文献通考』にはみえないので、かれの造語と考えられる。通説によるとこの野作こそがエゾであるというが、真偽のほどは不明である。しかし中国在住のイエズス会士たちは、野作をエゾのことと理解したのである。

次にイエズス会士のジョアン＝ロドリゲスは、永らく日本で通訳として活躍していたが、一六一〇年にマカオに追放されて、その後一時期中国本土に入ったこともある。ロドリゲスは『日本教会史』を著して、日本と中国両方の社会について書き残した。かれはその原稿を一六二一年までにほぼ仕上げたが、その後も随時加筆を行なっている。[20] その中でロドリゲスは、エゾを東部タルタリアに接近する島と考えて、その間は海峡を隔てたがいにみえるほどの距離しかないと述べる。またエゾはオランカイに属していたという。[21]

ロドリゲスの記述は、当時日本で流布していた諸説の影響を受けており、とくにイエズス会士のジェロニモ＝アンジェリスの説に負うところが大きい。アンジェリスは北海道に上陸した最初のヨーロッパ人で、一六一八年と二一年の二度北海道に赴いた。イエズス会に提出したその報告書によると、最初の渡航においては、エゾはユーラシア大陸と地続きであると推測したが、再度の渡航ではそれを撤回して、エゾは海峡（テッショイ、テツイ）によりー大陸と分断される島であると考えるに至った。その理由としてかれは、エゾの西端テッショイでは対岸の馬を望見できるほどだが、間の海は流れが激しく、もしもそれが入海であれば、このような激流は生まれないと推測した。さらにエゾには万人が従う君主は存在せず、また大きな領主もいないが、それはエゾが周囲の国から分断されていて、それと交渉をもたないからであるというのである。[22] アンジェリスの考えは、本来ならばもっと注目されてもよかったが、しかしその後一世紀間は埋もれたままであった。中国在住のイエズス会士たちも、その説をとりあげることはなかった。

ロドリゲスは、エゾの緯度に関しても新しい見解をもたらした。それまで本州の北端は北緯三十九度ないしは四十度と推定されていて、リッチも四十度に置いている。ところが十七世紀初め日本に新説が現れて、それを四十二度前後に改めた。[23] ロドリゲスはその仮説に従って、北海道を除く日本列島の北緯は三十度から四十二度半の間であるとして、本州北端の緯度を四十二度半に変更している。[24]

なお一六二三年に北京では、リッチの後任であるニコロ＝ロンゴバルディとマヌエル＝ディアスが、地球儀を完成した。[25] 本州とユーラシア大陸との間に東西に長い島を配置する構図は、リッチに由来する。他方ジュリオ＝アレニは世界地誌の『職方外紀』(一六二三年)を著したが、その挿図に描かれるユーラシア北東部の形状は、ロンゴバルディらの地球儀と同じである。したがってロドリゲスの影響は、両者には基本的にみられない。ただしアレニは本州の北端を四十二度付近と考えており、この点だけは日本の新説を採用したのである。(26)

続いてイタリア人のイエズス会士マルチノ＝マルチニであるが、かれは七年余り中国で布教に携わった後の一六五〇年に、典礼問題を説明するためヨーロッパに戻った。その間にマルチニは中国の地理書から資料を収集し、それに自分と同僚の宣教師たちが中国各地で観測したデータを加えて、新しい中国地図を作製した。そしてそれをオランダの有名な地図製作者ヤン＝ブラウの叢書『新地図』の一冊として、『中国新地図帳』の名で刊行したのである(一六五五年)。マルチニの地図は、ヨーロッパで作られた最初の科学的な中国地図となった。(27)

この中でマルチニはエゾについて、次の如く説明を行なっている。(28)

マフェイ Maffeo は、われわれの会の一員であるが、ほとんど中国の歴史家のことばを利用しながら、「[インドからの]書簡」の第四巻にそれについて次のように記述している。多くの未開人が住む面積のとても大きな国が存在する。それは北方で日本と接し、みやこの町からは三百リウ(あるいは二百五十四マイル)離れている。人びとは獣皮の衣服を着、身体に毛があって、とても長い顎ひげと口ひげをもつ。好戦的で、日本人に恐れられている。かれらは戦いで負傷すると、傷口を塩水で洗う。それは、かれらがもつ唯一の薬である。かれらは銅製の鏡を胸にかけるが、それによって矢の攻撃から身を守ることができるという。またたいていはタルタル人の間でもっとも裕福なものが、それを身につけるという。かれらは水を飲みたいときには、それを棒でもちあげる(捧酒篦)。この国民はとりわけとても酒を好み、かれらは剣を頭に結わえるので、その柄は肩の上にぶら下がる。かれらはただ天などを崇拝する習慣をもつことを除くと、いかなる儀式も行なわない。何人かのものが、このエゾJesso（わたしはヨーロッパの人びとともにこう呼ぶ。中国人が与えているエソYeçoの名は、これを放棄する。）の地が島か大陸かどうかで、論争をしている。だがもしわれわれが中国人のいうことを信じたいと思うならば、確かにそれは住むひともいないタルタリアの一部である。そしてヌルハンNiulhan〔奴児干〕とユピYup'i〔魚皮〕は大陸であるにしても、それでも日本が島ではないということにはならない。というのはそれをエゾから分ける海峡が存在するからである。わたしはどうかといえば、ものごとが疑わしいときには、何も請け合わないことを約束する。わたしは読者に地図を参照させるが、それには中国の地図を描いた。

マルチニが引くマフェイの文章は、前述した如くフロイスの書簡にもとづく。アイヌの特徴もまた、フロイスが述べたもので、中国の歴史家からとったのではない。またエゾ（野作）が中国人から出たというのも舌足らずで、事実はリッチの『坤輿万国全図』に始まる。

一般にマルチニはリッチに追随する傾向があったといわれるが[29]、後者がエゾを大陸に置くことに対しては懐疑的であった。『中国新地図帳』の中国図においては、日本北方の形状と緯度は『坤輿万国全図』と大体同一であるが、マルチニは本州と大陸の間の島をエゾIesoと呼ぶ。またマルチニの記述から、十七世紀前半に北京のイエズス会士の間では、エゾが島であるか大陸と地続きであるかで、論争が続いていたこともわかる。

次いでベルギー出身のフェルディナンド＝フェルビーストは、清に再入国するマルチニとともに一六五九年に中国の地を踏んだ。フェルビーストは七四年に『坤輿全図』を製作したが、そこでかれは本州の北、北緯四十二、三度以北にひとつの島を置いて、それに「野作」と記す[30]。注意すべきは、その島の東海岸に独特な形の半島が、三つ描かれていることである。このような半島は、マルチニ以前の宣教師の地図には現れない。それは、一六四

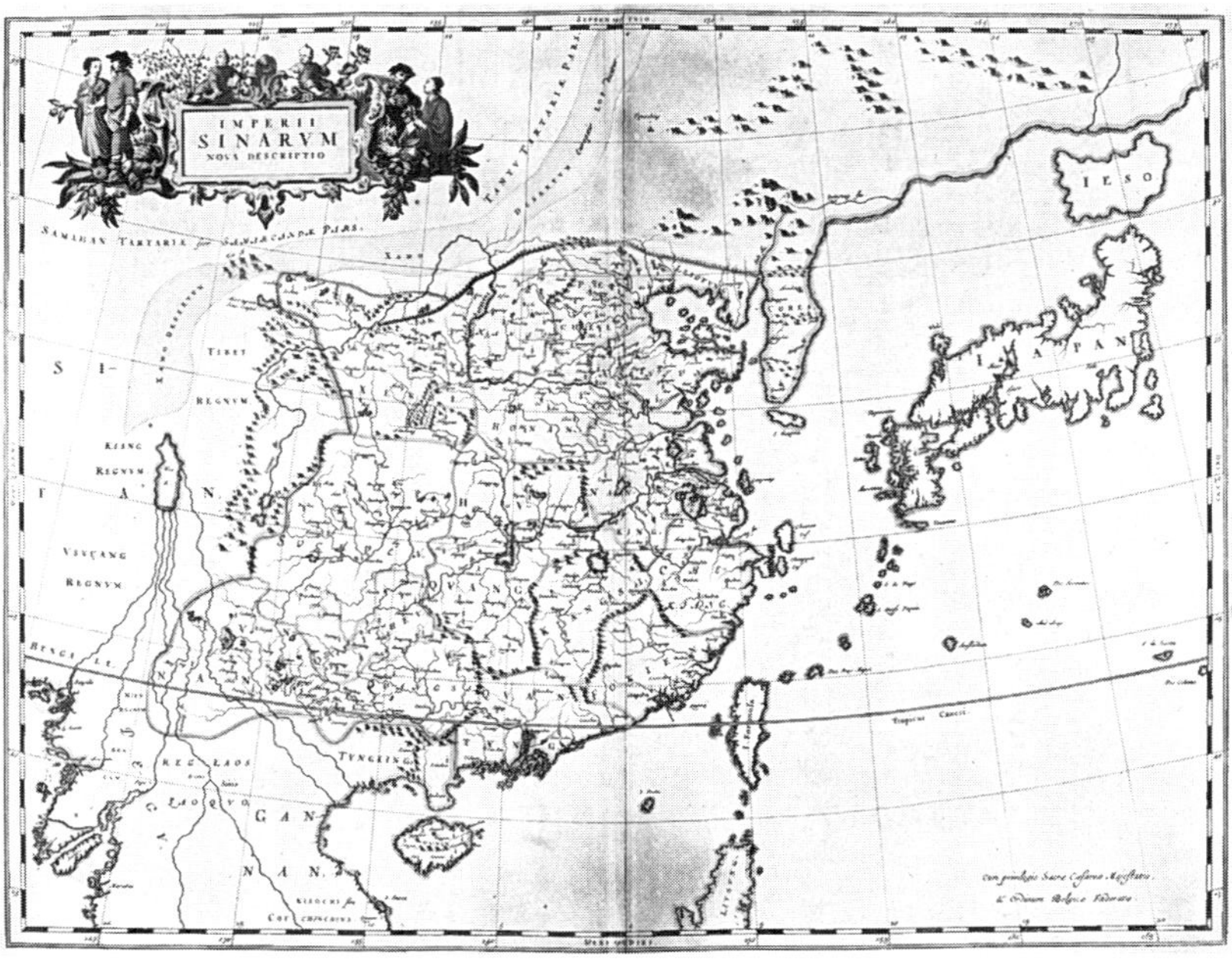

中国図　マルチニ『中国新地図帳』(1655年) に含まれる一枚。(京都大学大学院人間・環境学研究科蔵)

三年にこの海域を調査したマールティン＝フリースの海図に描かれるエゾの形に近い。この年オランダの東インド会社により派遣されたフリースの船団は、本州の東岸を北上して北海道南部に接近し、それからクナシリ＝エトロフ間の海峡を通過して、サハリン南部のアニワ湾と中部のテルペニヤ湾に達した。その後南に引き返し、北海道東部の厚岸湾に入っている。その間にフリースらはアイヌ民族と交流を行なって、かれらが上陸した地点がエゾであることを確信し、海図の中に北海道東部とサハリン南部を結合して、全体をひとつのエゾとして描いた(31)。その海図はヨーロッパ中に広まって、三つの半島をもつエゾが多くの地図に表現された。フェルビーストはヨーロッパにいるときにそのひとつを見て、その重要性を認めていたのであろう(32)。フェルビーストのいう野作はエゾのことで、かれはエゾを島と考えるのである。

最後に前述したトマは、ベルギー人のイエズス会士である。かれは始め日本での布教を夢見て、一六八二年にマカオに入り、以来中国での布教に従事していた(33)。トマはフェルビーストの仕事を引き継いだが、エゾの問題に関してはフェルビーストに同調せず、リッチ以来の伝統に従ってエゾを大陸の一部と考えた。すなわちトマが一六九〇年に作製したユーラシア大陸の地図では、本州の北端は北緯四十度付近で、経度は北京から東に二十五度から三十度の付近にある。一方エゾ Yesso は朝鮮半島から東西に伸びる大陸の沿岸部に含まれて、本州とは海峡を隔てて対面している(34)。地図と同様の考えは、一六九八年の書簡にもみることができる(35)。トマは日本に特別の思い入れをもっており、エゾを経由して日本で布教することはかれの夢であった。トマはエゾがユーラシア大陸の東北に位置して、中国から容易に到達できるようにとの願望をこめて、この地図を描いたのであろう。

かんたんではあるが、以上が中国で活躍したイエズス会士たちの代表的なエゾ観である。その間百年近いときが流れているが、様々な見解が並立してひとつに収斂することはなかった。ただエゾを大陸の一部と考えるものも、あるいは島というものも、エゾが朝鮮半島の東北あるいは本州の北に位置するという点では一致していた。

しかしかれらはだれも現地には行ったことはなく、すべては推測にすぎない。したがってこの論争に決着をつけようと思えば、実際にその地点に立って、そこがエゾであるかどうかを確かめるのが最善の道であった。おそらくレジスももし機会を与えられるならば、そこに行ってみたいと考えていたにちがいない。

第二節　一七〇九年にレジスらが通過したコース

清の康熙帝は、中国本土と周辺地域の地図を作製する意図を、早くから心に抱いていたと考えられる。[36]とくに清発祥の地である東北地区や、ネルチンスク条約で定めたロシアとの国境地域に関して正確な地図を作ることは、永年の懸案となっていた。その間康熙帝はイエズス会士に対して、この地域の地図を試作させようとしたこともあった。たとえば一六九八年にはトマにモンゴル（西タルタリア）の地図を作製させており、翌年にはさらに東北地区（東タルタリア）で測量を行なわせる予定であった。だが同年に黄河が氾濫したために、計画は実施されなかった。[37]そうこうするうちに康熙帝は、イエズス会士のパランナンの勧めに従って、イエズス会士に北京周辺の地図を試験的に作らせてみた。その結果康熙帝はかれらの仕事に満足して、中国全土と周辺の地図作製に本格的に着手することを決意したのである。[38]

実際に計画が動き始めたのは、それからしばらくたった後のことである。最初にブーヴェ、レジス、ジャルトゥの三人の宣教師が、康熙四十七年四月十六日（陽暦一七〇八年六月四日）から同年十一月三十日（陽暦一七〇九年一月一〇日）まで測量を行なって、長城全体の地図を完成した。[39]そして次にイエズス会士がとりかかったのは、中国の東北地区とその北方に広がる地域の地図作製である。康熙四十八年にレジスとジャルトゥにフリデリを加えた三人のイエズス会士が、満洲人らとともにこの地方の測量に向かった。『黒龍江将軍衙門檔案』第二七四冊、康熙四十八年四月十三日の条には、調査隊が通過する予定のコースについて詳しい記述が残っている。コースの問題は調査の目的と密接に関連するので、これから説明を始めることにする。それによると調査に先立つ三月二十三日〔陽暦五月二日〕に、この計画を指揮する護軍参領デクジンゲらが康熙帝に調査の指示を求めたところ、帝は次の如く命令したという。

おまえたちは山海関を出て、海岸に沿って測定して作図しながら行き、鳳凰城に届けよ。鳳凰城から長白山まで通り抜けることはできないので、興京を目指して行け。盛京で馬を換えるのだぞ。おまえたちは盛京で馬を換えて、興京からインゲ〔イェンゲ〕関を出て、旧道を行き、ラファ駅、ニングタからホンジュン〔フンチュン〕、スイフン〔を経て〕、ウスリ川を下って、ゲリン〔ゴリュン〕川、ヘングン〔アムグン〕川を目指して行け。おまえたちが近づくことのできないところは、おまえたちは有名な場所、大山を尋ねて、地図の中に描かせよ。〔……〕ヘングンより向こうの海まで、人びとは往来するのかしないのか、行くならばいかなる種類のものを交易するか、おまえたちはそれを尋ねよ。おまえたちは向こうに行くときに、わたしがここで指示した場所に至ることができれば、ただちに行け。もしも近づくことができないところは、おまえたちは勅令が下ったといっても、軽率には行くな。〔……〕

調査隊は山海関を越えて、渤海沿いに朝鮮との国境まで達した後、長白山の西側を迂回して盛京に出て、それから東にニングタ経由で、フンチュン、スイフン川、ウスリ川など、沿海地方の南部に向かう予定であった。その後はウスリ川を下ってアムール川に入り、最終的にはアムール下流の支流ゴリュン、アムグン両川付近まで行くことになっていた。この計画で問題となるのは、調査隊がニングタから沿海地方の南部に迂回するコースを行くことである。もしもアムール下流地方に急ぐのであれば、ニングタから水路で牡丹江、松花江と下り、アムール川に入るのがふつうである。一行がわざわざこのコースを選んだのは、何か目的があったと理解すべきである。わたしは、それはエゾの問題を検証するためであったと考える。

檔案によれば、上述のコースを決定したのは康熙帝ということになっているが、帝がエゾの問題についてかねてより宣教師たちに学んでいて、その調査に関心をもっていたことはまちがいない。康熙帝は、トマに対して次の如く語ったことがある。(40)

わたしは、東海までの朝鮮王国の国境と、ついで狭い海峡によって東タルタリアから分けられている日本の北部国境の対岸を踏破しなければならない。

これによると、帝は日本の北方地域について、トマと同一の地理観をもっていたことがわかる。もしもイエズス会士が『皇輿全覧図』を製作するために、沿海地方でエゾの問題を調査したいと願い出たならば、おそらく康熙帝は二つ返事でそれを承認したであろう。わたしは、レジスたちがエゾの問題を調査することは、康熙帝も了解済みであったと考える。

ところで前掲の檔案によると、派遣される調査隊は次のような構成であったという。

勅命により派遣する護軍参領デクジンゲ、トーファンチ、監察御史ウダリ、員外郎シェレン、五官正チェンデ、西洋人ユワン〔?〕フェイ＝イェン〔費隠〕、レイ＝ヒヨース〔雷孝思〕、ドゥ＝ダメイ〔杜徳美〕、養心殿筆帖式ブルサイ、嚮導前鋒ナスタイ、ミンチン、画工二人、そして増員して派遣する郎中グワンドゥン、藍翎ヘムイェン、筆帖式ガブラ、タラチ、ガブラ。〔……〕

このうち西洋人フェイ＝イェンは、イエズス会士のエーレンベルト＝フリデリ、レイ＝ヒヨースは同じくジャン＝バプティスト＝レジス、ドゥ＝ダメイはピエール＝ジャルトゥのことである。その他に十人余りの満洲人が調査隊に参加しており、かれらはイエズス会士に同行して、その行動を監視するとともに、調査にも協力したのである。また一行の通過する先々では、地元の役人や兵も動員されて、観測の資材を輸送したり測定の場所を作るのに協力している。[41] なお「勅命により派遣される」という表現から明らかなとおり、清は測量に向かうかれらに大きな権限を与えていた。[42] レジスは、協力した満洲人たちについて述べることはめったにないが、清の意識からすれば、調査隊全体の指揮権はあくまでも清側が握っていて、デクジンゲやトーファンチなどにそれを代行させたということのようである。

康熙帝は、『皇輿全覧図』作製の基礎資料を収集するために、こうした調査隊を各地に派遣したが、それらの調査隊はみな同様の組織からなっていた。いずれの隊もイエズス会士を二、三人含んで、全部で十人前後から構成されていた。最も高い地位にあるのは大体護軍参領（正三品）であって、その他に吏部郎中や武英殿監視、欽天監監副や五官正などが加わっていた。[43] このうち欽天監監副や五官正などは、自らも天体観測と三角測量を行なって、イエズス会士を援けたのであろう。たとえば五官正チェンデは、数学や天文学に相当な学識をもっていたと考えられる。[44]

ここからはデュアルドが編纂した『中華帝国及び中国領タルタリアの地理的・歴史的・年代記的・政治的・物質的な記述』（以下『中国誌』と略称）第四巻に引用されるレジスの手記と、巻末に掲載される観測地点のリストにもとづいて、レジスらがたどったコースと途中の観測地点を具体的に説明していく（図2）。

さて調査隊が北京を出発したのは、三月二十九日（陽暦五月八日）のことである。[45] 一行は、康熙帝の命令にあった通りのコースを進んだ。まず山海関から渤海沿いに遼西走廊を北上して、新店子、牛荘を経て遼東半島に入

第二節　一七〇九年にレジスらが通過したコース

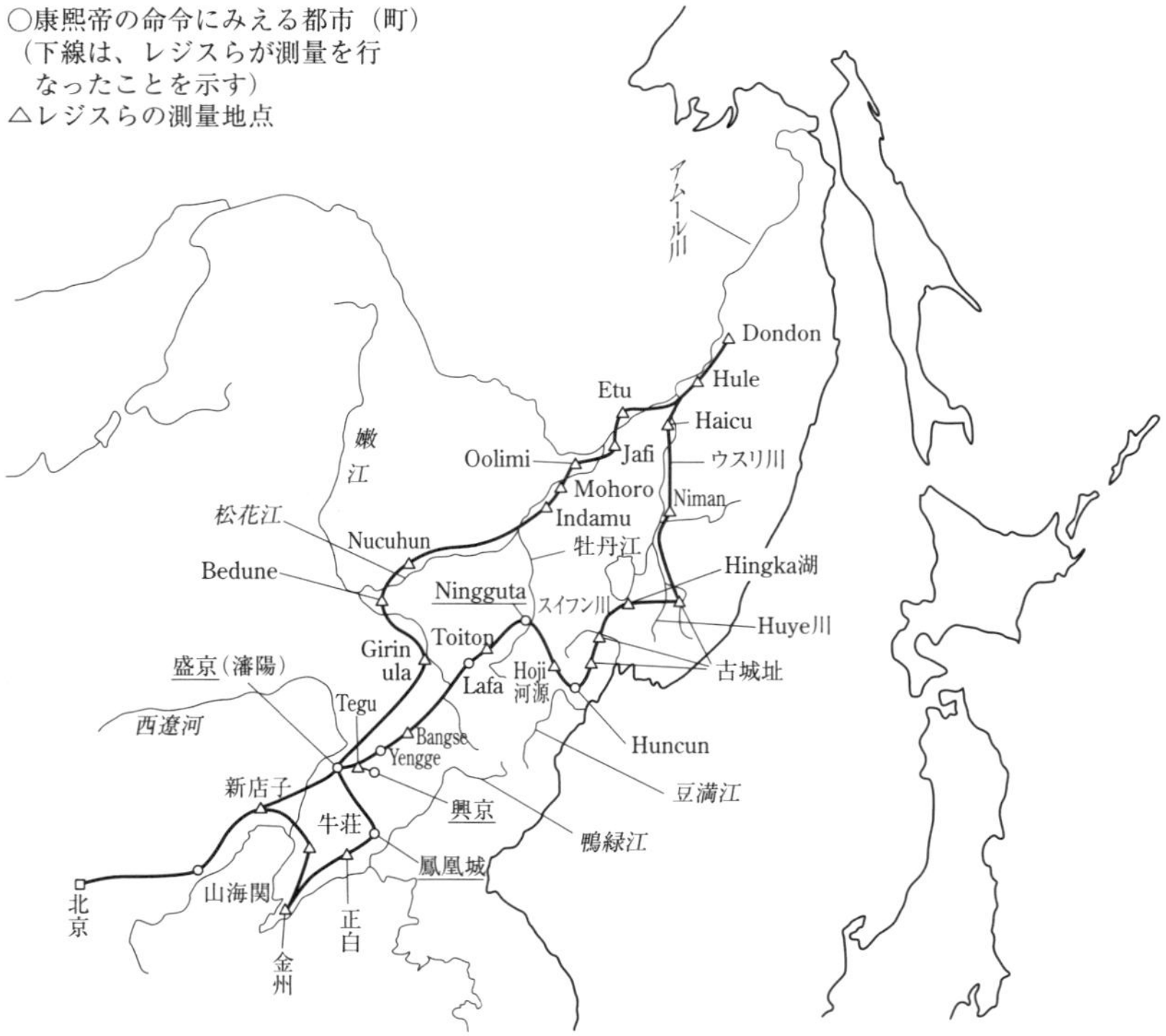

図２　イエズス会士レジスらの調査ルート

り、先端の金州まで達している。その後遼東半島の南岸を東に進み、途中正白村を経て鳳凰城に至った。レジスによると、朝鮮への関門であった鳳凰城には商人が各地から集まり、交易が盛大に行なわれていたという。続いて調査隊は長白山の西側を迂回して、北西方向に進み盛京（瀋陽）に入った。レジスたちは市内で盛京五部などの行政機関に立寄った後、郊外の福陵（東陵）と昭陵（北陵）を観光している。盛京を出ると、かれらはテグ村を経て興京に寄り道し、清朝の祖先が眠る永陵に詣でた(46)。

一行は興京から引き返して再び旧街道を行き、一路ニングタを目指した。当時盛京と東北辺境の軍事拠点であるニングタの間を結ぶ幹線は、撫順を経てイェンゲ関を出、ラファを通過する清初以来の旧街道と、康熙二十年（一六八一）にその北側に開通したばかりの、開原から吉林を経由してラファで旧街道に合流する新街道が、並行して存在していた(47)。このときレジスらは近道である旧街道を行き、イェンゲ関において辺牆を抜けて吉林地方に入った。その後バンセ城、ラファ駅を通り、六月上旬（陽暦七月十日前後）にニングタに到着した(48)。

ニングタからは騎都尉イデチェ、驍騎校ボロクディン、領催ショセと兵が調査隊に同行した(49)。一行は南の森林地帯を抜け、ガハリ川（嘎呀河）の支流であるホジ川の源流に出て観測を行なった。レジスによると、調査隊はその後豆満江河畔に至り、国境沿いにみえた朝鮮の四つの町を測定したというが、イエズス会士が作製した測定地点のリストには、永達の名しかあがっていない。それからかれらはフンチュンに達して、その位置を測定したところ、フンチュンの町は北緯四十二度五十五分二十六秒にあることがわかった。この間レジスらは豆満江の河口を測定している(50)。

フンチュンを出発してからのコースについて、『寧古塔副都統衙門檔案』第一二冊、康熙四十八年六月十二日の条には、勅命により派遣されて、土地を測量して山川を作図にくる大臣は、陸路を測定して、フンチュン、スイフンからフイェ河口に着いたら、ウスリ川を下って水路を測定しながら、ゲリン、ヘングンに向かって行く。

とみえる。スイフン川は沿海地方の西端に位置する。さらに『満漢合璧清内府一統輿地秘図』によると、フイェ川はウスリ川の源流のひとつで、現在のアルセニエフカ川にあたる。だがこれだけでは大体のコースしかわからないので、ここでも『中国誌』にもとづいて、イエズス会士がたどったコースを確かめることにする。

さて一行はフンチュンからフンチュン川を遡り、途中にある古城を通過して、その経緯度を測定した。さらに北東の方向に進み、スイフン川に至る。『中国誌』によると、

トゥメン=ウラ（豆満江）の次に、満洲人の以前の故郷をずっと前進すると、スイフン川という大河に出会う。われわれは、また東の大洋に流れこむその河口を測量した。〔……〕そこからフルダン=ホトンと呼ばれる町の廃墟がみえる。〔……〕その地方にある他の河川は、スイフン川よりずっと小さい。

というので[51]、かれらはスイフン川の河口近くで測定を行なってから、スイフン川を遡り、その中流にあったフルダン=ホトンのあたりを通過したと考えられる。それから上流の古城址に達して、そこで再度測定を行なった。『中国誌』の記述は、この後一挙にウスリ川まで飛んで、調査隊が通過した途中のコースを省略する。その間かれらはハンカ湖（興凱湖）南岸とウスリ川の古城の計二か所で観測を行なったが、その観測値からみると、ウスリ川の古城はフイェ川との合流点よりもかなり上流に位置する。このことから推測して、調査隊はスイフン川と別れたあと、ハンカ湖南岸のレフ川（現イリスタヤ川）の中流に出て、その後北東に進んでフイェ川の下流を越

え、ウスリ川の古城付近に達したのであろう。乾隆年間に編纂された『盛京吉林黒龍江等処標注戦蹟輿図』には、上述したコースと同じ通路が点線で図示されており、その先端はフイェ川の下流にまで達している。フンチュンからフイェ川下流に出るこのコースは、地元ではよく利用される通路であったと考えられる。

以上の如くフンチュンからフイェ川に至るまでに、宣教師たちは位置の測定を集中的に行なっている。レジスは沿海地方以外の地域では、わざわざ測量地点を述べることはしない。それなのに沿海地方に限っては、いちいちそれを挙げており、このことは、かれがこの地域に特別な関心を寄せていたことを物語っている。

その後レジスたちはウスリ川とフイェ川との合流点に出て、馬を降りて船に乗り換えた。そこにはニングタ副都統マチが船を用意して、調査隊が到着するのを待っていた。これよりさきマチは、一行のためにアムール川の航行に必要な人員と資材の調達を行なった。そしてガイドと水夫には三姓の民をあてることにした[52]。三姓はアムール下流の水路を熟知し、下流の住民とも緊密な交流を保っていたからである。かれらはこのときすでに牡丹江の沿岸に移住していたが、もとはそれより下流のアムール川中流沿岸に居住していて、中国・朝鮮に輸出する毛皮を仕入れるために、しばしばアムール下流に出かけていた。かれらにとってアムール川の下流地方は、自分の庭も同然であった[53]。マチは、三姓のハライダであったカンダイ、ジャハラ、メンケイ、エブチらに次の文書を送った。『寧古塔副都統衙門檔案』第一二冊、康熙四十八年五月十日の条に、

> 勅命によりゲリン・ヘングンなどの地方に大臣を派遣して、土地を測量する。かれらは到着し次第、水路で測量に行く。これらの行く大臣たちに、おまえたちの三姓からガイド八人を選び出して準備させよ。船八隻を出せ。遅れてはこまる。〔……〕

とある。六月二日になってマチは、再び三姓に命令を発して、ガイドを八人から二十人に増加させた[54]。その直後

に調査隊がニングタに到着して、協議の結果船をさらに数隻増やすことになった。また三姓の船にはそれぞれ漕ぎ手七人を乗せることにして、さきに決定したガイドに加えて、さらに三十六人を集めさせた。なおこれら三姓の民には、それぞれ二か月分の食料を準備させている[55]。

レジスらは、その船に乗ってウスリ川を下った。ニマン村に達したところで、一度経緯度の測定を行なっている。ニングタの官船は木釘製の脆弱な構造で、壊れたり浸水する恐れがあったので、調査隊はビキン川の河口まできて、たまたま通りがかったベドゥネ協領セシトゥらが乗る鉄釘を使った船五隻を借りうけ、それに乗り換えた[56]。それからウスリ川河口付近のハイチュ、フレ両村を通過してアムール川に入り、八月五日（陽暦九月八日）前後にアニュイ川の河口に近いアムール沿岸の村ドンドンに達する。ところがすでに寒気が厳しく、アムール川も凍結し始めて、航行が危険になったので、レジスたちは調査を続行することを断念して、引き返したのである[57]。

その後調査隊は上流に向かい、ウスリ川の河口を過ぎて、エトゥ村で位置の測定を行なった。さらに遡って、ジャフィ村を経て松花江に入り、オーリミ、モホロ、インダムと続いて測定して、牡丹江の河口まできて、イランハラで下船した[58]。

一方ニングタでは副都統のマチが、調査隊を迎える準備を始めていた。予定ではかれらは八月十五日（陽暦九月十八日）までにイランハラに上陸して、八月下旬（陽暦九月末ごろ）にはニングタを経由して吉林まで行くてはずであった。そこで七月二十五日（陽暦八月三十日）に驍都尉カニオをイランハラに送って、三姓のハライダとガシャンイダに対して、調査隊がイランハラに到着するのに合わせて馬を準備させた。また七月二十一日（陽暦八月二十六日）にはニングタ＝吉林街道沿いの六駅に対しても、十分な数の馬を準備するように命じている[59]。

以上のようにマチは帰りの準備を進めていたが、調査隊はそれを無視して別のコースをとった。すなわちイランハラに上陸した後、ニングタには向かわず、松花江に沿って西に進んだのである。かれらがなぜコースを変更したのか、史料では一切明らかでないが、おそらくレジスたちは往路とは別のコースを行って、できるだけ多くの地点で測定をしたかったのであろう。調査隊に同行していたニングタの騎都尉イデチェらは、イランハラで調査隊と別れて、船で牡丹江を遡ってニングタまで帰った[60]。他方レジスたちは、ベドゥネへの途中松花江北岸のヌチュフンで観測を行なって、ベドゥネに入った。『中国誌』にはベドゥネについて、その位置と住民、さらには副都統が駐防することなどを、かんたんにふれるだけである[61]。調査隊はベドゥネから吉林に入って、次いで盛京、山海関を経て、十一月始め（陽暦十二月始め）ごろ北京に帰り着いた[62]。

この間ニングタとベドゥネの副都統は、調査隊に各種の援助を与えたはずであるが、『寧古塔副都統衙門檔案』にはそれに関する記述は現れない。ただ第一二冊、十二月十六日の条に、調査隊に供出した三姓の馬が三十二頭死んだことを述べ、また同じく九月九日の条に、吉林、ニングタ、ベドゥネから供出した馬四十一頭が、死んだり逃げたりしたことをいうだけである。翌九月十日（陽暦十月十二日）の条には、ニングタ将軍が、調査隊が使役した吉林とベドゥネの馬を十分に休養させて、元気にして送り返すように語っているのがみえるので、調査隊が吉林を出発したのもこのころであろう。

第三節　レジスのエゾ研究

エゾの問題に関連して、レジスが沿海地方で行なった調査は主に二点あった。第一は、天体観測と三角測量を行ない、沿海地方の周辺で四十一度ないし四十三度の地点を捜索したことである。当時本州の北端は、北緯四十度ないしは四十二度付近にあると推定されたので、エゾの南端はそれよりも少し北に位置するはずである。このとき調査隊が実施した測定のもようは、レジスが手記の中に書き残している。たとえば豆満江の河口付近では、かれらは次のような作業を行なった。

かれらをタルタル人から分けるトゥメン＝ウラ〔豆満江〕は、ホンチュン〔フンチュン〕から十リウのところで東の大洋に注ぐ。その地点は重要であったので、われわれは海岸にごく近い小高い丘まで四十三里の基礎を引かせた。その丘からは、すでに先の測定により位置を定めた町のふたつを見ることができ、またトゥメン＝ウラの河口がはっきりとわかった。したがってタルタリア側の朝鮮王国の正確な国境を知りたいときは、われわれの地図を信頼してよい。(63)

これは三角測量を行なう上で基準となる基線を、豆満江の河口と近くの丘との間に引いたことをいうと考えられる。また天体観測に関しては、

寒気は、この地方の大きな森林によって保たれる。東海の岸に進むにつれて、それはさらに頻繁に現れかつ深くなる。われわれは、そのひとつを横切るのに九日を要した。また太陽の子午線の高度を測定するのに十分なスペースを作るために、仕方なく満洲人の兵に何本かの木を払わせたのであった。

と述べる。(64) これは、レジスが途中に通過した森の中での作業を記したものである。

一方でレジスは科学的な観測とともに、目視による地形の確認も行なった。たとえば南側で海洋に注ぐ豆満江やスイフン川の河口に注目して、その場所を自分の目で確かめている。(65) これはユーラシア大陸の海岸線がどこにあるのか、そしてその沖合に陸地の影がみえるかどうかを確認するためであったと考えられる。

沿海地方においてイエズス会士たちは、目標の緯度を目指して前進したが、仮にその地点に到達できたとして

も、かれらにはそこがエゾかどうかを決定することはできなかった。エゾの地形については、ほとんど不明であったからである。そこで第二の調査が重要となる。実はレジスが沿海地方をエゾかどうか決定する上で、最終的な決め手としたのは、エゾの先住民であるアイヌ民族が、そこに居住するかどうかということであった。レジスによると、アイヌ民族の特色は次のようであるという。

身体に毛があって、口ひげは胸までたれさがり、剣の先を頭の背後で結わえたとても恐ろしい人びと(66)

レジスのアイヌに関する知識はフロイスにもとづくが、かれは類似の特色をもつ民族が沿海地方周辺に住んでいないか、各少数民族の生活習慣を細かく観察して、アイヌとの比較研究を行なった。

ところで十七世紀末から十八世紀初めにかけて、アムール川の中流地方では大規模な民族移住が断続的に起こり、住民は西の方へ移動を開始していた。レジスが調査を行なった一七〇九年は、ちょうどその中間過程にあたっていた(67)。十八世紀前後にこの地域に住んだ民族の生活様式やその特徴を記録した資料は、中国においてもほとんど残っていない。そうした中で住民の状況を客観的に記述したかれの手記は、民族誌としても白眉の存在である。レジスはアムールの中流地方に起こっていた変動について、正確な知識をもってはいなかったが、それによりかれの結論が誤りに導かれることはなかった。

さてイエズス会士が現地に到着したときに、かれらは問題の北緯四十一度から四十三度までの範囲は、大部分が朝鮮の領内に含まれることを発見した。これは予想外の事態であった。この場合に朝鮮領内の土地が、エゾでないことはいうまでもない。そこでレジスは、朝鮮との国境付近を集中的に調べることにした。レジスがエゾではないかと期待したのは、北緯四十三度付近に位置するフンチュンであった。その時期フンチュンの周辺には、クルカ韃子が居住していた。かれらはクヤラとも呼ばれ、もとは沿海地方の南部に居住していた。当時のクルカは、生活の基礎を海洋性動物の狩猟に置いていたが、十七世紀中葉にフンチュンに移住してからは、満洲人と接触するうちに満洲人との同化が進んで、生活や言語の上ではほとんど満洲人と区別できなくなっていた。[68] レジスはクルカ韃子の現状を観察して、かれらはアイヌとは無関係であると断定したのである。[69]

続いてレジスは、沿海地方の一部とウスリ川の両岸を占めた住民に注目する。かれは、それを魚皮韃子と呼んでいる。この名称はリッチに始まり、マルチニにもみられるので、おそらく中国の文献から出たのであろう。十八世紀初頭にこの地域に居住したのは、グファティンなどの八氏族で、清の文献には八姓と現れる。[70] 魚皮韃子の名称は、その生活様式に由来する。レジスによると、かれらの生産活動はもりや網を使用する漁撈が主で、日常の生活は漁獲物に全面的に依存していた。かれらは魚を常食としており、魚の油はランプの燃料に利用し、皮はなめして衣服に作った。さらにその言語は、隣接する満洲人とケチェン韃子の言語の中間的な特徴をもっていた。[71] こうした生活習慣の特色から、レジスは魚皮韃子もアイヌではないと考えた。

レジスは、アムール川の下流沿岸に居住したケチェン韃子（ヘジェ）とフィアタ（フィヤカ）や、同じく中流沿岸にいた三姓について記しているが、その居住地はエゾの予想位置より大きく北に偏っているので、かれらがアイヌ民族にあたるとは考えていない。そのためにその記述は、魚皮韃子に比べてかんたんである。ここではいずれも省略する。

調査隊が出会った住民は、これで全部である。これらの民族はみなアイヌではなかったが、それでもなおレジスは、調査から漏れた民族が他に存在するのではないかと考えた。かれはあちこちを狩猟して回る魚皮韃子とケチェン韃子にアイヌについて尋ねたが、かれらはその存在を否定したという。[72]

こうしてレジスは、アイヌは沿海地方には居住しないと結論したのである。そして次の如くいう。

しかしわれわれは、確信をもっていうことができる。中国の地理学者が、エゾ Jesso 地方はとても広大な領域をもち、東タルタリアの一部であり、好戦的で日本人〔和人〕に恐れられる民族が住むというとき、そのエゾ地方ほど信じがたいものはない。というのはわれわれが、幾つかの河川の河口を測定して、数地点の位置を定めた海岸に関してすでに述べたことの他に、魚皮韃子とケチェン韃子の満洲人が、身体に毛があって、口ひげが胸までたれさがり、剣の先を頭の背後で結わえたとても恐ろしい人びとを知らないということが、いったいあるだろうか。かれらは土地が隣接し、また黒貂を狩猟する期間には、かれらの住居の東西にあるすべての土地を、しばしば北緯五十五度付近までかけずり回るのである。地理学者によると、その地方は少なくとも四十三度付近、つまりホンチュンの周辺から始まっているはずだが、われわれはそこで少数のクルカ韃子しか見なかった。われわれがすでに指摘したように、かれらは現在、言語においても礼儀作法においても満洲人と区別がつかない[73]。

沿海地方の調査を通じて、レジスはエゾが大陸、とくに沿海地方の一部であるという仮説を誤りであると考えるようになった。それを裏づける証拠を発見できなかったからである。しかし調査隊が到達した地点は沿海地方の南部までで、東海岸とその沖合の海洋については未調査のまま残った。もしかするとエゾは、この方面に存在する可能性があるが、それに関連してレジスは、途中に立ち寄ったドンドン村で耳寄りな情報を得た。レジスは、

かれらはまっさきにわれわれに、サガリアン＝ウラ河口の向かいに、かれらに似た人びとが暮らす大きな島があることを教えた。われわれは、そのことを知らなかった。

と伝える[74]。この大きな島が、現在のサハリンをさすことはまちがいないが、ただ調査以前にレジスたちがその存

在を知らなかったというのは、不可解である。ネルチンスク条約を締結した直後の康熙二十九年（一六九〇）に、清がアムール川左岸の各地に調査隊を派遣して、ロシアとの国境線を確認したおりに、吉林副都統バルダの率いる一隊は、すでに北サハリンに足跡を印しており、そのことは北京にいたイエズス会士にも伝わっていたはずである。[75] いずれにしてもサハリンの調査は、当初の計画には入っていなかったのである。

沿海地方の南部にエゾを発見できなかったレジスにとって、アムール川の河口対岸に大きな島が存在するという情報は、とても魅力的であったにちがいない。しかしこのときかれらは、アムール川の河口近くに行くことはできなかった。レジスはサハリンの調査を熱望したであろうが、その後も各地で測量を続けなければならなかったので、かれ自らがサハリンを調査する機会は、ついにめぐってこなかった。

そこで康熙帝は二年後の五十年（一七一一）に、イエズス会士にかわり満洲人の調査隊を派遣した。『三姓副都統衙門檔案』第六冊、乾隆八年二月二十九日の条には、このときの調査に関して次のように述べる。

四十九年には聖祖の勅命により派遣された班領サルチャ〔サルチャン〕、二等侍衛ダブシェオ、ムダル、セフェンゲ、藍翎カバイたちが、オルチョのものを従えるときに、わたしイブゲネはオルチョ語を理解できると推挙して連れていきました。そのときわたしイブゲネは、一度通訳の仕事を行ないました。

イブゲネはイランハラの驍騎校で、この檔案は、かれが身体が不自由になったとして、免職を求めたときに述べた経歴の一部である。オルチョとは、サハリンの住民ウイルタのことである。この中でイブゲネはサルチャンらの調査を四十九年とするが、それはかれの記憶ちがいであろう。というのは『寧古塔副都統衙門檔案』によると、このときサルチャンらは八十六戸の住民を従えたが、それは康熙五十年であったことがわかっている。[76] 一方でこの八十六戸が清に最初に貢納したのは五十一年であるので、[77] この場合はかれらは五十年に従属して、翌年初めて貢納したと理解するのが合理的である。従属してから貢納するまでに二年も経過することは、ふつうは考えられないからである。

ところで班領や侍衛という官職から明らかなとおり、サルチャンらは康熙帝の近くで仕えていた。そのような人物をサハリンの調査隊と断定することには、異論があるかもしれないが、当時はこうしたことが一般に行なわれていた。康熙帝は自らも数学・天文学を学んだが、一方では学問の素養があるものを選抜して、かれらにも数学・天文学を研究させた[78]。その中には康熙帝の側近くに仕えて、侍衛の地位にあったものも少なくない[79]。帝はそれらの人物を派遣して、各地を測定させたのである。なおデュアルドの『中国誌』では、康熙帝がアムール川河口の島を調査させるために満洲人を派遣したというだけで、かれらの素性を明らかにしないが、一七二二年に中国に入ったイエズス会士のゴービルは、サハリンに派遣された満洲人たちは、測量と羅針方位の訓練を受けた人物であったと記している[80]。

満洲人たちが実施した調査の内容に関しては、レジスの手記に詳しい。最初にかれらは、島の名称について調べたが、その島はエゾという名前ではなかった。

それは大陸の人びとにより、かれらが常々行く島の異なる村に従ってさまざまに呼ばれるが、それにふさわしい一般的な名前は、サガリアン＝アンガ＝ハタ、すなわち黒龍江の河口にある島であろう。かれらが一致してそれを示すのは、その表現によってだからである。北京の何人かがほのめかしたフイェという名称は、大陸のタルタル人も島の住民もまったく知らない[81]。

サガリアン＝アンガ＝ハタ（Sahaliyan ula i angga hada）は、今日いうところのサハリンの語源である。なお中国ではサハリンのことを庫頁島と呼ぶが、これはフイェ（ないしはクイェ）から出ている。しかし満洲人の調査によると、フイェの名は現地では知られていないという。

次にサルチャンらは、サハリンの位置を測定する。

その後皇帝はそこへ満洲人を派遣したが、かれらは、海岸に住んでいて島の西部の住民と交流のあるケチェン韃子の小舟に乗って行った。これらの諸君が東に行って、それから北側を通って出発した地点まで戻ったときに行なったように、もしもかれらが南部を踏破して同様に測定したならば、われわれはこの島について、完全な知識をもつことができたであろう。しかしかれらはわれわれに、村落の名も南方の測定値も持ち帰らなかった。したがってわれわれが南部の図を描いたのは、何人かの住民の報告と、もし島がもっと長ければ陸地があるはずだが、五十一度を越えると海岸沿いにはいかなる陸地も見えないということに基づいている(82)。

調査隊はアムール川河口からサハリンの西海岸に到着して、それから東に向かい、その後北岸伝いに出発地まで戻ったと考えられる。かれらが、東海岸と西海岸のそれぞれどのあたりまで到達したのか、レジスの手記には明らかではないが、少なくとも北緯五十一度以南には及ばなかったらしい。

満洲人の行なった調査の成果は、康熙五十七年（一七一八）に完成した『皇輿全覧図』のサハリン図となった。現存する『皇輿全覧図』系の諸地図に描かれるサハリンは、いずれも同様に「く」の字型をしており、大体北緯五十度から五十四度までを占める。真実のサハリンは、北緯四十六度付近から五十四度付近までに位置しているので、清代のサハリン図はその北半分を描いたにすぎない。ここでそのひとつ『満漢合璧清内府一統輿地秘図』のサハリン図を例にとると、全部で二十八の地名が記されており、このうち西海岸の地名はほぼ特定でき、その経緯度も大体正確である。その最南端はイドゥイ（ヲッチシ）とプルンガイで、北緯五十一度付近である。これに対して東海岸の地名は、北緯五十三度を境に南北で精度に差がある。北緯五十三度付近のヌリイェ川以北の地名は、大体特定することができるが、ただその緯度は実際よりも一度くらい北に偏っている。一方ヌリイェ川より南の地名はかなり問題があり、本来であれば五十二度付近に現れるはずのサハリン第二の大河トィミ川も、その姿を見ることはできない。

一般にサハリンの地形は、北部の平原地域と中部以南の山岳地域に大別できる。北部地方は、全体がほぼなだらかな平原状をしているのに対して、他方中・南部は千メートル級の山脈が南北に二列連なり、とくに西側の山脈は海岸近くまで迫っている。南北ふたつの地域を分ける境界は、大体北緯五十一度三十分の線であって、西海岸ではイドゥイがその境となっている。『満漢合璧清内府一統輿地秘図』のサハリン図と現実の地形とを重ね合わせると、サルチャンたちが踏査した範囲は、ほぼ北部の平地部分に限られることがわかる。

以上の推定は、文献によっても確かめられる。『寧古塔副都統衙門檔案』第二九冊、雍正十二年正月二十六日の条によると、

五十一年四月に将軍衙門から送った文書に、〔……戸部は〕班領サルチャンたちが行って新たに従えたクイェ、テメイェン、カダイェ、ソムニン、ディヤンチャン、ワルル、チョリル、ナムシレ、シュルングル、ヘイフレ氏族など八十六戸から取った八十六枚の税の貂皮を内務府に納めた〔……〕。

というが、クイェ以下の氏族はみなサハリン北部の住民と考えられる。たとえばディヤンチャン氏族は西テキン村に居住したが、このテキンは西海岸にあったテキン（テケン、テッカ、ノテト）のことである。またワルル氏族の住む東・西サ=オロンチョン村は、現在のチャイヴォ、（図3）のサイ村にあたる。(83) このようにサルチャンたちは、南部の山岳地域に足を踏み入れることはなかったので、サハリンの南端は約五十一度であると報告したので

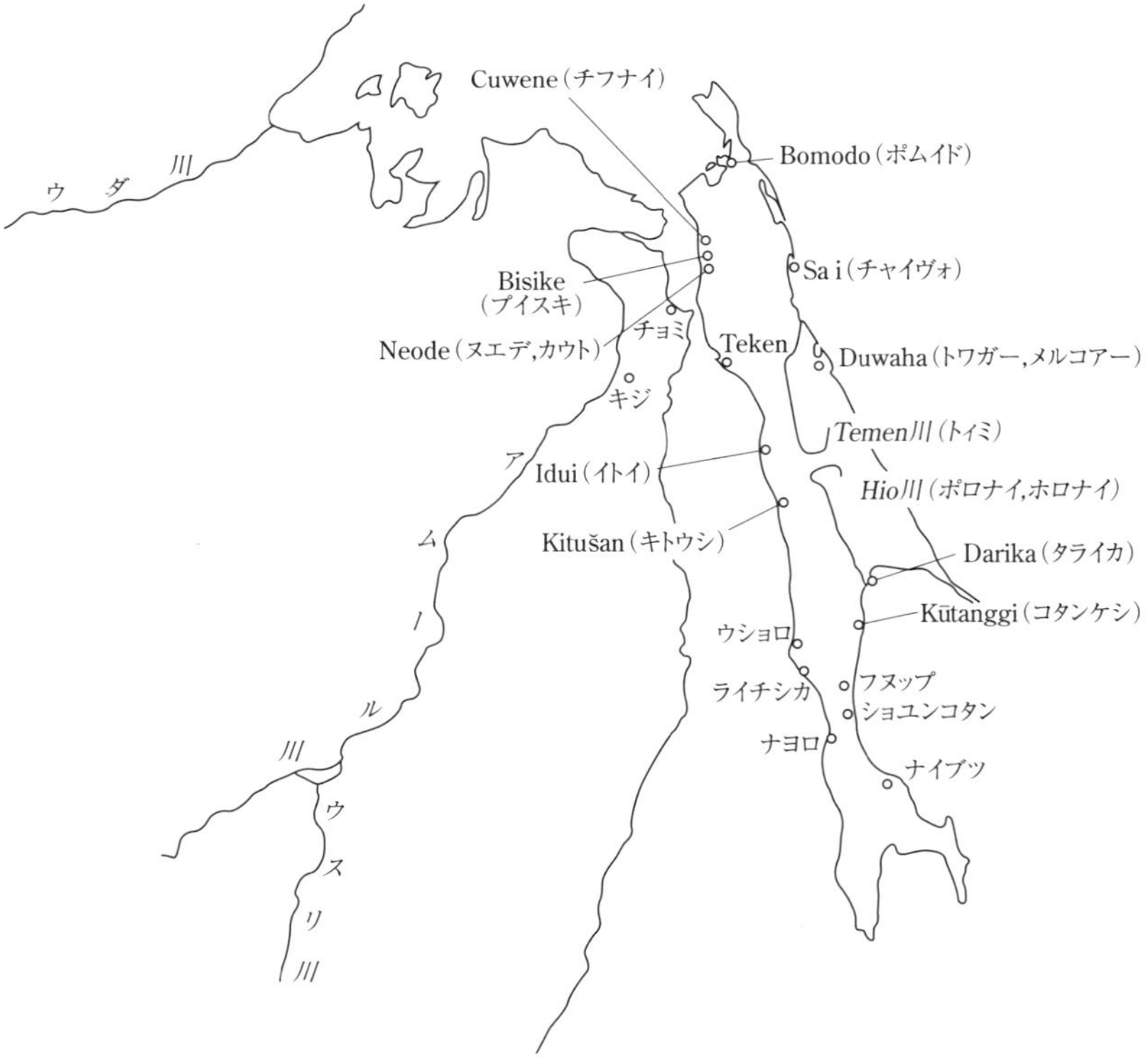

図３　サハリン・ウダ川地方略図

あろう。

実はサルチャンらはサハリンを調査したときに、アイヌと接触した形跡がある。十九世紀の民族分布からいうと、アイヌはサハリンの南部に居住したので、ふつうならばかれらがアイヌと出会うことはない。ところが一部のアイヌは、当時西海岸と中央部ポロナイ川流域において、かなり北まで進出していたといわれる。(84)前掲の檔案に現れる氏族のうちクイェがそうで、かれらは西海岸の中部以北に居住したアイヌを指すと考えられる。またシュルングルは本来、東海岸の中央部、クタンギ（コタンケシ）村に住んでいたアイヌであるが、檔案のシュルングルもそれと同一の氏族とみられる。おそらくかれらはポロナイ川の流域に移住したか、たまたまそこに滞在していたグループであろう。(85)これらのアイヌはこのとき清に帰順しているが、サルチャンらは、なぜかかれらがアイヌであることに気づかなかったのである。

サルチャンらの調査結果を聞いたレジスは、サハリンの民族について次の如く述べる。

そこに派遣された満洲人は、かれらが通過した村落の名を知っただけで、かれらがそれを願ったというよりは、むしろ物資が不足したために戻らねばならなかった。かれらは、これらの島民は馬も他の駄獣も飼っていないが、しかしいくつかの土地では、そりをひく飼い馴らされた鹿の一種を所有するという。かれらが描いた絵によると、それはノルウェーで使役されるものに似ている。(86)〔……〕

これが、サハリンの住民についての唯一の情報である。トナカイを飼養していたことから明らかに、この住民はウイルタである。

サルチャンらが調査した以上の三点を総合して、レジスはサハリンはエゾではないと断定したのである。

一七〇九年と一一年に行なった調査の結論として、レジスは最後に次の如くまとめる。

それゆえに中国人の著者がエツェ Yetze で理解したものが、われわれがエゾ Jesso の名で知っているものかどうかを、これ以上検証することはやめて、かれらが大陸のこの部分とその住民について述べたことは、みな現実ではなく、そしてエゾ Jesso 島に関しては、日本からの報告がわれわれに教えることに止めるべきであることを知るだけで、十分である。エゾは日本にかなり近く、五十人の殉教者のなかまの責任者として、一六二三年に江戸で殺された有名なジェローム＝デ＝アンジェリス神父に助けられた何人かの日本人キリスト教徒が、そこに逃げこんだからである(87)。

このようにレジスは、エゾの問題に関しては日本の情報が優先することを認めて、自らの結論もそれに預けた。そこでかれの作った『皇輿全覧図』には、エゾの影は一切現れない。なお後にレジスらの資料はフランスに送られ、地図製作者ダンヴィルがそれを参考にして、『中国誌』のために多くの中国地図を作製した。そのうちの一枚中国領タルタリア一般図に、ダンヴィルは二島のエゾを描いているが、これはダンヴィル自身の構想にもとづいており、レジスとは無関係である(88)。

おわりに

イエズス会士たちが一七〇九年に敢行した沿海地方の調査は、エゾ研究における転換点となった。この調査を担当したレジスらは、途中多大な辛酸をなめながら、当時エゾではないかと想像されていた沿海地方に達して、その位置を観測し住民の生活文化を調査した。このときレジスらは、アムール河口の島（サハリン）を調査することはできなかったが、後にかれらに代わって満洲人の調査隊がその調査を行なった。レジスらの調査は、エゾの実地調査としては一六四三年のフリースの航海に続き、大陸側から行なったものとしては世界初である。しかしレジスらは、沿海地方でもアムール河口の島でもアイヌと会うことはできず、どちらもエゾではないと結論した。結局のところレジスはエゾ問題を解決することはできなかったが、エゾは日本に近い島であると確信した。またこのとき測量をしてえられた資料にもとづいて、レジスはユーラシア東部の海岸線とサハリン北部の形状を最初に明らかにしたのである。

レジスの調査報告とその地図は、デュアルドの『中国誌』を通してヨーロッパに伝えられたが、その反響は大きく、それを境にして十七世紀にくりかえし現れたエゾを大陸の一部とする説は消滅して、エゾは島であるという見解が、一般に認められるようになった。さらにレジスが描いたユーラシア大陸東部の海岸線とサハリンの形状も、多くの地図で採用されることになった。

最後にレジスらの調査の政治的な意義に関して、述べておきたい。本文中に示したようにかれらの調査は、アムール地方の地理、気象、民族から、その政治組織、作物といった分野まで多岐に及んでおり、それぞれの情報は、同時代のものと比べてはるかに正確である。清朝がそれらの情報をどのように評価していたのかは不明であるが、その後の歴史において清がアムール政策を決定するときに、それが決定的な役割を果たしたことだけは確かである。

注

（1）問題の所在を知るためには、F.A.Golder, *Russian Expansion on the Pacific, 1641-1850*, Cleveland, 1914, chapter. V, Terra de

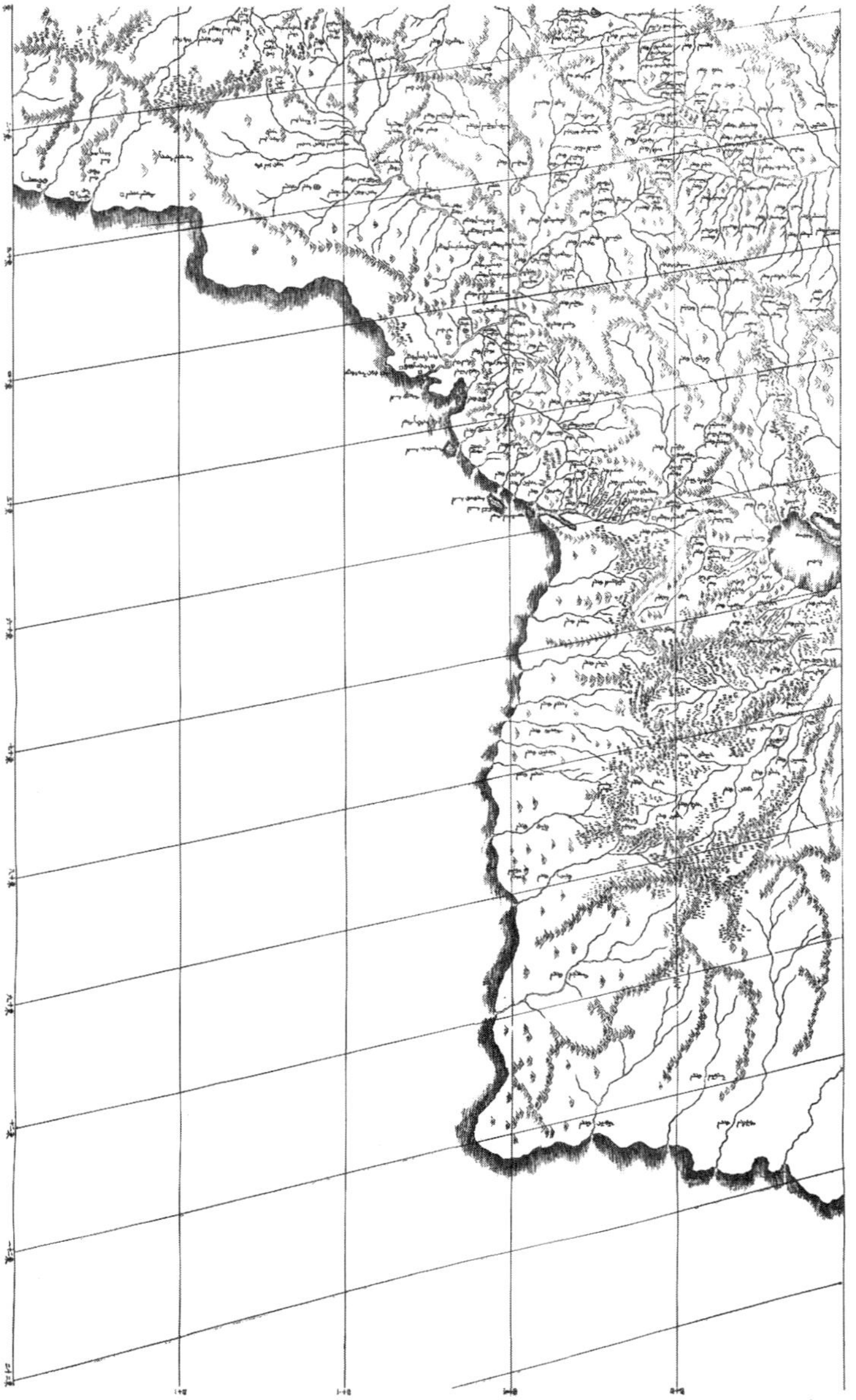

『満漢合璧清内府一統輿地秘図』（沿海地方南部）　エゾおよびエゾの地名はみえない。（京都大学大学院人間・環境学研究科蔵）

Jeso; J.A.Harrison, *Japan's Northern Frontier*, Gainesville, 1953, appendix 1, The Discovery of Yezo; A.Boscaro and L.Walter, *Ezo and Its Surroundings through the Eyes of European Cartographers*, L.Walter (ed.), *Japan*, Munich, 1994. が役に立つ。日本語の文献としては、海野一隆『地図に見る日本』（大修館書店、一九九九年）Ⅳ蝦夷地、秋月俊幸『日本北辺の探検と地図の歴史』（北海道大学図書刊行会、一九九九年）などがある。しかしいずれも、レジスの調査の意義には気づいていない。なお本稿ではエゾということばを、ヨーロッパの用例に従って、北海道の古称として使う。

（2）J.Sebes, *The Jesuits and the Sino-Russian Treaty of Nerchinsk (1689)*, Rome, 1961, 附図を参照。

（3）注（1）に同じ。

（4）エゾ（北海道）に関して、最初にヨーロッパに報告したのは、ゴアに滞在したイエズス会士ランチロットの「日本情報」である。Boscaro and Walter, Ezo and Its Surroundings through the Eyes of European Cartographers, p. 84.また岸野久『西欧人の日本発見』（吉川弘文館、一九八九年）第六章には、その邦訳が掲載されている。

（5）D.F.Lach, *Asia in the Making of Europe*, vol.1, The University of Chicago Press, 1965, pp. 326, 706. マフェイについては、長島弘氏からご教示をいただいた。記して謝意を表したい。

（6）I. P. Maffeii, *Historiarum Indicarum libri XVI. Selectarum item ex India Epistolarum, eodem interprete libri IV*, Cologne, 1593, p. 419.（京都大学文学部西洋史研究室蔵）。わたしは、村上直次郎訳『耶蘇会士日本通信』上巻（東京、一九二七年）にある同一書簡の邦訳を利用した。一九二頁。ただし邦訳では二月二十日付けとなっているが、この理由についてはよくわからない。ここでは原文の日付に従った。

（7）『坤輿万国全図』について、わたしは京都大学附属図書館所蔵本を利用した（実際に見たのは、閲覧用の複製本）。なお船越昭生「マテオ＝リッチ作成世界地図の中国に対する影響について」（『地図』第九巻第二号、一九七一年）に付される宮城県立図書館所蔵本の写真が、参照に便利である。

（8）林東陽「利瑪竇的世界地図及其対明末士人社会的影響」（『紀念利瑪竇来華四百週年中西文化交流国際学術会議論文集』（輔仁大学出版社、一九八三年）三一一～三二六頁に詳しい。なおこの文献については、渡辺佳成氏からコピーを送っていただいた。記して謝意を表したい。

（9）B.Szcześniak, Matteo Ricci's Maps of China, *Imago Mundi*, 11, 1954, pp. 127-129. 船越昭生「『坤輿万国全図』と鎖国日本」

注

(『東方学報』(京都)第四一冊、一九七〇年)六六八頁、林「利瑪竇的世界地図及其対明末士人社会的影響」三二七頁などを参照。
(10)岡本良知『十六世紀における日本地図の発達』(八木書店、一九七三年)二三〇~二三三頁を参照。
(11)岡本前掲書一三一~一四五頁を参照。
(12)岡本前掲書一三二~一三五頁を参照。
(13)岡本前掲書一四六~一五一頁を参照。
(14)岡本前掲書一〇六、一〇七頁を参照。
(15)岡本前掲書一四六~一五一頁を参照。なおフロイスの文章は、松田毅一・川崎桃太訳『日本史』第二巻(中央公論社、一九七七年)二一二頁による。
(16)岡本前掲書一四六、一四七頁を参照。
(17)リッチはマフェイやヴァリニャーノと交流があり、その影響があったことは確実である。マフェイ『インド史』の仏語訳をみると、王(大名)が子に位を譲ることなど同様の記述があるが、数字に違いがあるので、リッチは他の資料も参考にしたと考えられる。(*L'histoire des Indes orientales et occidentales*, Paris, 1665, pp. 135, 136, 138-141, 147. 天理大学附属天理図書館蔵)なお J. D. スペンス著、古田島洋介訳『マテオ・リッチ 記憶の宮殿』(平凡社、一九九五年)七四、九三頁などを参照。
(18)羅洪先『広輿図』(万暦七年)巻二、日本図。
(19)K. Ch'en, A Possible Source for Ricci's Notices on Regions near China, *T'oung Pao*, 34, 1938, p. 182.
(20)ジョアン=ロドリーゲス著、佐野泰彦他訳『日本教会史』上巻(岩波書店、一九六七年)解説、四「編述の時期」を参照。
(21)ロドリーゲス『日本教会史』上巻、一一三、一二三、一七五、二〇九頁を参照。
(22)アンジェリスの見解については、チースリク編『北方探検記』(吉川弘文館、一九六二年)第二部に邦訳がある。「アンジェリスの第一蝦夷報告」五五頁、「アンジェリスの第二蝦夷報告」八九~九三頁を参照。
(23)岡本前掲書二七一~二七七頁を参照。
(24)ロドリーゲス『日本教会史』上巻、一五一、一九四頁を参照。なお二三七~二三八頁では、本州北端を四十二度半あるいは四十三度という。

（25）大英博物館に所蔵されるロンゴバルディとディアスの地球儀については、H. M. Wallis and E. D. Grinstead, A Chinese Terrestrial Globe, A.D. 1623, *The British Museum Quarterly*, 25, 1962, pp. 86-89. に詳しい。

（26）岡本前掲書二七二頁を参照。

（27）H. Bernard, Les étapes de la cartographie scientifique pour la Chine et les pays voisins, *Monumenta Serica*, 1, 1935, pp. 446-448.

（28）わたしは、仏語訳を使用した。J.Blaeu, *Le grand atlas, ou cosmographie Blaviane*, vol.11, (reprint), Amsterdam, 1968, p. 27.

（29）Bernard, Les étapes de la cartographie scientifique pour la Chine et les pays voisins, p. 447.

（30）わたしは、国立国会図書館所蔵の『坤輿全図』（咸豊十年重刊）を利用したが、現在は曹婉如他編『中国古代地図集』（清代）（文物出版社、一九九七年）でもみることができる。

（31）フリースの海図については、Boscaro and Walter, Ezo and Its Surroundings through the Eyes of European Cartographers, p. 85.

（32）たとえば東京国立博物館に所蔵されるフィッセル改訂ブラウ世界図（一六七八年）も、『坤輿全図』と近い関係にある。フェルビーストは同種の世界地図をモデルにして、『坤輿全図』を製作したのである。織田武雄他編『日本古地図大成』（世界図編）（講談社、一九七五年）一六七頁を参照。

（33）トマについては、ルイズデメディナ『遥かなる高麗』（近藤出版社、一九八八年）一四九～一六三頁を参照。

（34）注（2）に同じ。

（35）ルイズデメディナ前掲書第二部、未刊史料、第五八、一六九八年一月二十四日付け書簡、三三二頁を参照。

（36）翁文灝「清初測絵地図考」（『地学雑誌』第一八年第三期、一九三〇年）四一三、四一四頁、および三上正利「康熙時代におけるゼスイットの測図事業」（『史淵』第五一輯、一九五二年）二八～三〇頁を参照。

（37）H.Bosmans, L'oeuvre scientifique d'Antoine Thomas de Namur, S. J. (1644-1709), *Annales de la Société scientifique de Bruxelles*, sér.B, Sciences physiques et naturelles, 46, 1926, pp. 161-165.

（38）康熙帝がトマ、ブーヴェ、レジス、パランナンの四人に対して北京周辺の地図作製を命じたのは、一七〇〇年のことである。それはほどなく実行されたものと思われる。Th. N. Foss, A Western Interpretation of China: Jesuit Cartography, Ch. E. Ronan and B.B.C. Oh (eds.) , *East Meets West: the Jesuits in China, 1582-1773,* Loyola University Press, 1988, pp. 223, 224. なお康熙帝が東アジア地域の地図作製に実際に動き始めたのは、康熙四十六年（一七〇七）に行なった南巡の旅から北京に戻ったときであった。J. de M. de Mailla, *Histoire générale de la Chine,* tome, 11, Paris, 1780, pp. 313, 314.

（39）J.B.du Halde, *Description géographique, historique, chronologique, politique, et physique de l'Empire de la Chine et de la Tartarie Chinoise,* Paris, 1735,（以下においては、*Description* と省略する）tome 1, préface, pp. xxix, xxx. および Gaubil, *Correspondance de Pékin, 1722-1759.* Geneva, 1970, p. 214. なおデュアルドは、出発の日を陽暦七月四日というが、正しくは六月四日である。

（40）Bosmans, L'œuvre scientifique d'Antoine Thomas de Namur, S.J. (1644-1709), p. 164. なお『清実録』康熙四十五年十月丁未の条には、康熙帝が日本（倭子国）の位置を朝鮮半島の東と考えていたことを述べる。「論大学士等曰、〔……〕聞其国〔朝鮮〕有八道、北道与瓦爾喀地方・土門江接界、東道接倭子国、西道接我鳳凰城、南道接海、猶有数小島〔……〕。」これも、同様の地理観から出たことばであろう。

（41）Du Halde, *Description,* tome 1, préface, pp. xxviii, xxix.

（42）方豪「康熙五十八年清廷派員測絵琉球地図之研究」（『国立台湾大学文史哲学報』第一期、一九五〇年）一七一頁を参照。

（43）太田美香「『皇輿全覧図』についての新史料」（『史観』第一一三冊、一九八五年）五七～六三頁、澤美香「檔案史料から見た『皇輿全覧図』とヨーロッパ技術」（『史観』第一二一冊、一九八九年）五三～五七頁を参照。

（44）『御製律暦淵源』纂修編校諸臣職名の「考測」に列挙される「成徳」が、チェンデであろう。また『清史稿』巻四五、時憲志に、「〔康熙五十一年五月〕先是命〔……〕原任欽天監監副成徳、皆扈従侍直、上親臨提命、許其問難如師弟子。」とみえる。

（45）Du Halde, *Description,* tome 1, préface, p. xxx.

（46）Du Halde, *Description,* tome 4, pp. 3-5.

（47）叢佩遠「清代東北的駅路交通」（『北方文物』一九八五年第一期）八三、八四頁を参照。

（48）Du Halde, *Description,* tome 4, p. 3. および『寧古塔副都統衙門檔案』第一二冊、康熙四十八年六月十日の条。

（49）『寧古塔副都統衙門檔案』第一二冊、康熙四十八年十一月二十日の条。

（50）Du Halde, *Description,* tome 4, p. 9.

（51）Du Halde, *Description,* tome 4, p. 10.

(52)『寧古塔副都統衙門檔案』第二冊、康熙四十八年五月十日、六月二日、そして六月十日の条。
(53) 本書第四章「十七世紀アムール川中流地方住民の経済活動」第二節を参照。
(54)『寧古塔副都統衙門檔案』第二冊、康熙四十八年六月二日の条。
(55)『寧古塔副都統衙門檔案』第二冊、康熙四十八年六月十日の条。
(56) 注(49)に同じ。
(57) Du Halde, *Description*, tome 4, p. 7.
(58) 注(49)に同じ。
(59)『寧古塔副都統衙門檔案』第二冊、康熙四十八年七月二十一日、および七月二十五日の条。
(60) 注(49)に同じ。
(61) Du Halde, *Description*, tome 4, p. 6.
(62) 三人の宣教師は北京に到着するやいなや、十一月十日(陽暦十二月十日)に再び直隷の測量に出発したというので、かれらが北京に帰ったのは、その直前であろう。Du Halde, *Description*, tome 1, préface, p. xxxi.
(63) Du Halde, *Description*, tome 4, p. 9.
(64) Du Halde, *Description*, tome 4, p. 7.
(65) Du Halde, *Description*, tome 4, pp. 9, 10. 本章五八、五九、六二頁を参照。
(66) Du Halde, *Description*, tome 4, p. 13.
(67) 本書第八章「康熙前半におけるクヤラ・新満洲佐領の移住」および第九章「十八世紀のアムール川中流地方における民族の交替」を参照。
(68) 第八章「康熙前半におけるクヤラ・新満洲佐領の移住」二八六頁、および董万崙「清代庫雅喇満洲研究」(『民族研究』一九八七年第四期)九八〜一〇〇頁を参照。
(69) Du Halde, *Description*, tome 4, pp. 9, 13. 本章六六頁を参照。
(70) 八姓については、第九章「十八世紀のアムール川中流地方における民族の交替」第一、第二節を参照。
(71) Du Halde, *Description*, tome 4, pp. 10-12.

(72) Du Halde, *Description*, tome 4, p. 13. 本章第三節の以下の文を参照。

(73) Du Halde, *Description*, tome 4, p. 13.

(74) Du Halde, *Description*, tome 4, p. 12.

(75) 一六九〇年に北京のイエズス会士トマが作製したユーラシア図には、サハリンらしき島が描かれており、トマらは同年に行なわれた調査の内容を知っていたと考えられる。本書第一章「ネルチンスク条約直後清朝のアムール川左岸調査」二二、二三頁を参照。

(76) 『寧古塔副都統衙門檔案』第二九冊、雍正十二年八月十九日の条。

(77) 『寧古塔副都統衙門檔案』第二九冊、雍正十二年正月二十六日の条、および『大清会典』（雍正）巻一〇六、礼部・給賜。

(78) 馮宝琳「康熙《皇輿全覧図》的測絵考略」（『故宮博物院院刊』一九八五年第一期）二八、二九頁を参照。

(79) 一例をあげると、康熙五十二年に朝鮮を測量するために派遣された阿斉図も、侍衛であった。『同文彙考』（補編）巻九。

(80) H. Cordier (ed.), De la situation du Japon et de la Corée. Manuscrit inédit du Père A. Gaubil S.J., *T'oung Pao*, 9, 1898, p. 106.

(81) Du Halde, *Description*, tome 4, pp. 12,13.

(82) Du Halde, *Description*, tome 4, p. 12.

(83) 本書第三章「一七二七年の北京会議と清朝のサハリン中・南部進出」八六頁を参照。

(84) 間宮林蔵『北夷分界余話』二、三八、九五頁（テキストは、洞富雄・矢澤尚一編注『東韃地方紀行』平凡社、一九八八年、を用いた）、および松田伝十郎『北夷談』（『北門叢書』第五冊所収、東京、一九七二年）一六七頁。また大井晴男「『サハリン・アイヌ』の形成過程」（『北方文化研究』第一七号、一九八五年）一六五、一六六、一八八、一八九頁を参照。

(85) 本書第三章「一七二七年の北京会議と清朝のサハリン中・南部進出」八七頁を参照。

(86) Du Halde, *Description*, tome 4, p. 13.

(87) Du Halde, *Description*, tome 4, p. 13.

(88) ダンヴィルは『中国誌』のために、特殊図三十八枚（ベーリング図を含む）と一般図四枚、全部で四十二枚の地図を作製した。ダンヴィルは、特殊図においては『皇輿全覧図』の原図を忠実に再現したのに対して、全体図ともいうべき一般図では原図の一部に修正を加えている。J. B. du Halde, *A Description of the Empire of China and Chinese-Tartary, together with the Kin-*

gdoms of Korea, and Tibet, vol. 1, London, 1738, Translator's Preface, pp. ii-iv. H. Cordier, Du Halde et D'anville. (Cartes de la Chine.) *Recueil de mémoires orientaux. Textes et traductions publiés par les professeurs de l'École spéciale des langues orientales vivantes. À l'occasion du XIVe Congrès international des orientalistes, réuni à Alger. (Avril, 1905)*, Paris, 1905, p. 395.

第三章　一七二七年の北京会議と清朝のサハリン中・南部進出

はじめに

清朝がサハリンに勢力を伸張するのは、康熙二十九年（一六九〇）以降であるが、始めその範囲は北部の平原地域に限られていた。清が中部以南の山岳地域に進出して、住民のアイヌを辺民に組織するのは、それから四十年以上たった雍正十年（一七三二）のことである。このときになって清が突然中・南部に進出したことには、直前に行なわれたロシアとの国境交渉が関係しているとみられるが、それについて具体的に研究した論文はまだ発表されていない。

周知のように清とロシア両国は、雍正四年から五年にかけて北京で国境交渉を行ない、モンゴル地方とともに、ネルチンスク条約で先送りされたウダ川地方の帰属についても協議を行なった。ところが両国は、ともに西太平洋周辺の地理をほとんど知らなかったので、それぞれの地図を交換して検討することになった。その際にロシアは清にホマンの地図帳などを提供したが、その中に当時世界の地理学界で論争となっていた幻の土地エゾを、発見されたばかりのカムチャツカに比定する記述があったので、清はそれに衝撃を受けた。というのは清はエゾを自国の領土の一部と考えており、康熙四十八年（一七〇九）と五十年にはイエズス会士レジスなどを派遣して、エゾを探して沿海地方とサハリンの北部を調査したことがあったからである。[1] かれらはエゾを発見することができず、その後この問題は未解決のままになっていた。結局北京会議ではウダ川地方の帰属は決定されなかったが、清はサハリンとエゾとの関係を確かめることが緊急の課題であるとして、その直後からサハリン中・南部の調査に乗りだしたのである。

本章においてわたしは、初めに両国が北京会議の最中に行なった地図の交換とその前後の状況について明らかにし、続いて清のサハリン中・南部進出について説明することにする。

第一節　清朝のサハリン北部進出

サハリンの地形は、北緯五十一度を境に南北ふたつの部分に分かれる。北部地域はなだらかな平原であるのに対して、中・南部地域は急峻な山岳地域であって、千メートル級の山脈が縦に二列島の南端まで連なる。その間の低地を、トィミ川とポロナイ（ホロナイ）川がそれぞれ北と南に流れ、オホーツク海に注ぐ。[2] 十八世紀以前のサハリンは先住民の世界であり、北部の沿岸部とトィミ川の流域にはニヴフが、同じく北東部とポロナイ川の流域にはウイルタが居住していた。一方中・南部の沿岸部はアイヌの領域であった。[3]

さて清の勢力がサハリンに及ぶきっかけとなったのは、ロシアとの国境問題であった。最初の出来事は、康熙二十八年（一六八九）のネルチンスク条約締結である。これによって清は、ロシアとの間にアムール川左岸の国境を画定して、翌年には国境とされた分水嶺の位置を確かめるために、九隊からなる調査隊をアムール地方に派遣した。このうち吉林副都統バルダの率いる一隊は、アムール川を下ってサハリンに入った(4)。『寧古塔副都統衙門檔案』第二九冊、雍正十二年正月二十六日の条によると、

ニングタ等処〔吉林〕副都統バルダの上奏に、「わたくしはアムグン地方に国境の場所を調べにいき、海島に住むチュウェニ氏族とドボノンゴ姓、東海の岸にいたクイェ姓・オロンチョン姓、全部で五十三戸を従えて、各戸一枚ずつ五十三枚の貂皮を徴収しました」とある。

とみえる。バルダらが従えたチュウェニら四氏族は、サハリンの北部に居住した集団である。『寧古塔副都統衙門檔案』によると、チュウェニ氏族はチュウェネ、ビシケ、チュチェ、チャイビンガの四か所に住んでいたが(5)、チュウェネ村は、サハリンの北西岸にあった日本名チフナイ川付近の村とみられ、ビシケ村はチフナイ川の南プイスキ村にあてられる(6)。チュウェニ氏族は、サハリン北西部を占めたニヴフのチフィヌング氏族のことである(7)。またオロンチョン氏族は、トナカイを放牧するウイルタの一部とみられる。ドボノンゴに関しては、ドボノンゴ村の位置が不明であり、明確なことはわからない。発音が類似する点からいうと、サハリン北西部に居住したニヴフのトヴヌング氏族かもしれない(8)。さて前掲の檔案には続けて、翌年これらの氏族に褒美の朝衣を届けに驍騎校ベルフらを派遣したが、そのときベルフはチュウェニとプニヤフン両氏族の十六戸を新たに従属させたという。プニヤフン氏族の居住したボモドという村は、サハリン最北のシュミット半島の付根にあったポムイドである。プニヤフン氏族は、ニヴフのプニャグアン氏族と考えられる(9)。これらの氏族の居住地からみて、バルダらが踏査した範囲はサハリンの北部地域内に限られる（第二章図3参照）。

続いての出来事は、康熙帝による中国及び周辺地域の科学的な地図作製の事業である。それは康熙四十七年（一七〇八）から始まり、五十七年の『皇輿全覧図』の上呈をもって終わった。四十八年にはその一環として、イエズス会士レジスらの一行がアムール川の下流地方に測量に行ったが、残念ながらかれらは、目標としていたアムール河口とサハリンには到達できなかった。そこで二年後に班領サルチャンらが派遣されるが、サルチャンらもアムール川の河口からサハリンの北西岸に上陸して、北部の平原地域をぐるっと一周しただけで、中・南部地方には足を踏み入れなかった。[10]

そのことを裏づけるのは次の史料である。前掲の『寧古塔副都統衙門檔案』には続いて、

〔戸部は〕〔康熙〕五十年に班領サルチャンたちが行って新たに従えたクイェ、テメイェン、カダイェ、ソムニン、ディヤンチャン、ワルル、チョリル、ナムシレ、シュルングル、ヘイフレ氏族など八十六戸から取った八十六枚の税の貂皮を内務府に納めました〔……〕。

とあって、このときサハリンの十氏族八十六戸の住民が、サルチャンらの説得に応じて清に従ったことがわかる。このうちのディヤンチャン氏族は西テケン村に居住したが、[11]この村はサハリン北西海岸のテキン（テケン、テッカ、ノテト）村周辺にあった集落である。その居住地から見て、ディヤンチャン氏族はニヴフと推定される。次にワルル氏族の住む東・西サ＝オロンチョン村は、北東部の沿岸にあったチャイヴォ村のことで、『皇輿全覧図』系統の地図ではサイと表記される。オロンチョンという通り、ワルル氏族はウイルタである。ヘイフレ（ヘイグレ）氏族はソムニン村に居住したが、ソムニンはサハリン北部の村とみられるので、[12]ヘイフレ氏族もニヴフと推定される。テメイェン、カダイェ、チョリル、ナムシレの四氏族は、不詳である。以上の如く康熙年間には清の支配は島の北部内に止まっており、中・南部には及んでいなかった。

それにもかかわらず清は、サハリン中部に居住したアイヌの一部とすでに接触していた形跡がある。というのは清に従属したものの中に、アイヌとみられる人びとが含まれるからである。たとえばバルダが従えた四氏族の中にクイェが含まれるが、クイェはサハリンという意味の他に、アイヌを指すこともある。『軍機処満文録副奏摺』第四九案巻第一文件、雍正十年四月十一日付けのニングタ将軍チャンデの上奏文に付された、イランハラ革職留任驍騎校イブゲネの履歴書に、

協領アミダが、新たに従ったクイェのオロンチョンに褒美を与えに行きました折、クイェのシルン（Si-lun）国のものは来ませんでしたので、わたくしイブゲネは海を渡っていき、シルンのひとに海を渡らせてムイェン村まで連れていき、全部に褒美を与えました。

と、「クイェのシルン国のもの」が清に従ったことをいう。他方十九世紀初めにサハリンを訪れた和人は、西海岸の中部以北に、南部のアイヌとは言語・習慣の異なるアイヌが住んでいて、かれらのことをシルンアイノとかシルンウタレと称している。[13]『軍機処満文録副奏摺』にいうシルン国はそれと同様のことばで、かれらを指すと考えられる。クイェのシルンは、康熙二十九年にバルダらが従属させたアイヌのことであろう。

またサルチャンらが従えたシュルングルというのは、後述するサハリン南東部のクタンギ（コタンケシ）にいたアイヌの氏族と同名である。ダリカ（タライカ）以南のアイヌは、北部のニヴフ、ウイルタと古くから交流があった。おそらくサルチャンらがニヴフとウイルタの居住地域を通過したときに、かれらを通じてアイヌの一部が、サルチャンらに従属したのであろう。

なお清はサハリンに居住する辺民（ヘジェフィヤカ）から貂皮を徴収するために、毎年ニングタの旗人をアムール下流に派遣した。その際かれらにつごうがよいように、貢納地点をアムールの河口に近いダ、ディヤン＝ホン

コ、プルなどに設けたが[14]、かれらの中には何年も続けて貢納をしないものが多数いた。そこで清の使いがサハリンに渡って、辺民から貂皮を徴収するということが、毎年のように繰り返された。前掲の『軍機処満文録副奏摺』にみえるイブゲネの履歴書によると、かれは公務で三十回アムール川の下流に出かけたが、そのうち二十八回は海を渡って海島（サハリン）まで達しており、その大半がサハリンの辺民から貂皮を徴収するためであったという。しかし清の使いが実際に至ったのは、大体北部地域に限られていた。その理由は清の統治方法にある。清は、早くからアムール川の下流地方に勢力を伸ばしたが、アムール川の河口周辺に旗人を駐防させることはせず、代わりに毎年旗人をニングタから派遣して、辺民を統治した。そのために旗人たちは川が凍結しない夏季の間に、アムール川の中流と下流の間を往復しなければならなかった。調査や遠征の場合にも同様で、アムール川が通行可能な期間にすべての仕事を完了する必要があった。限られた時間の中で広大なサハリンをくまなく踏査することは、もとより不可能である。その結果康熙以前の調査は、北部地域にとどまらざるをえなかったのである。

第二節　ロ清の国境交渉とホマンの地図帳

ネルチンスク条約を締結して、清とロシアの間に平和が回復すると、さっそく北京と庫倫（ウルガ）において両国の貿易が始まった。ところがロシアはジュンガルとの友好関係を維持することを望み、モンゴル地方の国境画定には慎重な態度をとったので、清は康熙五十六年（一七一七）にロシアに対して北京での貿易を禁止する。これに対してロシアは、レフ＝イズマイロフを送って貿易の再開を求めるが、清は国境の画定が優先するとして、ロシアの要求を拒否し、その結果両国の通商関係は中断してしまった[15]。

そうこうするうち康熙帝とピョートル一世があいついで亡くなり、雍正帝とエカテリーナ一世が即位すると、交渉の気運は一気に盛り上がった。ロシアはこの機を逃さず、国境と貿易の問題を協議するために、サヴァ=ヴラジスラヴィッチ=ラグジンスキーを清に派遣することを決め、ヴラジスラヴィッチは雍正四年十月（ユリウス暦一七二六年十月）に北京に到着した。清とロシアは、それから翌年閏三月（一七二六年四月）までは北京において、その後は国境に場所を移して交渉を続けた。その結果両国は、モンゴル方面の国境画定と通商関係の発展で合意に達し、条約に調印した。これが、ブーラ条約とキャフタ条約である。[16]

ところで両国は、北京の会議において当面の課題であるモンゴル地方とともに、ウダ川地域の国境についても交渉を行なうはずであった。[17]後者の問題は、さきのネルチンスク講和会議では決定されずに、将来の交渉に委ねられていた。ウダ川流域の領有をねらう清が、この問題を提起することは確実である。[18]さらにロシアにしても、海上ルートを通じて日本・清・朝鮮と貿易を行なう計画を進めており、むしろ議論をサハリン・西太平洋海域まで広げて、自国の利益を擁護したいと考えていた。[19]

それでは両国は、ウダ川と周辺の海域についてどの程度の知識をもっていたのだろうか。清の場合は、康熙年間に地理調査のために、かなり北方まで調査隊を派遣している。たとえばモンゴル地方に関しては、イエズス会士のジャルトゥらが、『皇輿全覧図』を作製する一環で、康熙五十年（一七一一）に北京から北上してフルン=ノールに達し、それからケルレン川沿いにハミまで調査を行なった。[20]これに対してウダ川の流域については、二十九年にババハイの調査隊が、ウイェケン山のふもとまで行ったことが一度あるきりで、その後はだれひとり入ったことがなかった。[21]そこで清の怡親王允祥は、国境交渉の始まる一週間前に急遽イエズス会士のゴービルらを集めて、『皇輿全覧図』に描かれなかった、北極海を含む北ユーラシア地域をカヴァーする地図を作ることを命じた。[22]ゴービルらはすぐに仕事にとりかかったが、資料が不足していたらしく、国境交渉が始まるまでにそれを完成することはできなかった。

他方ロシアで科学的な地図が作製されるようになるのは、一七二〇年代に入ってからである。ピョートル一世は測量技師をロシアの各地に派遣して、地図の作製にとりくませたが、モンゴルとウダ川両地域ではその作業はまだ始まっていなかった(23)。そこでヴラジスラヴィッチは、清に入国する前に科学的な地図を作ろうとして、これらの地域に測量技師を派遣した。その結果モンゴル地方に行った一隊は新しい地図を作って帰ってきたが、ウダ川を目指したもう一隊は、山岳地域に阻まれて目的を達成することができなかった(24)。またヴラジスラヴィッチはヤクーツク知事などからウダ川地域の情報を収集しようとしたが、かれらは現地のことをほとんど知らなかった(25)。そうした中でヴラジスラヴィッチは、一七二六年三月二十日（ユリウス暦、雍正四年三月九日）にカムチャツカ探険に向かうベーリングに手紙を書いて、カムチャツカ半島からアムール川までの海岸線と島を記入した地図を送るように要請する。二か月後にベーリングはドイツの地図帳を送ったが(26)、その地図もまた科学的な測量にもとづくものではなかった(27)。後にヴラジスラヴィッチはこの地図を清に提出し、そのことが清のサハリン政策に転回をもたらすことになった。

このように清とロシアは可能なかぎりの準備を進めたが、ウダ川と周辺の海域については、依然として信頼できる情報は集まらなかった。両国はこうした問題点を抱えたまま、交渉の場に臨まなければならなかった。

ロ清両国の北京会議に関する第一次資料としては、ソ連時代に公刊されたヴラジスラヴィッチの報告書が屈指のものであろう(28)。これは、ヴラジスラヴィッチが北京における日々の出来事を報告したもので、雍正帝に謁見したときのもよう、皇帝どうしが交換した贈物の内容、北京の年中行事などを詳しく記している。国境交渉に関しては具体的な内容に乏しいが、しかしこれに代わる史料はいまのところない。それを補完する史料として、わたしは当時北京に滞在していたフランス人イエズス会士のアントワーヌ＝ゴービルの書簡集を取り上げることにする。ゴービルは、四十年近くに及ぶ中国滞在の間に、数多くの書簡をヨーロッパに送り続けた。それらの書簡は、清の政治、社会を研究する上で、漢文献とは異なる視点に立った貴重な史料となっている。そのうち一七二七年十月八日（グレゴリオ暦、雍正五年八月二十四日）付けで本国のガイヤール神父に宛てた書簡は、北京会議に関する重要な史料である。その中でゴービルは、同年一月九日から十月四日までに起こった出来事を日記風に回顧し、その一月と二月には会議の舞台裏で允祥が、ロシアの情勢や北方の地理についてたびたびイエズス会士らに照会したことを記述している。(29) 允祥は康熙帝の十三子で、雍正帝の弟である。当時かれは雍正帝の意を受けて、ロシアとの交渉を指揮していたとみられる。(30) それらの出来事は、清のサハリン政策を考える上で重要な意味をもっている。ヴラジスラヴィッチの報告書が、交渉の表舞台を表現した史料であるとすれば、ゴービルの書簡はその舞台裏を活写した史料ということができる。

さて両国が国境問題について協議を始めるのは、雍正四年十二月二十五日（グレゴリオ暦一月十六日、ユリウス暦一月五日）のことである（表5）。ヴラジスラヴィッチの報告書によると、この日清の代表チャビナ、テグトゥ、トゥリシェンの三人が、ロシア代表の宿舎である会同館を訪れて、ヴラジスラヴィッチと地図を広げて国境問題について話し合った。会議の冒頭に清はウダ川周辺の領有を主張するが、奇妙なことに清側のいうウダ川は、オホーツク海に注ぐ本来のウダ川ではなく、それよりずっと西にあるバイカル湖に注ぐそれであった。ヴラジスラヴィッチは、チャビナらが故意にそんなことを言ったのか、あるいは地理を知らないのか、真意をはかりかねた。また国境を協議する方法についても、清は双方の代表が最初から国境に行って協議をすべきだと主張したのに対して、ロシアは北京でまず大筋を決定してから、国境で細部をつめるべきだと譲らなかった。(31) この日はこのまま散会するものと思われたが、終了間際に清の代表がひとつの提案を行ない、ヴラジスラヴィッチもそれに同意する。(32)

表5　北京会議の日程

陰暦	ヴラジスラヴィッチの報告書（ユリウス暦）①	ゴービルの書簡（グレゴリオ暦）
雍正四年 十月八日	一七二六年（10月21日）北京に到着	
十月二十二日	（11月4日）雍正帝に謁見	
十二月朔	（12月12日）十四項目の提案を行なう②	
十二月十八日		一七二七年（1月9日）允祥、ゴービルらに地図作製を命じる
十二月二十三日		（1月14日）ヴラジスラヴィッチ、イエズス会の北堂を訪問③
十二月二十五日	一七二七年（1月5日）国境交渉を行なう	
十二月二十七日	（1月7日）清側に地図を提出 北堂を訪問③	
十二月二十八日		（1月19日）允祥、ロシアの提出した地図をゴービルに検討させる
十二月二十九日		（1月20日）ゴービル、サハリンを調査した二人と会見
十二月三十日	（1月10日）大晦日の宮中行事に参列	
雍正五年 正月三日		（1月24日）允祥、雍正帝がゴービルらの作製した地図を見たという。
正月四日	（1月14日）清、ロシア側に地図を提出	
閏三月十日	（4月19日）雍正帝に謁見	
閏三月十四日	（4月23日）北京を出発	

注　①グレゴリオ暦の日付をユリウス暦に直すには、18世紀中は11日をひけばよい。

②*Русско-китайские отношения в XVIII веке,* том　2, стр. 597, комментарии9.

③ヴラジスラヴィッチが北堂を訪問した日が、ヴラジスラヴィッチとゴービルとでは異なる。ゴービルの誤りであろう。

そのときアレハンバ〔aliha amban、チャビナかテグトゥを指す〕は、〔……〕全権大使〔ヴラジスラヴィッチ〕はかれらに自らの地図を貸すように、それをかれらは自分の地図と比べて、それに精通する人びとと相談をして、そしてふたたび全権大使に返すだろうと語った。全権大使は、自分はかれらに自分の地図を貸すが、ただかれらも自分がかれらの地図をよく検討できるように、自分にかれらのものを貸していただきたいと答えた。

すなわち相手の地図を研究するために、たがいに地図を交換するというのである。約束はすぐに実行されて、二日後の十二月二十七日（グレゴリオ暦一月十八日、ユリウス暦一月七日）朝に、清の役人が地図を受け取りに会同館までやってきた。ヴラジスラヴィッチは、

〔……〕大使のところから全権大使のもとに、ふたりの官僚が派遣されてきて、全権大使は、かれらが明白な検討を行なうためすべてのことを知るように、アムール川、「石の山」、カムチャツカ海に流入するウダ川に関する地図か、あるいは何らかの情報をもっていないかと尋ねた。そのとき全権大使は、かれらに大きな新しい地図帳と、カムチャツカ海、アムール川とウダ川の表現がより優れている他の地図を贈った。

という[33]。このとき清が求めたのは、アムール川以北とウダ川周辺を含む地図であった。それに対してヴラジスラヴィッチは、清の使者に新しい地図帳と地図をもう一枚渡したが、後述する如く前者は一七二五年製のホマンの地図帳であった。

両国の会議は、それから中国の新年をはさんで一時中断したので、ロシアの代表は北京にあったイエズス会の

各教会を訪問したり、雍正帝の招きで新年の祝賀行事に列席してときをすごしている。[34]その間に清では允祥が中心となって、ロシアから借りた地図帳を検討していた。

さてゴービルは、十二月十八日に地図の作製を命ぜられて以後、連日の如く允祥に呼び出された。允祥はヴラジスラヴィッチから地図を受け取った翌日の十二月二十八日（グレゴリオ暦一月十九日、ユリウス暦一月八日）に、早くもそれをゴービルに渡している。前述したゴービルの書簡には、

一月十九日。〔十三〕王子は、われわれにかれの目の前で、ロシア人が提出した地図帳を検討させました。それは、最近ニュルンベルグで印刷されたホマン（Jean Hotman）のものであります。王子は、カスピ海とロシア人がカムチャダリア（Campsatalia）と呼ぶエゾ（Jesso）の地方に与えた新しい形状に、たいへん注目していました。

という。[35]

ロシアの提供したホマンの地図帳には、カスピ海とカムチャダリアの地図が載っていたが、ホマンのいうカムチャダリアは、カムチャツカ半島のことである。現存するホマンの地図でこれに該当するのは、一七二五年にニュルンベルグで出版された地図帳の一枚で、それにはカスピ海とカムチャツカ半島の二種類の地図が、左右に配置されていた。ホマンの地図帳にはさらに一枚、ほぼ同様のカムチャツカ半島とカスピ海を描くロシア一般図も含まれており、これらの地図は、ホマンがピョートル一世の依頼を受けて、ロシアの資料にもとづいて作製したものである。[36]カスピ海とカムチャツカ半島については、それまで信頼するに足る正確な地図は存在しなかった。とくにカムチャツカは発見されて日もまだ浅く、ようやくその存在を知られるに至ったにすぎない。ロシアがこの地図を刊行した背景には、地理学におけるロシアの貢献を内外に誇示するとともに、二つの地域を開発して、

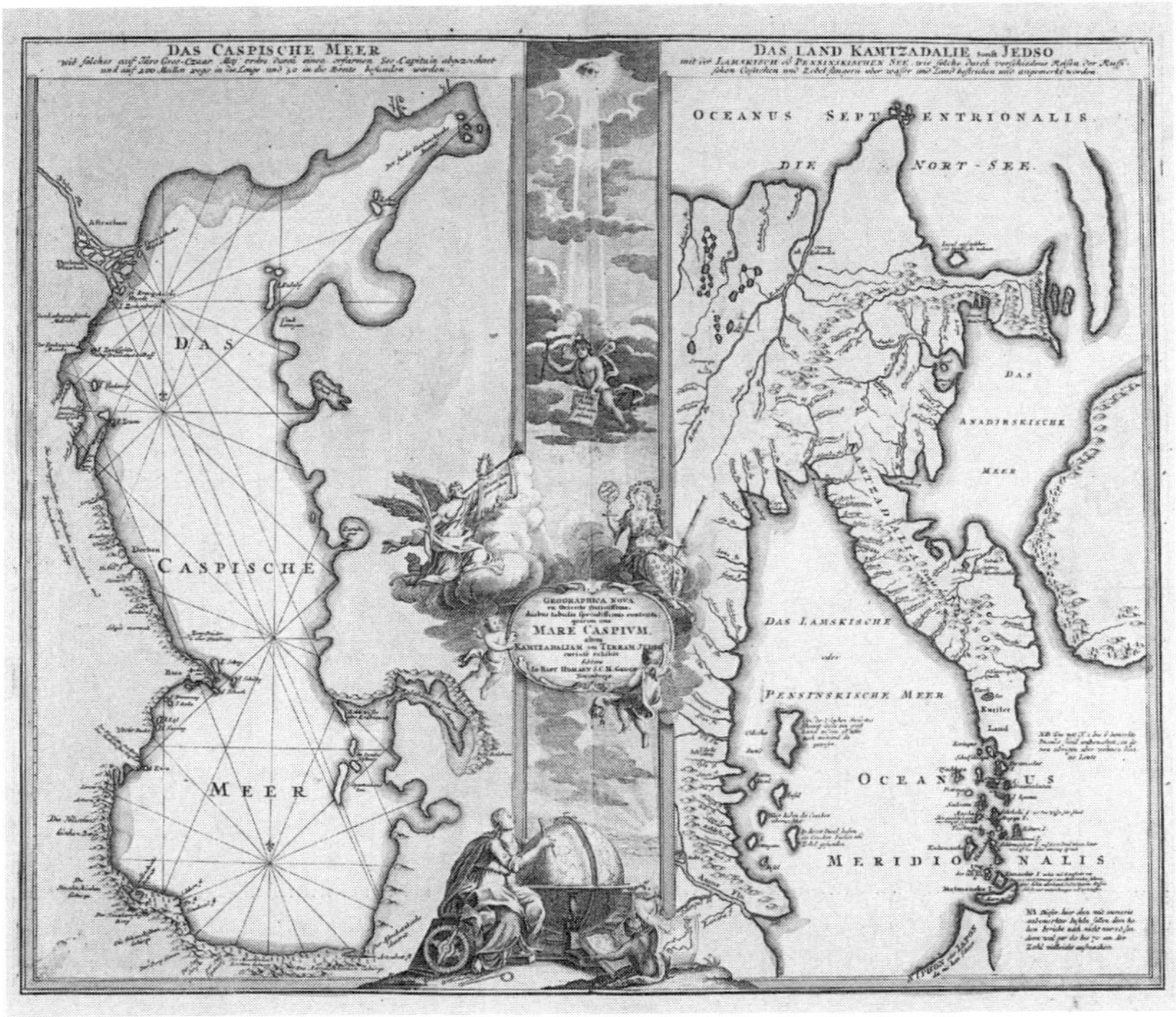

カムチャダリア（カムチャツカ）及びカスピ海図　ホマンの地図帳（1725年）に含まれる一枚。1723年ごろの作製。（京都大学大学院人間・環境学研究科蔵）

インドや中国・日本に至る道を捜索するという目的があった[37]。

十七世紀以前のロシアでは科学技術が未発達なために、科学的な地図を作製することはできず、絵図のような地図がまだ一般的であった。ロシアで科学的な地図が作られるようになったのは、ようやく十八世紀の二〇年代のことである。したがって十八世紀前半は両者の移行時期にあたっており、この当時の地図には二種類のものが併存していた。ホマンの地図にあるカスピ海の地図は、一七一九、二〇年にオランダ人のファン＝フェルデンらが行なった科学的な測量にもとづく。それ以前のカスピ海の地図は絵図程度のものだったので、フェルデンのカスピ海地図は画期的な意義をもっていた[38]。これに対してカムチャツカ半島の地図は、ピョートル一世が提供したストラレンベルグの地図にもとづいていた[39]。ストラレンベルグの地図は、カムチャツカに関する最新の地図ではあったが、しかしそれはシベリア地方の土着的な絵図に起源をもっていた。ホマンの地図に描かれるカムチャツカ半島の形状は実際よりもはるかに巨大で、半島の先端は本州の北端付近にまで達した。そしてカムチャツカと本州との間には、千島列島と小さな北海道（松前）が置かれていた。

ここで注目されるのは、ホマンがカムチャツカ半島をエゾにあてていることである。北海道が本州の北に位置するということは、現在では自明の理であるが、十八世紀以前はその形状も位置も明確ではなかった。当時ヨーロッパではエゾは大陸の一部であるとか、島であるとか、さまざまに想像されていた[40]。十八世紀初めにカムチャツカ発見の報が伝わると、一部の地図研究者は、カムチャツカ半島と幻の土地エゾとを関連づけて、両者を同一視し始めた。ホマンの地図は、それを具体化した一例である。このカムチャツカ＝エゾ説は、ベーリングの第一次探検によってカムチャツカ半島の形状と位置が確定するまで、ヨーロッパで一定の支持をえていた[41]。

ところで清は、中国に滞在するイエズス会士を通じて、早くからエゾ問題の存在を知っており、康熙帝の時代にはエゾの土地を捜索したこともあった。前述した如く康熙四十八年（一七〇九）にはイエズス会士のレジスらを派遣して、アムール川下流地方の測量を行なわせたが、レジスらの調査目的のひとつは幻のエゾを捜索することであった。レジスは、当初沿海地方の南部がエゾであると推定していたので、沿海地方を縦断してアイヌが居住する証拠を捜したが、かれはアイヌの存在を確認することができず、この仮説が誤りであることに気がついた。その間にレジスは、住民からアムール河口に大きな島（サハリン）が存在することを聞いて、その島がエゾではないかと考えるようになった。しかし一行はその島に到達できず、それを確かめることはできなかった。そこで清は、その二年後にサルチャンらを派遣した。サルチャンらはアムール川の河口から沖合の島に渡るが、その北部を一周しただけで、かれらもまたアイヌを確認することはできなかった。その報告を聞いたレジスは、アムール河口の島（サハリン）はエゾとは別の島であると考え、エゾは日本の本州近くにある土地であると結論したのである。[42] その結果レジスは、『皇輿全覧図』のアムール河口・サハリン図においてサハリンの北半分を描くだけで、サハリンの南がどうなっているかを明確には示さなかった。

レジスの調査から北京の会議まで、まだ二十年しか経っていなかったので、允祥もエゾの問題を覚えていたにちがいない。かれは、ホマンがエゾをカムチャツカ半島の先端に置くのをみて、強い衝撃を受けたものと思われる。允祥はサハリンとエゾとの関係を確認する必要を感じて、翌二〇日にゴービルとこの問題を検討する。すなわち「アムール川の河口とその対岸にあるという大きな陸地（サハリン）に行ったことのある、二人のタルタル人（満洲人かモンゴル人）官僚」を呼んで質問することにし、その場にゴービルを立ち会わせた。出席した二人のタルタル人についてゴービルは、

かれらはその川の河口から、かれらが島であるというその陸地まで行くのに、海路六時間もかからないと語りました。

というので[43]、かれらはサルチャンの調査隊に参加した人物であろう。
ゴービルは一七二二年に中国に入ったので、『皇輿全覧図』の仕事には関わっていなかった。そのためかれは、レジスらの業績を客観的に評価することができた。ゴービルは、レジスらの調査が沿海地方の東岸とアムール川の下流地方には及ばなかったことで、『皇輿全覧図』のアムール下流・サハリン図には、なお検討の余地があると考えていた。ことにサルチャンらの収集した資料には疑念をもっていた。同日の記事には続けて次の如くいう[44]。

かれらのいうことに、あまり信頼をおくことはできません。王子がわたしに意見を求めましたので、わたしはきっぱりとそれをあてにしてはいけせんと話しました。

この表現をみるとゴービルは、サハリンの存在そのものを疑っていたようにもとれるが、わたしはむしろサハリンの形状や位置について、調査が必要であると語りたかったのだと思う。
ゴービルはまた、ホマンの考えるエゾの位置にも疑問をもっていた[45]。続いてかれは、

カムチャダリアについては、われわれはそれをエゾと呼びますが、ロシア人が与えるその位置は、ヨーロッパの地理学で認められている原則に反していますと、わたしは言いました。

と述べる。ホマンの描くカムチャツカ半島は、大陸の沿岸から東に大きく遠ざかっているが、これはエゾの西海岸は大陸と至近距離にあるとする、十七世紀以来のヨーロッパの通説とは矛盾するのである[46]。
それではゴービルは、エゾとサハリンの関係についてどのように考えていたのであろうか。かれは、一六四三年にオランダ人マールティン＝フリースらが上陸した北海道東南部とサハリン南東部（フリースは、両者を地続きの土地と考えた）と、サルチャンらが到達した島（サハリン北部）との関係について、両者は同じエゾの土地と考え

ており、本当は地続きではないかと疑っている。二年後の一七二九年九月二十五日にパリで受領された論文の中でゴービルは、

> 一六四三年のオランダ人の航海によれば、その航海の終り（北限）は緯度四十九度、そして（経度は）サンガル（津軽）海峡の東五度、すなわち北京の東少なくとも三十度あたりであった。したがってオランダ人たちは、イエズス会士の地図に記された島のごく近くまで行ったことになり、わたしはこの島がエゾの一部であると考えざるをえない。

と述べる。[47]ゴービルはもともとこうした考えをもっていたのであり、允祥に対してもそれを説明したとみられる。それを受けて允祥は、この問題に一応の決断を下す。前掲の書簡では二十日の箇所に続けて、

> そこで王子は、皇帝に提出しなければならない地図には、エゾについて何も書き入れないように、そしてバイカル湖付近のいくつかの位置について、わたしが提案したとおりに訂正を行なうように命令しました。

という。[48]允祥がゴービルに地図の中にエゾを描かないように求めた理由は、サハリン南部とエゾとの関係が不明の段階で、もしエゾを問題とすれば会議の収拾がつかなくなる、そこでロシア人の目をそれからそらそうとしたためと考えられる。允祥は、エゾの問題を交渉に出さないことにしたのである。

ゴービルは、正月三日（グレゴリオ暦一月二十四日、ユリウス暦一月十三日）までに地図を完成し、雍正帝に献上した。[49]ゴービルの地図は、それからただちにロシアの使節に届けられた。ヴラジスラヴィッチの報告書によると、

一月十四日午後一時に中国の大使が三人、全権大使のもとにやってきた。かれらは、吟味した大きな地図を持参していた。その上にはモンゴルの土地との境界があるところに、赤い紙つまり付箋が貼りつけられていた。かれらは、ボグディハン陛下〔雍正帝〕が、それらの付箋の通りに国境とするように命じたと語った。それらの付箋はロシア領に深く食いこんでおり、それによりネルチンスク、セレンギンスク、ウディンスク、トゥンキンスク、クラスノヤルスク郡の領域の半分以上が中国の領有になるほどに、それらの郡はせばめられていた。

とある(50)。ユリウス暦一月十四日は、グレゴリオ暦一月二十五日、陰暦では雍正五年正月四日にあたる。残念ながら、ゴービルらの描いた地図は現在行方がわからない。またヴラジスラヴィッチの上の報告によっても、ゴービルが北太平洋岸をいかに表現したのかは不明である。

ところで『十八世紀の露清関係』には、北京の中国第一歴史檔案館に所蔵される一枚の古地図を掲載する(51)。この地図は北を下に、南を上にするなどシベリア地図の伝統を受け継ぐが、キリル文字の地名の間には満洲文字の付箋が貼りつけてあった。この地図がカヴァーする地域は、東はカムチャツカの一部と太平洋岸から西はカスピ海の東岸までである。問題の西太平洋海域をみると、カムチャツカ半島の北部はホマンの地図に似ているが、その南部は地図の枠外にあって、形状は不明である。またカムチャツカ半島の南方に湾をはさんで、半島がさらにひとつ描かれているが、やはりその先端は枠外に消えていて、その形状をうかがうことはできない。その位置からすればサハリンにあたるが、たぶん朝鮮半島のことであろう。このようなカムチャツカの構図は、ホマンの地図帳にあるロシア一般図によく似ており、それから出たものである(52)。『十八世紀の露清関係』の編者であるデミドワ氏らは、この地図はこのときロシアが提供したものであるというが、わたしはこれこそがゴービルの描いた

ロシア一般図　ホマンの地図帳（1725年）に含まれる一枚。1723年ごろの作製。（京都大学大学院人間・環境学研究科蔵）

地図か、その写しではないかと考える。

北京会議においては、ウダ川周辺の帰属問題は再度先送りとなった。その間両国がエゾについて協議したかどうかは、不明である。現在利用できる史料にはそれに関する記述はない。ヴラジスラヴィッチは、後年の手記においてウダ川地域の問題を決定しなかった理由として、地理知識の不十分なことと皇帝の勅命を受けなかったことをあげるだけで、エゾの問題についてはふれていない。[53] こうした点から考えるとエゾの問題は、少なくとも会議の焦点とはならなかったのである。

しかし清にとっては、サハリンの南部がいかなる形状をしておりどこまで続くのか、そしてエゾとはいかなる関係にあるのかという問題は、会議の進行とはかかわりなく早急に解決すべき重要な課題となった。ゴービルは後年の書簡において、

かれ〔康熙帝〕は、東海〔太平洋〕の岸辺とならびにエゾをタルタリア〔アジア大陸〕から分ける海峡と同様に、黒龍江の河口にある島を捜索させました。康熙帝の息子であり後継者である雍正帝は、ツァー陛下の大使サヴァ伯爵〔ヴラジスラヴィッチ〕が北京でかれに提出した地図に関連して、さらに大規模な研究をさせました。〔……〕

と、清が北京の会議直後からサハリンの再調査に乗り出したことを語っている。[54]

第三節　北京会議後の清朝のサハリン中・南部進出

北京でロシアと外交交渉を行なった雍正五年（一七二七）以降、清は積極的にサハリン中・南部への進出をはかっている。最初の反応は、交渉の直後に起こった。アムール川下流の辺民ダイジュが、ホジホンになるためにたまたま北京に上京していたので、王のひとりがダイジュと会って、かれにサハリンの調査を命じたのである。『寧古塔副都統衙門檔案』第一八冊、雍正八年五月十日の条に、

フィヤカ氏族ウクトゥン村のホジホン、ダイジュが次の如く申しました。「雍正五年に妻を娶りに京師〔北京〕に行きましたときに、王が『おまえの祖父チルバヌが従えたもの以外に、さらに別のひとはいないのか』とお尋ねになりましたので、『わたくしの祖父が従えましたクイェのイドゥイ村からかなた二十日の距離のところに、ヒオ国の人がおります』と申しました。王は、『おまえが行って、この国のものを従えることができるならば、おまえが自分で従えてこい』とお話しになりました。〔……〕」

とみえる[55]。文中のクイェは、アイヌではなくてサハリンのことである。イドゥイはサハリン西海岸の村である。ヒオは、間宮林蔵のいうシー川（ポロナイ川）と同一のことばで、ヒオ国とは、その河口付近にあったアイヌの集落ダリカを指すと考えられる。一般にサハリンの北部から南部に行く場合、ふたつのルートを想定できる。ひとつはサハリンの西海岸を南下するもので、あとのひとつはイドゥイから東に進んで中央低地に出て、ポロナイ川に沿って南下しダリカに達するルートである。清がサハリンの中・南部に進出するのに利用したルートは、も

っぱら後者であった（第二章図3参照）。引用文にいう王は、ロシアとの交渉を指揮していた怡親王允祥のことであろう。ダイジュの引見がいつ行なわれたのか史料にはみえないが、ロシアとの交渉と並行してか、またはその直後においてであろう。王は、チルバヌがかつてサハリンに行ったことを知っており、そのチルバヌの孫ダイジュが上京したので、かれからサハリン奥地の情報を聞き出そうとしたのである。

それではホジホンとは、いかなる人びとであろうか。十八世紀のアムール川下流地域には、大量の毛皮をもって北京に上京する住民がいた。清はかれらに禁旅八旗の子女を妻として与え、ホジホン（婿）と呼んだ。ホジホンが清に献上した銀狐皮・北極狐皮・赤狐皮・黒貂皮は、一度に数百枚にものぼった。かれらは一度帰郷した後に、再度上京することも許されており、その際にも皇帝に献上する黒狐皮・黒貂皮と旅費の黒貂皮を大量に携行した。かれらはこれらの毛皮を入手するために、しばしばアムール川の北岸地域やサハリンなどに出かけて、現地の住民と交易を行なった[56]。広い領域をまたにかけて活動するかれらは、各地の地理や事情に通じており、清は辺境の情報源としてかれらを利用したのである。

アムール下流のホジホンは、清の記録に現れるだけでも二十人余りを数えることができる[57]。サハリン調査を命ぜられたダイジュも、その中のひとりであった。その一族からは複数のホジホンが現れており、祖父のチルバヌもそうであった。かれらもまた、交易のために遠方まで出かけている。たとえばチルバヌの弟は、康熙二十一年（一六八二）ごろにアムグン川の上流で、侵入してきたロシア人のために殺害されたが[58]、この事件が起こったのも、かれが毛皮を購入するために、故郷のウクトゥンからアムグン川の流域にまで出かけていたときであったとみられる。チルバヌがイドゥイに行った時期は不明であるが、ダイジュの一家とサハリンの住民との関係は、その前後から始まったとみられる。清がダイジュにサハリン中・南部に対する試験的な調査を委ねたのも、かれの行動力と知識を頼んでのことであった。

話をもとに戻そう。ダイジュは北京から戻ると、四人を連れて犬ぞりを飛ばしサハリンに向かった。前掲の檔案は続いて、

わたくしは京師からわたくしどもの故郷に戻りますと、わたくし自ら四人を連れて、犬ぞりで出発しました。六日行ってクイェのイドゥイ村に着きました。イドゥイ村からヒオ国までは、二十日余りで到着しました。見るとヒオ国の人は、方々につらなるように七、八ないし十余戸で住んでいます。全部で大体百戸余りにみえました。〔……〕わたくしはみなに向かって、『おまえたちヒオ国のものは、誰にも属していない。おまえたちはみな従え。従えばおまえたちは、すべてのマンジュがきたとしても大丈夫である』と王のことばを告げました。かしらのチジュゴクイは、『王がわれわれに従えというならば、われわれは従おう』と言って、〔……〕二十戸の貂皮二十枚を託しました。

と述べる。ダイジュがサハリンに渡ったのは、おそらく雍正五年から六年にかけての冬であろう。なお前掲の檔案によれば、ダイジュは六年にも再度ヒオ国に行って、アイヌからさらに十枚貂皮を託されたという。かれはその報告を行なうために、八年二月二十六日にこれらの貂皮をもってニングタに到着したが、ニングタ将軍と副都統は、そのはなしには証拠がないと退けている。

さて同時期に北京においては、別のサハリン調査計画が進行していた。雍正七年に清は、イブゲネら旗人の一行をサハリン中部に派遣する。前述した『軍機処満文録副奏摺』のイブゲネの履歴書には、次のようにみえる。

イブゲネが、力を尽くして働いたことの摺子。〔……〕委署驍騎校ショセとともに、東海の島にあるシサ（Sisa）国の情報を得るために、フィヤカのところに至り、わたくしイブゲネはそこのダイジュ、ム

ケイなど六人を案内として連れて、ワジ村から海を渡りました。多くの村を通過して、十四日目にシェオ川の河口に〔達し、そこに〕住むクイェのひとがシサ国との交易で得たよろい一領、刀一振り、漆器の椀と皿を持ち帰りました。これにより一度海を渡って、力を尽くして働きました。〔……〕

イブゲネの履歴書では調査の年月を明らかにしないが、『三姓副都統衙門檔案』第六冊、乾隆八年二月二十九日の条では、この調査を雍正七年としている。(59)『軍機処満文録副奏摺』にいうダイジュとは、前述したホジホンのダイジュである。当時ダイジュは、サハリン中部の調査に不可欠の人物と評価されていたのである。シェオ川はヒオ川と同じで、当時のシー川、今日のポロナイ川（ホロナイ川）にあたる。このときイブゲネらは、ポロナイ川河口のダリカ周辺から、さらにはその南にまで進んだと推測される。

『軍機処満文録副奏摺』に「東海の島にあるシサ国の情報を得るために」とある通り、イブゲネが実施した調査は、サハリンとシサ国との関係を調べるためであった。和人および日本を意味する満洲語のシサ（シサン）は、アムール下流に住む先住民の言語から入ったが、もともとはアイヌ語のシサム（和人）がその語源である。このときすでに清はサハリン南部の研究を始めており、シサ国がサハリンの南に位置すること、そしてエゾ（日本）の可能性があることを推定していたと考えられる。日本本土産のよろい・刀・漆器は、早くから北海道に移出されていたので、イブゲネらが持ち帰った品物は、北海道からサハリンに伝わったものである。(60)もしもかれらがこれらの品物を日本製品と識別できれば、シサ国はエゾのことで、エゾがサハリンの南に位置することを確信したはずであるが、詳細は不明である。

このたびの調査は規模も小さかったらしく、そのおりに住民のアイヌを従属させることはなかった。もしそうであれば当然その戸数を報告するはずであるが、イブゲネが住民を辺民に組織したという史料は見つかっていない。

続いて雍正十年にも、清は旗人をサハリンの南部に派遣している。この遠征にもイブゲネが関わっていた。実はその前年にイランハラで事件が起こり、そのために佐領の何人かがその地位を追われて、イブゲネもそれに連座して驍騎校から革職留任の扱いになった[61]。十年二月に寧古塔将軍チャンデが公務でイランハラを訪れたときに、イブゲネは自らチャンデにサハリン遠征を上申する。イブゲネはそれにより功績を上げて、もとの地位に復帰しようとはかったのである。前掲のニングタ将軍チャンデの上奏文には、

> わたくしイブゲネは、先年海を渡って全部で二十八回力を尽くして働きました。いま海島に住みながら前から従わないテメン・キトゥシャンなど十四村にも、みな行ったことがあります。願わくばわたくしイブゲネは、これらの人びとを招撫しに行きたいと思います。

とみえる。チャンデが四月十一日にこれを雍正帝に上奏すると、同月二十三日に勅旨があり、軍機処の審議に付された。その二日後に軍機処はイブゲネに調査を行なわせたいと回答して、雍正帝もそれを裁可した[62]。イブゲネの上申は個人的な動機から出ているが、サハリン南部の調査は、北辺の安定をはかる清の懸案であった。そもそもチャンデがイランハラを訪れた理由は、三姓と八姓の辺民をイランハラ駐防の八旗に組織するためであった[63]。清がイランハラの兵力を増強した背景には、アムール川の河口周辺におけるロシア人の活動を警戒する意図があり、それとイブゲネのサハリン遠征とは、同じ延長上にある。イブゲネはかれの提案が許可されることを予期して、調査の継続を主張したのである。

イブゲネらは、同年五月二十七日にイランハラを出発してサハリンに向かった[64]。一行がどの程度の人員から構成されたのか不明であるが、数十人程度の規模だったであろう。『軍機処満文録副奏摺』第一九二案巻第五文件、

雍正十一年四月二十九日付けの署ニングタ将軍ドゥライの上奏によると、イブゲネらは、

七月二十五日に海島にあるテメン・キトゥシャンなどの地に到着して、チョミン氏族・タオ氏族・スルングル氏族・ヤダン氏族のクイェの人、さらにはネオデ氏族・ドゥワハ氏族のフィヤカたちを集まらせて、皇帝は万民を撫育して恩恵を及ぼすということを、ひとりひとり悟らせるようにみなに告げました。そこでダハタタなど四氏族のクイェのもの、およびワハブヌら二氏族のフィヤカたちは、ともにみな喜んで聖主にすすんで従い、毎年税の貂皮を貢納したいと願って、かれらの六氏族十八村、百四十六戸四百五十丁が、各戸一枚ずつ税の貂皮を貢納しました。

と、遠征の結果を報告したという。これを受けてドゥライは、

クイェの人ダハタタたちは、ヘジェフィヤカと同様に毎年貂皮の税を貢納しますので、彼らにもヘジェフィヤカの例の通り、ウリンの衣服などを褒美に与えたいと思います。

と上奏した。ドゥライの上奏は軍機処に回され、大学士オルタイらはドゥライの提案をほぼ了承した上で、雍正帝に次のように回答した。『軍機処満文録副奏摺』第一五三二案巻第一文件、雍正十一年五月二十二日付けの大学士オルタイらの上奏に、

この六氏族十八村のものは数が多いので、長たちを置いて管理しないわけにはいきません。当該の将軍のところから、六氏族にはハライダ各一名を、十八村にはそれぞれの村にガシャンイダ一名を任じて管理させてはいかがかと思います。任じた六氏族のハライダとガシャンイダたちの名は、いつも衙門に報

告してはどうかと思います。

とあり、雍正帝はその通り認めた。

それまでに清朝の勢力が及んでいたのは、サハリンの北部地域に限定されていた。このときイブゲネが目標にしたテメンは、サハリン中央の大河トィミ川を、キトゥシャンはイドゥイの南方、西海岸のキトウシを指すとみられる。トィミ川とキトゥシャンより南は、当時はまだ清の勢力圏外にあった。イブゲネはサハリンの六氏族を集めて、清に貢納をするように説得したというが、それではいったいかれらはサハリンのどこに居住していたのであろうか。

雍正十年にイブゲネが従えたサハリンの六氏族は、イランハラ副都統に所属することになった。清はニングタ副都統に属するヘジェフィヤカと区別して、かれらのことをクイェフィヤカと呼ぶ。『三姓副都統衙門檔案』には、イランハラ副都統が各年度にクイェフィヤカから徴収した貂皮を、ニングタ将軍（のち吉林将軍）に対して報告した檔案が残っており、貂皮の数とともに各氏族のハライダやガシャンイダの名も記している。そこで『三姓副都統衙門檔案』から乾隆八年から同五十九年までの名を拾い出すと、表6となる。ただ残念なことに、これらの檔案には居住地が欠けている。

これらの六氏族の居住地について重要な手がかりを与えるのは、間宮林蔵の『北夷分界余話』附録である。間宮は、サハリンにおける清の辺民組織の起源について重大な関心を寄せていたので、文化五年（一八〇八）から同六年にかけてサハリンとアムール川下流を調査したときに、行く先々の古老に聞き取り調査を行なって、それを明らかにした。間宮が行なった聞き取り調査のうち、サハリンアイヌの辺民組織の起源については、記憶違いや事実の混同があり、取り扱いには注意を要するが、他方ニヴフ（スメレンクル）の辺民組織に関しては、ほぼ

表6　サハリンの辺民組織（クイェフィヤカのハライダとガシャンイダの人数）

氏族	乾隆八年（一七四三）〔同年十一月十四日〕①	乾隆十九年（一七五四）〔同年十一月十五日〕	乾隆二十五年（一七六〇）〔同年十一月九日〕	乾隆四十二年（一七七七）〔同年十月十日〕	乾隆五十六年（一七九一）〔同年十一月五日〕	乾隆五十九年（一七九四）〔同年十一月五日〕
Comin	Dulbiyanu	Dulbiyanu	Dulbiyanu	Dulbiyanu	Dulbiyanu ガシャンイダ三人	Tulbiyanu② ガシャンイダ三人
Neode	Wahabunu	Wahabunu	Putengkiyanu	Debsikeyenu	Dengsikenu ガシャンイダ七人	Mekinu ガシャンイダ七人
Duwaha	Lariyagiyanu	Jinjika	Jinjika	Jinjika	Yahadodonu ガシャンイダ一人	Yahadodonu ガシャンイダ一人
Too（Tao）		Yarci		Ok‘opio	Ok‘opio ガシャンイダ一人	Ok‘opio ガシャンイダ一人
Šulungguru (Sulungguru)	Cicai	Cihiyoosiki	Cihiyoosiki		Kalinu ガシャンイダ二人	Kalinu ガシャンイダ二人
Yadan	Yabirinu	Yabirinu	Yabirinu	Yocikiyandanu	Yocihiyandanu ガシャンイダ四人	Yonciyandanu ガシャンイダ四人

注①　〔　〕内は、『三姓副都統衙門檔案』の該当箇所を示す。
②　tとd、hとkの書き違い、衍字のnなどは、そのまま表記した。

史実を伝えていると考えられる。

表6にあるチョミン氏族のドゥルビヤヌは、間宮のいうイトイ（イドゥイ）のトルベイヌである。[65] チョミン氏族は、ニヴフ族のチョミピン氏族を指すと考えられる。現在のチョミピン氏族は、もとはアムール＝リマンのチヨミ村にいたが、のちにサハリンに渡ってその北西部に住みついたという。[66] チョミン氏族はチョミピン氏族の祖先で、このころはイドゥイに居住したのである。前掲の『軍機処満文録副奏摺』には、チョミン氏族はクイェつまりアイヌであったというが、それは事実ではない。

次に間宮林蔵は、カウトにいたウルトゴーというハライダの名をあげる。カウトという地名でまっさきに思いあたるのは、サハリン北端エリザベト岬のガオトであるが、この場合それは該当しない。このカウトは西海岸のゴエトのことであり、アムール河口の対岸、ヌエデ岬付近にあった。[67]『三姓副都統衙門檔案』にいうネオデ氏族の名は、地名のヌエデが語源であろう。イブゲネが招撫したネオデ氏族は、ゴエトにいたニヴフの一部である。ハライダのウルトゴーにあたる人物は、表6のネオデ氏族には見当らないが、間宮が見分した十九世紀初めにハライダを継承していたモツケイヌは、乾隆五十九年（一七九四）に貢納したネオデ氏族のハライダ、メキヌに発音が近く、同一人物と推定される。[68]

続いて間宮は、東海岸のトワガー（別名メルコアー）にハライダがいたことを記すが、地名のトワガーは氏族名ドゥワハの発音と近い。サハリンに住むニヴフ族のうち東海岸に住む氏族の名称は、集落名に由来するものが多いといわれる。[69] ドゥワハは地名トワガー（ドゥワハ）から起こった氏族名であろう。以上の三氏族は、サハリン北部のニヴフに属す。

残る三氏族が南部のアイヌである。雍正五年にダイジュが初めてダリカを訪れたとき、そのかしらはチジュゴクイと称しており、その他にヤラチ（ヤルチ）など五人の名が現れる。ところが五年後にイブゲネがサハリン南部に進出したときには、かれらの名は現れず、ダハタタなる人物が知られるだけである。ただダハタタの居住地は不明である。『三姓副都統衙門檔案』は乾隆以降の部分しか残っていないので、雍正十年の段階でだれがハライダに任じられたかは明確ではない。

ここでふたたび表6に戻ると、三氏族のうちダリカ（タライカ）村に暮らしていたのは、トー（タオ）氏族である。[70] ハライダのヤルチは、上述したヤラチと同一人物であろう。なお乾隆五十二年の項にみえるハライダのオコピオは、『カラフトナヨロ文書』第一号（乾隆四十年三月二十日）に現れ、また享和元年（一八〇一）にサハリン東海岸を見分した中村小市郎の『唐太雑記』においては、タライカのヲツコヒウケ（ヲッコビゥゲ）とみえる。[71]

さらにシュルングル（スルングル）氏族は、ダリカから南に一日程にあるクタンギ（コタンケシ）に居住していた。[72] ハライダのチチャイは、乾隆七年にキジ村で起こった殺傷事件で被害に遭ったサハリンアイヌの関係者である。シュルングルとトーの両氏族は、ふだんから親密な間柄にあったとみられる。

残るヤダン氏族は、西海岸ナヨロに拠ったアイヌである。かれらについては、間宮他の和人探検家の記録に詳しい。表6において乾隆八年からハライダであったヤビリヌと、同じく四十二年以降にハライダであったヨチヒヤンダヌ（ヨチキヤンダヌ）は、和人にはヤエビラカンとヨーチイテアイノ（楊忠貞）の名で知られていた。[73] 間宮林蔵がナヨロ村を訪れたときには、すでに子のヤエンクルアイノに代替りしていたので、ヨーチイテアイノはその前に死亡したと考えられる。

清がこれらのアイヌをハライダに任じた理由は、明白である。クタンギを含むダリカ周辺の地域は、イドゥイから発する東海岸ルートと、北海道から北上する交易ルートが交差する交通の要衝であって、一方ナヨロもまた、東海岸と西海岸をつなぐ峠道が存在するポヤソク地峡を扼する地点にあり、両者には中国や日本から物資が集まってきた。乾隆十六年から編集作業を開始した謝遂『職貢図』巻二、クイェ（庫野）には、サハリンのアイヌに

関して、

クイェは、東海の島のヤダン、ダリカンなどの地方に居住する。男はつむじより前の頭髪は剃って、後の頭髪は残しておく。伸びて肩まで届いたら剪る〔……〕。

と述べる。[74] ここではヤダンを誤って地名の如く扱っているが、ヤダン氏族がいた西海岸のナヨロ周辺を指す。一方ダリカンは、『三姓副都統衙門檔案』などにいうダリカのことである。トー氏族やシュルングル氏族などが居住したポロナイ川の河口、タライカ湖周辺である。ダリカ周辺とナヨロは、かつてサハリン南部に住むアイヌの二大中心地であった。[75] 清は、二つの勢力を代表する有力者三人を選んで、ハライダに任じたのである。

前掲の『軍機処満文録副奏摺』によると、雍正十年に清はまた、従えたサハリンの十八村にガシャンイダを一人ずつ置いたというが、表6の乾隆五十六年と五十八年の項をみると、ガシャンイダは全部で十八人にいる。十八という数字は、雍正十年の人数と同じである。そのうちアイヌに属するのは、七人である。表をみると、東海岸にいたトー氏族のもとにはガシャンイダ一人、シュルングル氏族には二人、そして西海岸のヤダン氏族には四人のガシャンイダが存在した。間宮林蔵は、カーシンタ（ガシャンイダ）を名乗るアイヌが東海岸ではナイブツ、ショユンコタン、フヌツプに計三人、西海岸ではナヨロ、ライチシカ、ウショロに計四人、全部で七人いたと証言しており、檔案の記載と一致する。[76] 清がガシャンイダに任じた人物もまた、現地の有力者であったと考えられる。

以上からアイヌのハライダとガシャンイダは、サハリン中・南部の東西両岸に広く分布することが明らかになった。この段階で清は、サハリンの南部まで勢力下に置くことに成功したと推測される。なお清の官製地図では清一代を通じて、『皇輿全覧図』に起源をもつ「く」の字型のサハリン、つまりサハリンの北半分を描くだけで、新たに併合した南半分を書き足すことはなかったが、このことは清の勢力範囲とは無関係である。イブゲネらの一行には測量技術を習得した人物がいなくて、そのために観測資料を集めることができなかったのであろう。

清の勢力がサハリンの南端近くに達したことは、既存の文献によっても証明することができる。上掲の『職貢図』においては、前半部分でサハリンアイヌが二大勢力からなることを述べるが、これが正確な記述であることは、すでに述べた通りである。さらに後半部分で男たちが頭髪の前半分を剃っていたことを記すが、同様の事実は、和人の探検家、中村小市郎と間宮林蔵も報告している[77]。また二十世紀中葉の調査報告によると、サハリンアイヌの成人男子は、頭頂を通り両耳を結ぶ線を境にそれより前方の頭髪はすべて剃り、それより後方の頭髪はそのまま後ろに流していた。これに対して北海道アイヌは、頭髪の生え際を剃ることはあってもその面積は狭く、また頭髪も左右に分けるのがふつうであった[78]。頭髪の前半分を剃るという慣習は、サハリンアイヌに特徴的なものである。このように『職貢図』は、客観的な事実にもとづいて記述されており、そのことは、清がサハリンアイヌの社会を十分に理解していたことを物語っている。

なおこのとき清に従った六氏族の辺民はイランハラ副都統の所管となり、毎年アムール下流地方において、イランハラから派遣される旗人に貂皮を貢納することになった。その多くはサハリンの中・南部に居住したので、かれらがアムールの下流地方に旅行するときには、北西海岸から大陸に渡り、山越えしてキジ湖に出てアムールに入るのがふつうであった。そこで清は、貢納地点を途中のキジに決めたのである。

雍正十年の時点で清は、サハリンの南部までその勢力を伸ばして、サハリンが孤立した島であること、そして住民のアイヌが日本からもロシアからも支配を受けていないことを確かめたのである。この結果に満足したのであろうか、清のサハリン調査はこれでひとまず終息に向かう。

おわりに

アムール下流・サハリン地方は、清の領域内では最辺境の地域であるが、それにもかかわらず清のロシア政策においては重要な位置を占めていた。清は十七世紀末以来、この地域でたびたび地理調査を実施したが、それらは中央の政治動向と密接な関連をもっていた。ネルチンスク条約締結直後に実施されたアムール川左岸の調査や、イエズス会士のレジスらが行なった沿海地方の調査は、まさしくそうである。本稿で取り上げた清のサハリン中・南部進出も、雍正五年（一七二七）に開催されたロシアとの北京会議がきっかけであった。

清の勢力拡大の結果、サハリン中・南部のアイヌは辺民に組織されて、清の支配を受けることになった。それにともない、アムール下流地方を中心とする経済圏が周辺に拡大して、サハリン南部とアムール下流地方との間では、経済的な交流が活発になった。その一方でこの時代には交易をめぐって、いたるところで紛争が発生するようになったことも見逃すことはできない。

一般に清のサハリンアイヌに対する統治は、強力でも永続的でもなかった。キャフタ条約以後清とロシアとの関係が安定して、両国の間には平和が永く続いたので、清は最後までアムール川の下流地域に旗人を常駐させることはなかった。そして乾隆七年（一七四二）にキジ村において、掛け売りのトラブルが原因でアイヌが殺傷される事件が起こってからは、清はサハリンの問題に消極的になって、十八世紀末になると清の旗人がサハリンを訪れることはほとんどなくなった。[79]

注

(1) 本書第二章「一七〇九年イエズス会士レジスの沿海地方調査」を参照。なお本章ではエゾということばを、ヨーロッパの用例に従って、北海道の古称として使う。

(2) *Атлас Сахалинской области*, Москва, 1967, стр. 49.

(3) А. В. Смоляк, Родовой состав нивхов в конце XIX-начале XX в., *Социальная организация и культура народов Севера*, Москва, 1974, стр. 176-196.（以下Родовой состав нивхов と省略する。）石田英一郎「邦領南樺太オロッコの氏族に就いて」（一）（『石田英一郎全集』第五巻所収、筑摩書房、一九七七年）三四八～三六一頁などを参照。

(4) 本書第一章「ネルチンスク条約直後清朝のアムール川左岸調査」二二、二三頁を参照。

(5) たとえば同書第五九冊、乾隆十九年十月十五日および第六一冊、乾隆二十年九月十六日の条。

(6) 吉田東伍『大日本地名辞書』（続編）（東京、一九〇九年）露領樺太図を参照。

(7) А. В. Смоляк, Родовой состав нивхов, стр. 192, 194.

(8) А. В. Смоляк, Родовой состав нивхов, стр. 192, 193.

(9) А. В. Смоляк, Родовой состав нивхов, стр. 192, 194, 195.

(10) 第二章「一七〇九年イエズス会士レジスの沿海地方調査」六七～七二頁を参照。

(11) この段落に引く各氏族の村落は、すべて注（5）と同じ檔案に拠る。

(12)『軍機処満文録副奏摺』第四九案巻第一文件、雍正十年四月十一日付けニングタ将軍チャンデの上奏文に付された革職留任驍騎校イブゲネの履歴書に、次のようにいう。

　ニングタ副都統ゲンゲイがウジャラ村に税の貂皮を徴収に行ったときに、わたくしイブゲネは、ソムニン村などの貂皮の税を貢納するフィヤカたちを全員連れてきて、税の貂皮をことごとく徴収しました。これで一度海を渡って、力を尽くして働きました。

(13) 間宮林蔵『北夷分界余話』一一、三八、九五頁（テキストは、洞富雄・矢澤尚一編注『東韃地方紀行』平凡社、一九八八年、を用いた）、松田伝十郎『北夷談』一六七頁（『北門叢書』第五冊所収、東京、一九七二年）を参照。なおシルンアイノについては、大井晴男「『サハリン・アイヌ』の形成過程」（『北方文化研究』第一七号、一九八五年）一六五、一六六、一八八、一八九頁を参照。

（14）注（12）に同じ。なお本書第十章「清朝のアムール地方統治」第一節を参照。

（15）M. I. Sladkovsky, *The Long Road: Sino-Russian Economic Contacts from Ancient Times to 1917*, Moscow, 1974, pp. 99-119. 吉田金一『近代露清関係史』（東京、一九七四年）一〇九〜一三五頁を参照。

（16）ガストン・カーエン著、東亜外交史研究会訳『露支交渉史序説』（東京、一九四一年）一四〇〜一四六頁、吉田金一『近代露清関係史』一三四〜一四二頁を参照。

（17）両国の国境交渉において、ウダ川周辺の帰属問題の重要性について指摘したのは、ベスプロズヴァンヌイフである。Е.Л. Беспрозванных, *Приамурье в системе русско-китайских отношений, XVII-середина XIX в.*, Москва, 1983, стр. 78-83.

（18）キャフタ条約の第七項に、清がこの問題に関して積極的な姿勢をとったことを記す。キャフタ条約の満洲語条文は、野見山温『露清外交の研究』（東京、一九七七年）七五〜七七頁を参照。

（19）А. Сгибнев, Попытки русских к заведению торговых сношений с Японией в XVIII и начале XIX столетий, *Морской сборник*, 1869,1, стр. 37-43. А. И. Андреев, *Очерки по источниковедению Сибири*, вып. 2 (XVIII век), Москва-Ленинград, 1965, стр. 13-21. Беспрозванных, *Приамурье в системе русско-китайских отношений*, стр. 68-72.

（20）H. Cordier（ed.）, Manuscrit inédit du Père A. Gaubil S. J., *T'oung Pao*, 16, 1915, pp. 526, 540-544.

（21）第一章「ネルチンスク条約直後清朝のアムール川左岸調査」二三〜二五頁を参照。

（22）A. Gaubil, *Correspondance de Pékin, 1722-1759*, Geneva, 1970, pp. 171,172.（以下*Correspondance*と省略する。）

（23）A. Isnard, Joseph-Nicolas Delisle, sa biographie et sa collection de cartes géographiques à la Bibliothèque nationale, *Bulletin du Comité des travaux historiques et scientifiques*, Section de géographie, 30, 1916, pp. 43, 63-79.

（24）G. Cahen, *Les cartes de la Sibérie au XVIIIe siècle*, Paris, 1911, p. 158, Беспрозванных, *Приамурье в системе русско-китайских отношений, XVII-середина XIX в*, стр. 79, 80.

（25）С. Владиславич Л., Секретная информация о силе и состоянии Китайского государства, *Русский вестник*, 1842, 3, стр. 293.

（26）Cahen, *Les cartes de la Sibérie au XVIIIe siècle*, p. 172. なおベーリングが送ったドイツの地図帳がいかなるものであったのか、これまでは必ずしも明確になっていなかったが、後述するゴービルの書簡によって、それがホマンの地図帳であることが明らかになった。

（27）*Русско-китайские отношения в XVIII веке*, том 2, Москва, 1990, стр. 319, 320.

（28）*Русско-китайские отношения в XVIII веке*, том 2, стр. 409–466.

（29）Gaubil, *Correspondance*, pp.171-176.

（30）允祥が雍正帝を援けて重責を果たしたことについては、Gaubil, *Correspondance*, p.235.（一七二九年一〇月一三日付けスシエ宛書簡）に、「今日帝国のあらゆる問題に責任を負っている十三王子」とある。

（31）*Русско-китайские отношения в XVIII веке*, том 2, стр. 425–427.

（32）*Русско-китайские отношения в XVIII веке*, том 2, стр. 427.

（33）*Русско-китайские отношения в XVIII веке*, том 2, стр. 427, 428.「石の山」は、ネルチンスク条約で両国の国境と定められたアムール川左岸の山脈（分水嶺）のことである。

（34）*Русско-китайские отношения в XVIII веке*, том 2, стр. 428–435.

（35）Gaubil, *Correspondance*, p.174.

（36）ホマンの地図帳（一七二五年）に含まれる主要な地図については、Э. Ф. Вареп, О картах, составленных русскими, в атласе И. Б. Гомана 1725 г., *Известия Всесоюзного географического общества*, 91, 3, 1959 に詳しい説明がある。

（37）Е. В. Гусарова, Первая навигационная карта Каспийского моря и её создатель Карл Петрович ван Верден, *Россия - Голландия. Книжные связи XV-XX вв.*, Санкт-Петербург, 2000, стр. 276, 277.

（38）Гусарова, Первая навигационная карта Каспийского моря и её создатель Карл Петрович ван Верден, стр. 276~279.

（39）ホマンのカムチャツカ図のもとになった地図については、もとは一七二四年にキリロフが作製したとする説が有力であった。しかしその後の研究によって、一七二一年にピョートル一世が手に入れたストラレンベルグの地図であることが明らかになった。Вареп, О картах, составленных русскими, в атласе И. Б. Гомана 1725 г., стр. 291, 294, М. Г. Новлянская, *Филипп Иоганн Страленберг. (Его работы по исследованию Сибири.)*, Москва, 1966 стр. 64, 65, Б. П. Полевой, О карте《Камчадалии》И. Б. Гомана, *Известия Академии наук СССР, Серия географическая*, 1970, 1, стр. 102-104.

（40）本書第二章「一七〇九年イエズス会士レジスの沿海地方調査」第一節を参照。

（41）A. Boscaro and L. Walter, Ezo and Its Surroundings through the Eyes of European Cartographers, L. Walter (ed.), Japan, Munich, 1994, pp. 87, 88. 秋月俊幸『日本北辺の探検と地図の歴史』（北海道大学図書刊行会、一九九九年）八三～八七頁などを参照。

（42）第二章「一七〇九年イエズス会士レジスの沿海地方調査」第二、第三節を参照。

（43）Gaubil, *Correspondance*, p.174.

（44）注（43）に同じ。

（45）注（43）に同じ。

（46）一六一八年と二一年に二度北海道を訪れたアンジェリス神父は、二一年の報告書において、エゾ（北海道）は孤立した島であり、そしてエゾと大陸との間はとても接近しているので、大陸の馬をエゾから望見できるほどであると書いた。その後アンジェリスの説は、多くの地図に採り入れられた。H・チースリク編『北方探検記』（東京、一九六二年）八九～九一頁を参照。

（47）H. Cordier (ed.), De la situation du Japon et de la Corée. Manuscrit inédit du Père A. Gaubil S. J., *T'oung Pao*, 9, 1898, p. 106.

（48）注（43）に同じ。

（49）Gaubil, *Correspondance*, pp. 174. 同日に允祥はゴービルらに対して、雍正帝がかれらの地図を見てほめたと語っているので、地図はそれまでに献上されたことになる。

（50）*Русско-китайские отношения в XVIII веке*, том 2, стр. 435.

（51）*Русско-китайские отношения в XVIII веке*, том 2, стр. 429, комментарии 19. この地図は、かつてフックス氏が紹介した「俄羅斯図」二枚のうちの一枚であろう。W. Fuchs, Materialien zur Kartographie der Mandju-Zeit, *Monumenta Serica*, 1, 1935, pp. 413, 414.

（52）Вареп, О картах, составленных русскими, в атласе И. Б. Гомана 1725 г., стр. 293, 294.

（53）Владиславич Л., Секретная информация о силе и состоянии Китайского государства, стр. 294.

（54）Gaubil, *Correspondance*, p. 715.（一七五二年付けベルティエ神父宛の書簡。）

（55）中国第一歴史檔案館では、この檔冊を雍正七年のものとするが、表紙の文字が八年と読めることと、その内容から、わたしは雍正八年と考える。

(56) 本書第五章「十八世紀アムール川下流地方のホジホン」を参照。
(57) 第五章「十八世紀アムール川下流地方のホジホン」表8と表11を参照。
(58)『寧古塔副都統衙門檔案』第八冊、康熙二十二年正月二十六日の条。ここでは「ウクトゥン村のチルバナの弟」とあるが、チルバヌの誤りであろう。
(59) 遼寧省檔案館他『三姓副都統衙門満文檔案訳編』(遼瀋書社、一九八四年)の第六五号は、その中国語訳である。
(60) アイヌの間で、アイヌ固有のよろいとともに、日本製のよろい(当世具足)が広まっていたことについては、末永雅雄・伊東信雄『挂甲の系譜』(雄山閣出版、一九七九年)八五～九五頁を参照。またアイヌが日本製の刀剣や漆器を重要視したことについては、菊池勇夫『北方史のなかの近世日本』(校倉書房、一九九四年)一二六、一二七頁、さらに日本製漆器が、アムール川下流地方に運ばれて使用されたことについては、大塚和義「北太平洋の先住民交易」(同編『ラッコとガラス玉』千里文化財団、二〇〇一年)一八、一九頁を参照。
(61)『三姓副都統衙門檔案』第六冊、乾隆八年三月六日の条に、次の如くいう。
〔驍騎校イブゲネは雍正〕九年六月中に、協領であったエルヒオの事件で私情にとらわれてかばったことにより、二級降して調用するようにいったのを、当該将軍が例に従って保題して革職留任させた。

革職留任とは、免職した上で、なお職務を続行させることである。大野晃嗣「清代加級考」(『史林』第八四巻第六号、二〇〇一年)一四頁を参照。
(62)『軍機処満文録副奏摺』第四九案巻第二文件、雍正十年四月二十五日付け大学士オルタイの上奏文。第一九二案巻第五文件、雍正十一年四月二十九日付け署ニングタ将軍ドゥライの上奏文。
(63)『軍機処満文録副奏摺』第四九案巻第一文件、雍正十年四月十一日付けニングタ将軍チャンデの上奏文。また本書第九章「十八世紀のアムール川中流地方における民族の交替」第二節を参照。
(64) 注(62)に同じ。
(65) 間宮林蔵『北夷分界余話』一〇二頁を参照。
(66) Смоляк, Родовой состав нивхов, стр. 192–194.
(67) 吉田東伍『大日本地名辞書』(続編)四八三頁を参照。

(68) 児島恭子「十八、十九世紀におけるカラフトの住民」(北方言語・文化研究会編『民族接触——北の視点から——』六興出版、一九八九年)四〇頁を参照。

(69) Смоляк, Родовой состав нивхов, стр. 180.

(70)『三姓副都統衙門檔案』第七冊、乾隆八年十月二十八日の条。(『三姓副都統衙門満文檔案訳編』第一四四号は、その中国語訳である。)乾隆七年(一七四二)にキジ村において、サハリンのアイヌらが殺傷される事件が起こった。清は被害者側のアイヌに裁判への出席を求めて、旗人をサハリンに使いに送った。そのときの旗人らの証言によると、ヤルチはダリカ(タライカ)村に、チチャイはダリカから一日の距離にあたるクタンギ(コタンケシ)村に居住したという。

(71)『カラフトナヨロ文書』のテキストは、池上二良「カラフトのナヨロ文書の満州文」(同『ツングース・満洲諸語資料訳解』所収、北海道大学図書刊行会、二〇〇二年)に拠る。とくに四四六、四六二頁追記を参照。また中村小市郎『唐太雑記』(高倉新一郎編『犀川会資料』所収、北海道出版企画センター、一九八二年)六三八、六四三頁を参照。

(72) 注(70)に同じ。

(73) 洞富雄『樺太史研究』(東京、一九五六年)一四六~一四八頁を参照。

(74) 荘吉発『謝遂《職貢図》満文図説校注』(国立故宮博物院、一九八九年)一七六、一七七頁を参照。

(75) タクサミ他著、熊野谷葉子訳『アイヌ民族の歴史と文化』(明石書店、一九九八年)一二一頁を参照。

(76) 間宮林蔵『北夷分界余話』一〇四頁を参照。

(77) 中村小市郎『唐太雑記』六三七、六三八、六四七頁、間宮林蔵『北夷分界余話』三四頁等を参照。

(78) 児玉作左衛門・伊藤昌一「アイヌの髪容の研究」(『北方文化研究報告』第五輯、一九四一年)一一、四四~四八、五二~五四頁を参照。

(79) このの後ちの清朝とサハリンアイヌとの関係については、本書第六章「十八世紀のサハリン交易とキジ事件」を参照。

第二部　アムール川水系の経済構造と商人

第四章　十七世紀アムール川中流地方住民の経済活動

はじめに

十九世紀以前のアムール川中流地方は、研究者にとってはつい最近まで闇に閉ざされた未知の世界であった。関連する文献史料は量的にも質的にも限界があり、そのためにこの地方の歴史を明らかにすることは、ほとんど不可能であると思われていた。ところが近年この状況は大きく変化しつつある。ことに十七世紀後半以降の清朝時代に関しては、当時アムール地方を管轄した八旗衙門の檔案の研究が始まり、その結果従来の研究を格段に進展させる成果が、あいついで発表されるにいたった。

最新の研究成果によるとアムール川中流地方の歴史は、十七世紀と十八世紀の間で深い断絶があると考えられている。その時期に起こった民族移動の波によって、この地域における民族の分布は前後で一変してしまうからである。(1) それでは変動が起こる以前のこの地域にはいかなる集団が存在し、どのような経済活動を行なっていたのであろうか。残念ながらこの問題は、いまだに解明されていない。

ところで清朝時代の初期にアムール川の中・下流地域を管轄した役所は、ニングタ副都統衙門であった。同衙門の檔案は一時ロシアに持ち去られたが、現在は中国に返還されて、康熙十五年（一六七六）から光緒二十六年（一九〇〇）まで断続的に残っている。わたしは一九九三年に文部省在外研究員として、北京にある中国第一歴史檔案館で研究する機会をえ、そのときこの『寧古塔副都統衙門檔案』を調査することができた。その中には十七世紀のアムール川中流地方に関する史料が大量に含まれていて、この問題を研究するうえでもっとも重要な史料であることが明らかになった。それ以来わたしは資料の収集と整理に努めてきたが、ここにきてこの問題にある程度の見通しを得ることができた。

そこで本章においてわたしは、まず中流地方の住民の下流地域における交易活動を明らかにし、続いてかれらと清朝との政治的・経済的な関係について論じることにする。

第一節　アムール川中流地方の住民

アムール川・ウスリ川・松花江の三大河に囲まれる三江平原は、その大半が水草と苔の生い茂る低湿地である。この低湿地は機械力を入れなければ開墾することができないので、長い間荒地のまま放置されていた。そのためにかつてこの地域で人間が居住したのは、河川に沿った台地上に限られていた。

十七世紀の前半にアムール川の中流水系に、いかなる民族が居住していたのかという問題は、民族学上における難問のひとつである。(2) 概していうと、中国の文献では中流地方の住民をフルハ（フルガ、呼児哈）と呼ぶのに対して、ロシアではジュチェルと呼んでいる。ただ惜しむらくは既存の文献には、内部の氏族名まで記したものはない。ところが近年ようやく研究の始まった『礼科史書』と『寧古塔副都統衙門檔案』には、清に貂皮を貢納した住民について記録した檔案が残っており、その中にアムール川の中流地域にいた氏族とその集落が記されていた。ここでその内容を表にあらわすと、次のようになる（表7）。

まずメルジェレ・ヘイェ・トコロの三氏族は、表7のうちではもっとも上流に居住した（図4を参照）。『寧古塔副都統衙門檔案』第五冊、康熙十七年七月五日の条によると、メルジェレ・ヘイェ・トコロ三氏族の出身地は、みな「サハリヤン=ウラの……村」であったというが、この場合サハリヤン=ウラというのは、松花江がアムール川に流入する地点より上流のアムール川沿岸のことである。たとえばメルジェレ氏族のケルデについて、

調べたところ、メルジェレ氏族の副都統品級のケルデは、「かつてはサハリヤン=ウラ（アムール川）のエクティン川のエクティン村に住んでいました。それからスンガリ=ウラ（松花江）のモクジョン村に移って住んでいましたが、またモクジョンからウェンケン川のアミダ村に来て居住しました。わたしの佐領の二十八戸九十丁を率いて、副都統ジャヌカらといっしょに、アミダからニングタに移住しました」といいます。

と述べている。『寧古塔副都統衙門檔案』同条によると、この三氏族のものは松花江とノロ川の沿岸を転々としているが、これは、かれらがアムール川の流域に進出したロシア人から逃れて、その支流地域に避難をしたためであると考えられる。(3) これらの三氏族は、もともとは松花江の河口付近とそれから上流のアムール川沿岸に居住していたのである。

ウジャラ氏族の分布をみると、特定できる集落はみな松花江河口から上流の松花江流域に点在している。また

表７　アムール川中流地方の氏族とその集落（康熙13年以前）

氏族（hala）	『礼科史書』①	『寧古塔副都統衙門檔案』②
Meljere （Meljiri）	Eheti Ice　他５村	Ektin ③ Ice
Heye	Lefuku Oogiyan 他１村	Lefuke Oogiyan Gitan
Tokoro	Elge Gūbkatin G'akū Hilhū Tumetu Bijan 他６村	Elge Gūbkatin Kakū Hilhū Tumetu Kitkin
Ujala	Kalkama Jektuhu Gaijing 他２村	Ebuda ④ Getehun
Bayara	Kurfulin	
Kidumu		Wahūn（ウスリー川方面）
Kitara		Oowan
Irkure		Daldai
Nuyele		Etu Gimnin Kinelin 他3村
Hūsikari （Hūšakari）	Kirulin 他１村	Hirulin Hekteri Congnoko 他3村
Geikere	Emgi 他３村	Amgi Desin ⑤ Mulgu Yeotere 他11村
Horfokol （Horfogol）	Jecelin Holon Datan　他1村	Jecilin（Jecelin） Holon Datan　他3村
Urgungkere （Urkunggeri）	Hijan	Hijan（Hejan） Jorbi　他２村
Gufatin （Gūfatin）	Ajige Makan Amba Makan 他３村	Makan Amba Makan Irkūl ⑥　他4村
Sinulhū		Moson
Bira		Tuwalan
Namdula （Namdulu）		Kin Juwaji
Muliyaliyan		Muren 川河口
Kiyakara		Bihin・Horo 川

注①　同書順治10年３月９日と３月16日の条による。

②　同書第３冊、康熙15年９月28日、第４冊、17年正月25日、第５冊、17年７月５日、10月２日、第７冊、19年８月４日、第９冊、22年８月３日、９月12日の条による。

③　この欄の Ektin から Kitkin までの11村は、みなサハリヤン=ウラ（アムール川中流）の沿岸にあった。『寧古塔副都統衙門檔案』第106冊、乾隆41年７月８日の条などによると、Elge 村と Kobkacin（Gūbkatin）村は、松花江との合流点より上流のアムール川沿岸に存在したという。他の集落も、その付近にあったとみられる。

④　この欄の Ebuda と Getehun の２村は、トン川（湯旺河）の沿岸にあった。

⑤　Desin 村は、ウスリ川の河口付近にあった。位置は不明。『樺川県志』巻５。

⑥　Irkūn という表記もあるが、書き損じであろう。

ゲテフン村とエブダ村に関しては、さらに上流のトン川（湯旺河）付近にあったという[4]。ウジャラ氏族の居住地は、松花江下流の沿岸であったのである。

バヤラ氏族の場合は、この時期に八村百戸の人口を擁していたというが[5]、各村落の名称は不明である。唯一クルフリンの名が伝わるだけで、場所は特定できない。『清実録』天聡八年十二月戊子の条によると、「松阿里地方擺牙喇氏僧格額駙、喇東格」とあって、バヤラ氏族は松花江の沿岸に居住したことをいう。バヤラ氏族が、ウジャラ氏族の近くにいたことはまちがいない。

清朝は康熙十三年（一六七四）にこれらの五氏族を八旗に編入し、全部で四千丁余りを四十前後の佐領に組織した[6]。大部分のものは十五年までに牡丹江の河口付近からニングタに移されるが、そのときの人口は千百九十六戸、二千七百六十八丁であった[7]。かれらは、これ以後新満洲佐領と呼ばれる。

以上の五氏族のすぐ下流に居住したのは、ヌイェレ氏族である。キネリン村を中心として、他にエトゥ・ギムニン村などに住んでいた。ギムニン村は、アムール川左岸の支流であるキムニン川（ビラ川）付近の集落であろう。

ヌイェレ氏族の下流にいたのは、フシカリ氏族とゲイケレ氏族である。フシカリ氏族が居住したヒルリン・ヘクテリ・チョンノコの三村と、ゲイケレ氏族の集落があったアムギ・デシン・ムルグ・イェオテレの四村は、みなウスリ川との合流点近くに位置していた。

ヌイェレ・フシカリ・ゲイケレの三氏族は、上述した新満洲がニングタ・吉林へ移住したのにともない、康熙十七年から二十二年までの間に、空地となった新満洲の跡地に移住した[8]。この三氏族が集まった牡丹江の河口付近は、やがてかれらにちなんでイランハラ（三姓）と呼ばれるようになった。康熙二十二年の段階で三氏族全体の人口は、四百六十九戸ないしは四百三十八戸であったといわれる[9]。

図４　アムール川中流地方の辺民村落

ウスリ川との合流点付近から下流、使犬部（ナナイ族）までの地域を占めた集団については、これまで不明であったが、『寧古塔副都統衙門檔案』第五冊、康熙十七年十月二日の条などによると、ホルフォコル・ウルグンケレ・シヌルフの三氏族が住んでいた。これらの三氏族が居住したヒジャン・ジェチリン・ホロン・ジョルビ・モソン・ダタンなどの村落は、図4に示した通りである。またグファティン氏族はこの三氏族の下流に居住し、そのマカン村は表7の集落ではもっとも下流に位置する。さらにビラ氏族のトゥワラン村も詳細は不明であるが、この付近にあったと考えられる。

ウスリ川の下流沿岸に拠った集団としては、ナムドゥラ氏族の名をあげることができる。キン村とジュワジ村は、ウスリ川右岸の支流、キン川の河口付近にあった。ナムドゥラ氏族はステパノフのヤサク帳にはナムドルスキーと現れ、やはりウスリ川の沿岸に居住していたといわれる(10)。また『清実録』康熙三年二月己亥の条には、「東部……那木都喇（ナムドゥラ）頭目賽必那……」と現れる。

キヤカラ氏族は、乾隆十五年定額のキヤカラ氏族とは別の集団である。『寧古塔副都統衙門檔案』第七冊、康熙十九年閏八月九日の条によると、この時期のキヤカラは、ウスリ川の支流ビヒン川とホロ川の沿岸に居住していた。

ムリヤリヤンというのは、ウスリ川の支流であるムレン川の河口付近にいた氏族である。さきほどの『清実録』には、「東部木里雅連（ムリヤリヤン）頭目朱木藍……」とみえる。

ホルフォコル以下の八氏族は雍正十年に八旗に組織されて、イランハラの地に移住を行なった。その当時で八氏族の人口は、全部で三百七十四戸であった(11)。かれらは後に八姓と呼ばれるようになる。

他にキドゥム・キタラ・イルクレなどの氏族がウスリ川の沿岸に拠っていたが、いずれも小規模な氏族であった(12)。かれらはメルジェレ氏族などと大体同時期に新満洲佐領に組織され、その後東北の各地に移住していった。

以上の諸氏族が、十七世紀半ばにアムール川の中流地方を占めた主な住民であった。

第二節　交易の民としてのアムール川中流の住民

中流地方の住民は、古来大河の恵みに生きる漁撈の民であったが、同時に一部では粗放的な農耕も行なっていた。既存の漢文献には記録がほとんど残っていないが、『寧古塔副都統衙門檔案』には随所に住民自身の証言が記録されている。たとえば同書第二冊、康熙十五年（一六七六）六月五日の条によれば、新満洲の副都統ジャヌカ（メルジェレ氏族）・副都統品級ブクテオ（ヘイェ氏族）・チャルビシャン（ヘイェ氏族）・ケルデたちは、ニングタ副都統アンジュフに対して、

わたしどもの民は、故郷で暮らしていたときには、けものや魚によりかかっていましたので、畑は少ししか作っていませんでした。また畑を作らないで移動生活を行なうものもいました。いまはニングタに移りましたので、ただ畑だけが頼りであります。

と語っている。一般に新満洲の各氏族は漁撈と狩猟に依存する度合が高く、それに比べて農業の比重は軽かったということができる。

また『寧古塔副都統衙門檔案』第六冊、康熙十九年六月二十四日の条によると、ニングタ副都統サブスは、ヌイェレ・フシカリ・ゲイケレの三氏族の一般的な性格に関して、

この三氏族の人は、畑を耕すことに慣れないものが多いです。スンガリやノロから移住させたものと比べると、差があります〔……〕。

と、将軍バハイに報告を行なっている。さらに同書第九冊、康熙二十二年十二月十五日の条によると、この年ニングタに移住したばかりのゲイケレ氏族のアルジュなどは、

わたくしたちはもともと魚に頼って生活していましたので、ここに移ってきても、畑を作ることに慣れておりません。

と訴えた。これから類推すると三姓の生活は、新満洲よりも一層漁撈に依存していたことがわかる。

ホルフォコル以下の八姓については、『三姓副都統衙門檔案』第一八冊、乾隆十六年十二月十五日の条に、ニングタ将軍アランタイが乾隆十三年に行なった次のような上奏がみえる。

八姓の民はみなもとはイランハラのかなたに居住していて、魚や小魚をとって暮らしていたものです。

この史料は八姓自身の証言にもとづくものではないが、その信憑性は高いと考えられる。なお八姓の各氏族を個別にみると、グファティン氏族は使犬部に属すという史料もあるし[13]、またキヤカラ氏族は顔に入墨を施す習慣をもっていたという情報もあって[14]、その内部は必ずしも単一の文化ではなかった。しかし概していえば八姓の生活様式は、新満洲や三姓のそれに近かったとみられる。

ところで十七世紀以前の東北アジア史において、アムール川中流地方の住民が果たした役割のひとつは、アムール川の下流地方と中国本部・朝鮮半島を経済的に結合させたことである。アムール川の下流地方やシベリア・サ

ハリンに産する黒狐や黒貂などの高価な毛皮は、古来アムール川の水運を利用して先進地域である中国や朝鮮半島に輸出されていた。とくに十五世紀後半以降は中国と朝鮮で貂皮の需要が拡大し、アムール川の下流地方から大量の貂皮が流れこんだが[15]、このとき両方の橋渡しをして毛皮の中継貿易を行なったのが、中流地方の住民であった。

十六、七世紀に中流地域の住民が、中国と朝鮮に貂皮を輸出していたことについては、すでに幾つかの研究がなされているので、あらためて繰り返すことはしない[16]。これに対してかれらが下流地方に出かけて行なった経済活動に関しては、これまで言及されたことすらない。そこでこの問題について詳しく検討してみたいと思う。

中流住民と下流住民との関係を記した記録は、十六世紀以前には存在しないが、十七世紀後半になると『寧古塔副都統衙門檔案』などに頻出するようになる。たとえば新満洲に関しては同書第二冊、康熙十五年六月十二日の条に、ヘイェ氏族のアナイ佐領に属すものが、この年アムール下流に住むフィヤカのもとに交易に出かけ、そのときやはり交易に来ていたゲイケレ氏族のコンゴロ＝エフたちに出会ったという。同じく第四冊、康熙十七年六月十一日の条によると、ヘイェ氏族のゲリオは下流に居住するヘチケリ氏族のもとに、部下を送って債権の取りたてを行なおうとしたが、ニングタ将軍バハイは、「移住させた新しい民（新満洲）は、今後はヘジェンやフィヤカの方に交易に行くことを厳しく禁止してやめさせたい」と、ニングタ副都統アンジュフに対して語っているので、ヘチケリ氏族のものがゲリオに負ったという債務は、交易により生じたものである。

三姓に関しても、かれらがアムール川の下流地域に交易に行ったことを証明する史料は、数多く存在する。上述した檔案によると、ゲイケレ氏族のコンゴロ＝エフたちは、康熙十五年にフィヤカ地方に交易に出かけたが、コンゴロには同じ集落のオムゲ・オムソコン・ショーシ・ワチオ・チョルギダ・サハリヤン・ハンクの七人と、同じゲイケレ氏族ではあるがチャルバダ＝エフに属すホイガラ、それからフシカリ氏族でヘクテリ村にいたゴトンゴとジュルトゥハ、そしてウルグンケレ氏族でビラ村に住むジハホトとカルジャメの計十二名が同行していた。コンゴロたちは途中沿岸の各集落に立ち寄って、中国の繊維製品などと交換に貂皮などの買いつけを行なった。ちなみに第九冊、康熙二十二年八月一日の条には、ゴリュン川付近に出没するロシア人の動静を探るために少数の八旗兵を派遣したとき、ニングタ協領バイブシャンは、コンゴロの父クリハ（コリハ）かイネケ＝エフを同行させたいと、ニングタ将軍（代理）に要請したが、それはふたりが同地方の地理に明るく、人びとと顔なじみであったからである。ゲイケレ氏族のクリハ一族は中流地方を代表する大商人であって、以前からゴリュン川地方の住民とも交流をもっていたのである。

『寧古塔副都統衙門檔案』第八冊、康熙二十二年二月二日の条にはフシカリ氏族を指して、

この三姓の民は、ヘジェンやフィヤカの地方に交易に行くので〔……〕。

とある。またヌイェレ氏族については、康熙二十二年三月に同氏族のクワチャが下流地方に交易に出かけたという記録がある。[17] そのときクワチャは現地の住民から、ロシア人がアムール川の左岸地域に出没しているという重要な情報を入手したのであった。

かれらの交易に関する記録は、上述したものにとどまらない。以下に紹介する史料にもしばしば現れる。当時中流地方の住民は、下流の住民と日常的に交易を行なっていたのである。

第三節　アムール川中流地方の住民と清朝との関係

アムール中流の住民は、毛皮の中継貿易を通じて清の政権と早くから結びついていた。一五九九年に「東海ウェジ部のフルガ地方」のワンゲとジャンゲが、百人を率いてヌルハチ（太祖）のもとにやってきて、黒・白・紅三種類の狐皮と黒・白二種類の貂皮を貢納した[18]。中流地域の人びとはふつうフルハ部とかワルカ部とか呼ばれるが、東海ウェジ部はその一部であった。アムール川の下流地方から運ばれる毛皮は、もともとは開原をへて中国本土に輸出されており[19]、そのルートは十六世紀後半まで変わらなかった。『明代遼東檔案匯編』によると万暦初めの遼東馬市において、貂など高級毛皮を取引していたのはもっぱら開原馬市の方であって、撫順ではほとんど扱っていなかった[20]。ワンゲとジャンゲも、始めは開原馬市に出入りするハダやイェへと取引していたとみられる。ところがハダ部は一族の内紛とイェへの攻撃により弱体化して、同年九月にはヌルハチのために滅ぼされる。ワンゲたちは満洲族内の政治的な変動をみこして、その前にヌルハチに乗り換え自己の利益を守ろうとしたと考えられる。そのとき以来フルガ地方（フルハ部）のものは貢納を欠かさなかったので、ヌルハチはボジリら六人に有力臣下の娘を妻に与えたという[21]。これが、アムール地方における辺民の起源となった[22]。

ところが中流地方の住民と後金（清）との間には、やがてあつれきが生まれることになった。ボジリたちが天命元年（一六一六）に、ヌルハチが貂皮を買いに派遣した商人三十人と、その他の四十人を殺害して反乱を起こしたので、ヌルハチはただちにフルガンらを送りボジリたちの反乱を平定した[23]。この騒乱事件で後金の商人とともに被害にあった四十人は、その前にヌルハチのもとに移住したフルハ部のものである。かれらは、あとに残った兄弟などがボジリに殺害される恐れがあるとして、その救出に向かったのであった。このころフルハ部の内部では、ヌルハチに従うものとヌルハチに反感をもつボジリたちとの間で、深刻な対立があったらしい。当時後金と明の関係は政治的・経済的にいきづまっており、一触即発の危機的な状況にあった[24]。フルハ部内の動揺は、交易の利益をめぐって、後金と明のどちらに就くべきかという争いがきっかけであったのだろう。

ヌルハチを継いだホンタイジ（太宗）は数度にわたり軍を派遣し、中流地方をほぼ完全に掌握した。一部の住民は強制的に内地に移住させたが、その他の住民は貂皮の貢納を義務づけただけで、現住地に留まって生活することを許した。清の史料は、かれらが清に定期的に貢納したことを明らかにしている。メルジェレ氏族のキヤントゥリ、トコロ氏族のナンディオなどの有力者は、繰り返し貢納を行なった(25)。

さて十七世紀半ばの数十年間は、アムール流域の住民にとって苦難の連続であった。清の政権が北京に移り、東北地区の軍事力が手薄になった間隙に、ロシア人がアムール地方に現れ非道な行ないを重ねて、地域社会と住民に甚大な被害をもたらした。清軍は当初ロシア人を制止できず、住民の大部分はロシア人に毛皮税（ヤサク）を支払うことを余儀なくされた。公表された一六五五年のステパノフのヤサク帳をみると、ステパノフが貂皮を徴収した村落は、アムール川中流のほぼ全域に及んでいたことがわかる(26)。

しかしその間にもアムール川中流地方の住民と清との関係は、断続的ではあるが続いていた。とくに順治十五年（一六五八）にステパノフの船団が壊滅して以後、アムール川の沿岸でロシア人の活動は小康状態に入ったので、清朝はただちに辺民組織の再建にとりかかった。そして辺民の貢納地点を従来の盛京・北京から、より近いニングタへと変更したのである(27)。

ところで中流地方の住民と清朝の利害は、下流地方の支配をめぐって完全に一致した。清は下流地方に勢力を拡大しようとはかり、他方中流の住民も清の権力のもとで自らの経済活動が保証されることを望んだ。そのためにゲイケレ氏族などは、清が下流地域に進出するのにすすんで協力し、先兵としての役割を果たした。

清朝がウスリ川の河口を越えアムール川の下流地域に進出したのは、順治十年（一六五三）のことである。この年使犬部の十姓が初めて清に毛皮を貢納したが、かれらはツングース系の少数民族であるナナイ族の祖先にあたり、当時からすでに今日とほとんど変わらない地域を占めていた(28)。使犬部十姓が従属したこの事件で最大の功労者は、ゲイケレ氏族のクリハ（クリガン、コリハ）であった。前年にメイレン＝ジャンギン（副都統）、シャルフダがニングタに赴任したので、クリハは弟たちを連れて挨拶に行った。そのときシャルフダはクリハに対して、家に戻ってからオリヨーカ＝エフ、ギオチャナ＝エフ、ホト＝エフ、ジンダリ＝エフ、ブジュ＝エフのむすこファジュなどを連れて、使犬部を従えに行くように命令した(29)。クリハはこれに従って使犬部の懐柔を行ない、その結果使犬部の貢納となったのである。

命令の中でシャルフダは、使犬部を懐柔しにいくものに数人のエフを名指ししているが、これには理由があった。後述するようにエフというのは、大きな経済力をもつこの地域の有力者である。かれらの富の源泉は、アムールの下流地方と中国・朝鮮との中継貿易にあった。かれらは水路を熟知し、使犬部のものと関係をもっていたので、シャルフダはかれらにこの使命を託したのである。

ゲイケレ氏族たちが清の下流進出に協力した事例は、これだけに止まらない。たとえば順治十六年三月にクリハ（庫里哈）が清の命を受けて、アムール下流のフィヤカのもとへ行き清への帰属を呼びかけると、ウクトゥン（温屯）村より上流にあった九村が帰順したのであった(30)。また康熙十七年五月にはキレルに属するルイェル村のルンガシカが、クリハに伴われて同村八戸の貂皮を初めて貢納したが(31)、ルンガシカたちの帰順は、下流に交易に行ったクリハがその説得に成功した結果である。さらに十九年にクリハは再びフィヤカを伴ってニングタまで行き、かれらに貂皮を貢納させている。なおクリハはそのとき、フィヤカのハルグン村、ウドゥンケ（ウディンケ）氏族のエルビン村、ウディル氏族のビジン村など十村の住民は、貂皮が手に入らなかったので、その年は貢納にこなかったと報告している(32)。クリハたちはアムール下流を旅行しながら、一方では毛皮の交易に従事し、他方では清のために住民に貢納を促していたのである。

さらに中流地域の住民が下流地方に出かけたおり、下流の住民から貂皮を託され、本人に代わって貢納を行なうこともあった。『寧古塔副都統衙門檔案』第七冊、康熙十九年八月四日の条によると、トコロ氏族のホモコがかつてキレルのシクデニら四戸を服属させ、かれらの代わりに四枚の貂皮を提出したが、シクデニ本人はついに現れなかったという。ホモコはキレルのもとに交易に行って、シクデニから貂皮を預かったのであろう。

さて康熙二十年代に入ると、アムール川の左岸地域においてロシア人の活動が活発化し、ロシア人の一部は左岸の支流づたいに、アムール川の河口に向かって進出を開始した。そして沿岸のあちこちにとりでを築いて、付近の少数民族を圧迫するようになった。これに対して清はまだ左岸地域に浸透しておらず、ロシア人の動きを十分に察知できなかったはずであるが、それにもかかわらずニングタには早くからロシア人に関する情報が入っていた。アムール川の下流に交易に行った中流地域の住民が、現地の人びとからえた情報をニングタにもたらしたからである。

たとえば康熙二十一年（一六八二）八月にゲイケレ氏族のレドゥンゲが、アムール川を下ってフィヤカのもとに交易に行ったとき、フィヤカのガシャンイダ、ガクダンガはレドゥンゲに対して、ロシア人六十人ほどがオホーツク海からアムグン川の沿岸地域に侵入し、狩猟に行った住民を殺害したり、あるいはロシアへ従属するように脅していることを伝えた。さらにガクダンガは、アムグン川の源流にいたキレルのガシャンイダ、ユヒヤナからブフチュ（buhucu, bukcu）を預かっており、ユヒヤナはガクダンガに、ロシア人がかれらの村にきて婦人・子供をみなさらったと訴え、そのブフチュを手渡したという。レドゥンゲはガクダンガから聞いたこれらの話を、交易から戻った翌年正月二十三日にブフチュとともにニングタ副都統のサブスに報告している[33]。このようにアムール川流域の住民は、ロシア人の動静をリレーして清側に通報したのである。

翌二十二年五月にはその続報が飛びこんできた。それを伝えたのは、またしてもアムール川の下流地方に交易に行った三姓の人びとであった。ヌイェレ氏族のフワセは、交易から帰った兄クワチャの話として、ニングタ副都統サブスに対して次の如く報告した。ゴリュン川にいたキレルのガシャンイダ、ヤルダらは、オホーツク海からアムグン川の源流に進入したロシア人四十名にだまされ、交易に行ったなかま四十八人を殺害されたうえ、さらにブレヤ川上流にいるロシア人五十人に、子供たちをさし出すように求められた。また前年にアムグン川の上流に進出したロシア人六十人は、アムグン川を下りゴリュン川の沿岸に入る計画であることを聞いた。このときヤルダはクワチャに対して、ロシア人から奪った鉄砲とともにブフチュを託したのであった[34]。

満洲語ブフチュは、ツングース・満洲語系の諸民族に共通するブチュないしはボチョという語と同じ語源のことばである。アムール川の下流沿岸に居住するオルチャ族の社会では、ブチュはシャーマンの守護霊のことであり、シャーマンが祝詞をあげるときに、先頭に立って悪魔を追い払うといわれる。今でもオルチャ族は木を削ってブチュの形を作るが、その形は日本のこけしに似ており、頭の先がとがっているのが特徴である。『寧古塔副都統衙門檔案』には、ブフチュは木片にナイフで刻みを入れて作ったものであるというが、これはブチュの人形について語ったものである[35]。

ウデヘ族（母はオルチャ族）のブチュ（ブフチュ）　1990年代に作製されたもの。高さ15.5cm、幅10.5cm（翼を含む）。（大塚和義氏撮影）

アムール下流の少数民族は、このブフチュを伝達手段として用いていた。火急の用件が起こったときにブフチュを第三者に託して、それをリレーしながら用件を伝えたのである[36]。ブフチュは情報自体を記すものではなくて、情報の信憑性を保証するために必要であった。前述した如く、清はこれらの情報の真偽を調査した後、康熙二十二年と二十三年の二度、ロシア人討伐のためにアムール川左岸の内陸地域に軍を進めたのである。

ところで毛皮交易に活躍したアムール川の中流住民の中には、清朝との間に強い関係をもっていたものがいた。かれらはふつうエフ（駙馬）の称号で呼ばれるが、まれにホジホン（婿）と呼ばれる場合もある。それらのエフの中ではゲイケレ氏族のクリハが有名である。『寧古塔副都統衙門檔案』によると、エフやホジホンに対して、戸部が未納となっている結納を請求することがしばしばある。たとえば第一冊、康熙十五年六月十七日の条には、十一人のホジホンが結納を払っていないので、翌年秋までに完済するようにと、戸部が命じたことを伝えている。『寧古塔副都統衙門檔案』には、中流地方の住民どうしの婚姻の事例も多少残っているが、エフとホジホンの結納は一般のそれとは性格を異にする。かれらが納める結納は、庶民には手が届かない非常な高額であった。ゲイケレ氏族のホト＝エフは、康熙十八年に未払いの結納の一部、貂皮六十二枚を送ったが、この時点でまだ貂皮三十八枚・銀狐皮二枚が不足していた。そこで翌年にはその妻が、残りの貂皮四十枚を北京に届けに出発した[37]。同じく十九年にはゲイケレ氏族のチャルバダ＝エフが、不足分四十九枚の一部、十五枚の貂皮を届けている[38]。それから北京の戸部が結納の未納分を請求していること、それを北京に持参することなどの点も、かれらの婚姻が通常の婚姻とは異なることを物語っている。次章で述べる如く十八世紀アムール下流の各地には、ホジホンとして特別の待遇を受けたものがいた。かれらは清が定めた大量の毛皮の結納をもって北京に上京し、皇帝に謁見を許されて旗人の女子を妻に与えられたのであった。十七世紀のエフは、十八世紀のホジホンの原型とみることができる。このエフたちも、後のホジホンと同様に皇帝に結納を献上することにより、妻をめあわされたものたちであろう[39]。

結納の額からも明らかなとおりエフやホジホンは、一般の住民と比べてはるかに大きな経済力をもっていた。たとえばバヤラ氏族のホルト＝エフは、康熙十五年に他の新満洲とともにニングタに移住するときに、食料をもたないなかまのものに自分のひえを分け与えたが、その他に自らが貯えた貂皮二百枚と北極狐皮五枚を康熙帝に献上することを申し出て、余った穀物七十石はそのまま現地に残してきた。そのときホルト＝エフは下僕をひとり置いてきて、旅行者に穀物を売らせていた[40]。このように大量の毛皮や穀物を所有することは、一般の庶民には不可能である。

エフとなった人物をみると、ゲイケレ氏族に属するものが圧倒的に多い。中でもデシン村においては、クリハとコンゴロ父子、クリハの族兄チャルバダ、それにシヒニとイネケ父子が、ほぼ同時期にエフを称していた[41]。このようにエフは、特定の家系に集中する傾向がある。かれらは毛皮の中継貿易でえた経済力を背景に、代々清朝と特別な関係を結んでいたのである。

おわりに

東北アジアにおける毛皮交易の歴史はきわめて古く、とくに十五世紀以降は夥しい量の毛皮が中国と朝鮮に流入した。生産地から消費地までには、毛皮を中継する長大なネットワークが存在したが、その実態については不明な点が多く、従来の研究で明らかにされたのは、中国・朝鮮との国境の貿易に止まる。本章においてわたしは十七世紀後半のアムール中流の住民に注目して、アムール川沿岸における毛皮交易の構造を解明しようとこころみた。

その結果、新たな問題が浮かび上がる。狐や貂などの毛皮は、本来アムール川の下流地域には産出せず、アムール川の左岸からシベリアまでの内陸部、あるいはサハリンで生産されていた。中流地域の住民は下流の沿岸を回って住民から毛皮を集めたが、かれら自身は左岸の内陸部やサハリンまでは足を伸ばすことはなかったので、生産地とアムールの下流を媒介するものが、かれらの他にいたことになる。

ところで十八世紀のアムール川下流地域には、サハリンやロシアとの国境地帯などから毛皮を集める企業家的な商人が存在していた。[42] かれらは、遠隔地の住民が毛皮を売りにくるのを待つだけでなく、自らも毛皮を買いに遠くまで出かけていた。わたしは、十七世紀後半にアムール中流の住民が下流地域で毛皮を購入した相手は、これらの人びとであったと考えている。

毛皮交易をめぐるこうしたネットワークは、十七世紀を遡る早い時期にすでに形成されていたと考えられる。そして中流地方の住民が八旗に組織され、東北の各地に移住する十八世紀前半まで存続した。ただこのネットワークが消滅した十八世紀以降も、北方と中国・朝鮮との交流は、途切れることはなく形態を変えて続いていく。

注

（1）本書第八章「康熙前半におけるクヤラ・新満洲佐領の移住」を参照。

（2）この問題に関しては、日本では長い研究史があり、和田清「支那の記載に現はれたる黒龍江下流域の原住民」（『東亜史論藪』所収、東京、一九四二年）、島田好「近代東部満洲民族考」（『満洲学報』第五号、一九三七年）、吉田金一「十七世紀中ごろの黒竜江流域の原住民について」（『史学雑誌』第八二編第九号、一九七三年）、阿南惟敬「清初の東海虎爾哈部について」、同「清初の使犬国について」（ともに同『清初軍事史論考』所収、甲陽書房、一九八〇年）、増井寛也「清初の東海フルガ部とゴルドの形成過程」（『立命館史学』第四号、一九八三年）などの論文があるが、いずれも定説になっていない。これについてのわたしの考えは、第九章「十八世紀のアムール川中流地方における民族の交替」において論じたいと思う。

（3）『清代譜牒檔案』（内閣）第三九巻、世襲三九三冊（檔案序号）二一（項目編号）、寧古塔正紅旗新満洲エキテ承襲世管佐領執

照（仮称）によれば、ケルデはアミダ村の出身となっているが、誤りである。一般に世管佐領執照は、新満洲たちがニングタに移る直前の居住地から記述を始める傾向がある。

(4)『寧古塔副都統衙門檔案』第五冊、康熙十七年七月五日の条。

(5)『礼科史書』順治十年三月九日の条。中国第一歴史檔案館編『清代中俄関係檔案史料選編』第一編（北京、一九八一年）、第四号は、対応する漢文訳文を編纂したもの。

(6)第八章「康熙前半におけるクヤラ・新満洲佐領の移住」二八九頁を参照。

(7)『寧古塔副都統衙門檔案』第三冊、康熙十五年七月二十六日の条。

(8)『寧古塔副都統衙門檔案』第九冊、康熙二十二年十一月六日の条に、次の如くみえる。

サハリヤン=ウラの河口〔松花江河口〕からウスリ=ウラの間に居住した税の貂皮を貢納するヌイェレ氏族の十三村、ゲイケレ氏族の十五村、フシカリ氏族の六村、計三十四村は、康熙十七年以来次々とニングタの東方五百里にあるフルガ川〔牡丹江〕沿いのニシハイ村から上流、スンガリ=ウラのワリホトンまでに移り住んでいる。

(9)『寧古塔副都統衙門案』第八冊、康熙二十二年正月二十日と五月十三日の条。

(10)Б.О.Долгих, *Родовой и племенной состав народов Сибири в XVII в.*, Москва, 1960, таблица 200. Намдорский.

(11)『寧古塔副都統衙門檔案』第二六冊、雍正十年六月二十六日の条。

(12)第八章「康熙前半におけるクヤラ・新満洲佐領の移住」二九〇～二九二頁を参照。

(13)『礼科史書』順治十年三月十六日の条。『清代中俄関係檔案史料選編』第六号は、対応する漢文訳文である。

(14)楊賓『柳辺紀略』巻三。

(15)河内良弘「貂皮貿易の展開」（同『明代女真史の研究』所収、同朋舎出版、一九九二年）六四一～六五〇頁を参照。

(16)三田村泰助「ムクン・タタン制の研究」（同『清朝前史の研究』所収、東洋史研究会、一九六五年）一五六、一七四～一七七頁、および河内前掲論文を参照。

(17)『寧古塔副都統衙門檔案』第八冊、康熙二十二年五月二十一日の条。

(18)今西春秋訳『満和蒙和対訳満洲実録』（刀水書房、一九九二年）一六二頁を参照。

(19)注（16）に同じ。

(20)『明代遼東檔案匯編』下冊（遼瀋書社、一九八五年）第一九二号（万暦六年八月）には、撫順馬市において建州女直が漢人商人と交易した物品が記載されているが、それによるとギオチャンガ（叫場、ヌルハチの祖父）やジャハイ（張海）などは、ぶたや牛を購入する際に人参・きくらげ・麻布などで決済しており、狐や貂の毛皮は含まれない。これに対して第一九四号（万暦十二年三月）には、開原馬市のようすが記載されており、ハダのメンゲブル（猛骨孛羅）などが交易に訪れている。一般に海西女直は漢人商人に対して、人参・きくらげ・きのこなどとともに大量の毛皮類（貂皮・狐皮・かわうそ皮など）を輸出しており、反対に漢人商人からは耕牛・農具・鍋・繊維製品などを輸入していた。

(21) 注（18）に同じ。

(22) 辺民の定義に関しては、本書第七章「アムール川中・下流地方の辺民組織」注（1）を参照。

(23) 満文老檔研究会訳註『満文老檔』第Ⅰ冊（東洋文庫、一九五五年）六八、六九、七一～七五頁（『旧満洲檔』国立故宮博物院、一九六九年、第一冊、三二九、三三〇、三三一～三三四、一四三～一五三頁）を参照。

(24) 拙著『清の太祖ヌルハチ』（白帝社、一九九五年）一八四～一九一頁を参照。

(25) 第七章「アムール川中・下流地方の辺民組織」第一節を参照。

(26) 注（10）に同じ。表二百の中には、全部で七十九か所の村その他の名前が列挙されているが、このうち Нелбицкий (Niyelbe)、Гобжайский (Kūbcala)、Щербадаев (Silbada)、Ауминский (Oolimi)、Буян (Buyan)〔以上の村落は、松花江の沿岸にある〕、Кайчин (G'ajiin)、Дышинский (Desin)、Керулейский (Hirulin)、Губатиев (Gufatin)、Датанский (Datan)、Мошин (Moson)、Маканьский (Makan)、Укшиминский (Weksumi)〔以上は、アムール中流の沿岸にある〕、Ыркунский (Irkūn)、Авунского (Aung)〔以上は、ウスリ川の沿岸にある〕などの位置が、明らかである。括弧内のローマ字表記は、満洲語の一般的な綴りである。

(27) 鞠徳源「清初的貂皮貢賦」（『文物』一九七六年第九期）三九頁を参照。

(28) 第七章「アムール川中・下流地方の辺民組織」二五一～二五五頁を参照。

(29)『礼科史書』順治十年三月十六日の条。『清代中俄関係檔案史料選編』第五号は、対応する漢文訳文である。

(30)『清実録』順治十六年三月辛丑の条。

(31)『寧古塔副都統衙門檔案』第五冊、康熙十七年十月二日の条。

(32)『寧古塔副都統衙門檔案』第六冊、康熙十九年六月二十四日の条。
(33)『寧古塔副都統衙門檔案』第八冊、康熙二十二年正月二十六日の条。
(34)注(17)に同じ。
(35)А.В.Смоляк, *Шаман: личность, функции, мировоззрение (народы Нижнего Амура)*. Москва, 1991, стр. 90, 95. 凌純聲『松花江下游的赫哲族』(南京、一九三四年)上冊、一一三、一一四頁を参照。また拙稿「満洲語檔案に現れる北方少数民族の言語」(平成十四・十五年度科学研究費補助金〔基盤研究C1〕研究成果報告書『十三世紀以降のアムール川下流・サハリン地方に関する研究』二〇〇四年、に所収)bukcu(buhucu)の項を参照。
(36)『寧古塔副都統衙門檔案』第二九冊、雍正十二年八月十九日の条。
(37)『寧古塔副都統衙門檔案』第六冊、康熙十九年三月二十日と第七冊、同年七月三日の条。
(38)『寧古塔副都統衙門檔案』第七冊、康熙十九年八月四日の条。
(39)本書第五章「十八世紀アムール川下流地方のホジホン」を参照。
(40)『寧古塔副都統衙門檔案』第三冊、康熙十五年九月九日と第四冊、十七年二月三十日の条。
(41)『寧古塔副都統衙門檔案』第二冊、康熙十五年六月十二日の条、および注(29)を参照。
(42)第五章「十八世紀アムール川下流地方のホジホン」一七五～一七八頁を参照。

第五章　十八世紀アムール川下流地方のホジホン

はじめに

清の勢力がアムール川下流地域に浸透を始めたのは、順治以降のことである。同時期にはロシア人もやはりアムール地域への進出をはかっていたが、清はそれと対抗しながら下流に向かって着々と地歩を固めていった。そして康熙二十八年（一六八九）にはロシアとの間にネルチンスク条約を締結して、アムール川の下流地方一帯を確保するのに成功した。その過程で清朝はアムール川の沿岸から左岸の内陸部、さらにはサハリンに居住する少数民族を、辺民と呼ぶ組織に編成する。[1] 始め辺民の大部分はニングタ副都統が所管したが、乾隆四十四年（一七七九）以降はイランハラ副都統が一括して管轄することになった。

これらの辺民は旗人と異なり、兵役を負わない代わりに毎年各戸一枚ずつ貂皮を貢納する義務を課されて、ニングタ副都統（のちイランハラ副都統）のもとに貢納を行なった。ところがそれとは別に辺民の中には莫大な毛皮を持参して、わざわざ北京にまで出かけるものがいた。かれらの目的はそれらの毛皮を皇帝に献上して、北京の女性を妻に迎えることであった。このような辺民の存在は、日本の『カラフトナヨロ文書』によって、リダカの名とともに早くから知られていたが、いかんせん史料がほとんど残っていないために、それ以上に追求することは不可能であった。

ところが一九八〇年代に入って、北方史の研究は一つの転機を迎える。中国の学者が遼寧省檔案館に保存されている『三姓副都統衙門檔案』に依拠して、これまでの研究状況をほぼ一変させる研究を行なった(2)。そしてリダカの北京上京に関しても、問題を大きく前進させたのである。わたし自身もこれらの研究に啓発されて、リダカに関する論文を発表したことがあるが、しかし『三姓副都統衙門檔案』にも史料的な限界があって、制度全体をカヴァーする研究を行なうことはできなかった(3)。イランハラ副都統が辺民を管轄するようになった時期は、制度自体がすでに最盛期を過ぎて形骸化を始めたときにあたるので、『三姓副都統衙門檔案』から制度の全体像をうかがうことはできない。この問題をさらに飛躍させるためには、『三姓副都統衙門檔案』に代わる優れた新史料を発見する必要があった。

そうした中でわたしは一九九三年から九四年にかけて、文部省在外研究員として九か月間、中国において研究に従事することができた。当初計画した主要な目的の一つは、北京の中国第一歴史檔案館に所蔵される『寧古塔副都統衙門檔案』を調査することであった。わたしは『三姓副都統衙門檔案』を調査した経験から、乾隆四十四年以前に辺民組織を所管していたニングタ副都統関係の檔案には、必ず辺民関係の資料が残っているはずであると考えた。そして実際に『寧古塔副都統衙門檔案』を調べてみると、予想どおりそこには辺民制度に関して夥しい記録が残されていた。ニングタ副都統が辺民を所管していた当時は、辺民制度が草創期から最盛期に向かう時期であったので、『寧古塔副都統衙門檔案』の内容は『三姓副都統衙門檔案』よりもはるかに充実している。それ以来わたしは資料の収集と整理に努めてきたが、ここにきてようやくこの問題にある程度の見通しを得ることができた。

そこで本章においてわたしはまず、辺民が妻を娶りに上京するというこの制度の全体像を明らかにする。次に北方の経済に果たしたかれらの役割について、主に毛皮交易にしぼって考えることにする。

第一節　アムール川下流辺民の北京行

アムール川下流の辺民へジェフィヤカ（赫哲費雅喀）が、北京に上京して中国の婦人を妻に迎えた事実に関しては、『欽定大清会典』（光緒）巻二三、戸部に短い記事がみえる。それによると、

赫哲費雅喀の婦を納れるものは、則ちその賞を給ひて、その廩餼を頒つ。〈赫哲費雅喀の京に来て求親するものは、例に元〔玄〕狐皮二張・貂皮一百張・九張合成の青狐皮褥二・九張合成の黄狐皮褥四・十七張合成の貂皮衣料十二を進む。等第を験明して緞疋庫に交す。領侍衛内大臣に由り引見して後に、婚を給ひ、無披領蟒緞朝衣・緞袍・大緞褂各一〔……〕を賞す。〉（〈　〉内は割注）

とあって、大量の毛皮を貢納した辺民に対して、清は婦人を妻に与えると同時に、相当な恩賞を支給したことがわかる。

史料が不備なうらみはあるが、毛皮を献上した辺民に清朝が妻を与えるという制度は、相当に古い歴史をもつと想像される。ただ制度として確立するのは、おそらく康熙年間のことであろう。たとえば呉兆騫『秋笳集』巻

七、雑感の注に次の如くみえる。

時に婦女を以て海東の諸首領に賜ふ。辺人謬りて皇姑を以てこれを称す。

著者の呉兆騫が南闈科場案に連座して、ニングタに配流になっていたのは、順治十六年（一六五九）から康熙二十年（一六八一）までの間である。[4] 呉兆騫は、そのときたまたまこの事実を知ったのであろう。清朝の史料には同じころエフ（駙馬）の称号をもつ人物が散見するが、かれらがこれに該当すると思われる。

ところで辺民に嫁いだ女性に関する貴重な記録が、イエズス会士の手によって残されている。康熙四十八年（一七〇九）三月に康熙帝は、護軍参領デクジンゲ・トーファンチ、欽天監五官正チェンデらとともに、イエズス会士レジス・フリデリ・ジャルトゥの三人に対して、東北地区からアムール川下流までの地域を測量することを命じた。それによるとイエズス会士の一行は、いったん盛京からニングタ・フンチュンをへてスイフン川流域を踏査した後、水路に変えてウスリ川を下って、下流のゴリュン川・アムグン川方面に向かう計画であった。[5] レジスらはこの計画に従って、スイフン川からアルセニエフカ川（フィェ川、ウスリ川上流）まで行き、それから下ってウスリ川に入ったとみられるが、[6] その途中で北京出身の「ウスリの貴婦人」と呼ぶ女性に出会った。「ウスリの貴婦人」はイエズス会士たちに、自分が所有する百頭の犬の話をしたり、あるいは蝶鮫の肉をふるまったりしたが、一行の目には格別の優雅さをもつ女性のように映った。この女性は中国語を理解し、様子や作法が一般の辺民（魚皮韃子）とは異なっていた。さらに辺民の首長であった夫は北京で亡くなったが、生前には清から侍衛の栄誉と特権を与えられていたという。[7] 事実とは多少の齟齬はあるが、「ウスリの貴婦人」が北京から嫁いだ女性であることはまちがいない。[8]

さて上京した辺民の名前が一人一人明らかになるのは、雍正元年（一七二三）以降のことである。わたしが

『寧古塔副都統衙門檔案』と『三姓副都統衙門檔案』について調査を行なったところ、全部で二十一名の辺民を確認することができた。表8のとおりである。なおこの表にはみえないが、ビルダキリ氏族（ウイタ村）のヤンシナ、ブルガル氏族（ジャリン村）のキムル、さらにはフィヤカ姓（モンゴロ村）のチュイなどもまた、ホジホンであったことが知られている。(9)

これらの辺民が所属した階層を見てみると、第二身分のガシャンイダと第四身分のバイニヤルマが多くて、合計するとそれぞれ八名と九名にのぼる。これに対して第三身分のデオテジュセは二名しかおらず、第一身分のハライダはひとりもいない。これからみると、清朝は辺民の階層によって資格を制限することはしなかった。ただ定められた数量の毛皮を準備できるかどうかが、唯一の要件であった。その中にハライダがいないのは、後述する如くたとえハライダが北京に行っても、他の階層ほどメリットはなかったからと考えられる。なおコイマン村に住むフィヤカ姓のイトゥヒヤヌとユンギヤヌは実の親子、そしてイトゥヒヤヌとショーシナ（ショーシナ）は一族の間柄であった。(10) これに対してサイマル氏族のイェシケとジャクティオと、キレル姓のデクジンゲとゲグチとは、それぞれ同じ村の出身ではあるが、たがいに階層が異なるので、どちらの場合も血縁関係はなかったと考えられる。

表8にみえる辺民の中では乾隆三十九年に北京に上京したリダカが、もっともよく知られている。リダカに関しては比較的詳しい事実が判明しているので、これからはリダカの上京を例にとって、制度の内容を検討することにする。

リダカの名を有名にしたのは、『カラフトナヨロ文書』の存在である。『カラフトナヨロ文書』と呼ばれる古文書は、日本の北方史料において特別な位置を占める。もともとはサハリンのナヨロ村に住んだアイヌのヤエンクルアイノ一族が所有していたが、戦後に北海道大学附属図書館の所蔵となった。『カラフトナヨロ文書』は全部で十三通からなり、そのうち第一号から第四号までの文書は、清朝の当局者がサハリンの辺民に交付した公文書である。これに対して第五号以下の文書は、江戸時代の和人が授けた文書であって、そのうちの数通は前記の文書を調査した最上徳内らが与えた書付けである。[11] これらの古文書は、十八・十九世紀のアムール川下流とサハリン地域を研究するための重要な史料となっている。

リダカの名前が現れるのは第一号文書である。[12] 満洲語で記されたこの文書は『カラフトナヨロ文書』の中核をなすもので、早くから探検家の注意を引いてきた。最上徳内が寛政四年（一七九二）にサハリンを見分したとき、ヤエンクルアイノから初めてそれを見て以来、評判を聞いた間宮林蔵などがあいついで調査を行なっている。第一号文書は、サハリン地域の辺民を管轄していたイランハラ副都統衙門から、サハリン南部に住む辺民トー氏族(hala）のハライダ、オコピオと同じくガシャンイダ、トゥソクルデンギにあてたもので、乾隆四十年（一七七五）三月二十日の日付がある。

第一号文書の主たる内容を構成するのは、乾隆四十年二月五日に下された乾隆帝の勅旨である。それを要約すると次のとおりである。

近ごろ北京にきたヘジェフィヤカのリダカが、疱瘡に感染して亡くなってしまったが、以前にも同じことが起こっているので、ヘジェフィヤカたちは疱瘡に対する免疫をもたないようである。遠方から貢納品を持って妻を娶りに北京まできたかれらが、疱瘡にかかって亡くなったことはたいへんに哀れである。これらの辺民が故郷から北京まで至るには、道のりはとてもはるかなうえに、北京では冬が終わり春がくるとき疱瘡にかかるものが多い。かれらにはあまり利益がないので、いっそ季節の爽やかなうちに早めに来させて、速やかに措置して送り返せばどうだろう。このことを吉林将軍に指示して、今後はヘジ

表8　ホジホンとなった辺民

年　月①	ホジホンになるため中国に入った辺民	氏族	村落	階層	持参した毛皮（結納）②	その他	典拠③
雍正 元年（一七二三）	Timsingga	Halgun		ガシャンイダ	（貢）毛皮の数量が不足したので、後から補填		寧二〇、雍三、三、三
五年	Daiju	Fiyaka	Uktun				寧一八、雍八、五、一〇
七年	Itihiyanu (Ithiyanu)	Fiyaka	Koiman	ガシャンイダ	（貢）規定どおり		寧二九、雍一二、七、二一
一二年　七月	Duwangse	Kijin	Doo Ung	ガシャンイダ	（貢）規定どおり（旅）北極狐皮一六、貂皮三五		寧二九、雍一二、七、二一
一三年　六月	Siyoosina	Fiyaka	Koiman	ガシャンイダ	（貢）規定どおり（旅）北極狐皮九、貂皮一〇〇	Ithiyanuの一族	寧三一、雍一三、六、二一
乾隆 四年（一七三九）　三月	Yesike	Saimar	Kihecen	デオテジユセ	（貢）規定どおり（黒狐皮五）		寧三七、乾四、三、九
五年	Yunggiyanu	Fiyaka	Koiman			Ithiyanu の子	寧四八、乾一一、二、二七
六年　九月	Kibsa	Hecikeri	Bugūlan	ガシャンイダ	（貢）規定どおり（黒狐皮五）		寧四〇、乾六、九、二九
七年　六月	Cabcangga	Fiyaka	Hasulgi	バイニヤルマ	（貢）規定どおり（黒狐皮五）	北京に行く途中で病死	寧四二、乾七、六、八
九年　八月	Jaktio	Saimar	Kihecen	バイニヤルマ	（貢）規定どおり（黒狐皮五）（旅）黒狐皮二、北極狐皮二、貂皮二六		寧四四、乾九、八、二一
一一年	Dekjingge	Kiler	Hekjin-	バイニヤ	（貢）規定どおり		寧五〇、乾一二、四、

			gge	ルマ	（黒狐皮三）		二六
一三年　七月	Dalgungga	Saimar	Langga 西	バイニヤルマ	(貢)規定どおり (旅)黒狐皮一、貂皮九		寧五二、乾一三、七、二三
一五年	Gokdahūn	Burgal	Jarin	ガシャンイダ	(貢)規定どおり (黒狐皮三)		寧五七、乾一八、八、二〇
一六年	Irakū	Burgal	Guwele-hen	バイニヤルマ	(貢)規定どおり		寧五五、乾一七、二、四
一八年　八月	Miyata	Bildakiri	Ferimu	バイニヤルマ	(貢)規定どおり (旅)北極狐皮一、貂皮一〇〇		寧五七、乾一八、八、二〇
二六年　六月	Cicanu	Kijin	Duwan	ガシャンイダ	(貢)規定どおり (旅)黒狐皮二、貂皮五〇、狼皮三、かわうそ皮二		寧七五、乾二六、六、一四
二六年　九月	Geguci	Kiler	Hekjin-gge	デオテジユセ	(貢)規定どおり (旅)貂皮二五〇、あごひげあざらし皮五〇		寧七五、乾二六、九、二六
三三年	Eldase	Kijin	Dugajin	ガシャンイダ	(貢)規定どおり	北京から帰る途中に病死	寧八九、乾三三、正、二八
三九年	Lidaka	Fiyaka	Uktun	バイニヤルマ	(貢)規定どおり	北京において病死	寧一〇一、乾四〇、三、一
五九年　八月	Jaounu	Ujala	Piyuli	バイニヤルマ	(貢)規定どおり (旅)北極狐皮三、貂皮五〇		三-八三、乾五九、八、五
嘉慶　八年　九月（一八〇三）	Cakcungga	Fiyaka	Monggo-lo	バイニヤルマ	(貢)規定どおり		三-九七、嘉八、九、三

注① 年月は、ニングタまたはイランハラに到着したとき。
② （貢）は貢納した毛皮を、（旅）は旅費として持参した毛皮を表す。
③ 寧は『寧古塔副都統衙門檔案』を、三は『三姓副都統衙門檔案』を表す。寧と三の後の数字は檔冊の通し番号を、また雍は雍正、乾は乾隆、嘉は嘉慶の略で、それ以下の数字は順に年、月、日を表す。

ェフィヤカの中に北京にきて、貢納品を献上して妻を娶りたいというものがあれば、先のようにかれらの出発を遅らせて、冬のころに北京に送ってはならない。必ず七・八・九月の爽やかなころに来させて、当該のところから速やかに定例に従ってかれらに妻を与える措置をして、故郷に送り返すように。このように行なえば、かれらにとって利益となるであろう。

この命令は大学士・領侍衛内大臣・忠勇公福隆安などをへて、三月一日に吉林将軍衙門に到着した。それから吉林将軍衙門は、アムール川下流地方とサハリンを所管するニングタ副都統とイランハラ副都統の両衙門に対して、それぞれ同様の趣旨を書き送ったのである。そして三月十二日にそれを受けとったイランハラ副都統衙門が、三月二十日付けでトー氏族のオコピオとトゥソクルデンギに送った指示が、この文書であった。

『寧古塔副都統衙門檔案』によると、リダカはアムール川の下流左岸にあったウクトゥン村に居住する辺民であった。[13] リダカが属したフィヤカ姓（hala）の組織は、辺民組織の中では例外的に大規模な集団である。フィヤカ姓は乾隆後半には総戸数二百六十戸余りに達して、辺民戸数全体の一割強を占めていた。[14] 分布の範囲もきわめて広く、アムール川の河口付近一帯を占め、今日で言えばニヴフ族の領域と大体重なっている。フィヤカ姓は、ニヴフ族を構成する諸氏族の総称であろう。フィヤカ姓が居住する村落は全部で二十七か村あるが、ウクトゥン村にはこのうち十九戸が住んでいた。[15] リダカが属した階層は、もっとも低い地位のバイニヤルマであった。

リダカは北京に行くために、乾隆三十九年の末に貢納品を持ってニングタまでやってきたが、ニングタに到着した正確な期日は、史料が欠如していて不明である。このときリダカに同行していたのは、二人の従僕であった。

リダカが持参した貢納品は、銀狐皮（sahaliyan dobihi）二枚・北極狐皮（boro dobihi）十八枚・赤狐皮（suwayan dobihi）九枚でつくった敷物一枚・赤狐皮二十七枚・貂皮三百四枚である。[16] のちに北京で調べたところ、それぞ

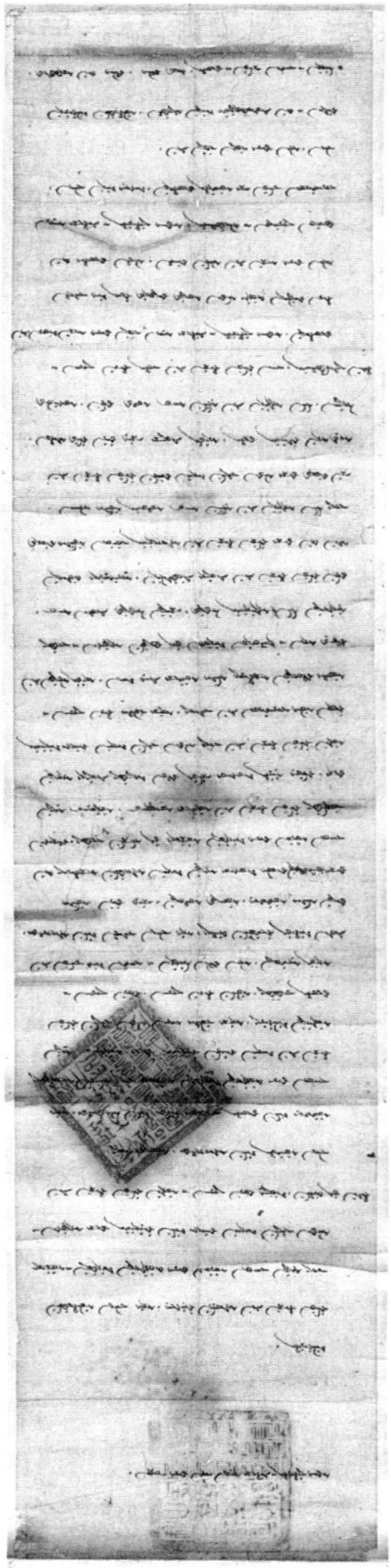

『カラフトナヨロ文書』第1号。（北海道大学附属図書館蔵）

れの毛皮の等級は次のとおりであった。銀狐皮は一等のものが一枚と二等のものが一枚あったが、北極狐皮と赤狐皮とはみな三等にしかならなかった。また貂皮は「裏貂皮」(doko seke)と呼ばれるもので、品質はあまり良くなかったらしい[17]。

さてsahaliyan dobihiは漢文献に「元（玄）狐」とあるもので、自然界でそれに該当する種は、黒狐をおいて他にはない。その中でも銀狐は銀色の差し毛をもつ個体で、その毛皮は最上級品の折紙がつく[18]。後述する如く、黒狐の一部でとくに白色の差し毛をもつものを、清朝はcikiri dobihi（「白毛梢黒狐皮」）と呼んで区別し[19]、sahaliyan dobihiよりも一ランク下に置いている。そこで本稿では仮にsahaliyan dobihiを銀狐、cikiri dobihiを黒狐と呼ぶことにする。boro dobihiは漢文献には「青狐」とあるもので、その毛皮には黒と黄の毛が混じり、商品価値は黒狐皮に次ぐという[20]。北極狐のうちでも冬毛が白色にならず、褐色系に変化する個体を指していうのであろう。suwayan dobihiは漢文献に「黄狐」とも「火狐」ともあるもので、一般にいう赤狐のことである[21]。赤狐の毛色は、個体によって黄から橙まで変化するといわれる。

前述したように辺民が献上する貢納品は、銀狐皮二枚・貂皮百枚・北極狐皮九枚でつくった敷物二枚・赤狐皮九枚でつくった敷物四枚・貂皮十七枚でつくった衣料十二枚からなることが、定例として決まっていた。しかし実際に行なわれた例を見てみると、銀狐皮は黒狐皮二枚で代納することも認められ、さらに北極狐皮と赤狐皮二種類の敷物と貂皮の衣料は、それぞれの毛皮をその枚数分だけ納入することもできた[22]。リダカが準備した毛皮は定例とは一部相違しているが、それはリダカが同じ毛皮を必要な枚数だけ代納したからである。

上京することを許された辺民たちは、大体みな規則どおりに毛皮を献上しているが、それには例外もあって、毛皮の一部を準備できなかったものもいた。たとえば雍正元年に上京したハルグン氏族のティムシンガは、黒狐皮三枚・北極狐皮九枚でつくった敷物二枚・赤狐皮九枚でつくった敷物四枚・貂皮十七枚でつくった衣料四枚・

貂皮八十五枚しか持っておらず、定例からすると黒狐皮一枚と貂皮十七枚でつくった衣料八枚・貂皮十五枚（貂皮合計百五十一枚）が不足していた。しかし戸部は、ティムシンガが貂皮百枚をすみやかに追加補填することを条件に、婦女を娶らせたいと上奏を行なっている。[23] 翌年四月にティムシンガはニングタを発って故郷に戻るが、その後も貂皮を送らなかったので、[24] イランハラから委署驍騎校ダハタを派遣して、貂皮百枚を徴収させたのであった。[25] また乾隆十一年（一七四六）と同十五年に上京したデクジンゲとゴクダフンは、黒狐皮を三枚しか持ってこなかったが、不足分の一枚についてはとくに問題とはされなかった。それとは反対に黒狐皮を一枚余計に五枚献上したものもいる。乾隆四年から九年までに上京したイェシケ・キブサ・チャブチャンガ・ジャクティオの四人である。黒狐皮の正式な数量は四枚であったが、乾隆初期には規則が一時的に混乱したのである。いずれにせよ質・量ともに桁外れの毛皮を、辺民たちが独立に準備したことは、まさに驚異的である。しかもかれらの一部には貢納する毛皮以外に、旅費と称してさらに多数の毛皮を用意したものまでいたのである。なお辺民が貢納した毛皮は、北京に到着した後、最終的には内務府広儲司に納入された。[26]

話をふたたびリダカに戻そう。ニングタ副都統衙門は毛皮の検査を行なって、定例どおり誤りないことを確認すると、リダカら一行を北京に向けて出発させた。そのことは、ただちにニングタ副都統衙門から吉林将軍衙門に報告されたはずである。それを受けた吉林将軍・奉恩輔国公富椿は、北京の戸部に対してリダカの貢納品に誤りがないことを連絡している。[27] 通常の慣例によると、上京する辺民には護送の旗人たちを付けて、食料と牛車を支給し送り届けるのがふつうであった。[28] ニングタ副都統衙門はリダカに対しても同様の措置をとったであろうが、同行した官員の名までは明らかではない。一行は途中で吉林に立ち寄り、ニングタから来たものは、ここで吉林の官員と交替する。北京に向かうリダカの一行には、吉林佐領トジンタイとともに領催と兵五名、従僕九人、そして馬十六頭が新しく仲間に加わった。[29]

リダカらが北京に到着したのは、乾隆四十年の年始めと考えられる。戸部がリダカの上京について上奏したのが、同年正月十一日のことである[30]。その中で戸部は吉林将軍富椿の文書を引用しながら、リダカが持ちこんだ献上品の毛皮は、規則どおりだったことを確認するとともに、リダカ本人は正白旗のドゥルギヤ佐領に属す驍騎校オムシナの養女を妻にしたいと語り、オムシナもそれを了解したことを述べている（表9）。そしてリダカとその妻に対して、規則に従って後述の恩賞を与えるべきことを報告した。

この上奏にもとづいて乾隆帝はリダカを引見しているが[31]、『寧古塔副都統衙門檔案』には詳しい記述は残っていない。一般に清の引見制度は、皇帝が中・下級官僚と対面して人物を査定し、その任免や昇降を決定することを目的としたが、それればかりではなくモンゴル王侯の世襲や少数民族首長の任命なども、皇帝の引見をへて正式に決定された[32]。上京した辺民を引見する慣例もその一つであって、『欽定大清会典』（光緒）によれば、領侍衛内大臣が辺民を引率して乾清宮か養心殿でとり行なうのが、ふつうのやり方であった[33]。現実にあった引見の事例を見てみると、たとえば乾隆十一年に上京したキレル姓のデクジンゲは、十二月十六日に乾清門侍衛のジャルサイとともに紫禁城の内に入ったが、乾清宮の中に通されることはなく、ジャルサイがデクジンゲに乾隆帝の勅旨を伝達したという[34]。また同二十六年にキジン姓のチチャヌが北京に来たときは、十月二十二日にチチャヌは三等侍衛のフミシャンに伴われて、円明園から帰ったばかりの乾隆帝に引見されている[35]。リダカもまた、同様の手続きをへて引見されたと考えられる。

献上品を持って上京した辺民は、引見がすんだ後婚姻を許される。上述した戸部の上奏文にはすでに、リダカが正白旗ドゥルギヤ佐領所属の驍騎校オムシナの養女を妻に迎えたいと語って、相手のオムシナも同意していることが伝えられている。『欽定八旗通志』巻七、旗分志によると、佐領ドゥルギヤというのは、正白旗第四参領第二佐領の副都統都爾嘉のことである。都爾嘉は乾隆三十年に副都統の銜を授けられた後、同三十八年には正紅旗蒙古副都統、三十九年十二月からは鑲白旗満洲副都統に就いており、名前と時期ともに一致する。[36] 戸部の上奏文によると、花嫁の名前を戸部に言上したのは、リダカ自身であったことになっているが、リダカはなぜその名を知ったのであろうか。常識的に考えると北京に初めて上京したリダカが、それまでにオムシナと関係をもっていたはずはない。辺民の妻となるものを預め用意しておく組織が、北京にはすでにできあがっていたのである。

『寧古塔副都統衙門檔案』にみえる実際の婚姻の事例では、いずれも辺民が自ら戸部に妻に予定する女性を申し出て、それで戸部がその父に意志を確認するという方法をとっている。乾隆十七年に上京したブルガル氏族のイラクの場合は、正黄旗第三参領第十八佐領のファチェオ（法丑）佐領下に属す三等侍衛イダリの娘を名指ししたし、[37] さらに二十七年に北京に来たキレル姓のゲグチは、同じく正黄旗第四参領第十四佐領のジュドゥナ（朱都那）佐領に属した前鋒クイボーの養女を妻に要請している。[38] たいていの場合辺民の妻は、禁旅八旗の旗人の娘かまたは養女の中から選ばれた。こうして婚姻を結んだ辺民の夫と旗人の妻は、これからはホジホン（婿）とサル

表9　ホジホンが娶ったサルガンジュイ

年月	ホジホン	サルガンジュイ	佐領	典拠
乾隆一六年	Irakū	三等侍衛Idariの娘	正黄旗第三参領第一八佐領Faceo（法丑）	『欽定八旗通志』四
一八年　八月	Miyata	護軍参領Naiduの娘	正黄旗第四参領第一五佐領Sung ling（松齡）	『欽定八旗通志』五
二六年　六月	Cicanu	前鋒Usihataの養女	正黄旗第二参領第五佐領Eldengge（額勒登額）	『欽定八旗通志』四
二六年　九月	Geguci	前鋒Kuibooの養女	正黄旗第四参領第一四佐領Juduna（朱都那）	『欽定八旗通志』五
三二年	Eldase	馬甲 Liodaseの養女	鑲白旗佐領Uyuntai	
三九年	Lidaka	驍騎校Omsinaの養女	正白旗第四参領第二佐領Durgiya（都爾嘉）	『欽定八旗通志』七
五九年	Jaounu	委署親軍校Saranggaの養女		

ガンジュイ（娘）の名で呼ばれることになる。

婚姻が認められると、ホジホンとサルガンジュイには恩賞が与えられるが、その中には次の品々が含まれていた（表10）。大部分の品は戸部と兵部を通して支給されたが、ただ馬と従僕だけは、のちに銀に換算して支払われるようになった。なお牛とすきさき・すきへらに関しては、帰途盛京戸部が与えることになっている。さらに夫婦には礼部主催の歓迎宴を一度設け、またサルガンジュイの実家には銀五十両を支給した[39]。リダカ夫婦もまた、同一の恩賞を受けたことであろう。

この表から明らかなように、清がホジホンとサルガンジュイに賞した恩賞は、サルガンジュイに割りあてられるものが、ホジホンよりも圧倒的に多い。故郷に戻ってからも両者の待遇を比較すると、サルガンジュイの方が一段高い。実質はどうあれたてまえとしては、サルガンジュイは皇族の一員という考え方が存在していたかもしれない。

ところでリダカはそれとともに、花翎（孔雀翎）と藍頂珠を受けていたといわれる[40]。一般に清の官僚にとって、冠帽（帽子）はなくてはならないものであった。冠帽は目的と季節によって数種類に分けることができるが、いずれの冠帽にも頭頂部に翎子と頂珠（頂子）を着けて、栄誉や官位を示すことになっていた。リダカが着用した花翎は藍翎とともに、もともとは特別の武勲を有するものや、特定の爵位・官職をもつもののみが、冠帽に刺すことを許された特別の羽である。花翎は五品以上の官に授けるのに対して、藍翎は六品以下の官に与えることになっていた[41]。これに対して頂珠は官位に従って宝石の種類が一定しており、本来はルビー・珊瑚・サファイア・ラピスラズリ・水晶などの原石を使っていたが、のちには色ガラスで代用することも認められた。リダカが着けた藍頂珠というのは、三品か四品を示す青色のガラスであろう[42]。

いつのころからかホジホンの一部に、花翎・頂珠・座褥など服制に関わる品々を、違法に着用するものが出始めた。かれらの行為は官僚制度の基礎を危うくするものであったので、遅かれ早かれ問題化することとなった。その発端となったのは、後述するキジ事件に関連してである。イトゥヒヤヌの子ユンギヤヌを裁判にかけたとき、ユンギヤヌが紅頂珠と花翎を着用していたのを怪しんだ清の官僚たちは、乾隆十一年に調査を開始する。そのころ上京したビルダキリ氏族のヤンシナを調べてみると、ヤンシナは北京で引見を受けたときに、乾隆帝から花翎を授けられたが、紅頂珠の方は自分でかってに使用したと証言した。調査の結果花翎に関しては、引見の際に皇帝自身が賞賜するのが、慣例となっていることが明らかになったが、他方頂珠と座褥については事実関係がはっきりせず、また問題が重大であったので、認めるところとならなかった。[43] しかしリダカが花翎とともに藍頂珠を受けたことは、明らかな事実であるので、その間に清はふたたび方針を変更して、後者に関しても認めることにしたのであろう。

表10　ホジホンとサルガンジュイに与える恩賞（『寧古塔副都統衙門檔案』第一〇一冊、乾隆四十年三月一日の条）

ホジホン	蟒緞の朝衣・緞子の袍と大褂各一着、紬と木綿（毛青布）の襯衣（肌着）各一着、弓・矢・矢筒（皮製）一式、銀を貼った玉の腰帯・佩帉・袋一式、涼帽一個
サルガンジュイ	婦人用朝衣・緞袍・大褂各一着、緞子の襯衣一着、黒緞子の袍・褂と紬の襖各一着、木綿の袍・襯衣各一着、鏤花銀座の涼帽一個、腰帯一本、緞子の裙（はかま）三着と木綿の裙二着、木綿八十匹、七尋の白布五匹（帳用）、縫い針五百本、糸三十繰り、かんざしと梳き櫛各十個、ひも五十本、衣服の裏二十枚、スカーフ二十枚、緞子のはぎれ一箱、夫婦二組、牛二頭、すきさき（犂鏵）とすきへら（犂鏡）各一、緞子と小花と綿布の寝具上下各一式、銀の首飾り一連、イヤリング五組
ホジホンとサルガンジュイ	馬各一頭、鞍・轡・むながい・したぐら一式、靴下つき靴二種（緑皮で縁どりしたものとその他のもの）

さてホジホンとその同行者に対しては、上京した日から数えて二十日分の穀物・野菜・塩・羊肉などが支給されたので、それからするとホジホンたちの北京滞在日数は、二十日前後を基準としていたとみられる。[44]ところがリダカは出発を前に乾隆四十年正月二十七日に、疱瘡に感染して亡くなってしまう。[45]献上品を持って中国に入りながら、故郷に戻ることなく中国で客死した辺民の例としては、リダカが初めてではない。表8にあがっているだけでも、乾隆七年のフィヤカ姓チャブチャンガと、三十二年のキジン姓エルダセの例がある。戸部が二月二日にリダカの死を報告したところ、乾隆帝は辺民の不運な身上を哀れに思って、三日後の二月五日にホジホンとなるために辺民が上京するのは、爽やかな季節にかぎるという冒頭で紹介した勅旨を下したのである。

『カラフトナヨロ文書』によると、北京からの命令を受けた吉林将軍衙門は、ニングタ副都統とイランハラ副都統の両衙門にそれぞれ、上京の季節に関する指示を送ったことになっているが、『三姓副都統衙門檔案』には乾隆四十年の檔案が欠落しているので、それを確認することはできない。これに対して『寧古塔副都統衙門檔案』第一〇一冊、乾隆四十年三月四日の条に、吉林将軍衙門からニングタ副都統衙門に宛てた問題の檔案が偶然に保存されていた。その文面は『カラフトナヨロ文書』と一字一句も異なることなく、まったくの同文からなっていた。[46]『カラフトナヨロ文書』の第一号文書は、イランハラ副都統衙門が公布した真正の文書であったのである。ニングタ副都統衙門も吉林将軍の指示を受けて、管轄下のヘジェフィヤカに対して同一の指示を公布したことはまちがいなく、今後類似の文書が発見される可能性も残っている。ちなみに『三姓副都統衙門檔案』第九七冊、嘉慶八年九月三日の条によると、同様の事例が発生するたびに、清は「(乾隆) 四十年に下した勅旨」と言ってこの命令を引用しており、乾隆四十年に発布して以来その内容を厳守していたことが明らかになった。[47]

リダカに同行した吉林佐領トジンタイの証言によると、故郷にあるリダカの家では、リダカの母と弟がリダカの帰りを待っていた。[48]リダカの妻一行が北京を発ったのは、二月十一日のことであった。リダカの妻に従ったのは総勢十二人で、故郷からリダカに従ってきた従僕一人・清が与えた奴隷四人・妻の下女一人と、それにイランハラまで見送るオムシナがつけた従僕六人である。リダカに同行してきたもう一人の従僕、ハイフナはこれよりさきに病死していて、その遺体も故郷までいっしょに送り届けることになった[49]。また棺や奴隷などを買った後に手元に残った恩賞の一部、弓・矢・矢筒・鞍・銀五十両・緞子三匹・紬二十匹・木綿八十匹なども、すべて牛車に積みこまれた[50]。なおリダカの妻らには前例にならって、牛車・食料・通行許可証などが与えられた[51]。途中エヘム駅において奴隷ワン＝デの妻が病気で動けなくなったので、リダカの妻たちは夫婦だけを残して先を急いだが、ワン＝デらも快癒した後ニングタで一行に追いついた。こうしてニングタから先は、ふたたび全員がそろって旅行を続けた。四月二十三日以前のことである[52]。

リダカを護送して吉林から上京した吉林佐領トジンタイらも、新妻の一行に随行していっしょに北京を出発している。かれらは吉林まで同行して、吉林からニングタまでは吉林驍騎校ウサンタイなどが守って行った[53]。さらにニングタからイランハラまではニングタの防御ヘンジュたちが従って、そしてイランハラから故郷まではイラ

清が辺民に賜与した花翎。旧アウリ村のオルチャ族に伝わっていた。（ブラヴァ村にて大塚和義氏撮影）

ンハラの官員が随行したのである[54]。

第二節　ホジホンとサルガンジュイの再上京

故郷に戻ったホジホンとサルガンジュイには、それから以後も破格の待遇が約束されていた。ホジホンとサルガンジュイに対するウリンは、ふつうの辺民よりも優遇されていて、ホジホンの場合はハライダと同じであったし、サルガンジュイには貢納の義務を課さないうえに、ハライダよりもさらに多くの品を与えた[55]。ただかれらが歿すると、その地位は自然に消滅したらしい。たとえばブルガル氏族のイラクに嫁いだ妻は、乾隆五十八年に病気で亡くなったが、残された遺族は地位を世襲できずに、バイニヤルマの地位に格下げされたのであった[56]。

ところで『寧古塔副都統衙門檔案』を調査していて、わたしはホジホンとサルガンジュイに関する新事実を発見した。ホジホンとサルガンジュイたちは、それからもたびたび北京に里帰りしているのである。わたしが気がついた事例だけでも、表にすると次のようになる（表11）。雍正十三年（一七三五）には、イトゥヒヤヌとその妻が北京に里帰りしているが、表8によると、イトゥヒヤヌはそれより六年前の雍正七年に、ホジホンとなった人物である。実はこのとき一族のシヨーシナもまた、ホジホンになるためにイトゥヒヤヌに同道していた。それからシヨーシナ自身も、乾隆七年（一七四二）と十二年の二度、妻とともに北京に再上京している。さらに乾隆十四年にはイェシケとその妻が北京まで来ているが、同様にイェシケは同四年にホジホンとなっていた。また乾隆十三年にはキジン姓のホジホンに嫁いだサルガンジュイが、単独で北京に里帰りしているが、ドーウン村に居住するホジホンとは、ドゥワンセのことにちがいない。ドゥワンセは雍正十二年にホジホンとなったが、このときにはすでに亡くなっていたのだろう。残るチルバヌ・クリ・ミヨーティンの三人は表8には見えないが、ホジホンであることはうたがいない。なおチルバヌ自身は早くに亡くなっていたとみえて、いつも妻だけで里帰りをしている。

表11に関するかぎり、再上京したホジホンとサルガンジュイは七人ないし八人で、そのうちチルバヌの妻は三ないし四度北京に行っている。シヨーシナとその妻、およびクリとその妻はともに二回、他の人びとはみな一回である。かれらはその前にホジホンになるため北京に入っているので、上京の回数はそれぞれさらに一回ずつ増えることになる。ホジホンたちの行動力には驚くほかないが、それにもまして目を見張らされるのは、かれらが献上した莫大な量の毛皮である。

ホジホンとサルガンジュイは再上京するときにも、一定の毛皮を献上する義務があった。かれらが献上した品の中には、必ず黒狐皮と貂皮とが含まれている。黒狐皮の場合は多いもので四枚、少ないものは二枚であるが、二枚と三枚が多いようである。一方貂皮についてはほとんどの人物が百枚貢納しており、五十枚を納めたものは二名にすぎない。したがって黒狐皮は二ないし三枚、貂皮は百枚というのが、一応の基準ではなかったかと考える。いずれにせよホジホンになるために一度上京して、それから数年後にはふたたびこれだけ大量の毛皮を蓄積することができたのである。

かれらが貢納する毛皮は、内務府に収められた[57]。清がそれらの毛皮を購入する価格は、始めは一定していなかったが、雍正七年にチルバヌの妻が上京したときに、毛皮の等級に応じて買い取ることが正式に決まった[58]。このときチルバヌの妻が献上したのは黒狐皮二枚と貂皮五十枚であったが、製造庫（工部）において毛皮の品質を調べて、黒狐皮は一等として一枚につき銀二十両を支給して、貂皮は三等とみなして一枚銀三両とし、それを毛青布五匹に換算することになった。それから雍正十二年にチルバヌの妻がふたたび毛皮を貢納したときには、雍正

表11　再上京したホジホンとサルガンジュイ

年月①	再度北京に行ったホジホンとサルガンジュイ	氏族	村落	階層	持参した毛皮②	その他	典拠③
雍正　七年（一七二九）	Cirbanuの妻	Fiyaka	Uktun		（献）黒狐皮二、貂皮五〇		寧四九、乾一二、二、一一
一二年　七月	Cirbanuの妻				（献）黒狐皮三、貂皮一〇〇 （旅）貂皮一〇〇		寧二九、雍一二、七、二二
一三年　六月	Itihiyanu・妻 (Ithiyanu)	Fiyaka	Koiman	ガシャンイダ	（献）黒狐皮二、貂皮五〇 （旅）赤狐皮一〇、貂皮一〇〇	雍正七年にホジホンとなる	寧三一、雍一三、六、二二
一三年　八月	Kuri・妻	Ujala	Ujala		（献）黒狐皮四、貂皮一〇〇 （旅）赤狐皮一〇、貂皮四〇		寧三一、雍一三、八、二二
乾隆　四年一〇月（一七三九）	Cirbanuの妻				（献）黒狐皮三、貂皮一〇〇		寧三七、乾四、一〇、一三
七年　六月	Siyoosina・妻	Fiyaka	Koiman	ガシャンイダ	（献）黒狐皮三、貂皮一〇〇 （旅）赤狐皮二〇、貂皮五〇〇	雍正一三年にホジホンとなる	寧四二、乾七、六、八

七年　七月	Kuri・妻				(献)黒狐皮四、貂皮一〇〇 (旅)貂皮六〇〇		寧四二、乾七、七、一九
一一年	Miyooting・妻	Fiyaka	Hasulgi		(献)黒狐皮三、貂皮一〇〇	北京に行く途中で、夫婦ともに病死	寧四九、乾一二、二、一一
一二年一〇月	Siyoosina・妻				(献)黒狐皮二、貂皮一〇〇 (旅)貂皮三〇〇、あごひげあざらし皮三〇〇		寧五〇、乾一二、一〇、一六
一三年閏七月	妻(Duwan-gse の?)	Kijin	Doo Ung		(献)黒狐皮二、貂皮一〇〇		寧五二、乾一三、閏七、五
一三年　八月	妻(Cirbanu の?)	Fiyaka	Uktun		(献)黒狐皮二、貂皮一〇〇 (旅)貂皮二六		寧五二、乾一三、八、二三
一四年　八月	Yesike・妻	Saimar	Kihecen	デオテジュセ	(献)黒狐皮三、貂皮一〇〇 (旅)貂皮三〇〇	乾隆四年にホジホンとなる	寧四七、乾一四、八、九

注① 年月は、ニングタに到着したとき。
② (献)は献上した毛皮を、(旅)は旅費として持参した毛皮を表す。
③ 寧は『寧古塔副都統衙門檔案』を表す。寧の後の数字は檔冊の通し番号を、また雍は雍正、乾は乾隆、嘉は嘉慶の略で、それ以下の数字は順に年、月、日を表す。

帝がじきじきに黒狐皮の評価価格を上げるように命じて、一等の黒狐皮は一枚につき銀五十両、二等のものは四十両を与えることにした。さらに乾隆四年にチルバヌの妻がみたび上京した際には、三等の黒狐皮を銀三十両で購入することを新たに追加して、以後これが定例化する。たとえば乾隆十一年に上京したフィヤカ姓のミョーティンとその妻は、二等の黒狐皮二枚と三等の黒狐皮一枚、それに三等の貂皮百枚を献上したので、定例に従って銀百十両と木綿五百匹を与えている。(59)

上京に際してホジホンたちが持参したのは、献上用の毛皮だけではなかった。ホジホンの多くはそれとは別に道中の旅費と称して、大量の毛皮を持ちこんでいる。かれらが貂皮を数十枚から百枚程度持参するのはふつうであって、三百枚（乾隆十二年）とか五百枚（乾隆七年）とかを持ちこんだシヨーシナのような例もあるし、六百枚を持参したクリの例（乾隆七年）もある。特殊な毛皮としては、イトゥヒヤヌ、シヨーシナ、クリが赤狐皮を十枚から二十枚までの単位で持参している。それから興味深いのは dangg̃ūri である。乾隆十二年にシヨーシナは dangg̃ūri を三百枚持って旅行しているが、dangg̃ūri という単語はどの満洲語文語辞典にも収録されておらず、満洲語には本来存在しなかったと考えられる。おそらくは隣接する住民の言語から借用した単語なのであろう。サハリン北部のウイルタ語には daungari という単語があり、(60) また北サハリンのニヴフ語にも dawγ̌r なる単語があって、(61) これらのことばが満洲語 dangg̃ūri の語源にあたると考えられる。ともにあごひげあざらしを指すという。他方『トゥングス＝満洲諸語比較辞典』にも дāңā の項目があって、トゥングス諸語の語形を並記しており、これが dangg̃ūri に該当することはまちがいないが、ただ同辞典ではその意味をとどと解している。(62) 詳細は今後の研究に待たねばならないが、本稿においては一応、あごひげあざらしとしておく。(63) 一般に北京への往来の道中では清が十分な援助を与えるので、ホジホンたちがこれだけの毛皮を全部旅費に費やしたとは考えられない。準備した旅費の大部分は、中国の物資を購入するためや、かれらを世話する中国人たちに心付けとして使用したにちがいない。

なお北京まで里帰りするホジホンとサルガンジュイに対して、往復の道中に護衛の官と兵を付けて牛車・馬・食料を支給したことは、ホジホンになるために上京したときと同じである。たとえば乾隆七年に北京に向かったウジャラ氏族のクリとその妻は、従僕三人を道連れに伴っていた他、献上用の黒狐皮四枚と貂皮百枚、さらに旅費として貂皮六百枚を持参していたが、ニングタ副都統チャンシェンは定例に従って、駅の牛車一台・馬一頭を支給して、委署驍騎校アスハと領催・兵四人にかれらを護送させた(64)。クリはその他に食料も要求しているが、それも同様に認められたと考えられる(65)。

なお乾隆十一年（一七四六）にミヨーティン夫妻が再上京したときには、妻は行く途中の山海関で八月二十二日に、夫は北京に到着した後の十月二十四日にともに病死をしている(66)。そこで清は本来ならばミヨーティン夫妻に与えるはずの銀と毛青布を、同行してきた兄のガルンガに渡して、故郷のハスルギ村にあるミヨーティンの家まで送っていかせた。途中吉林・ニングタ・イランハラと経由して、最後はイランハラの正白旗ギルヘオ佐領の委署驍騎校イェンゲがハスルギ村まで護送している。故郷にはミヨーティンのもうひとりの妻と男の子が、帰りを待っていたという(67)。

さて生命の危険と多大な苦難をかさねながら、ホジホンたちはなぜ何回も北京に旅行しなければならなかったのであろうか。かれらの心をつき動かした理由の一つは、人間としての自然な感情であろう。地の果てにも均しい辺境に嫁いだサルガンジュイにとって、北京は懐かしい故郷であり、その故郷に里帰りをして家族に会いたいという気持は、だれにも理解できるものである。一方ホジホンにしてみれば、一度見た大都会の華やかな印象はいつまでも忘れがたかったであろう。しかしそれよりも本質的な動機は、経済的な欲求であった。かれらが大量の毛皮を持参したことが、そのすべてを物語っている。ホジホンたちは、それによって中国の物品を獲得することがねらいだったのである。献上した毛皮のみかえりに清から支給される銀の他にも、故郷から持ちこんだ旅費の毛皮を民間の市場で売却すれば、自らが望む中国の品々を手に入れることが可能である。こうした中国の製品は、ホジホンの家族が自ら消費するばかりでなく、周辺の人びとに転売すればさらに大きな利益を生むことになる。ホジホンたちは物々交換を繰り返すことによって、我々の想像を越える大きな経済力をもったのである。

第三節　ホジホンと北方交易

本節においては、ホジホンたちの出現を可能にした理由を、清によるアムール川下流の統治体制と関連させながら考えることにする。清朝がアムール川下流の辺民に対して課した義務は、毎年一戸につき貂皮一枚ずつを貢納することであった。大多数の辺民はニングタ（のちにはイランハラ）に貢納に出かけたが、そこまで行くことが困難なアムール川河口・サハリン地方と沿海地方に居住する一部の辺民については、貢納地点を別に指定して毎年ニングタとイランハラから旗人を派遣し、貂皮の徴収を行なった。(68) 一般にこれらの貢納地点は、政治的かつ軍事的な観点から周到に計画されていた。

そもそも清朝がアムール川の下流沿岸に最初に貢納地点を設けたのは、康熙半ばに遡るとみられる。ニングタ副都統は毎年ニングタの旗人をアムール川の河口近くに派遣して、辺民から貂皮を受け取らせた。初期の貢納地点は、アムグン川がアムール川に合流する付近のダ村やディヤン＝ホンコ村に置かれた。(69) アムグン川の河口というのは、かつて征東元帥府や奴児干都司が置かれたティルの丘に近く、(70) アムール川河口付近とサハリンににらみをきかすには格好の位置にあった。

それから乾隆初めにはニングタ副都統は、貢納地点を上流のプルに移している。[71] サハリンからプルへ行くにはアムール川の河口を遡るコースと、トィミ川を遡ってアムール川に出るコースがあり、一部の辺民は後者を通る方が近道であった。[72]

これよりさき康熙五十二年には、沿海地方の東部に居住したキヤカラ・バンジルガンの二氏族四十五戸が従属したが、ニングタ副都統はこれらの辺民に対しては、ウスリ川東岸の支流ニマン川河口において隔年に一度貂皮を二年分まとめて貢納させた。[73] ニマンもまた、沿海地方とウスリ川とをつなぐ要衝であったとみられる。

清はまた、雍正十年にサハリンに住むネオデなどの六氏族（姓）百四十六戸を辺民に組織したが、これらの辺民はイランハラ副都統が所管して、キジ湖に近いキジ村において貂皮を徴収することになった。[74] キジ湖とキジ村にはサハリンからアムール流域に入る交通路の一つが通じていて、サハリン南部の住民を統制するのにつごうがよかった。

乾隆四十四年になって清朝は、辺民を管轄する官庁を従来のニングタとイランハラの副都統衙門から後者に一本化し、それにともないアムール川下流の貢納地点もまたキジに統一した。[75] 前述した如くそれまでニングタ副都統は、毎年プルに旗人を派遣していたが、臨時にキジを貢納地点にしたときもあったようである。しかし正式にキジと定めたのは、このときが最初であろう。キジの名前は周辺にとどろいていたらしく、十九世紀の日本の記録にもしばしば現れる。

ところが十九世紀初めにアムール河下流の貢納地点は、キジよりさらに上流のデレンに移動した。間宮林蔵が到達したのは、このデレンであった。その後辺民が貢納する場所はさらに上流に移り、しかも各地を転々としている。[76] このことは清朝が力を失って、アムール下流地方を維持できなくなったことを示すものである。

さて清朝が辺民の貢納地点に選んだダ・ディヤン＝ホンコ・プル・キジ・ニマンは、共通した立地条件を備えていた。いずれの地点も交通の要衝に位置しており、ニングタとイランハラの旗人が通うのにつごうがよいばかりでなく、住民がその間を往来するにも便利がよかった。清が遠方の地域を統制するには、これらの地点は絶好の場所であった。

清がアムール下流の貢納地点に派遣した旗人は、大体十数人から五十人までの人員からなっていた[77]。かれらの職務は辺民から貂皮を徴収して、辺民にウリンの品々を賞することであり、かれらが私的な営利行為をすることは認められていなかった。だが現実にはこれらの旗人はしばしば職務を逸脱して、辺民と不法な交易を行なっている[78]。というのも清は、もともと民間人がイランハラより下流の地域に侵入することを厳しく禁止していたので、一年に一度ニングタとイランハラから旗人たちがアムール川を下ってやってくる機会は、付近の住民にとっては中国人や中国の製品と接触できる数少ないチャンスであった。そのときを待ちかねて、近郷近在から多数の住民が約束の場所に集まり、大規模な物々交換を行なった。その際には清の旗人と辺民との間ばかりでなく、一般の住民どうしでも活発な取引が行なわれた。アムール下流の貢納地点で行なわれた交易のもようは、間宮林蔵の『東韃地方紀行』に生き生きと描かれている。

この結果アムール川の下流地域では、住民の経済活動が刺激されて、人と物の流れが活発化した。そしてアムール川の下流地域と周辺の地域との間には、交易のネットワークが形成されるようになった。有名なサンタン交易も、こうしたネットワークの一つである。上述した黒狐皮・北極狐皮・赤狐皮・あごひげあざらし皮などは、いずれもシベリアやオホーツク沿岸などの遠方から運んできたものである。同様に貂皮もまたアムール川左岸にかぎらず、サハリンその他各地で生産されたものであった。ホジホンたちはこうした交易のネットワークをたくみに利用して、毛皮を集中的に買い集めるのに成功した人びとであった。

ここで上述したホジホンの出身地を調べてみると、そのほとんどが交通が便利で貢納地点に近い地方に集中し

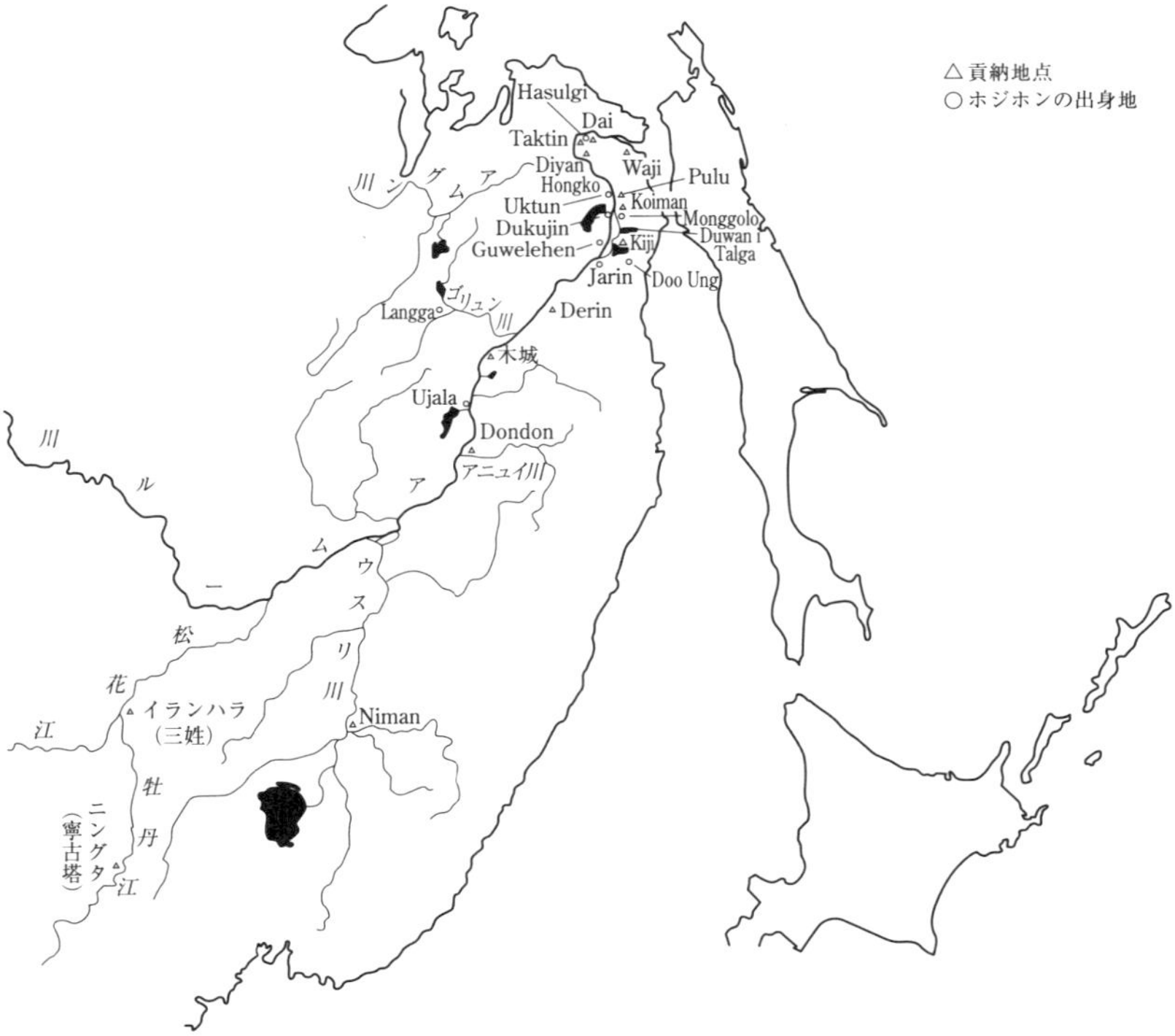

図5　貢納地点とホジホンの出身地

ている（図5）。とりわけアムール川の河口付近が多くて、ニングタやイランハラに近い地方は少ない。まず下流の方から見ていくと、ホジホン五人を出したフィヤカ姓は、アムール川の河口付近を占めた集団で、初期の貢納地点であったダやディヤン＝ホンコは、その居住地域内に含まれる。ホジホンが出た村は全部で四つあるが、このうちウクトゥン・コイマン・モンゴロの三村は、ウドィリ湖から流れ出た川がアムール川に流入する付近に位置して、アムール川の河口とキジ湖のちょうど中間にあたる。これらの村からアムール川左岸地域に入ろうと思えば、ウドィリ湖・ビチ川・ピリダ川を経由して容易に入れるし、さらにトィミ川を遡れば海岸地方にも達することができた。

キジン・ハルグン・ブルガルの三氏族は、後期の貢納地点であったキジ湖とその周辺に居住した氏族である。キジン姓のホジホンが居住した村落の中で、ドゥワン村はアムール川沿岸のドゥワニ＝タルガ付近に、一方ドーウン村はキジ湖に注ぐドーワン川の沿岸にあったと推定される[79]。次にハルグン氏族のティムシンガについては、かれがどこの出身であったのか記録にはみえないが、ハルグン氏族自体はキジ湖のすぐ下流、カディ湖周辺に居住したので、ティムシンガも同地域に住んでいたと考えられる[80]。またブルガル氏族のホジホンに関しては、ゴクダフンの出たジャリン村はキジ湖のやや上流にあって、キジ湖から流れ出た川がアムール川と合流する地点の南岸にあった。一方グウェレヘン村はジャリン村の対岸に位置していた。

さらに上流に目を移してみよう。交通の動脈であったゴリュン川の沿岸から、ホジホンが出た例もある。サイマル氏族は、ゴリュン川の沿岸に分布したナナイ系の集団で、ランガ村はゴリュン川の西岸にあった村と推定される[81]。残るキヘチェン村も、ゴリュン川の沿岸にあったにちがいない。続いてキレル姓は左岸地方のエヴェンキ族と考えられ、ゴリュン川の水系近くにいたとみられるが[82]、ヘクジンゲ村の位置は不明である。

もっとも上流部に生活する辺民のうちでは、ヘチケリ・ウジャラの二氏族からホジホンが現れている。ヘチケリ氏族のホジホン、キブサはブグラン村の出であるが、ブグラン村というのはボロン湖付近にあったとみられる。一方ウジャラ氏族のジャオウヌが住んだピユリ村の位置は不明であるが、もう一人のクリが生まれたウジャラ村は、ボロン湖北東岸にあった古い村落である。[83] ボロン湖は、アムール左岸地域とアムール本流とを連絡する水路となっており、これらのホジホンたちはこの水路に沿って居住していたのである。ただヘチケリやウジャラなどの氏族に、ホジホンが一人か二人しかいないというのは不思議である。人口比からすれば、もっと多くてもおかしくはない。だがこの地域の住民は、毛皮の産地であるアムール川左岸やサハリン地方から離れているので、毛皮を収集することはそれだけ難しかったのだろう。

以上のようにホジホンの多くは、アムール川の上流部よりも河口付近から現れている。それもそのはずで毛皮をめぐる交易のネットワークは、アムール河口付近がより密に、そしてより遠方まで張りめぐらされていた。そのためにアムール川の河口付近の方が毛皮の取り引きが盛んで、いっそう多くの毛皮が売買されたのであろう。こうした地域にホジホンが多く出現したのは、当然のことである。

一般にホジホンは、交易のためにかなり遠方まで出かけた。ここでその具体例をあげて、かれらのスケールの大きさを実感してみたい。上述したホジホンの中にあってもっとも注目される人物は、イトゥヒヤヌ・ユンギヤヌ親子とその一族シヨーシナである。再上京も含めると、かれらは三人で六回も北京にいっており、そのたびに莫大な数の毛皮を中国にもたらした。イトゥヒヤヌとシヨーシナ二人の毛皮を合計すると、イトゥヒヤヌは黒狐皮六枚・北極狐皮十八枚・赤狐皮四十六枚・貂皮四百五十四枚で、シヨーシナは銀狐皮一枚・黒狐皮七枚・北極狐皮二十七枚・赤狐皮五十六枚・貂皮千四百四枚・あごひげあざらし皮三百枚であった。これらの毛皮はみな稀少価値が高く、個人の力だけで集められる量ではない。それが可能となったのはイトゥヒヤヌらが、常日頃からアムール川の下流地方に毛皮を集めるネットワークをもっていたからである。

イトゥヒヤヌが取り引きを行なった相手の中でもっとも辺境に位置したのは、サハリン東海岸のアイヌである。イトゥヒヤヌはかれ自身が行くか使用人をやるかして、定期的にサハリンに出かけていた。ところが毛皮の貸借をめぐる争いが原因で、乾隆七年（一七四二）にキジ村において、サハリン南部のクタンギ（コタンケシ）村のアイヌ、アカトゥスら三人と、アムール川下流のウクトゥン村のホジホン、ダイジュを殺害するという大事件を起こしたのであった（キジ事件）[84]。

一方キジ事件で殺害されたダイジュの一族も、アムール下流地方では名の知られた有力者であった。祖父チルバヌもホジホンであり、その未亡人（サルガンジュイ）は、わかっているだけでも三回ないし四回北京に里帰りしている。そのときに皇帝に献上した毛皮は、全部で黒狐皮八ないし十枚・貂皮二百五十ないし三百五十枚にのぼった。チルバヌは毛皮を入手するために各地に出かけており、その足跡はサハリン西海岸の村イドゥイにまで及んだ。そのことは、孫のダイジュが雍正五年（一七二七）にホジホンとなるために上京したとき、かれを引見した親王に話したことばの中にみえる。『寧古塔副都統衙門檔案』第一八冊、雍正八年五月十日の条に、

フィヤカ氏族ウクトゥン村のホジホン、ダイジュが次の如く申しました。「雍正五年に妻を娶りに京師〔北京〕に行きましたときに、王が『おまえの祖父チルバヌが従えたもの以外に、さらに別のひとはいないのか』とお尋ねになりましたので、『わたくしの祖父が従えましたクイェのイドゥイ村からかなた二十日の距離のところに、ヒオ国のひとがおります』と申しました。〔……〕」。

とある。このクイェはサハリンを指す。さらにチルバヌの弟は、アムール左岸の支流であるアムグン川を遡ったところで、ロシア人のために殺害されている。同書第八冊、康熙二十二年正月二十六日の条に、

〔ロシア人の六十人ほどが……〕さらにウクトゥン村のチルバナ Cilbana の弟と、タクチン村の一丁をまた
夜に攻撃して殺しました。

とある。このチルバナは、チルバヌの誤りである。チルバヌの弟がこの災難に会ったのは、毛皮を買い集めるために出かけたときであろう。

ところでダイジュは雍正五年に上京した際に、親王からサハリンの南部を調査せよという命令を受けたが、かれは北京から帰るとサハリンに渡り、イドゥイからポロナイ川沿いに南下して、東海岸のタライカ（ヒオ国）に出て土地のアイヌを懐柔するのに成功した。(85) それ以来ダイジュはたびたび東海岸のアイヌを訪れたらしく、かれらとは友好的な関係を維持していた。ダイジュがキジ事件で巻き添えにあったのも、かれが貢納にきたアイヌたちに会いにきて、かれらといっしょに眠っていたときであった。(86)

ホジホンが積極的に交易に関与したことを証明する史料は、もう一つ存在する。前述した如く鑲藍旗蒙古都統バハイたちが、康熙二十九年に康熙帝の命を受けてアムール川左岸地域を調査したときに、ウイェケン山の峠付近にロシアとの国境を示す碑（牌楼）を建てて帰ってきた。雍正十二年十二月十四日付けの領侍衛内大臣・英誠公豊盛額の上奏によると、この国境碑についてフィヤカ地方のガシャンイダ、端色は次の如く報告している。(87)

七、八年前にこの牌楼が倒壊して、最近二、三年はロシア人が前のように越境して狩猟しております。ロシア人の中には、わたしたちがしかけたわなに入った貂を掠奪するものまでおります。もしこの牌楼を復旧して標識とし、もとの如くロシア人の越境を禁止できれば、わたしたちには大きな利益であります。

端色という人物は、いったいだれであろうか。上奏の日付が雍正十二年十二月であることを考えると、かれこそはホジホンになるために同年七月にニングタに到着した、キジン姓のドゥワンセにちがいない。ドゥワンセは北京に着くと、早速このことを豊盛額たちに話したのだろう。ドゥワンセはバハイがつくった国境碑が七、八年前に倒壊したことと、そのためにロシア人が国境を越えて、辺民の狩猟を妨害していることなどを知っていた。ドゥワンセはアムール川の左岸地域と緊密な関係をもっており、しかもかなり早い時期からそうであったと考えられる。ドゥワンセが自らアムール川の左岸地域に入ってそれを発見したのか、あるいはアムール川左岸の住民からその情報を伝達されたのか明らかではないが、いずれにせよドゥワンセとアムール川左岸の住民とが接触するのは、貂皮など毛皮の交易を通じてであったであろう。ドゥワンセがかなり遠方の住民と交易を行なっていたことは、これから明らかである。毛皮交易を企業的に行なったホジホンは、イトゥヒヤヌやドゥワンセなど一、二の人物にとどまらない。すべてのホジホンに共通する性格であった。

最後にホジホンたちの生活ぶりを伝えるエピソードを、いくつかあげておきたい。キジ事件が起こった際にダイジュとアイヌたちが休んでいた場所は、ドゥワンセがキジに所有する高床式倉庫の下であった(88)。キジは当時この地方における貿易のセンターであったので、ドーウン村出身のドゥワンセがキジに作った倉庫は、交易のためであったと考えられる。高床式の倉庫には本来は魚を保存していたが、ドゥワンセは毛皮や衣類・日用品などを保管していたのだろう。

さらにホジホンたちは、北京で手に入れた花翎や頂子、座褥を故郷で実際に使用していた(89)。それは現実の必要というよりは、自らの力、地位を誇示するためであった。かれらは、故郷の村を肩で風を切って歩いていたのである。またホジホンたちは、婚姻を通じて互いに姻戚となった。有名なのは、ダイジュの一族とイトゥヒヤヌの一族の関係である。『軍機処満文録副奏摺』第八四二案巻第六文件、乾隆九年七月十三日付けニングタ将軍バリ

ンガの上奏文には、イトゥヒヤヌが、

わたくしが娶った最初の妻は、すなわちダイジュの実の姉であり、ダイジュの兄ドゥリオの妻は、わたくしの実の妹であります。われわれはたがいにみな親族です。

と証言したという。ホジホンは姻戚となることで、たがいに結束を強めたのである。

ホジホンは、さまざまな場面で清に協力を求められた。たとえばキジ事件の翌年に、イランハラの旗人らが関係者を連行しにサハリンに行った際には、ドゥワンセもそれに協力しており[90]、さらにそれらの旗人が本隊の帰還に間に合わずとり残されたときには、ドゥワンセはかれらをイランハラまで送るために船を提供したのである[91]。そもそも清がホジホンの制度を導入した理由のひとつには、アムール地方を治める上で、かれらの協力を期待する意図があったと考える。

おわりに

辺民が上京して北京の女性を妻に娶るというこの制度は、十八世紀半ばに最盛期を迎えて、以後しだいに縮小に向かう。乾隆十五年（一七五〇）に辺民の定額化が実施されて、ホジホンとサルガンジュイもすべて定額の二千三百九十八戸内に押し込められ、それから新たな戸数の増加は、原則的には認められなくなった。当時サルガンジュイは全部で十五人を数え、ホジホンの人数もその前後であったとみられる[92]。おそらくこの前後がその人数のピークであったであろう。十五年以降上京する辺民は大幅に減少して、十年か十数年に一人という割合になり、またホジホンとサルガンジュイが再上京することも、表にみるかぎりなくなってしまった。

辺民の定額化という方針転換に、辺民たちが何らかの制約を受けたことはまちがいない。ここで思い出されるのは、礼親王昭槤『嘯亭雑録』の記述である。それによると嘉慶年間になると、毛皮をもってやってきたヘジェフィヤカに対して、吉林将軍は民間の女性を求めて、紅い輿に乗せ皇女と騙って、恩賞とともにヘジェフィヤカたちに送ったという(93)。昭槤には事実の誤解があるが、これがサルガンジュイについて述べていることはうたがいない。ここではすでに制度そのものが変更になって、辺民は北京に上京することなく、吉林ですべてをすませている。

ただホジホンたちの活動自体は、その後も衰えることはなかった。たとえば大陸・サハリン・北海道を結ぶサンタン交易は、十八世紀半ばにメインルートが東海岸から西海岸沿いに移った(94)。そしてそれからは毎年のように、大陸のキジ・モンゴロ・コイマン・ドゥワンなどからサハリンの西海岸に、商人たちが船団を組んで毛皮の貿易に出かけていた。とくにキジ村に居住したブヤンゴ（フヤンコ、ブヤンゴウ）というガシャンイダは、三十年余りも引き続いてサハリンまできて、アイヌの人たちと貿易を行なったといわれる。たとえば寛政二年（一七九〇）、寛政四年、享和元年（一八〇一）の三回、当時サハリンを調査にきていた最上徳内たちが、貿易にきたブヤンゴを目撃している(95)。ブヤンゴはサハリンと清朝の間を往復し、サハリンで買い集めた毛皮を清に送って穀物・金・玉などと交換して、それらをふたたびサハリンにおいて売り捌いていた。ブヤンゴに代表されるサンタン商人こそは、ホジホンたちの後継者といえるであろう。

注

（1）辺民とは戸籍上の概念であって、民籍にも旗籍にも入らなかった辺境の少数民族を、清朝は辺民と総称した。したがってアムール川流域以外にも辺民は存在したのだが、本稿ではもっぱらアムール川流域の住民を指すことにする。なお辺民制度に関しては、本書第七章「アムール川中・下流地方の辺民組織」を参照。

（2）関嘉録「里達喀及其進京納婦浅析」（『歴史檔案』一九八二年第四期）、楊余練・関克笑「清朝対東北辺陲民族的聯姻制度」（『黒龍江文物叢刊』一九八四年第二期）。

（3）拙稿「リダカとトジンガ」（『鹿大史学』第三八号、一九九一年）。

（4）李興盛『辺塞詩人呉兆騫』（黒龍江人民出版社、一九八六年）附録一、呉兆騫年譜を参照。

（5）『黒龍江将軍衙門檔案』第二七四冊、康熙四十八年四月十三日の条。なおイエズス会士らによる本土の地図測量については、太田美香「『皇輿全覧図』についての新史料」（『史観』第一一三冊、一九八五年）、馮宝琳「康熙《皇輿全覧図》的測絵考略」（『故宮博物院院刊』一九八五年第一期）などを参照。

（6）『寧古塔副都統衙門檔案』第一二冊、康熙四十八年六月十二日の条。

（7）J. B. du Halde, *Description géographique, historique, chronologique, politique, et physique de l'Empire de la Chine et de la Tartarie Chinoise*, tome 4, Paris, 1735, p.11.

（8）イエズス会士の史料に関しては、一度読んだ後永く失念していたが、一九九六年一月末に池上二良先生にお会いしたとき、池上先生からご指摘をいただいた。記して謝意を表す。

（9）『寧古塔副都統衙門檔案』第五九冊、乾隆十九年十月十五日、および第六一冊、乾隆二十年九月十六日の条。

（10）『三姓副都統衙門檔案』第六冊、乾隆八年閏四月八日（遼寧省檔案館他訳編『三姓副都統衙門満文檔案訳編』（遼瀋書社、一九八四年）第一四〇号は、その中国語訳である）の条では、イトゥヒヤヌとシヨーシナの関係を親子とするが、『軍機処満文録副奏摺』第八四二案巻第六文件、乾隆九年七月十三日付けのニングタ将軍バリンガの上奏文においては、シヨーシナはイトゥヒヤヌの実子ではなくて、一族の子とする。今は後者に従う。

（11）『カラフトナヨロ文書』の構成と研究史に関しては、池上二良「カラフトのナヨロ文書の満州文」（同『ツングース・満洲諸語資料訳解』所収、北海道大学図書刊行会、二〇〇二年）を参照。

(12) 満洲語のテキストと翻訳は、前掲池上論文に従った。なお池上氏はオコブキオ Ok'obkio と読まれるが、『三姓副都統衙門檔案』第五〇冊、乾隆四十二年十月十日（『三姓副都統衙門満文檔案訳編』第六九号）の条などに従って、オコピオ Ok'opio と読んでおく。
(13) 『寧古塔副都統衙門檔案』第一〇一冊、乾隆四十年三月一日の条。『寧古塔副都統衙門檔案』には、「Uktun gašan i niyalma」とあるが、「Uktun gašan i bai niyalma」の誤りであろう。『三姓副都統衙門檔案』第九七冊、嘉慶八年九月三日（『三姓副都統衙門満文檔案訳編』第一三九号）の条を参照。
(14) 本書附篇第一表36を参照。
(15) 『寧古塔副都統衙門檔案』第一〇三冊、乾隆四十年十月二日の条。
(16) 注（13）に同じ。
(17) 注（13）に同じ。
(18) 『極東露領に於ける毛皮』（日露協会報告八）（東京、一九二一年）二二一〜二四頁を参照。以下同じ。
(19) 田村實造・今西春秋・佐藤長編『五体清文鑑訳解』上巻（京都大学文学部、一九六六年）七〇二頁を参照。
(20) 『大清一統志』（嘉慶）巻六三、奉天府・土産・元狐（玄狐）の条。
(21) 『大清一統志』（嘉慶）巻六三、奉天府・土産・火狐の条。
(22) 拙稿「リダカとトジンガ」二一〇頁を参照。
(23) 『寧古塔副都統衙門檔案』第二〇冊、雍正三年三月三日の条。
(24) 『寧古塔副都統衙門檔案』第一九冊、雍正二年九月十七日の条。
(25) 注（23）に同じ。
(26) 一例をあげると、『寧古塔副都統衙門檔案』第七六冊、乾隆二十七年二月二十日の条。
(27) 注（13）に同じ。
(28) 一例をあげると、『寧古塔副都統衙門檔案』第四四冊、乾隆九年八月二十一日の条。
(29) 『寧古塔副都統衙門檔案』第一〇一冊、乾隆四十年三月二十八日の条。
(30) 注（13）に同じ。

（31）『寧古塔副都統衙門檔案』第一〇一冊、乾隆四十年三月二十一日の条。
（32）臨時台湾旧慣調査会編『清国行政法』第一巻下（東京、一九一四年）、二五五、二五六頁、黄十慶「清代的引見制度」（『歴史檔案』一九八八年第一期）を参照。
（33）『欽定大清会典』（光緒）巻四と巻二三。なお黄前掲論文、八二頁を参照。
（34）『寧古塔副都統衙門檔案』第五〇冊、乾隆十二年四月二十六日の条。
（35）『寧古塔副都統衙門檔案』第七六冊、乾隆二十七年二月二十日の条に、次の如くみえる。
〔二等侍衛フミシャンが〕答えたところによると、「妻を娶りにきましたへジェフィヤカのチチャヌを、十月二十二日に皇上が円明園から宮殿に入られましたとき、わたくしフミシャンがつれて引見しました。〔……〕」という。

『清実録』乾隆二十六年十月丁亥の条によると、乾隆帝はこの日（二十二日）円明園から途中暢春園をへて紫禁城に帰った。
（36）『国史列伝』巻二〇、宗室都爾嘉伝。
（37）『寧古塔副都統衙門檔案』第五五冊、乾隆十七年二月四日の条、および『欽定八旗通志』巻四、旗分志。
（38）『寧古塔副都統衙門檔案』第七六冊、乾隆二十七年二月二十日の条、および『欽定八旗通志』巻五、旗分志。
（39）この段落は、注（13）、および『欽定戸部則例』（同治四年）巻九一、雑支・戸部支款によった。
（40）注（31）に同じ。
（41）前掲『清国行政法』第一巻上、八四、八五頁、および瀧川政次郎「清代文武官服制考」（『史学雑誌』第五三編第一号、一九四二年）三四〜三九頁を参照。
（42）瀧川前掲論文、一八〜二三頁、および V. M. Garrett, *Chinese Clothing: An Illustrated Guide*, Oxford University Press, 1994, pp. 71,72.
（43）『軍機処満文録副奏摺』第一四八三案巻第一文件、乾隆十一年三月六日付けのニングタ将軍バリンガの上奏文に、
調べたところ、ユンギヤヌは乾隆五年に京師に婚姻を結ぶために行き、六年二月に妻を娶って帰ってくると、紅頂珠と花翎を結び紅い座褥を敷いていました。

とある。また『寧古塔副都統衙門檔案』第五〇冊、乾隆十二年四月二十六日の条。
（44）『欽定大清会典事例』（光緒）巻一〇八九、光禄寺・供用。なお関「里達喀及其進京納婦浅析」一一五頁を参照。

(45) 注（31）に同じ。
(46) 書き損じと方言的な違いを除けば、『寧古塔副都統衙門檔案』第一〇一冊、乾隆四十年三月四日の条においては、『カラフトナヨロ文書』第一号の第二五行目 beye を beyede とするのが、異なる点である。
(47) 『三姓副都統衙門満文檔案訳編』第一三九号は、その中国語訳である。
(48) 注（31）に同じ。
(49) 注（29）に同じ。
(50) 『寧古塔副都統衙門檔案』第一〇一冊、乾隆四十年四月十九日の条。
(51) 『寧古塔副都統衙門檔案』第一〇一冊、乾隆四十年四月九日の条。
(52) 『寧古塔副都統衙門檔案』第一〇二冊、乾隆四十年四月二十三日の条。
(53) 注（52）に同じ。
(54) 注（52）に同じ。
(55) 『寧古塔副都統衙門檔案』第二〇冊、雍正三年八月二十四日、第二九冊、雍正十二年正月二十六日、および第五四冊、乾隆十五年十月八日の条。サルガンジュイに貢納の義務がなかったことについては、本書第七章「アムール川中・下流地方の辺民組織」注（152）を参照。
(56) 『三姓副都統衙門檔案』第八二冊、乾隆五十九年七月二十五日の条（『三姓副都統衙門満文檔案訳編』第一三七号は、その中国語訳である）。
(57) 『寧古塔副都統衙門檔案』第四九冊、乾隆十二年二月十一日の条。
(58) 注（57）に同じ。それによるとチルバヌの妻がふたたび再上京したのは、雍正十年のことになっているが、『寧古塔副都統衙門檔案』第二九冊、雍正十二年七月二十一日の条に従って、雍正十二年に訂正する。
(59) 『寧古塔副都統衙門檔案』第五〇冊、乾隆十二年九月五日の条。
(60) 池上二良『ウイルタ語辞典』（北海道大学図書刊行会、一九九七年）四二、四三頁を参照。
(61) 服部健「樺太ギリヤークの漁撈語彙」（『服部健著作集』所収、北海道出版企画センター、二〇〇〇年）六五頁、および Takesi Hattori, Versuch einer Phonologie des Südostgiljakischen (I)-Phonembestand und Verteilung. 同上三七六頁を参照。

(62) В. И. Цинциус, *Сравнительный словарь тунгусо-маньчжурских языков*, том 1, Ленинград, 1975, стр. 196.

(63) この段落については、池上氏から懇切なご教示をいただいた。記して謝意を表したい。

(64)『寧古塔副都統衙門檔案』第四二冊、乾隆七年七月十九日の条。

(65) 一例をあげると、『寧古塔副都統衙門檔案』第四七冊、乾隆十四年八月九日の条。

(66)『寧古塔副都統衙門檔案』第四八冊、乾隆十一年十一月二十二日、および第四九冊、乾隆十二年二月十一日の条。

(67) 注（59）に同じ。

(68) 本書第十章「清朝のアムール地方統治」第一、第二節を参照。

(69)『軍機処満文録副奏摺』第四九案巻第一文件、雍正十年四月十一日付けのニングタ将軍チャンデの上奏文に付された革職留任驍騎校イブゲネの履歴書、および『寧古塔副都統衙門檔案』第二九冊、雍正十二年八月十九日の条。

(70)『大清一統志』（乾隆九年）巻三五、寧古塔・山川に、

殿山觜〈在城東北二千七百二十一里。上有二碑。〉（〈　〉は割注）

とある。殿山觜はディヤン=ホンコのことであり、その「二碑」とは、明の時に建設した二種類の永寧寺碑を指す。

(71)『寧古塔副都統衙門檔案』第五九冊、乾隆十九年正月二十四日の条。

(72) かつてサハリンのウイルタ族が、このルートを通って移動を行なっていたことについては、А.В.Смоляк, *Этнические процессы у народов Нижнего Амура и Сахалина, середина XIX- начало XX в.*, Москва, 1975, стр. 63. 石田英一郎「邦領南樺太オロッコの氏族に就いて（一）」（『石田英一郎全集』第五巻所収、筑摩書房、一九七七年）三三七頁を参照。

(73)『寧古塔副都統衙門檔案』第八三冊、乾隆三十年十一月二十一日、および第一三冊、康熙五十七年二月二十七日の条。

(74)『寧古塔副都統衙門檔案』第三二冊、雍正十三年四月十五日の条。

(75)『寧古塔副都統衙門檔案』第一一〇冊、乾隆四十四年二月二十八日の条。

(76) 第十章「清朝のアムール地方統治」第二節を参照。

(77) 第十章「清朝のアムール地方統治」三五三、三六一、三六二頁を参照。

(78) たとえば『三姓副都統衙門檔案』第八冊、乾隆十四年八月九日（『三姓副都統衙門満文檔案訳編』第一一〇号は、その中国語訳である）、および『寧古塔副都統衙門檔案』第一一〇冊、乾隆四十四年七月十九日の条。

(79) 本書第七章「アムール川中・下流地方の辺民組織」二五七頁を参照。
(80) 注(79)に同じ。
(81) 第七章「アムール川中・下流地方の辺民組織」二五六頁を参照。
(82) 第七章「アムール川中・下流地方の辺民組織」二五五、二五六頁を参照。
(83) Б. П. Полевой, О местонахождении Ачанского городка, *Советская археология*, 1960, 3, стр. 331.
(84) 本書第六章「十八世紀のサハリン交易とキジ事件」第二節を参照。
(85)『寧古塔副都統衙門檔案』第一八冊、雍正八年五月十日の条。
(86)『軍機処満文録副奏摺』第八四〇案巻第九文件、乾隆七年十二月八日付けのニングタ将軍オミダの上奏文。
(87) 中国第一歴史檔案館『清代中俄関係檔案史料選編』第一編(北京、一九八一年)、第二八二号。
(88) 注(86)に同じ。
(89)『寧古塔副都統衙門檔案』第四八冊、乾隆十一年二月二十七日の条に、
　ユンギヤヌが答えました。「〔…〕わたくしどものこちらのものは、京師に婚姻を結びに行き帰ってきた後は、みな翎子と頂珠を着け座褥を敷きますので、わたくしも翎子と頂珠を着け座褥を使いましたことは本当です。」

とある。
(90) ドゥワンセがいかなる協力をしたのか、具体的には不明であるが、サハリンの関係者を連行した直後に、通訳やガイドとともに、かれにも褒美を与えている。『三姓副都統衙門檔案』第七冊、乾隆八年十月二十八日の条(『三姓副都統衙門満文檔案訳編』第一四四号は、その中国語訳である)。
(91) 注(90)に同じ。
(92)『寧古塔副都統衙門檔案』第八三冊、乾隆三十年十一月二十一日の条。
(93)『嘯亭雑録』巻九、和真艾雅喀。
　吉林東北有和真艾雅喀部、〔……〕仁皇帝習知其弊、許其世娶宗女、命改正其汚習。至今其部落及歳時至吉林納聘、将軍即購買民女、乗以紅輿代宗女、以厚匳贈之。其部落甚為尊奉、初不計其偽也。
(94) 第六章「十八世紀のサハリン交易とキジ事件」第三節を参照。

（95）それぞれ高橋寛光『瓦剌弗吐島雑記』（内閣文庫蔵）、最上徳内『蝦夷草紙後編』（『北門叢書』第三冊所収、国書刊行会、一九七二年）巻中、四六二頁、中村小市郎・高橋次太夫「唐太嶋見分仕候趣左ニ奉申上候」（『新撰北海道史』第五巻史料一、北海道庁、一九三六年）六一一頁を参照。

第六章　十八世紀のサハリン交易とキジ事件

はじめに

サハリンは環日本海地域の北端に位置して、古来さまざまな人と文化が交錯した島である。現在はロシア領に含まれるが、かつては中国や日本が統治した時期もあった。たとえば中国は十三世紀以来断続的にサハリンの北部を支配していたし、日本も十八世紀末から南部への進出を試みている。

サハリンの歴史は、伝統的な歴史学では日本史と東洋史の境界に属しており、研究が進んでいる分野とはいえない。そうした中にあって現在、日本史の研究者を中心に十九世紀の研究が大きな昂揚をみせており、とくにサハリンを舞台にしたアムール沿岸の住民とサハリンのアイヌとの交易、いわゆるサンタン交易は、集中的に研究されている。サンタン交易の研究がこのように盛んとなった理由としては、日本の北方史料の存在が大きい。この時期にサハリンに派遣された和人の探検家は、帰国後にサハリンの状況について詳細な調査報告を残しており、従来の研究はもっぱらそれにもとづいていた。

その結果日本の研究は、十九世紀のサンタン交易をサハリン交易の典型とみなして、それを十八世紀以前にも遡らせる傾向が強い。一例をあげると、十九世紀には交易のメインルートが西海岸を通っていたことから、その前から同様の状況があったと判断し、そのために中央低地を縦断する東海岸ルートを問題にすることはほとんどなかった。しかし西海岸ルートが、十八世紀以前にもメインルートであったことを実証したものは、だれひとりいない。

さて同じ問題を清朝の史料によって北側からながめると、その状況は異なって映る。わたしが近年に調査した中国の檔案史料によると、サハリン交易は乾隆七年（一七四二）に起こったキジ事件を境に、その形態を大きく変えており、それまでは中央低地から東海岸に出るルートの方が、政治的・経済的により重要な意味をもっていた。日本の史料が伝える状況は、事件後に現れた現象にすぎないのである。

そこで本章では、始めに十八世紀にアムール下流の商人とサハリン東海岸のアイヌとの間で行なわれた交易について明らかにし、続いてキジ事件の経緯とその後に起こったサハリン交易の変化について説明することにする。

第一節　アムール川下流のホジホンとサハリン交易

十五世紀以降中国においては、黒貂など高級毛皮を着用することが裕福な階層の間で流行し、毛皮の需要が大幅に増大した。ところがこれらの毛皮獣は、国境の外側にあるアムール流域とサハリンに生息したので[1]、明はそれを辺境の住民を通じて輸入するしかなかった。当時黒貂や銀狐などの毛皮は、アムール川沿岸の住民によって、生産地のアムール下流地方から消費地の中国本土まで中継されていた。この交易のネットワークにおいて森林地域で毛皮を集める役割を負ったのは、アムール下流沿岸の住民である。かれらは自ら狩猟を行なうとともに、周辺の住民との交易を通じても毛皮を集めた。それを引き継いで明の国境まで輸送したのは、アムール中流地方の商人である。かれらは船でアムール下流まで下り、下流の住民が集めた毛皮を中国の物資と交換して持ち帰り、それを国境近くの女直に転売した。[2] このようなネットワークは、大体十七世紀前半まで機能していたと考えられる。

十七世紀初めにマンジュ（のち清）が明との国境付近に起こり、全女直を統一した。その過程でヌルハチ（太祖）とその後継者であるホンタイジ（太宗）は、アムール川の中流地方をおさえて、毛皮交易の利益を独占した。[3] やがて十七世紀後半になると、清はアムール川の下流地方まで勢力を拡張して、住民を辺民に組織し貂皮を安定的に徴収する体制を築いた。辺民はアムール川を遡ってニングタに行くか、それともニングタからアムール下流に派遣される旗人に届けるか、どちらかの方法により貂皮を貢納した。その結果ニングタと旗人が滞在するアムール沿岸の村落には、周辺から商人や住民が押しかけて、毛皮と中国の物品を交換する交易場が形成されたのである。[4]

こうしてアムール川の下流地方は、清と直接的な経済関係で結ばれ、住民は前代よりもはるかに広い行動半径をもつことになった。そしてその中から有力な商人層が成長して、他のものを圧倒するまでになる。かれらはアムール左岸の内陸部やサハリン北部などの遠隔地に進出して、住民から大量の毛皮を買い集め、それをニングタやアムール下流の交易場で売って大きな利益をあげた。

そのような有力商人の一部に、とてつもない量と質の毛皮をもって北京に上京するものが現れた。清はこれらの商人に禁旅八旗の女子を妻として与えたので、かれらはホジホン（婿）と呼ばれた。ホジホンの足跡は、西はロシアとの国境であるウイェケン山から、東はサハリンの南端にまで達する。その経済力と行動力は、われわれの想像をはるかに超えている。[5] かれらはホジホン同志で通婚して、たがいに結束していた。たとえばホジホン、ダイジュの一族とホジホン、イトゥヒヤヌの一族がそうである。イトゥヒヤヌの最初の妻はダイジュの姉であり、ダイジュの兄ドゥリオの妻はイトゥヒヤヌの妹であった。[6] ホジホンたちは、皇帝から下賜された花翎（翎子）や、北京で調達した頂子（頂珠）・座褥などを故郷でも使用して、自らの勢力を誇示していたという。[7] かれらはそれらを身につけて、肩で風を切って歩いていたのである。

さて中国の支配がサハリンに及んだことは、長い歴史を通じてもきわめてまれである。ましてサハリン中・南部を統治したことは、ほとんどなかった。清朝は十七世紀中葉からアムール川下流地方に進出を開始し、九〇年代にはサハリンの北部まで勢力を伸ばしたが、それでも中・南部へはなかなか進出することができなかった。

それにもかかわらずサハリンの中・南部にいたアイヌの社会には、この時期すでに相当量の中国製衣料が入っていたようである。一六四三年にマールティン＝フリースの率いるオランダ東インド会社の二隻の船が、日本の太平洋岸を北上して、サハリン東南部の海岸に到達した際に、乗組員たちは土地のアイヌと親しく交流を行ない、かれらの衣服、貴金属などを詳細に観察した。[8] その報告によると、麻や皮の衣服に交じって、藍染の木綿の服を着たアイヌがいたが、[9] それらの木綿は中国から輸入されたものと考えられる。[10] さらにアニワ湾の沿岸に住むアイヌは、オランダ人に中国製の錦の古いきれをみせて、同じものを持っていないかジェスチャーで尋ねたという。[11]

ただサハリンのアイヌが自らアムール下流沿岸までいって、直接それらの衣料を取り引きしたとは考えにくい。フリースらが出会ったテルペニヤ湾のアイヌは、上質の毛皮をもって奥地に交易に出かけたが、[12] ここで奥地というのは、サハリン北部のニヴフやウイルタのところであろう。これに対してアムール下流の商人たちが、サハリンのアイヌのところに交易に行くことは、たびたびとは言えないまでも、まれにはあったらしい。『寧古塔副都

統衙門檔案』第一八冊、雍正八年五月十日の条によると、

フィヤカ氏族ウクトゥン村のホジホン、ダイジュが次の如く申しました。「雍正五年に妻を娶りに京師〔北京〕に行きましたときに、王が『おまえの祖父チルバヌが従えたもの以外に、さらに別のひとはいないのか』とお尋ねになりましたので、『わたくしの祖父が従えましたクイェのイドゥイ村からかなた二十日の距離のところに、ヒオ国の人がおります』と申しました〔……〕」

という。アムール下流ウクトゥン村のホジホン、ダイジュたちは、早くからヒオ国の人すなわちアイヌの存在を知っていたのである。

清がサハリン南部のアイヌ居住地に進出するきっかけとなった出来事は、ロシアとの国境交渉である。雍正五年（一七二七）に清とロシアの両国は北京で会議を開催し、ネルチンスク条約で先送りされたウダ川地域の帰属問題を取り上げた。その際に両国は地図を交換することになり、ロシアは清にホマンの地図帳（一七二五年）を提出した。ホマンの地図帳では幻の土地エゾは、カムチャツカの一部であるとされており、この内容に衝撃を受けた清は、サハリン南部がエゾといかなる関係にあるのかを早急に調べる必要に迫られた。そのとき清の王（親王）のひとりが、たまたま上京したダイジュにサハリンの南部を調査することを命じたのである[13]。

ダイジュは北京からウクトゥン村に帰るや、その冬にそりに乗ってタタール（間宮）海峡を横断し、ヒオ国まで到達したという。上掲の史料は、続けて次のように述べる。

わたくしは京師からわたくしどもの故郷に戻りますと、わたくし自ら四人を連れて、犬ぞりで出発しました。六日行ってクイェのイドゥイ村に着きました。イドゥイ村からヒオ国までは、二十日余りで到着

しました。見るとヒオ国の人は、方々につらなるように七、八ないし十余戸で住んでいます。〔……〕

一般にアムール川の河口付近からサハリンを南北に縦断する場合、ふたつのルートを想定することができる。ひとつは、西海岸に沿って南下するコースである。もうひとつは、西海岸をイドゥイまで行き、そこから東に山越えをして中央の低地に出、継いでポロナイ（ホロナイ）川沿いに南下して、サハリンの東海岸に出るコースである。このときダイジュが通ったのは、後者のルートであった。ヒオとは間宮林蔵のいうシー川と同じで、現在のポロナイ川にあたる。[14] ダイジュが到達したヒオ国は、ポロナイ川の河口付近にあったダリカ（タライカ）周辺のこととみられる。このルートに関しては、十九世紀初めの和人探検家たちも言及しており、よく知られたルートであった。[15] 東海岸のアイヌと清朝との直接的な関係は、このときから始まった。清はそれからも同じルートによりサハリンの東海岸に旗人を派遣し、その地形や住民を調査している。そして雍正十年には革職留任驍騎校イブゲネらを遣わし、サハリンのアイヌら百四十六戸を従属させて、辺民に組織したのである。[16]（第二章図3）

ところで清の南下と前後して、アムール下流のホジホンも、毛皮を仕入にサハリンの中・南部に頻繁に出かけるようになった。これらの商人にとって、サハリンの毛皮資源は魅力的なものであった。このような商人の例としては、まずダイジュをあげることができる。ダイジュは雍正五年に続き、六年にもふたたびダリカ地方に行ったが、今回の旅行はアイヌの貢納を促すとともに、アイヌから毛皮を買いつけるためであったと考えられる。ダイジュは乾隆七年（一七四二）に起こったキジ事件で、東海岸のアイヌといっしょに寝ていたところを、イトゥヒヤヌらに襲われて殺害されるが、ダイジュとアイヌがそれほど親密であったのは、ダイジュがその後もしばしば私的な交易のために東海岸を訪れていたからであろう。

同様の商人としては、イトゥヒヤヌをあげることができる。イトゥヒヤヌはアムール川下流のコイマン村のホジホンで、息子のユンギヤヌや一族のショーシナ（シヨーシナ）もホジホンであった。イトゥヒヤヌの一族も毛皮などを手広く扱う商人であった[17]。そのイトゥヒヤヌはキジ事件を起こしたときに、ニングタで開かれた裁判の中で、自らとサハリンアイヌとの経済的な関係を具体的に供述している。『軍機処満文録副奏摺』第八四二案巻第六文件、乾隆九年七月十三日付けのニングタ将軍バリンガの上奏文には、

イトゥヒヤヌの供述によりますと、「わたくしは、さきにクイェのハライダ、チチャイたちのところに、たびたび交易に行っている間に、チチャイとはたがいに顔見知りになりましたので、〔……〕

とある。チチャイは、ダリカの南クタンギ（コタンケシ）村に居住したアイヌである。イトゥヒヤヌとチチャイとの関係は、ダリカのアイヌが清に従属した雍正十年前後に遡るとみられる。以来イトゥヒヤヌは、チチャイのところにたびたび交易に出かけたのである。

サハリンアイヌの集落を訪れたアムール下流の商人は、ダイジュやイトゥヒヤヌに止まらない。乾隆十年にイランハラの協領ヘボーが、貢納を拒否している東海岸のアイヌのもとに、旗人を派遣するように上申したとき、次のように語っている[18]。

さらにスンガリ川〔アムール川〕に住むプル村のハライダ、ドゥリオ、キジ村のガシャンイダ、アチェンゲ・ギンチュケ、バイニヤルマ、スンテンゲ・トゥクシジ・イムレ、モンゴリ村のバイニヤルマ、チユイ、ジャリ村のバイニヤルマ、チェンヘヌ・フヤングたちは、みな通訳とガイドであります。かれらが行かなければ、ことは成就できません。〔……〕

ヘボーがこの九人を通訳やガイドにふさわしいと考えた理由は、かれらが東海岸のアイヌと何らかの交流をもっ

ていたからであろう。このうちドゥリオはダイジュの兄である。[19] またモンゴリ（モンゴロ）村のチュイは、のちにホジホンとなる人物である。[20] ふたりは毛皮を求めて各地に出かけていたとみられ、サハリンの東海岸にも行ったことがあるにちがいない。他の七人も同様であろう。

これらの商人たちはみなポロナイ川を経由して、東海岸のダリカ方面に至ったとみられる。かれらが西海岸ではなくて東海岸ルートを通った理由は、前者よりも後者の方が毛皮を集めるのに都合が良かったからである。いま『サハリン地方地図帳』をみると、黒貂やカワウソなどの毛皮獣の生息地は、主に中部山岳地帯に広がっている。[21] 住民たちが中部地方の森林や川岸で狩猟して獲た毛皮は、中央低地に集められたにちがいない。とすればそれを結んでアムール下流まで毛皮を中継するネットワークが、当時から存在していたはずであり、東海岸ルートはそれを延長したものである。日本でサハリン交易のルートといえば、ふつうは西海岸を南下するルートを連想するが、十八世紀以前は東海岸に出る交通路がメインルートであった。その終点であるダリカとクタンギは、中国製品が流れこむ窓口として、サハリンの南部ではもっとも繁栄していたと考えられる。

それではアムール下流の商人は、サハリンの西海岸には行かなかったのであろうか。わたしはこれまで数種類の清朝檔案を調査したが、その中に西海岸の交易ルートについて言及したものを見つけることはできなかった。このことからただちに西海岸の交易ルートは存在しなかったという結論を導くことはできないが、仮にそれが存在したとしても、その重要性は東海岸ルートの場合を上回るものではないであろう。

第二節　キジ事件の顛末

アムール川下流・サハリン地方においては、住民の経済活動がさかんになるにともない、住民の争いもまた広域化した。このころアムール川沿岸とサハリン北部の住民の間では、武器をとってたがいに殺傷しあう事件が頻発している。その理由は明らかではないが、交易上のトラブルが原因となった場合も少なくなかったとみられる。たとえば『軍機処満文録副奏摺』第四九案巻第一文件、雍正十年四月十一日付けのニングタ将軍チャンデの上奏文に付された、イランハラの革職留任驍騎校イブゲネの履歴書に、

キジ村のものが、ツァイ村のものを殺して訴えましたので、わたくしイブゲネをひとり海を渡って使いさせました。〔わたくしは〕和解するように説得して終わりました〔……〕

とある。ツァイはサハリン北東部の沿岸にある村で、清はサ＝オロンチョンと呼ぶ。オロンチョンつまりウイルタの集落であった。さらに『寧古塔副都統衙門檔案』第一四冊、康熙五十九年八月二十四日の条によれば、

キジ村のものが、海島のものをひとり殺害した。それで今年七村のものは、税の貂皮を貢納しなかった。

とあり、同一の事件をいうとみられるので、この事件が発生したのは康熙五十八年か五十九年のことであろう。アムール下流の住民とサハリンのトナカイ飼養者とでは、居住地がかけ離れていて、ふだんは接点がないはずである。その両者が事件を起こしたとすれば、経済上の何らかのトラブルが争いの原因であったと考えるしかない。

こうした中で乾隆七年（一七四二）に、サハリンのアイヌを巻きこんだ一大事件が起こった。加害者はホジホンのイトゥヒヤヌで、被害者はクタンギ村に居住するアイヌ、チチャイらと、巻き添えにあったホジホンのダイジュであった。サハリンのアイヌはイランハラの副都統に所属していて、イランハラから派遣される旗人の到着に合わせて、キジ村まで貢納に行ったが[22]、この事件が起こったのは、チチャイたちが貢納のためにキジに滞在しているときであった（本稿ではこれをキジ事件と略称する）。キジ事件は、交易上のトラブルが原因で起こった典型的な事件である。以下この事件の顛末について、具体的に説明することにする。

キジ事件が発生したのは、乾隆七年七月十二日の深夜である[23]。ただし事件の発端は数年前まで遡る。そのころアムール下流の商人が取り引きに用いた商慣習の中に、掛け売りという方法があった。歴史上では漢人商人の例が有名であり[24]、かれらは辺境の少数民族との取り引きにおいて、さかんに掛け売りを行なった[25]。多くの場合漢人商人は、掛け売りを辺境の民を搾取するための手段として使った。この商慣習は、漢人との接触を通じてアムール地方に広がったとみられる[26]。上述の『軍機処満文録副奏摺』ニングタ将軍バリンガの上奏文には続いて、イトゥヒヤヌがチチャイとの関係について、

わたくしが、チチャイの貂皮などを掛けで買ったときもあります。チチャイがわたくしの絹織物や貴重品などを掛けで買ったこともあります。たがいに全部返済し終わって、借りたままのものはまったくありませんでした。

と語っている。本人の供述であるので、割引いて考えねばならないが、イトゥヒヤヌは相手に掛け売りをするばかりでなく、自らも掛け買いを行なったという。両者は当初良好な関係にあったらしく、おそらくイトゥヒヤヌのやり方は、それほど悪辣なものではなかったのであろう。

ところがあるときイトゥヒヤヌは、チチャイに対して後から黄貂皮二百枚を支払う約束で、蟒緞五匹を掛け売りしたことがあった。しばらくしてイトゥヒヤヌがふたたびサハリンを訪れて、チチャイに黄貂皮二百枚の清算を迫ったところ、チチャイは怒りだして、

おまえの五匹の蟒緞は、おまえがそれまでのわたしに対する負債を返済したものである。ところがおまえは、わたしに向かって負債であるといって督促する。つまりおまえは、わたしへの負債を踏み倒そうとしているのである。われわれの土地の慣習法では、故意に誤って負債を踏み倒そうとするならば、必ず賠償を支払うことになっている。おまえはわたしに贖罪の品を与えよ。与えなければ、わたしはおまえを殺す。

と声を荒げ、イトゥヒヤヌを監禁して殺そうとしたので、イトゥヒヤヌは驚いて、持参した蟒緞と繻子十五匹を与えて、ようやくその場をきりぬけたという[27]。

その後イトゥヒヤヌは、チチャイらとの交易を再開するために下僕のセセをサハリンに送った。イトゥヒヤヌはセセに対して、もしもチチャイが借りている貂皮を返済するのであれば、それを受け取るようにと命じた。ところがセセがサハリンに行くと、チチャイはオロンチョ（ウイルタ）のゲルヘイらとはかり、セセを殺害してしまった。イトゥヒヤヌは翌年サハリンを訪れてチチャイに使いを送り、なぜセセを殺したのか質すと、チチャイは非を認めて、イトゥヒヤヌに賠償を支払うことを約束した。次の年にイトゥヒヤヌがサハリンに行くと、チチャイとゲルヘイはそれぞれ二名ずつ計四名の奴隷をイトゥヒヤヌに与えて、両者の間に和解が成立したのである。

それから数年が経過して、乾隆七年にチチャイが貢納のためにキジにきて、先にイトゥヒヤヌに与えたふたりのアイヌに会いたいと使いをよこしたので、イトゥヒヤヌはふたりをチチャイのところに送った。ところがチチ

ャイは何日たってもかれらを返さず、どこかに逃がしてしまった。こうしたチチャイのやり方に、イトゥヒヤヌのがまんも限界を越えたのである。(28)

ちょうどそのときニングタの防御フワセとイランハラの佐領ドゥルヒヨーが、辺民から貂皮を徴収するために七月十二日にキジ村に到着した。その晩チチャイは、キジにあったホジホン、ドゥワンセの家（高床式の倉庫）に泊り、(29)同行した配下のアカトゥス（ガシャンイダ）、カムイカ（チチャイの次子）、ウシシ、マハチバイヌ、イワラムバイヌは、その床下を借りて寝た。そこへイトゥヒヤヌが、次子ユンギヤヌ、三子サンダセ、一族のカファラ、ドクシ、ショーシナを率いて、槍、刀、弓で武装して襲いかかり、屋外で寝ていたアカトゥスら五人を殺傷してしまった。その夜たまたまアカトゥスらと同じタタン（木製テント）で寝ていたダイジュも、その巻き添えをくって殺害された。イトゥヒヤヌはダイジュには怨みをもっていなかったが、ダイジュがアカトゥスらといっしょにいることを知らず、誤って殺害したのである。なおチチャイはドゥワンセの家の中に寝ていて、危うく難を逃れたという。(30)

翌日の明け方近くに、チチャイはフワセらに事件を訴え出た。フワセとドゥルヒヨーが、ダイジュの甥ハシらに事実を確かめると、イトゥヒヤヌが六人を殺傷したことはまちがいなかった。後日フワセらがイトゥヒヤヌから事情を聞くためにコイマン村にいくと、イトゥヒヤヌはようやく重い口を開いて、チチャイがイトゥヒヤヌの下僕セセを殺した十年前の一件から話し始めたのであった。

フワセとドゥルヒヨーの報告を受けて、ニングタ将軍オミダはただちに上奏を行ない、ニングタとイランハラから官と兵を派遣して、被害者の遺体と傷痕を調べ、同時に事件に関係したもの全員をニングタまで連れてきて、取調べを行なうことを告げた。すると乾隆帝は十二月二十一日にオミダに対して、

オミダよ、ニングタに行って、この件をよろしく処置せよ。〔……〕

と朱砒を下した[31]。オミダはそれに従って、翌八年正月二十一日にニングタに到って、ニングタ副都統宗室トゥナと協議を行ない、ニングタ協領フシュンとイランハラ協領ヘボーをアムール下流に派遣することを決めた。ただアムール下流の辺民社会に動揺を与えないために、動員する人員と武器は最低限度におさえることにした[32]。

ヘボーとフシュンの一行は、閏四月八日にいっしょにイランハラを出発した。一行は全部で百六十人からなり、貂皮を徴収に行く旗人とともにアムール川を下った。ヘボーらは五月十四日にはコイマン村に達して、イトゥヒヤヌの一族八人を逮捕する。それからウクトゥン村に行って、ダイジュの祖母と兄ドゥリオらにニングタまで同行するように求めた。フシュンらはヘボーたちと別れ、イトゥヒヤヌらを連れて一足早く五月二十二日にニングタに向けてたった。かれらは六月二十五日にイランハラを通過しており、程なくニングタに到着したものとみられる[33]。

一方残ったヘボーはアムール川を下って、河口近くのワジ村に行った。それから六月五日にチチャイとヤルチを迎えに、防御ジブキオ、委署驍騎校ナルスンら約二十人をサハリンに向けて出発させた。ジブキオの一行はヒオ（ポロナイ）川沿いに南下して、六月二十九日にその河口にあるダリカ村に到着した。ダリカ村にはチチャイとヤルチら八十人ほどが待ちかまえており、その中には鎧を着て刀をかつぎ、戦いのいでたちをしているものもいた。チチャイらは始めジブキオらに敵意を顕にしたが、イトゥヒヤヌらがすでに捕えられたことを聞いて、ようやく態度を軟化させた。

翌日ジブキオはチチャイとヤルチを集めて、通訳にニングタ将軍の文書を読み上げさせ、協領のヘボーがかれらの証言を聞くためにキジ村で待っていると伝えた。それに対してチチャイは、イトゥヒヤヌ父子をみな殺して、一族をばらばらにしたことをはっきり聞いたときに、わたくしはまた税を貢納に行きます。今は絶対に行きません。

と、同行を拒否したが、ジブキオが懸命な説得を続けた結果、チチャイは折れてキジに行くことを承諾した。ジブキオら一行はチチャイ、ヤルチらを伴い、七月十日にダリカ村を出発した。途中チチャイたちの歩行がゆっくりで、食料が乏しくなったので、二組に分かれて進むことになった。先行したジブキオらがキジにたどり着いたのは八月十四日のことで、ナルスンらはチチャイらとともに六日遅れて八月二十日に到着した。当初の予定ではキジ村にヘボーが待機しているはずであったが、ヘボーは六月十九日に発熱して、七月九日に重体に陥ったので、チチャイらを待たずにイランハラに運ばれていた。

キジに到着した翌日の二十一日にごちそうがふるまわれたとき、ジブキオはチチャイとヤルチを呼んで、ニングタまで行くように諭すが、チチャイたちは、清は自分たちをだまして、ニングタで殺すつもりなのだという疑いをもった。そのためにニングタ行きを頑強に拒み、その晩キジから逃走したのである[34]。

そのころニングタでは、関係者に対する取り調べが始まっていた。イトゥヒヤヌの供述から、事件の翌日にダイジュの甥ハシが、ダイジュの遺体をウクトゥン村に運ぶ途中、イトゥヒヤヌの一族ドゥラカと出会って、復讐と称してドゥラカを殺害した事実が明るみになった。ドゥラカはキジ事件とは無関係であったにもかかわらず、ハシのために殺害されたのである。そこで翌九年二月にニングタ将軍ボディは、ハシを連行したいと上奏して、四月に協領のフシュンとヘボーを派遣する用意をしていた。ところがそのやさきハシがイランハラに出頭したので、イランハラの副都統チュンティはハシを逮捕して、鉄鎖につないでニングタに送った。五月二日に新任の将軍バリンガが以上の経過を報告すると、同月十五日に乾隆帝は、この事件は、関連するところが多い。心を配り道理を求めてよろしく処置せよ。軽々に取り扱ってはならない。

と朱砒を下した[35]。

こうして乾隆九年六月にバリンガ自らがニングタに赴き、関係者を対質させる最終の取り調べが始まった。それから約一か月で、事件の全容はほぼ明らかになった。そこでバリンガは、乾隆九年七月十三日に長文の上奏を行なって、事件の詳細について報告した。『軍機処満文録副奏摺』第八四二案巻第六文件は、その上奏文である。その中でバリンガはまず関係者全員の供述と証言をあげ、それらが完全に一致したことを述べる。その上でイトゥヒヤヌとハシら関係者全員の処罰について報告した。

ところで清はアムール川の下流地方に対して、本土とは異なる統治体制をとり、犯罪に関しても実情に応じて適宜処理することにしていた[36]。実際の判例では清律をそのまま適用する場合と、この地域にだけ通用する特別の規定による場合があった。前者の例としては、雍正九年に辺民トゥルハトゥの妻イムハナイと、イムハナイと関係をもつカンギリが共謀して、トゥルハトゥを謀殺した事件をあげることができる。この事件でニングタ将軍は、イムハナイを凌遅罪、カンギリを斬罪に処した[37]。これは、清律の「刑律・殺死姦夫」の条項をそのまま適用した例である。家族制度を破壊するこの種の犯罪に対しては、中国社会であれ辺民社会であれ、その道徳規範に大差はなかったのである。

一方両者の社会慣習がくい違う場合には、清律には適当な条項がないので、独自の処罰を実施することになった。たとえばアムール下流の辺民社会では、復讐の慣行がいまだに効力をもっていた。もしこれを放置すれば、集団同志の血で血を洗う深刻な抗争に発展しかねなかったので、清は復讐を厳しく取り締まった。ただ不幸にもそれが実行されたときには、最初に事件を起こした側をより厳しく処罰して、復讐した側には寛大な取り計らいを行なった。すなわち「本当にみなが知っていて、死刑になっても当然の罪のあるものを殺害したときには、中心となったものは鞭百、援けたものは鞭五十に処して、みな一家をあげてニングタに連れてきて、成丁それぞれにつき貂皮の税を二枚ずつとって居らせたい。死ぬほどの罪過がないのに殺せば、先頭になって殺したものは報復として死罪、援けたものはみな鞭百に処する。また一家をあげてニングタに連れてきて、一丁につき税の貂皮を〔二枚ずつ〕とって居らせたい」という規定が、早くから成立していた[38]。

キジ事件においても、ニングタ将軍バリンガとニングタ副都統トゥナは、この規定に従って関係者を処罰することに決定した。その結果、

イトゥヒヤヌが最初に考えて、その子供や一族のものとともに、クイェのシュルングル氏族チチャイの配下三人を殺害して、ふたりを負傷させ、さらにクフン氏族のホジホン、ダイジュもいっしょに殺してしまいました。この殺害された四人には、死ぬべき罪はまったくありません。ハシはその叔父ダイジュを殺された復讐をするために、ショーシナの叔父ドゥラカを殺害したと申しますが、ドゥラカは真に手を下して殺人を行なったものではありません。そこで、「死ぬほどの罪過がないのに殺せば、先頭になって殺したものは報復として死罪」とした例に従って、イトゥヒヤヌとハシを報復として死罪に処して、イトゥヒヤヌの子ユンギヤヌ、サンダセ、一族のものカファラ、ドクシ、ショーシナたちは、みなイトゥヒヤヌのことばに従って行動しただけなので、ユンギヤヌ、サンダセ、カファラ、ドクシ、ショーシナをみな従犯の例に従い、鞭百の罪とすべきところでありました〔……〕

という処罰になった[39]。

ところがその前年の乾隆八年九月二十五日に恩赦があって、奉天・吉林・黒龍江の三地区においては、十悪以外の犯罪はそれぞれ罪を減ずることになった[40]。キジ事件が発生したのはその一年前であったので、その関係者にもこの恩赦が適用されて、イトゥヒヤヌとハシは、本来であれば死罪となるところを杖百、流三千里に減刑された。なおかれらはヘジェフィヤカであったので、旗人の例に照らしてそれを首枷二か月、鞭百の刑に代えることになり、その上でイトゥヒヤヌの家族はニングタに、ハシの家族はイランハラに移して、以後一丁につき毎年二枚の貂皮を貢納させたのである。ニングタ副都統に所属したハシの家族をあえてイランハラに移したのは、かれらをニングタに置いて、イトゥヒヤヌらとの間に深刻な事態が起こるのを恐れたためである。ユンギヤヌ以下の五名は恩赦によりその刑を宥し、家族とともにニングタに移して、各丁貂皮を年二枚貢納させた。他のものは罪がないので、故郷に帰るのを許した。他方ニングタにこなかったサハリン東海岸のチチャイらに対しては、イランハラ副都統がこの結果を貢納にきたクイェ（おそらくはサハリン西海岸のアイヌ）からチチャイに伝えさせたという[41]。

このような結末は、主観的にはともあれ、客観的には清朝が、アムール下流の有力者に一方的に肩入れを行なったように映る。イトゥヒヤヌらの極刑を望んでいたチチャイらが、この処罰に強い憤りをもったことは想像するにかたくない。

第三節　キジ事件後のサハリン交易

アムール下流の商人のサハリン交易は、キジ事件によりいかなる変化を被ったのであろうか。被害者となった東海岸のアイヌは、事件を機にアムール沿岸のホジホンたちと敵対するようになる。そしてその感情は、ホジホンを優遇する清にも向けられた。チチャイとヤルチは、乾隆八年にキジから逃れてもどる途中、サハリン西海岸の辺民に対して、かれらに同調して貢納を拒否するように誘った。『寧古塔副都統衙門檔案』第四五冊、乾隆十年三月七日の条によると、

かれらは故郷にもどって行くとき、テケン村とイドゥイ村のものに、ともに貢納することをやめようと仲間に誘いましたが、村のものは、「われわれはみな久しく貢納を行なっている。われわれはいままでどおり税の貂皮を貢納する」と語りました。

とあり、テケンとイドゥイの住民は、それに応じなかったことがわかる。そうこうするうちに清はイトゥヒヤヌらに恩赦を与えるが、それはチチャイらの気持を無視するものであった。

チチャイとヤルチは抗議の意をこめて、それから二年間貢納を行なわなかった。そこで乾隆十年にイランハラの協領へボーは、ニングタ将軍に対して貢納を督促する使者を派遣することを求めるが、ニングタ副都統はそれに慎重であった。同条によるとニングタ副都統が、

もしもいま官と兵を送り、通訳のできるものをつれて税の貂皮を督促させるならば、〔……〕チチャイたちはみな礼法というものを知らないものです。かれらはニングタにこないで、キジ村から帰ってしまいました。かれの近くにいるテケン、イドゥイ村のものに、ともに貢納することをやめようと誘ったことがあるので、かれらを逮捕するのではないかと恐れながらも、またイトゥヒヤヌたちを死罪にしなかった恨みがあるので、騒ぎを起こさないようにすることはできません。もしも騒ぎに及んで殺人でも起

これば、また一大事となりますので、そのときになったら、そのまわりはみな海島です。かれらが別々の方向に行けば、数百人の兵を繰り出して逮捕にいかせたとしてもつかまえられません。〔……〕

と回答したので、ニングタ将軍は、新しいイランハラ副都統が着任してから、改めて協議することにした。その後この問題がいかに処理されたのか、史料には明らかでない。おそらくヘボーの提案は、認められなかったのだろう。一般に清は、サハリンの辺民を動揺させることを恐れ、武力を使うことをひかえた。東海岸のアイヌが貢納を中断しても、清は直接的な行動に訴えることなく、他の辺民を介して貢納を促すだけだった。だがその結果として東海岸のアイヌに対する清の支配は、実効性をともなわなくなったのである。

『三姓副都統衙門檔案』には、サハリンの辺民が各年度にどれだけ貢納したかを示す統計が残っているので、それによってその後のアイヌの貢納状況をみてみよう（表12）。ダリカのトー氏族は、乾隆八年と二十五年にはひとりも貢納を行なわなかったが、十九年には十九戸全員が二年分の貂皮三十八枚を貢納し、四十二年にも全戸が貢納している。これをみるとトー氏族は、断続的に貢納を行なったらしい。

他方直接の被害者であったクタンギ村のシュルングル氏族は、乾隆十九年には三十八戸全部が貢納しているが、こうしたことは例外的な出来事と考えられる。八年と二十五年には四戸しか貢納しておらず、四十二年には一戸も貢納していない。しかも八年、十九年、二十五年の三か年に貢納した四戸は、西海岸のヤダン氏族といっしょであった。すなわち『三姓副都統衙門檔案』第四〇冊、乾隆二十五年十一月九日の条には、

ヤダン氏族といっしょにきて、貂皮の税を献上したシュルングル氏族のハライダ、チヒヨーシキ配下のバイニヤルマ四〔戸〕、この四戸が献上した貂皮四枚〔……〕。

表12　サハリンアイヌの貢納数　（単位：戸）

氏族名（括弧内は総戸数）	乾隆８年[①]（1743）	乾隆19年（1754）	乾隆25年（1760）	乾隆42年（1777）	乾隆56年～（1791）
Yadan（26）	26	26	26	26	26
Šulungguru（38）	4[②]	4 34[③]	4	—	38
Too（19）	—	19[③]	—	19	19

注①　典拠は、それぞれ『三姓副都統衙門檔案』第５冊、乾隆８年11月14日、第24冊、乾隆19年11月15日、第40冊、乾隆25年11月９日、第50冊、乾隆42年10月10日、第70冊、乾隆56年11月５日の条など。遼寧省檔案館他『三姓副都統衙門満文檔案訳編』（遼瀋書社、1984年）第66号～第70号檔案は、その中国語訳である。

②　シュルンググル氏族の一部４戸は、ヤダン氏族とともに貢納した。

③　シュルンググル氏族の一部34戸とトー氏族19戸は、乾隆18年と19年の2年分の貂皮を貢納した。

とある。別章で論じた如くシュルンググル氏族の中には、ポヤソク地峡近くに居住するものがおり、[42]もしかれらがポヤソク地峡を抜けて西海岸を北上すれば、東海岸を通らずに大陸にいくことができる。『三姓副都統衙門檔案』にシュルンググル氏族の一部がヤダン氏族と同行したというのは、このような人びとであったとみられる。それらのシュルンググル氏族はふだんからヤダン氏族と関係をもっていて、貢納にも同行できたのであろう。かれらの貢納は、一般のシュルンググル氏族とは無関係の単独行動である。残りのものは、なおも貢納を拒否していたと考えられる。

『三姓副都統衙門檔案』によるとトーとシュルンググルの二氏族は、乾隆五十六年以降は全員が貢納したことになっている。しかし乾隆五十六年以降の統計は前年の檔案を機械的に写しただけで、その内容に信憑性はない。[43]トー氏族とシュルンググル氏族のものがほんとうに貢納したかどうかは、この檔案からは判断できない。一八〇一年にサハリン東海岸を北上した中村小市郎は、その著『唐太雑記』においてトー氏族のハライダ、ヲツコビウゲ（オコピオ）が病死して、あとを継ぐものがいなかったと述べる。[44]その事実は、次の文書により裏づけられる。ヤダン氏族のハライダ、ヤエンクルアイノ一族が所有していた『カラフトナヨロ文書』第三号は[45]、嘉慶二十三年（一八一八）夷則月（七月）に、貂皮の徴収にアムール下流に出張したイランハラ佐領のフレフンらが、ヤエンクルアイノの弟シロトマアイノに書いて渡したものであるが[46]、その中に、

> 旨を奉じて赫哲を賞しに来たる佐領付勒琿ら徳楞に抵至り、烏林を験賞す。査得したるに、各処各姓の哈賚達倶に赴き、前来し領賞す。惟だ陶姓の哈賚達のみ、近年以来総て未だ抵来り領賞せず。毎年憑るに満文劄付を以て領取す。此の似き情形は、寔に公に辦める道に非ざるのみ。聞くに、西散大国は陶姓の人と往来し見面す。是を以て貴官を煩労し、如し陶姓の人に遇へば、切に暁諭を示し、伊をして明年六月中旬に前来し領賞せしめよ。如し抵至らざれば、即ち此の姓の人を将って銷除し、永く恩賞せず。故に此れを特に懇める。

とある。これによるとトー氏族のハライダは、自ら貢納を行なうことはなく、誰かが劄付をもって代わりにウリンを受け取っていた。フレフンは、その年デレンに貢納にきたシロトマアイノらに、トー氏族のハライダにこの文書を渡すように依頼したが、シロトマアイノは渡すべき適当な人物がいなかったので、そのまま手元に置いていたとみられる。また中村は、シュルングル氏族も同時期に衰えたことをいう[47]。以上からトー氏族とシュルングル氏族が十九世紀初めには清から離反して、貢納も停止していたことは明らかである。

　貢納と並行して東海岸のアイヌは、アムール下流の商人との交易も停止するか、あるいはその規模を縮小したと考えられる。イトゥヒヤヌとダイジュの一族はキジ事件によって力を失ったし、その他のアムール商人も危険を冒してまで東海岸にいくことはしなかったとみられる。上述した中村は、タライカ（ダリカ）のアイヌはヲロコ（ウイルタ）や付近のアイヌとは往来するが、西地（西海岸）のアイヌや山丹（アムール下流の住民）のところに

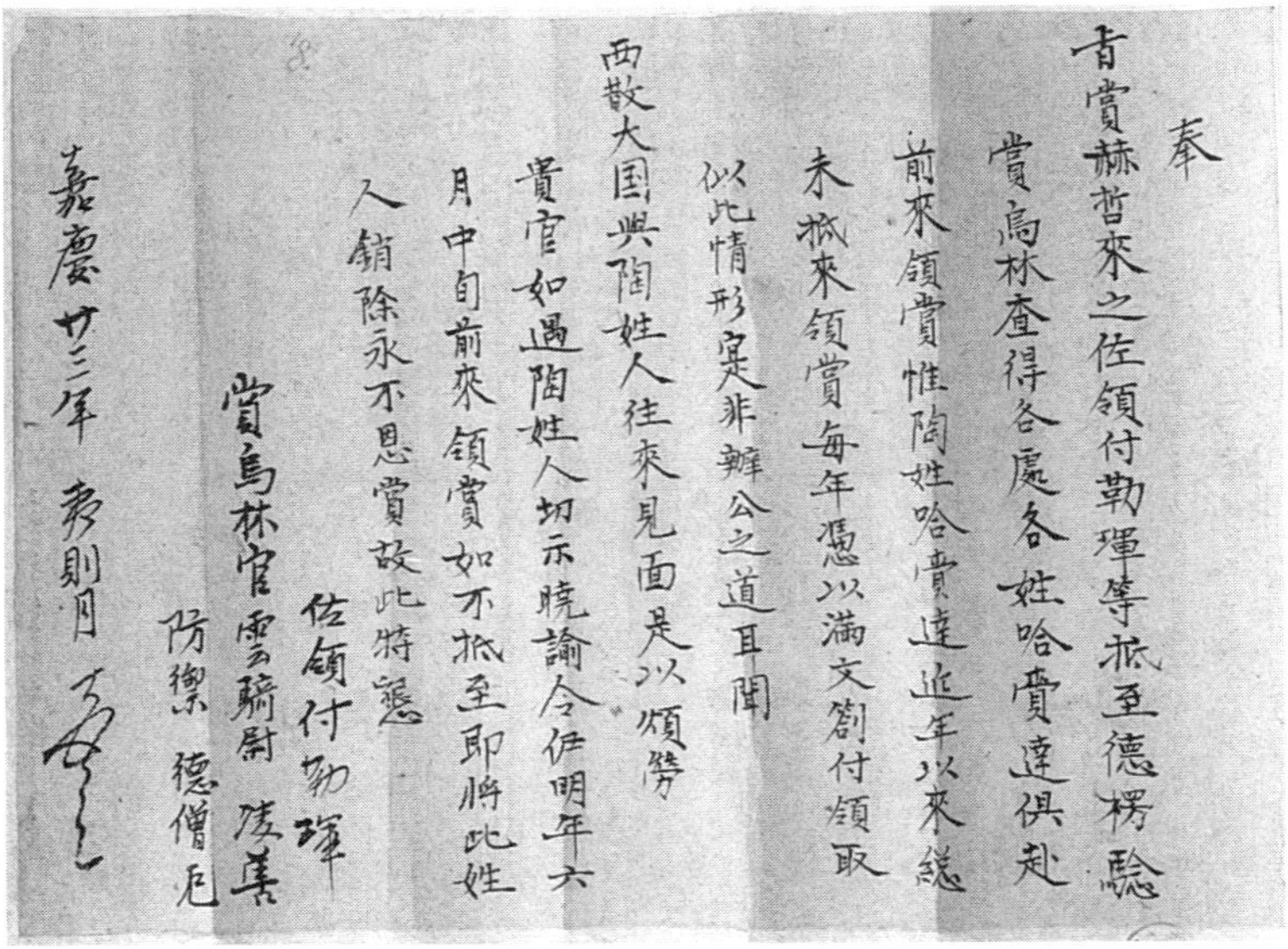

奉
旨賞赫哲來之佐領付勒琿等抵至德楞驗
賞烏林查得各處各姓哈賚達俱赴
前來領賞惟陶姓哈賚達近年以來總
未抵來領賞每年憑以滿文劄付領取
似此情形定非辦公之道耳聞
西散大国與陶姓人往來見面是以煩勞
貴官如遇陶姓人切示曉諭令伊明年六
月中旬前來領賞如不抵至即將此姓
人銷除永不恩賞故此特懇
佐領付勒琿
賞烏林官雲騎尉 凌善
防禦 德僧厄
嘉慶廿三年

『カラフトナヨロ文書』第３号。（北海道大学附属図書館蔵）

は行かなかったと述べる。[48] これをみると、アムール下流の商人と東海岸のアイヌとの直接的な交易関係は、十九世紀には断絶状態になったのである。

その一方で東海岸のアイヌは、北海道（西散大国）の和人やアイヌとは交易を続けている。前掲の『カラフトナヨロ文書』第三号がその好例である。さらに中村によると、タライカとコタンケシのハライダが、北海道のソウヤまでオムシャにきたという。[49] 周囲から孤立した東海岸のアイヌにとって、北海道の和人やアイヌとの交易はその死活を制するまでになった。十九世紀初めにダリカとクタンギのアイヌは衰退してしまったが、わたしは清との関係を断ったことも、衰退の一因であったと考える。

これに対して西海岸のアイヌは、キジ事件の影響を受けることなく清朝に貢納を続けた。表12によれば、西海岸のナヨロに居住したヤダン氏族は、乾隆八年、十九年、二十五年、四十二年の四か年とも二十六戸が清に貢納している。二十六戸というのは、ヤダン氏族に属す辺民の全戸数である。しかし十八世紀も末に近づくとサハリンの毛皮資源が先細りとなって、ヤダン氏族がアムール沿岸に貢納に行く回数は、二、三年に一度くらいの割合に減ったという[50]。

そもそも西海岸のアイヌは、東海岸とは独立した勢力を形成していた[51]。謝遂『職貢図』巻二、クイェの項に、

クイェは、東海の島のヤダンとダリカンなどの土地に住む。

とあり、ヤダンはヤダン氏族のいたナヨロ地方を、ダリカンはダリカ周辺を表す。ヤダンとダリカンが同時にあがっているのは、両地域にアイヌを代表する勢力があったことを物語るものである。西海岸のアイヌは、キジ事件の後東海岸のアイヌとは独自の道を歩んだのである。

ところでアムール下流の商人とサハリン西海岸のアイヌとの交易、いわゆるサンタン交易に関する史料は、清には存在しない。その状況が明らかになるのは、十九世紀に入ってサハリンを調査に訪れた和人たちが、詳細な記録を残すようになってからである[52]。それによるとアムール下流の商人は、始め西海岸ではトウブツのあたりまで南下し、アイヌと取り引きを行なっている。その間かれらは、島の東北部にいたウイルタとも交易を続けており、ウイルタはアムール商人からえた中国の品物をもって、東海岸のナイブツ、ロレイ方面に現れ、土地のアイヌと交易を行なった[53]。

十八世紀末に松前藩が、サハリン南端のシラヌシやクシュンコタン、トンナイに運上屋と番屋を設けると、アムール下流の商人は、サハリンの南端近くまで南下するようになった。一八〇一年に中村小市郎は、シラヌシに到着したアムール下流の商人に対して、出身地などの聞き取り調査を実施した。それによるとこれらの商人は、数年おきに繰り返し西海岸にやってきた。たとえばキンチマ（キジ）村のフヤンコ（ブヤンゴ）とコイマンチヤ（コイマン）村のトンコは、三十年来シラヌシに来ているという。またタイサカン村のカンテツカは二十六年前か

ら、モンコン（モンゴロ）村のシヨシヨは十年前からシラヌシに現れた。もっとも新しいのはシヤアリンチヤ（ジャリン）村のハロウで、この年が二回目であった[54]。キジ事件後サハリン交易の舞台は、東海岸から西海岸に移動したのである。

ホジホンたちが東海岸ルートをとっていたときは、サハリンの中央部を冬期に犬ぞりで縦断するのが一般的であった。それに対してこの年西海岸を南下した五組の商人は、みな七、八人乗りの小型船を使っている。なおカンテツカとトンコはタタール海峡が凍結している間にそりで海を渡って、それから船に乗り換えてシラヌシに到着した。かれらは出発から到着まで三か月以上かかっており、その間にサハリン北・中部をまわって、住民から毛皮を集めていたとみられる。それに対してフヤンコらは海峡の氷が消えてから船で海を渡っており、二か月くらいでシラヌシに達した[55]。

『三姓副都統衙門檔案』により五人の身元を確認すると、モンコン村のシヨシヨは、乾隆五十九年以降の檔案に現れるモンゴロ村居住のフィヤカ氏族で、デオテジュセのソソであろう[56]。シヨシヨはニヴフ族である。中村はフヤンコの出身地をキンチマ村とするが、『三姓副都統衙門檔案』によるとキジ村には辺民はいなかった。ただ当時キジ湖近くに居住したキジン氏族の中に、デオテジュセのフヤングという人物が存在するので[57]、それがフヤンコかもしれない。フヤンコはオルチャ族とみられる。残る三人に関しては、それらしき人物は清の史料には現れない。いずれにせよかれらはかつてのホジホンのような存在であり、サハリンで毛皮を大量に集めて、それをイランハラなどに持っていったのである。

この後アムール下流の商人とアイヌとの交易がいかに展開したかは、これまでの研究に譲るが、ただアムール商人が用いた掛け売りの暗黒な一面についてだけ述べておきたい。十八世紀末は、掛け売りの弊害が現れた時期である。毛皮の生産量が減少したにもかかわらず、アイヌがアムール商人からかんたんに掛け買いする悪習は改まらなかった。その上松前藩がオムシャなどと称して、アイヌに蟒緞など中国製衣料を要求したことが、状況をさらに深刻化させた[58]。当時の報告の中には負債を返済できなくなり、そのかたに大陸に連れていかれたサハリンアイヌが散見する。たとえばシラヌシを訪れたアムール下流の商人の通訳をつとめたカリヤシンは、十三、四歳のときに大陸に連れていかれたソウヤ出身のアイヌであった。カリヤシンは、借金のかたに連れていかれたものとみられる[59]。それから間宮林蔵は、アイヌの一部が身寄りのない貧しいアイヌの少年少女たちをだまして、アムール商人に売り払ったことを記す。これらの人身売買では、アイヌひとりにつき、錦三、四巻から六、七巻が支払われたという[60]。さらにサハリンの住民の間では、アムール下流に売られていったアイヌの物語が語り継がれている[61]。この時代に悲惨な境遇に落ちたアイヌが、少なからずいたことはまちがいない。

その結果アムール川の下流沿岸に、かなりのアイヌが居住するようになった。たとえばサハリン南部にくるアムール下流の商人の中には、アイヌらしき人名がかなりみられるし[62]、また間宮は一八〇九年に大陸に渡ったときに、デレンの手前にあるシャレイ（ジャリン）でふたりのシルンクルに会ったという[63]。シルンクルとは、サハリン西海岸の中部以北にいたアイヌのことである[64]。かれらは一時的にアムール沿岸にやってきたというよりも、ジャリンに居住していたとみる方が適当である。さらにアムール下流の住民オルチャの間には、アイヌに固有な帯作りの技術が伝承されているが、それはこの地方に移住したアイヌが伝えたものにちがいない[65]。

なおオルチャの中には、アイヌの血を引くドゥアン（ドゥヴァン）とクイサリなどの氏族が今日まで存在する[66]。こうした事実は、アイヌが集団で大陸に移住したことを連想させ、アイヌが大陸に渡った理由には借金のためだけではなく、それ以外のものもあったことをうかがわせる[67]。今後の研究に俟ちたい。

おわりに

十八世紀前半まではサハリンのメインルートは、中央低地を南北に縦断するルートであった。それはアムール河口もしくはキジ湖から出発した後、サハリンの西海岸でひとつになり、イドゥイから東へ山越えして、中央低地を縦断して東海岸に出た。それからは海岸沿いに南下して、クシュンコタンさらにはシラヌシに至り、宗谷海峡を渡って北海道に到達したとみられる[68]。このメインルートが途中で通過する中央山地は、毛皮資源に富んでいたので、その毛皮は北方世界の重要な交易品となった。

アムール下流とサハリンとの経済的な関係は、このルートを通じて古くから存在したが、その規模と交易品の種類は時代により変化した。両者の関係が拡大したのは十五世紀からと考えられ、それがピークに達するのは十七、十八世紀である。この時期にはサハリンの毛皮だけではなく、日本や中国の品物もサハリンを経由して反対方向に流れた。たとえば日本からは漆器・銅銭・なべなどが、サハリンをへてアムール川の沿岸に運ばれた[69]。他方中国からは主に絹織物や木綿製品が、サハリンから日本に向かって流れた。これらの製品がアムール下流・サハリンの住民に与えた影響は大きく、さまざまなものに加工されそして利用された。

十八世紀前半にはホジホンなどアムール下流の商人が、このルートに進出してサハリン交易を牛耳るようになった。かれらは清朝と関係をもち、その威光を背景に積極的な交易活動を展開する。ところがそのやさきキジ事件が起こり、サハリン東海岸のアイヌとアムール商人との関係は断絶してしまった。その結果東海岸ルートは衰えて、西海岸を南下するルートが重視されるようになり、アムール商人の交易相手はもっぱら西海岸のアイヌとなったのである。これがサンタン交易の起源である。

注

（1）河内良弘『明代女真史の研究』（同朋舎、一九九二年）第十八章「貂皮貿易の展開」を参照。
（2）本書第四章「十七世紀アムール川中流地方住民の経済活動」第二、第三節を参照。
（3）三田村泰助『清朝前史の研究』（東洋史研究会、一九六五年）一七四～一七七頁、岩井茂樹「十六・十七世紀の中国辺境社会」（小野和子編『明末清初の社会と文化』京都大学人文科学研究所、一九九六年）六三五～六三七頁を参照。また注（1）、（2）を参照。
（4）洞富雄『樺太史研究』（新樹社、一九五六年）第二編、六「賞烏綾木城における穿官」、本書第十二章「繊維製品の流入と辺民社会」第一節を参照。
（5）本書第五章「十八世紀アムール川下流地方のホジホン」一七五～一七八頁を参照。
（6）『軍機処満文録副奏摺』第八四二案巻第六文件、乾隆九年七月十三日付けニングタ将軍バリンガの上奏文によると、イトゥヒヤヌとハシ（ダイジュの甥）がそれを証言したという。
（7）第五章「十八世紀アムール川下流地方のホジホン」注（89）を参照。同様に松田伝十郎『北夷談』（『北門叢書』第五冊所収、国書刊行会、一九七二年）一七〇頁に、松田がサハリン北部のノテト（テケン）村でコーニという人物に会った際、コーニは花色龍形の錦（蟒袍）を着て現れたという。
（8）フリースらの航海の目的は、地理学上の大問題であったエゾを捜索することと、エゾの地を発見したときには、そこに商品となる品物があるかどうかを調査することであった。コルネリス＝スハープ他著、永積洋子訳『南部漂着記』（キリシタン文化研究会、一九七四年）附録1「……司令官マールティン・へリッツゾーン・ド・フリース及び会議員一同に与える訓令」一一二頁を参照。
（9）W. C. H. Robert (ed.), *Voyage to Cathay, Tartary and the Gold- and Silver-rich Islands East of Japan, 1643*, Amsterdam, 1975,

pp. 133, 143, 151.（以下 *Voyage* と省略）なお北構保男『一六四三年アイヌ社会探訪記』（雄山閣出版、一九八三年）には、オランダ語刊本（一八五八年）からの邦訳が含まれており、参考になる。

(10) 中国では明代に入って、木綿の商品生産が飛躍的に拡大する。それらの木綿は外国にも輸出されており、とくに藍染の木綿は、辺境や外国で珍重されたという。実際十六世紀後半の遼東馬市でも、交易や明の撫賞を通じて相当な量の木綿が女直に供給されていた。その一部が、毛皮の代価としてアムール下流・サハリンに流入したことは、疑う余地がない。これに対して日本では、木綿の商品生産が始まるのは十七世紀以降のことであり、それ以前には木綿は自給用などとして生産されたにすぎない。藍の生産が本格化するのもまた、木綿の商品生産にともなってであった。十七世紀前半に日本の木綿が、サハリンまで流入していた可能性はあるが、その場合でもその量は中国製品とは比較にならなかったであろう。藪内清編『天工開物の研究』（恒星社厚生閣、一九五三年）二五四頁、遼寧省檔案館他『明代遼東檔案匯編』下冊（遼瀋書社、一九八五年）、第一八七号（万暦元年ごろ）及び一九五号（万暦十二年八月）、永原慶二『新・木綿以前のこと』（中央公論社、一九九〇年）七、八、九などを参照。また児玉作左衛門「江戸時代初期のアイヌ服飾の研究」（『北方文化研究報告』第二〇輯、一九六五年）によると、サハリンアイヌの衣服の文様には、清朝あるいは大陸の文化の影響がみられるという。六一、六二頁を参照。

(11) Robert, *Voyage*, p. 133.

(12) Robert, *Voyage*, p. 157.

(13) 本書第三章「一七二七年の北京会議と清朝のサハリン中・南部進出」一〇三、一〇四頁を参照。ダイジュに調査を命じた王とは、怡親王允祥のことであろう。

(14) 吉田東伍『大日本地名辞書』（続編）（東京、一九〇九年）四四五頁を参照。なおヒオ川がシー（シェオ）川と記述される言語学的な根拠については、池上二良「満漢字清文啓蒙に於ける満洲語音韻の考察」（同『満洲語研究』所収、汲古書院、一九九九年）一一〇～一一三頁を参照。

(15) たとえば中村小市郎『唐太雑記』（高倉新一郎編『犀川会資料』所収、北海道出版企画センター、一九八二年）六一八、六三〇頁、間宮林蔵『北夷分界余話』（洞富雄・谷澤尚一編注『東韃地方紀行』所収、平凡社、一九八八年）二八頁を参照。

(16) 第三章「一七二七年の北京会議と清朝のサハリン中・南部進出」第三節を参照。

(17) 第五章「十八世紀アムール川下流地方のホジホン」一七五、一七六頁を参照。

(18)『寧古塔副都統衙門檔案』第四五冊、乾隆十年三月七日の条。
(19)ダイジュの一族はウクトゥン村に居住していたので、ドゥリオは何かの事情があってプル村に移ったと考えられる。
(20)『寧古塔副都統衙門檔案』第六一冊、乾隆二十年九月十六日の条。フィヤカ氏族のモンゴロ村のホジホン、チュイが、この年他の十戸とともに貢納したという。
(21)*Атлас Сахалинской области*, Москва, 1967, стр. 120. 同様に玉貫光一『増補改訂樺太博物誌』（国書刊行会、一九七七年）三四四頁には、カラフトクロテンは森林破壊のためにその数を減らして、中央山脈の奥深くか敷香地方の奥地にわずかに残るだけという。
(22)本書第十章「清朝のアムール地方統治」三五四頁を参照。
(23)『軍機処満文録副奏摺』第八四〇案巻第九文件、乾隆七年十二月八日付けのニングタ将軍オミダの上奏文。
(24)中国における掛け売り（賒、貰）の歴史は古い。加藤繁『支那経済史考証』下巻（東洋文庫、一九五三年）二二三頁、仁井田陞『補訂中国法制史研究』（土地法・取引法）（東京大学出版会、一九八〇年）三七四〜三七六頁を参照。
(25)こうした事実は、しばしば外国人の旅行者や滞在者の記録に現れる。ユック著、後藤富男他訳『韃靼・西蔵・支那旅行記』上巻（原書房、一九八〇年）一五九、一六〇、一八四〜一八六頁、上牧瀬三郎『ソロン族の社会』（東京、一九四〇年）四〇、四一頁を参照。
(26)ニングタで漢人商人が、辺民に対して行なった掛け売りに関して、呉振臣『寧古塔紀略』には次のようにいう。

此三処〔アムール下流の辺民〕倶無官長約束、為人愚而有信義。有与店家賒綢緞蟒服者、店主択黒貂一張為様、約来年照様還若干、至次年、必照様還清、有他故、亦必托人寄到。相去千里、又非旧識、而不爽約如此。

(27)『軍機処満文録副奏摺』第八四二案巻第六文件、乾隆九年七月十三日付けのニングタ将軍バリンガの上奏文。
(28)注（27）に同じ。
(29)注（23）に同じ。満洲語原文のtaktuは、一般に「高楼、楼閣」と訳されるが、ここではアムール下流・サハリン地方にみられる高床式の倉庫をさす。В.И.Цинциус, *Сравнительный словарь тунгусо-маньчжурских языков*, том 2, Ленинград, 1977, стр. 154, А.В.Смоляк, *Народы Нижнего Амура и Сахалина. Фотоальбом*, Москва, 2001, стр. 157.
(30)注（23）に同じ。

（31）注（23）に同じ。
（32）『軍機処満文録副奏摺』第八四一案巻第一文件、乾隆八年正月十二日、同第二文件、乾隆八年二月二十日、ともにニングタ将軍オミダの上奏文、および同第三文件、乾隆八年四月七日、大学士オルタイの上奏文。『三姓副都統衙門檔案』第六冊、乾隆八年閏四月八日の条。なお遼寧省檔案館他編『三姓副都統衙門満文檔案訳編』（遼瀋書社、一九八四年）第一四〇号は、その中国語訳である。
（33）『三姓副都統衙門檔案』第六冊、乾隆八年六月二十七日、および第七冊、乾隆八年八月八日の条。（『三姓副都統衙門満文檔案訳編』の第一四一、一四二号は、その中国語訳である。）『軍機処満文録副奏摺』第八四二案巻第一文件、乾隆九年二月八日付けのニングタ将軍ボディの上奏文。
（34）『三姓副都統衙門檔案』第七冊、乾隆八年八月八日、および乾隆八年十月二十八日の条。（『三姓副都統衙門満文檔案訳編』の第一四四号は、後者の中国語訳である。）
（35）『軍機処満文録副奏摺』第八四二案巻第三文件、乾隆九年五月二日付けのニングタ将軍バリンガの上奏文。
（36）康熙十三年にニングタ将軍バハイは、辺民であったワルカ部の刑罰は律によらず、適宜処理したいと上奏して認められた。『寧古塔副都統衙門檔案』第一冊、康熙十五年六月十七日の条。
（37）『寧古塔副都統衙門檔案』第二五冊、雍正九年四月十二日の条。
（38）『寧古塔副都統衙門檔案』第四二冊、乾隆七年十一月二十六日の条。
（39）『軍機処満文録副奏摺』第八四二案巻第六文件、乾隆九年七月十三日付けニングタ将軍バリンガの上奏文。
（40）『清実録』乾隆八年九月甲辰の条。
頒詔天下。詔曰、〔……〕瞻神丘之葱鬱、仰祖徳之霊長、爰沛徳音、用頒湛恵、所有事宜、開列於後、〔……〕一、奉天府・寧古塔・黒龍江等処、除十悪死罪不赦外、凡已結正未結正、死罪倶著減等、其軍流徒杖等罪、倶著寛釈。〔……〕
（41）注（39）に同じ。
（42）第三章「一七二七年の北京会議と清朝のサハリン中・南部進出」一一三頁を参照。
（43）本書附篇第一「十九世紀におけるアムール川下流地方辺民の貢納状況」四四九頁を参照。
（44）中村『唐太雑記』六四三、六四四頁を参照。

(45)『カラフトナヨロ文書』のテクスト・釈文については、池上二良『ツングース・満洲諸語資料訳解』（北海道大学図書刊行会、二〇〇二年）所収の「カラフトのナヨロ文書の満州文」に拠った。
(46) ヤダン氏族のハライダは、嘉慶二十一年以前にヤエンクルアイノから弟のシロトマアイノに交替している。池上「カラフトのナヨロ文書の満州文」四五〇頁を参照。
(47) 中村『唐太雑記』六四四頁を参照。
(48) 中村『唐太雑記』六三八頁を参照。
(49) 注（48）に同じ。
(50) 中村『唐太雑記』六一九頁、松田『北夷談』一六五頁を参照。また間宮『北夷分界余話』六一頁にも、同様の趣旨がみられる。
(51) タクサミ他著、熊野谷葉子訳『アイヌ民族の歴史と文化』（明石書店、一九九八年）一二二頁を参照。
(52) サンタン交易に関する研究は数多くあるので、ここではその一部をあげるに止める。末松保和『近世に於ける北方問題の進展』（東京、一九二八年）三五一～三七八頁、竹内運平「山丹交易に関する考察」（『国学院雑誌』第三九巻第五、六号、一九三三年）、高倉新一郎「近世に於ける樺太を中心とした日満交易」（『北方文化研究報告』第一輯、一九三九年）、海保嶺夫「『北蝦夷地御引渡目録』について」（『北の歴史・文化交流研究事業　中間報告』（一九九〇年度）北海道開拓記念館、一九九一年）、J. A. Harrison, The Saghalien Trade: A Contribution to Ainu Studies, *Southwestern Journal of Anthropology*, 10, 1954. などを参照。
(53) 中村『唐太雑記』六四二、六四三頁を参照。
(54) 中村『唐太雑記』六〇四、六〇五、六一一～六一五頁を参照。
(55) 注（54）に同じ。
(56) たとえば『三姓副都統衙門檔案』第八六冊、乾隆五十九年十一月五日の条。（『三姓副都統衙門満文檔案訳編』第七一号は、その中国語訳である。）
(57)『三姓副都統衙門檔案』第七〇冊、乾隆五十六年十一月五日の条。（『三姓副都統衙門満文檔案訳編』第七〇号は、その中国語訳である。）

(58) 中村小市郎・高橋次太夫「唐太嶋見分仕候趣左ニ奉申上候」(『新撰北海道史』第五巻、北海道庁、一九三六年) 八三四頁、間宮『北夷分界余話』六一頁、最上徳内『蝦夷草紙後篇』(『北門叢書』第三冊所収、国書刊行会、一九七二年) 四六二～四六四頁などを参照。
(59) 中村・高橋「唐太嶋見分仕候趣左ニ奉申上候」八一七頁を参照。
(60) 間宮『北夷分界余話』六一頁を参照。
(61) 中村チヨ口述『ギリヤークの昔話』(北海道出版企画センター、一九九二年)「アイヌの娘のたたり」二六八～二七〇頁を参照。これについては、児島恭子氏が最初に指摘した。「山丹交易とカラフト諸民族の状況」(『昭和女子大学国際文化研究所紀要』第二号、一九九五年) 一四頁を参照。
(62) 児島「山丹交易とカラフト諸民族の状況」一三、一四頁を参照。
(63) 間宮林蔵『東韃紀行』(南満洲鉄道株式会社、一九三八年) 二九頁に、「此処又シルンクルと称せる蝦夷俗の者二人を見る。」とある。このことは、平凡社版『東韃地方紀行』には現れない。
(64) 間宮『北夷分界余話』一一、三八、九五頁、松田『北夷談』一六七頁を参照。また大井晴男「『サハリン・アイヌ』の形成過程」(『北方文化研究』第一七号、一九八五年) 一六五、一六六、一八八、一八九頁、池上二良「十九世紀の樺太西部の住民について」(『北海道民族学会通信』一九九五年第一・二号、一九九六年) などを参照。
(65) A. B. Смоляк, *Традиционное хозяйство и материальная культура народов Нижнего Амура и Сахалина*, Москва, 1984, стр. 146. 大塚和義「ウリチの帯・クイウマリ」(同編『北太平洋の先住民交易と工芸』思文閣出版、二〇〇三年) 一一三頁を参照。
(66) A. B. Смоляк, *Этнические процессы у народов Нижнего Амура и Сахалина, середина XIX -начало XX в.*, Москва, 1975, стр. 96, 97.
(67) スモリャクは、借金により大陸に連れていかれたアイヌの人数は、大規模なものではなかったという。そしてクイサリ氏族の場合は、漁撈や狩猟の目的でサハリンから大陸にグループで移住したと考える。同著、灰谷慶三訳「十九世紀サハリン島のアイヌと同島およびアムール河下流域の原住民との交流」(『国立民族学博物館研究報告別冊』第五号、一九八七年) 四一一頁を参照。
(68) 樺太庁『樺太庁施政三十年史』(下) (原書房、一九七四年) 一三三一、一三三三頁を参照。
(69) アムール・松花江沿岸に流れた漆器および銅銭については、それぞれ大塚和義「北太平洋の先住民交易」(同編『ラッコと

ガラス玉』千里文化財団、二〇〇一年）一八頁、榎森進「松花江流域の寛永通宝」（『満族史研究通信』第七号、一九九八年）三八頁を参照。

第三部　アムール川中・下流地方の辺民

第七章　アムール川中・下流地方の辺民組織

はじめに

清朝は、十七世紀初め以来、アムール川中・下流域とサハリン北部に居住する少数民族を、八旗とは区別して辺民の組織に入れて統治した[1]。この辺民制度は、東北アジア史の最も重要な問題の一つであるにもかかわらず、それについてまとまった史料が存在しなかったために、これまではほとんど注目されることがなかった。ただ間宮林蔵の『東韃地方紀行』と『北夷分界余話』、そして曹廷杰の『西伯利東偏紀要』などの調査記録と、さらには清がサハリンの住民に与えた『カラフトナヨロ文書』などを通して、部分的な事実が明らかになっているにすぎない。ところが一九八〇年代に入って中国の研究者が、辺民を直接に管轄していたもとのイランハラ副都統衙門（雍正十年設置）の檔案に拠って一連の研究論文を発表し、辺民制度の研究は飛躍的に進展した。これらの研究によって従来から知られていた様々な事実、たとえばアムール川流域とサハリンの住民による清への貂皮の貢納と、かれらに対する清からのウリンの給付、ハライダ、ガシャンイダなどの階層、そしてリダカの例で有名なホジホンの制度などは、いずれも辺民制度に関連する事象であることが実証された。『三姓副都統衙門檔案』の一部は、一九八四年になって同じ研究者たちにより翻訳、公刊され、辺民制度についての最も重要な史料となったのである(2)。

『三姓副都統衙門檔案』に依拠する中国の研究は、乾隆以後の辺民制度、とりわけ右のような制度的な側面に関して大きな業績をあげた。それに対して辺民組織についての研究は、これまでほとんど行われていない。たとえば乾隆以前の辺民組織がいかにして形成されたのか、その後辺民組織がどのように変遷したのかといった問題は、いまだに論証されていない。さらにそれと関連して『三姓副都統衙門檔案』においては、乾隆十五年以降定額とされた辺民二千三百九十八戸の姓(氏族)と村落が詳細に記されているが、それが現代のいかなる集団、あるいはいかなる地域に該当するのか、その実態は解明されないままである。

わたしは、辺民制度の成立過程には、それが一応完成する乾隆十五年以前の康熙、雍正年間に、さらに一つの画期があったと考える。すなわちこの時期に、辺民の組織に大きな変動が起こっている。それまで辺民組織の主要な部分を占めていたのは、すでに太宗時代から組織されていたアムール川中流地方の住民であったが、康熙、雍正年間にかれらの大半は、辺民の組織から離れて満洲八旗に編入された。一方アムール川下流地方においては、順治半ばごろから清朝がしだいに勢力を浸透させ、辺民の組織も徐々に拡大していった。この結果雍正年間を境にそれ以後の辺民組織は、もっぱらアムール川下流地方の住民から構成されることになったのである。

本章では、このような組織の問題を中心に、辺民制度の成立について論じることにする。最初にアムール川中流地方において、初期の辺民組織が形成される過程を明らかにする。続いてアムール川下流地方の辺民組織が形成される過程と、その内部構成について検討する。

第一節　太宗時代のウスリ川下流、アムール川中流地方の攻略と辺民制度の起源

満洲族の統一をめざすヌルハチ（太祖）が、長白山を越えて牡丹江、ウスリ川流域からさらには沿海地方方面へと進出していったのは、一六〇七年以降のことである。ヌルハチはこの年、烏碣巌（防垣の北）においてウラと戦って決定的な勝利を収め、これによってウラの勢力をこの方面から一掃することができた。これ以後はさしたる抵抗を受けることもなく、まず北では牡丹江下流から上流までを勢力下に置き、一方東でもスイフン川（綏芬河）からウスリ川流域へと進み、さらには日本海沿いに沿海地方を北上している。この間ヌルハチは、攻略したワルカ部やウェジ部住民の大半を都城の周辺に徙（うつ）し、八旗に組織した。

ヌルハチの後を襲ったホンタイジ（太宗）も父の徙民政策を継承し、辺境の住民を大量に中心部に徙している。ひき続き東方では、ウスリ川下流と沿海地方北部への進出をはかり、この地方に拠るフルハ部などを多数移住させた。[3] 早くも天聡三年（一六二九）から五年にかけて、ムンガトゥ、ウバハイらが兵三百を率いて日本海岸を北上し、エヘ＝クレン、エレ、ヨーセ（ヨセ）付近まで達して、住民三千人余りを連れ帰った。[4] 同じく五年にはダジュフが、チェルゲイら千五百人とともにフルハ部を討っている。[5] 翌六年末にもウバハイらがウジャラ部を襲って、男女合計七百名を獲て帰った。[6] このときに討伐されたウジャラ部は、ウスリ川下流沿岸に居住していたと考えられる。[7] 七年十一月から八年五月にかけてはギスハとウバハイが、朝鮮との国境付近や島嶼部に拠るフルハ部を攻略して二千名余りを獲た。[8] 同年十二月にもまたウバハイとギルグルダイらが、ウスリ川中流右岸の支流アク

リ、ニマン両川流域に遠征して、フンデリ以下男女千名余りを連れ帰っている。(9)

天聡九年十月から翌崇徳元年（一六三六）五月にかけて、ホンタイジはウスリ川流域と沿海地方の四地域に同時に兵をさしむけた。ウバハイら二百九十七名にはエヘ＝クレン、エレ、ヨーセ川流域を、ドジリら三百五名にはヤラン、シリン、フイェなど沿海地方南部を、ジャフニら二百九十八名にはアクリ、ニマン川方面を、そしてウシタら三百三十七名にはウスリ川下流の支流ノロ、アワン両川流域を征討させた。(10) このたびの遠征によって、ウバハイらは全部で四千九百名近くの住民を中心部に徙したという。(11) 翌崇徳二年七月から三年四月にかけて、再び前年とほぼ同じ地域にカガイらの遠征軍を派遣し、千四百四十九人を獲て帰っている。(12)

崇徳四年八月には薩爾糺らが、熊島（沿海地方南部アスコリド島）(13) に拠るクルカ部を討伐した。(14) これより先クルカ部の加哈禅（慶河昌）らが、清朝の支配を脱して熊島に逃げこむ事件が起こったが、加哈禅らはすでに朝鮮の兵が捕えて、盛京（瀋陽）まで護送していた。このときに薩爾糺らは加哈禅の残党を平定し、かれらを朝鮮との国境近くのヤンチュ（鄢朱、也春）地方に徙して、毎年貂皮か海豹皮を貢納する義務を課した。(15) 後述するように、加哈禅とその同族と見られる頼達庫らは、(16) このの ち頻繁に清朝に毛皮を貢納している。しばらくしてその一部は、さらにフンチュン（琿春）へと移住させられた。(17)

翌五年にはドジリらが再びウジャラ部を攻略して、百人余りを獲て帰った。(18)

一方北では清朝は、牡丹江から松花江下流、さらにはアムール川中流地方へと勢力を拡大している。これらの河川の流域も同じフルハ部が占めていたが、ホンタイジはかれらに対しても徙民政策を推し進めている。天聡八年（一六三四）十二月にバキランとサムシカらが、兵二千五百人を率いて黒龍江フルハ部を平定に行き、翌年には七千三百名余りの住民を伴って帰った。(19) その後崇徳七年（一六四二）には、シャルフダとジュマラに松花江フルハ部を討伐させ、その結果カルカム、ジェクテク、タトゥク、フティヒ、オルホン、ワチキ、クバチャラ、エティキ、サリ、ニイェルベの十村を降伏させて、千四百五十八名のフルハを中心部に徙した[20]。未確認のタトゥクとワチキを除く残り八村は、みな松花江下流の両岸に連なっている[21]。翌八年にはハニンガとアルジンらが兵一千とともに黒龍江フルハ部を討って、二千五百名の住民を連れ帰った[22]。

このようにホンタイジは、アムール川中流からウスリ川下流域までも支配下に収め、フルハ部やクルカ部などの住民の多くを盛京周辺の中心地域に徙した。そしてやはり父と同じく、徙した人びとを滿洲八旗に編入して、八旗制度の拡充整備に努めたのであった。もともと新しく獲得した戸口は、八旗で均分するのが通例であったが、天聡八年九月以降はその原則を廃止して、一旗三十佐領を基準に、丁額の不足している旗分に戸口を配分することになった[23]。早速この年十二月には、アサン、ブルカン、マラヒ、ドゥンシル、ウンゲニ、イェチェンなどの功臣に対して、新しく獲得したフルハ各百名ずつを与えて佐領をつくらせている[24]。またオーデやスナの佐領にもフルハの人びとを加えて、それらを完全な佐領としている[25]。さらに天聡九年にはバキランらが徙した黒龍江フルハ部の壮丁二千四百八十三名を、新しく組織した佐領にふり分けたという[26]。崇徳五年にはクルカ部とウジャラ部の八十五名を移住させて、丁額の不足する旗分に補充した[27]。また崇徳八年正月にはシャルフダらが獲得した松花江フルハ部千六百十九名を[28]、同じく七月にはアルジンらが徙してきた黒龍江フルハ部の壮丁を、やはり丁額の不足した旗に補充している[29]。

太宗時代に東北辺境から徙された戸口の多くは、既成の佐領に編入されたと見られるが、一方で帰順したフルハ出身のものが佐領となって、フルハの人びとを管轄した例も少なくない。たとえば穆棱河（ウスリ川左岸支流）に居住していたホトノは天聡年間に降伏してきたが、アクリ、ニマン地方を平定したときの功績で、その住民によって構成される佐領を管轄した[30]。

ところで清朝の勢力下に入ったフルハ部やクルカ部などが、すべて中心部に移住させられたわけではない。一部の住民は八旗制度の外に置かれ、いわゆる辺民として原住地に留まることを認められた。清はこれらの人びとに対して兵役につかせる代わりに、貂皮などの毛皮類を定期的に貢納させた[31]。そうした例の中で最も早いのは、太祖時代の一五九九年正月に百人を率いて、狐と貂の毛皮を献上したフルハ部のワンゲとジャンゲである。かれらはこののち天命元年（一六一六）ごろまで、毎年欠かさずに貢納していたという[32]。次の太宗時代になると、このような人びとの例は、太祖時代とは比較にならないほどふえる。試みに『清実録』（乾隆重修本）から、貂皮や海豹皮などを献上しに来たフルハとクルカを抜き出して、その人名と姓（氏族）を表にしてみよう。それが表13である。

ごらんのとおり表13においては、同一人物が繰返しあらわれる。たとえば黒龍江フルハ部の羌図礼（羌図里）は、天聡五年に初めて貂皮などを貢納して以来、同八年、崇徳二年、同八年と四度貢納している。羌図礼はメルジェレ氏族の頭目で、松花江河口付近を根拠地としていた[33]。ステパノフが言うマルザ族（Малзинский, Манзинский улус）とは、このメルジェレを写したものに外ならない[34]。また黒龍江地方の南地攸（南地悠）も、天聡八年と崇徳五年の二回貢納している。後述するように南地攸は、松花江下流からアムール川中流にかけて存在したトコロ氏族十二村の頭目であった。蓋清屯（現街津口）の僧格額駙も、天聡七年と八年、崇徳四年の三度毛皮を貢納した。精達礼（精徳里）も、崇徳五年にはその妻が、同八年には本人が自ら貂皮を貢納している。また図爾哈（図爾噶）と馬爾噶（嘛爾干）も、二度貢納したことが確かめられる。クルカ部の頼達庫（頼塔庫）と加哈禅も、崇徳三年以来計五度にわたって貢納している。

太宗は貢納したものを宮殿で引見し、帽子や靴、ベルト、布地、馬など多数の物品を賞したが、その中に蟒衣（清朝の官僚が着用した龍紋の入った礼服）などの衣服が入っているのが注目される[35]。後述するように、清朝は貂皮を貢納した辺民に対して、階層に応じて一定の朝衣を与えたが、そうした慣行はすでに太宗時代から確立してい

表13 『清実録』に見える辺民貢納の記事（天命11年から順治10年まで）

年　月　日	人　　　名	貢　納　品	姓（氏姓）
天命11年12月壬戌	黒龍江人	名犬、黒狐、玄狐、紅狐、白猞狸猻、黒貂、水獺、青鼠皮	
天聡元年12月庚申	長白山迤東濱海虎爾哈部三人	黒貂皮	
2年正月戊子	東方格伊克里姓四頭目、外四十人		Geikere
2年5月乙酉	長白山迤東濱海虎爾哈部頭目里仏塔等		
2年12月丁亥朔	東方巴牙喇姓頭目図爾哈等四人、外七人	貂、狐皮	Bayara
3年7月乙未	庫爾喀部九人	海豹皮	
4年5月戊申	虎爾哈部二十一人	貂皮	
4年6月丙寅	虎哈爾部十一人	貂皮	
5年7月甲戌	黒龍江地方虎爾哈部四頭目托思科、羌図礼、恰克莫、插球	貂、狐、猞狸猻皮	Meljere
5年7月甲申	閙雷地方虎爾哈部四頭目	貂、狐、猞狸猻、水獺皮	
6年10月庚寅	巴牙喇姓虎爾噶、馬爾噶、図爾噶、外十二人	貂、狐皮	Bayara
7年6月甲申	東海使犬部僧格額駙、妻、外五十二人	方物	Bayara
7年10月乙酉	兀扎喇地方虎爾哈部綽奇、外四人	貂、狐皮	Ujala
8年正月庚寅	黒龍江地方羌図里、嘛爾干、外六姓六十七人	貂皮六百六十八張	Meljere, Bayara
8年11月壬申	使犬部蓋清屯僧格、外五十人	貂皮	Bayara
8年12月戊子	黒龍江地方南地攸、杜莫訥、外七十二人	貂皮	Tokoro
同　　上	松阿里地方擺牙喇姓僧格額駙、外五十一人	貂皮	Bayara
9年正月丙寅	使犬部索瑣科	黒狐、黄狐、貂鼠、水獺皮、狐裘、貂裘	Geikere
崇徳2年2月丁亥	虎爾哈部託科羅、克益克勒、耨野勒三姓頭目、外六十人	貂、狐皮	Tokoro, Geikere, Luyere ①
2年12月乙未朔	黒龍江地方羌図礼等百二十二人	貂皮	Meljere

2年12月己未	黒葉姓十人	貂皮	Heye
2年12月甲子	托科羅、黙爾車勒、巴雅喇三姓二十二人	貂皮	Tokoro, Meljere, Bayara
3年6月辛丑	兀扎喇姓井瑙等	貂鼠、猞狸猻、水獺皮	Ujala
3年11月甲申	虎爾哈部克宜克勒姓達爾漢等十三人、虎習哈礼姓納木達礼等十人、頼達庫等四人	玄狐、黄狐、貂鼠、青鼠、海豹皮	Geikere, Hūsikari
4年正月辛未	虎爾哈部頭目	貂、玄狐皮	
4年2月甲午	東方敖里堪、僧格、札克蘇等	貂皮	Geikere, Bayara
5年正月辛巳	東方克宜克勒姓布珠、精達礼妻、外五十七人	貂皮	Geikere
5年2月丁巳	托科落氏南地悠、噶留	貂皮	Tokoro
5年12月己未	虎爾哈部頭目	貂皮	
6年2月甲寅	東藩和託額駙、糾察納額駙等五十八人	貂皮	Geikere
6年12月甲寅	東方巴牙喇、脱科洛、努牙喇、黒葉、馬爾遮頼、科爾仏科爾、克宜克勒、庫薩喀里八姓頭目使者董糾等	貂皮	Bayara, Tokoro, Luyere,① Heye, Meljere, Horfokol, Geikere, Hūsikari
同　上	庫爾喀部加哈禅等	海豹皮	
7年正月戊子	庫爾喀部察庫納等七十七人	貂皮	
7年9月庚寅	虎爾哈部頼塔庫等五十五人	海獺皮	
8年正月丙申朔	虎爾哈部羌図里等	貂皮	Meljere
8年2月戊寅	虎爾哈部精徳里額駙等十三人	貂皮	Geikere
8年10月戊子	庫爾喀部頼達庫等、炎楮地方庫牙喇姓二十六戸	貂、狐皮	Kūyala
順治元年正月壬子	虎什喀里等八姓	貂皮	Hūsikari
3年12月丁亥	庫爾喀部頼達庫	海豹皮	
6年8月丙午	延処郷蘇爾考等	海豹皮	

注①　耨野勒、努牙喇が禄葉勒(ルイエレ)姓にあたることは、本章注（36）を参照。

たことを、これから推測できる。

なお表13によって、辺境から定期的に貢納して来るものの中に、メルジェレとトコロと並んでバヤラ、ヘイェ、フシカリ、ゲイケレ、ルイェレ、ウジャラ、ホルフォコル、そしてクヤラの十姓（氏族）がいたことを確認できる。『八旗滿洲氏族通譜』によれば、これらの姓（氏族）はいずれも、松花江、アムール川、ウスリ川の各流域に居住していたという[36]。

ところでアムール中流域に居住したフルハ部が、清朝に対して定期的に貢納していた事実をさらに詳細に述べるのは、『礼科史書』順治十年三月九日、および十二月二十三日の条に収録された礼部尚書ギオロ＝ランキオと胡世安の題本である[37]。その題本によって清に貢納していたフルハ部の姓（氏族）と「頭目」、村落およびその戸数を書き出すと、表14となる[38]。

表14にあげたメルジェリ姓のキヤントゥリは、表13の羌図礼にあたり、同じく表14のトコロ姓のナンディオは、表13では南地攸と見えている。この二姓以外のバヤラ、ヘイェ、フシャカリ、ゲイケレ、ウジャラ、ホルフォゴルもみな表13と重複するが、ただウルクンゲリ氏族のみは表14で初めて現れる。これら九姓（氏族）が居住する村落のうち特定できた十七村は、いずれも松花江下流からアムール川中流、ウスリ川河口付近にかけて点在していた。残った村落もこの地域にあったと考えられる。

ランキオらの題本によると、このフルハ部の九姓（氏族）においては、各村落を支配するダ（ガシャンイダ、「頭目」）の外に、集団全体を支配するダ（「総屯頭目」）がいた。たとえばバヤラ氏族の場合、ランギオがダとなって、全部で八村、百戸を統轄していたし、またメルジェレ氏族とトコロ氏族では、キヤントゥリとナンディオ（のちダヒオ）がダとして、それぞれ七村と十二村を支配していた[39]。このダとダ（ガシャンイダ）は、のちにはハライダ（hala i da）とガシャンイダ（gašan i da）と呼ばれるようになった。

表14　『礼科史書』に現れるフルハ部の辺民[①]

姓（氏族）	頭目（総屯頭目を含む）	屯（村落）と戸数	備　考[②]
Bayara	Turhūna→Langgio Fulahūn→Kūrihan	8屯100 Kurfulin10	
Meljiri（Meljere）	Kiyangturi Fulata Hirugan Hirkana Minggatu Sioriyan	Mangga Moo Eheti 59 Tokso 24 Ice 16 { Conggin 6 { Hurbu 9 Ukanju 21	 Ехтырский
Tokoro	Nandio→Dahio Motana Iseku Junggi Sebkini→Nisilan Nikcan→Kata Tedeo→Feide Sasu, Inoo, Onoi→Teoce / →Kunggeri Lenggeri→Hūmsao / →Cangju Bukturi→Jentehe	Korco（Korci） Korco Gūbkatin 10 Gūbkatin→Gūbcilan10（Kūbcala） Birgūn 20 Muritu 25 Sirga 30 G'akū 10 Hilhū 20 Bijan 10 Kolti 12 Onhin Elge Tumetu Dayargan	Колоцков Губатиев Гобжайский
Heye		Imatu Lefuku Oogiyan	
Horfogol（Horfokol）		Jecelin（Jecilin） Datan Gocišan Holon	 Датанский
Hūšakari (Hūsikari)		Kirulin (Hirulin) Kergesun	Керулейский
Geikere		Kemun Semduhun Kenggin Amgi	Кумынский
Ujala		Ulhui Takiri Kalkama Jektuhu（Jektuku） Gaijing（G'aijin）	 Кайчин
Urkunggeri（Urgungkere）		Hijan	

注①　『礼科史書』順治10年3月9日の条などに拠る。
　②　ステパノフのヤサク帳に現れる地名。Б. О. Долгих, *Родовой и племенной состав народов Сибири в XVII в.*, Москва, 1960, таблица 200.

入関前後の時期に、清朝がアムール川中流地方に残留したフルハ部とクルカ部の住民に対して行なったこのような統治は、後述する辺民制度の原型である。それはやがて清の勢力伸長とともに、アムール川下流とサハリンに住む少数民族にも拡大された。ところが清朝は、康熙、雍正年間になるとアムール川中流沿岸にいた辺民を全員八旗に組織して、東北の各地に移住させる。これらの住民は、のちに新満洲、クヤラ、三姓、八姓の名で呼ばれ、満洲族の一部となってしまった。その結果アムール川の中流地方では、辺民組織は消滅してしまった。今日この地方にいる赫哲族は、かれらの子孫ではない。かれらは中流地方の住民が移住した後に、下流から移り住んだ人びとの子孫である。(40)

第二節　順治以降のアムール川下流地方への進出

順治元年（一六四四）にポヤルコフらが、その上流域に初めて姿を現して以来、康熙二十八年（一六八九）にネルチンスク条約が締結されるまでの約半世紀、アムール川の流域は清朝とロシア両国が衝突する係争の地となった。順治元年から順治十五年（一六五八）までの前半においては、ロシアではポヤルコフ、ハバロフ、ステパノフらが次々にこの地域に現れ、主にアムール川の流域を上流から河口まで調査した。その際にポヤルコフらは土着の少数民族から毛皮税を徴収したが、かれらが素直にそれに応じないときには、暴行を加えたり掠奪を働いたので、沿岸地域の住民は甚大な被害を受けた。これに対して清は、当時の軍事的な力量からやむをえず、上流地方を放棄して、中流地方の確保に全力を注いだように見える。そのことは流域の住民に対する対応の違いからもうかがえ、特に被害の大きかった上流地方の少数民族は、アムール川以南の嫩江流域に避難させたが、他方中流以下の住民は現住地に留めて貢納を続けさせたのであった。

清は始めロシア人に対して、軍事的には劣勢に立たされた。順治九年二月にニングタ章京海色は二千人余りの部隊を率いて、ボロン湖東岸にあったウジャラ村付近においてハバロフらと交戦したが、大敗を喫してしまう(41)。そのために清は、シャルフダをニングタ＝メイレンジャンギン（のちアンバンジャンギンに昇格）に起用して、難局にあたらせることにした。ところが清はこのころ中国本土の制圧に忙殺されており、アムール方面に新たな兵力を投入する余裕はなかった。そこでシャルフダが考えた第一の方策は、朝鮮から援軍を借りることであった。まず十一年四、五月の交に清軍は初めて朝鮮軍の支援を受けて、松花江に進入したステパノフの船隊を退けることができた。そして十五年六月には再度朝鮮の援軍を借りて、松花江と庫爾瀚江（クル川〈トゥングスカ川〉）の間でロシア人と衝突し、ステパノフ以下多数を戦死させている(42)。この戦闘によってステパノフの船団は壊滅してしまい、一時的ではあるが、ロシア人をアムール流域から一掃することができた。こうして清は、アムール川の中流地方を確保することに成功した。

さてシャルフダが考えた第二の方策は、アムール川中流地方の辺民を使って、下流地方の住民を従属させることであった。中流地方の住民は、大河アムールに生きる漁撈の民であると同時に、その水運を利用する交易の民でもあった。かれらは清・朝鮮とアムール川下流との間を往来して、両者の中継交易に従事していた(43)。シャルフダは、アムール川中流地方の住民がアムール川の水路に明るく、下流の住民と交流があることに注目して、かれらを下流進出の先兵として使うことを思いついた。かれらが交易で下流地方に行った際に、清に従うように現地の住民に説いて回らせたのである。

清がアムール下流に進出する足がかりを得た重要な事件は、順治十年に起こった使犬部十姓の帰順である。シャルフダはニングタに赴任した早々に、中流地方の有力者であったクリハ（コリハ）に対して、次のように命じ

た。『礼科史書』順治十年三月十六日の条に、

メイレンジャンギン、シャルフダ、アスハニハファン、チルゲシャン、バイタラブレハファン、ウバンたちが、ニングタに到着した後に、ゲイケレ氏族のクリガン〔クリハ〕＝エフ自身がその弟デヒブ、タクドゥ、シヒニ＝エフの子イネケを連れてニングタに来たのを、メイレンジャンギン、シャルフダ、アスハニハファン、チルゲシャン、バイタラブレハファン、ウバンたちはともに協議して、「クリガン＝エフよ、おまえの三人の弟を連れて戻り、オリヨーカ＝エフ、ギオチャナ＝エフ、ホト＝エフ、ジンダリ＝エフ、ブジュ＝エフの子ファジュ、さらに好漢できれば友（グチュ）を多数連れて、ヘチェンからジョルゴロまでの使犬部を従えよ。従わないならば、『シャルフダがニングタに来て駐在している』と、初めての人びとに告げて従わせよ」と送り〔……〕。

とある。ヘチェンもジョルゴロも、ウスリ川河口から下流のアムール下流の地名と考えられる。シャルフダの命令に従って、クリハらはオリヨーカ＝エフら十二人を連れて使犬部のところに行き、かれらに清への貢納を促した。すると使犬部十姓の四百三十二戸が、それに応じて使者と貂皮を送ってきた。この十姓とは、フスハラ、ビルダキリ、ヘチケリ、ウジャラ、ジャクスル、ホミヤン、チョイゴル、ジョルホロ、トゥメリル、ガキラのことである[44]。これらの集団はみな、ウスリ川河口から下流のアムール川沿岸に居住したナナイ族系の氏族であり、清がその後アムール川下流地方で組織した辺民組織の中核的な存在となった。十姓の帰順を足がかりに清は、下流方面にその勢力を拡大していくが、中流地方の住民を利用するという方法は、その後の基本戦略となった。

続く順治十五年から康熙二十八年までの後半の期間においても、ロシア人によるアムール川流域への進入は続いた。それに対して清軍もアムール中・下流地方の警戒を強めて、かれらとの間にたびたび戦闘を交えている。

ステパノフなどの船団を壊滅させた直後には、清はロシア人の動静を探るために、毎年アムール川下流に船隊を派遣しており、その船隊は一度はアムール河口からトゥグル湾にまで及んだという[45]。だがこの偵察は、長くは続かなかった。翌十六年にはロシア人の一団がこの地域に進入したので、ニングタ＝メイレンジャンギン尼噶里は、三月にこれらのロシア人を破り、費牙喀(フィヤカ)部の莊屯頭目塔布他努などを捕虜にした。なおこのときクリハの説得工作によって、温屯村より上流の東海費牙喀部の九村が帰順し、莊屯頭目克爾格孫らは黒狐皮と貂皮を貢納したという[46]。ここでいう東海費牙喀部は、アムール川の最下流地方の住民を指しており、具体的にはニヴフ族などのことである。温屯村は、アムール川下流の左岸にあったウクトゥン（現在ウフタ）村にあたる。

東北方面の安定に力を尽くしたシャルフダは、順治十六年正月に歿した。清は、子のバハイを後任のアンバンジャンギンに任じたが（康熙元年にニングタ将軍と改称）[47]、かれは父シャルフダの方針を守って、清の勢力をさらに下流に伸ばした。翌年七月には古法壇村においてロシア人と戦い、これに大きな損害を与えている。バハイらはアムールと松花江の合流点付近を偵察していたときに、ロシア人が費牙喀部の西に進入したことを知り、アムールを下って使犬部の領域に入ったところで、かれらと戦闘になったのである。古法壇村は、ハバロフスクよりも少し下流のグファティンにあたる[48]。

これよりさき、アムールの沿岸に住むフィヤカ部とヘジェ部の三百三十七戸が、新たに清に従った[49]。そして十七年秋には、フィヤカ、ヘジェ、キレルの十五村百三十二戸が、初めて清に狐皮と貂皮を貢納した[50]。フィヤカ部の中に、アムール川の河口にあったランガタ、ワブチヌ、ミヨーなどの村名がみえるので、清の勢力がアムール河口にまで及んだことがわかる。さらに順治十八年六月には飛牙喀の奚蘇克など七屯と、奇勒爾に属す塞馬爾姓の郎阿など三屯が、初めて帰順して貂皮を貢納した[51]。飛牙喀は前述したフィヤカで、奚蘇克屯はアムール川河口の北岸にあったシスクイェ村である[52]。奇勒爾はキレルと同じである。塞馬爾姓というのは、左岸の支流ゴリュン川の流域を占めた、現在はナナイ族に属するサマル氏族である。[53] アムール川沿岸の住民はロシア人が敗北したのを知り、その直後からあいついで清に従ったのである。

その後二、三年間は平穏に過ぎたが、康熙三年（一六六四）になって再びロシア人の進入が激しくなる。バハイらは同年五月にヒラスミにおいて合戦してこれを打ち破った。[54] このときのロシア人の進入は、相当に大規模なものであったらしい。東北では八旗兵ばかりでなく、ニングタに流されていた流人までも、この戦いのために動員された。それまでは比較的に優遇されていた知識人階級の流人も例外ではなく、かれらはみな慣れない力役に苦しんだのである。[55] 戦いのあったヒラスミは、後述するチャイセラ姓の集落ヒラスミのことである。『満漢合璧清内府一統輿地秘図』には、キジ湖の上流にヒラスンなる川が記されており、ヒラスミはこの川の流域を指すと考えられる。現在この付近にあるプリサ村が、ヒラスミにあたるであろう。[56] なおヒラスミの勝利の後、驍騎校サブスの率いる一隊は、「東海」沿いにあったソムニン村など九十戸余りのフィヤカを従えたという。[57] ここでいう「東海」は、アムール＝リマンを指すとみられるので、このソムニン村はアムール＝リマンの南岸にあったソムニン村であろう。清の部隊がアムール＝リマンの南岸に直接に入ったのは、このときが初めてとみられる。この年十月にはまた飛牙喀地方の二村と奇勒爾地方の四村の頭目が、それぞれ貂皮を貢納している。[58]

翌康熙四年にはチェルニゴフスキーらがアムール川の上流に入り、アルバジンに塞を建設して占拠したが、それに対して清軍は、しばらくは行動を起こすことをしなかった。六年十一月には奇勒爾地方にいた納習卿額里（ネシンキンゲリ）姓の納布徳尼等が、貂皮を貢納してきた。[59] 納習卿額里姓は、現在ネギダル族の一氏族を構成するナシハギル氏族のことであろう。[60] ナシハギルは当時も今日と同じく、アムグン川の下流付近にいたと推測される。康熙八年秋にはロシア人が、再びアムールに押し寄せた。清朝は一度はかれらに対する反撃を計画したが、戦場までの距離が遠すぎるとして実行しなかった。[61] 十二月には飛牙喀地方の哈蘭村三戸の頭目郭噶などが、貂皮を貢納した。[62] 哈蘭村は、『満漢合璧清内府一統輿地秘図』においてキジ湖の下流に見えるカラル村にあたると考えられる。現在のハランであろう。なお康熙十二年十一月には、飛牙喀地方の頭目伊得図魯などが貂皮を貢納している[63]。

三藩の乱による混乱で清の警戒が弱まった康熙二十年（一六八一）前後になると、ロシア人の間にアムール川の左岸地域に、ブレヤ川やアムグン川などの支流が存在することが知られるようになった。そのころからロシア人たちは、アムール川の左岸地域に積極的な進出を図り、支流の沿岸各地に塞を建設し始めた。二十年にネルチンスクの長官ヴォイコフ（ヴォエイコフ）は、ゼヤ川とその支流セレムジャ川方面に一隊を派遣して、流域の調査にあたらせたが、この探検隊はブリャンタ川の河口に新ゼイスクを建設した後、セレムジャ川畔のセリムビンスク（セレムジンスキー）に定住して、土着の住民から毛皮税を徴収した。翌二十一年にはフロロフなどがアルバジンからアムグン川の流域に入って、アムグン川の下流にドゥキカンスク（ドゥキンスク）を建てた。フロロフと呼応するように、オホーツク海に注ぐトゥグル川方面からもロシア人たちがアムグン川流域に入り、ドゥキカンスクよりは少し下流のニメレン川の河口にネミレンスクの塞を築いている[64]。

三藩の乱を平定した清の康熙帝は、北方における新たな展開に強い警戒心を抱いた。二十年には早くもロシア政府に対して、ゼヤ川沿岸に築いたドロンスク塞を撤去するように要求している[65]。ドロンスク塞は清領内に接近しているので、清には大きな脅威と映ったのである。ロシア人がそれを放棄したのは、翌年のことであった[66]。その一方ではニングタ副都統サブスらをアムール川の中流方面に派遣して、左岸地域からロシア人を駆逐する作戦を開始した。サブスは二十二年七月にゼヤ川の河口付近において、ブレヤ川に向かうロシア人たちを捕えて北京に送った[67]。そして十一月にはゼヤ川のオロンチョン、朱爾鏗格（ジュルクンゲ）等とブレヤ川の奇勒爾、奚魯噶奴等を帰順させた。このかれらはロシア人を恐れて仕方なくこれに服従していたが、ついに反乱を起こして脱出してきたのである[68]。この年にサブスは黒龍江将軍に昇格して、黒龍江城において初めて越冬した。それから二十三年早々に清は別の部隊をアムール下流に派遣するが、これらの清軍はアムグン川からトゥグル川に入り、奇勒爾の八姓三十一戸、壮丁九十九名を招撫し、ロシア人六百人余りを降服させたという[69]。このときの清軍は、ロシア人がアムール川の左岸地方に建設したドゥキカンスクやネミレンスク、そしてトゥグルスクなどの塞を、攻撃目標に置いていたと考えられる。おそらくかれらはアムグン川を中流辺りまで遡って、そこからトゥグル川上流域に入ったのであろう。この結果ドゥキカンスクやセリムビンスク、トゥグルスクなどの塞は、放棄または破壊されるにいたった[70]。清はひとまずアムール左岸の地域からロシア人を追い出し、アルバジンを孤立化させることに成功を収めたのである。

清軍は康熙二十四年からアルバジンに対する総攻撃を始めたが、二回にわたる包囲戦を経た後に、二十八年にネルチンスクにおいてロシアとの間に講和会議を開いてネルチンスク条約を締結し、アムール川の中・下流地方と左岸一帯の領有を認めさせた。これ以後清は従来の消極策を転換して、自らアムール川の最下流地方や左岸方面、さらにはサハリンに対して介入を強めていく。ことに十七世紀末から十八世紀前半にかけて、清朝が前後三回敢行した東北アジア地域の地理調査を利用して、その機会に多数のアムール川下流の住民を辺民に組織したのである。

最初に実施されたのは、康熙二十九年（一六九〇）の国境調査である。ネルチンスク条約で領有を認められたアムール川の左岸地方について、清はほとんど知識をもっていなかった。そこで康熙帝は、条約締結の翌年にロシアとの国境を確認して境界に国境碑を置くために、アムール川の左岸地域に調査隊を派遣した。調査隊は全部で九隊からなり、それぞれ五十人程度の人員からなっていた。一行は九方向から国境の分水嶺（大興安）を目指したが、そのうちの三隊はアムール川を下ってロシアとの国境に向かった。鑲藍旗蒙古都統バハイらはアムグン川を遡って、トゥグル川からキルフィ川の上流に達し、ウイェケン山の峠付近に国境碑を建てた。また鑲白旗漢軍副都統スヘが率いる一隊は、アムールの支流ゴリュン川を遡りアムグン川の中流に出て、その源流と分水嶺を調査した。その際にスヘは、ウレチ村で八戸を従えて辺民に組織している。さらに吉林副都統バルダの一行はアムール川の河口から海上に出て、サハリンの北西海岸にいたチュウェニ氏族と北部に住んでいたクイェやオロンチョン姓など、全部で五十三戸を従属させたのである(71)。

続いて康熙四十七年（一七〇八）から康熙帝は、中国と周辺地域を含む東アジアの科学的な地図を作製する事業を開始し、その測量と調査のために本土や周辺の各地に、イエズス会士と旗人から構成される調査隊を派遣した。その一行が中国東北地区とアムール地方に入ったのは翌四十八年のことで、このときかれらは沿海地方からアムール川の下流沿岸まで行った。五十年に康熙帝は再度満洲人の調査隊を送り、その際にかれらはアムール河口からサハリン北部に達して、サハリンのクイェ、テメイェン姓など八十六戸を従えた(72)。またこれと関連して沿海地方の東海岸にも旗人を派遣したらしく、五十二年には沿海地方南部のキヤカラ、バンジルガンの二氏族四十五戸が、初めて清に貢納したのである(73)。

ここでサハリンに話題を移そう。前述したようにサハリンに清の勢力が入ったのは、史料上では康熙二十九年というのが最も早い。その後五十年にも旗人の調査隊がサハリンに入ったが、二度の調査ではかれらは北部を踏査しただけで、中・南部には達していない。清がサハリンの中・南部に勢力を伸ばすのは、雍正五年（一七二七）からである。この年に清は、北京においてロシアの大使サヴァ＝ヴラジスラヴィッチ＝ラグジンスキーと国境交渉を行なった。その際に両国はモンゴル方面と並んで、ウダ川地方と西太平洋海域の国境についても協議した。結局その交渉は先送りになったが、清は領有するサハリンの中・南部が、いかなる状況にあるのか調査する必要にせまられた。そこでたまたま北京を訪れたフィヤカのホジホン、ダイジュに予備的な調査を命じた。ダイジュは北京から帰郷した後、サハリンの西海岸イドゥイから二十日の距離にあったヒオ国に行き二十戸を従え、翌年にも再びヒオ国に行ってさらに十戸を従えた。ヒオ国とは、サハリン東海岸のポロナイ川河口にあったダリカ（タライカ）周辺をいう。他方で清は雍正七年にイランハラの驍騎校イブゲネらをサハリンに派遣して、ダリカ周辺のアイヌとシサ（北海道）との関係を調査させた。その際にイブゲネは、アイヌたちがシサと交易をしてえたよろい一領、刀一振り、漆器の椀・皿などを持ち帰った。そして十年には再びイブゲネらを送って、サハリン全体でネオデ、ドゥワハ、ヤダン、チョミン、シュルングル、トーの六姓百四十六戸を従えて、かれらを辺民に組織した。[74] このうち八十三戸は、サハリンの南部に住むアイヌであった。この結果清の勢力は、サハリンの南端まで達したのである。

この後も清は、アムール住民を続々と辺民に組織した。とくに乾隆二年から乾隆六年にかけて、清に貢納する辺民の数が急増したといわれる。このことは、清がこの時期にアムール下流地方の住民を積極的に懐柔した結果と考えられる。

上述した辺民のうち雍正十年に組織されたサハリンの六姓以外は、みなニングタ副都統に所属して、ヘジェフィヤカと呼ばれている。清の統計資料によると、ヘジェフィヤカの戸数は、最初に調査が行なわれた康熙十七年には、わずか千二百九戸にすぎなかったが、その後順調に拡大して康熙五十二年までには二千五十一戸に増加した。その中から三姓と八姓を八旗に編入したために、雍正十一年に戸数は千七百二十五戸まで減少したが、乾隆年間になると辺民の戸数は再び増加に転じて、乾隆十五年には二千二百五十戸を数え、以後それを定額としたのである。[75]

これに対して雍正十年に組織されたサハリンの辺民は、イランハラ副都統に所属して、クイェフィヤカと分類された。その戸数は後に二戸増えて百四十八戸となり、乾隆十五年にはそれを定額と定めた。そして乾隆四十四年には辺民を管轄する役所をイランハラの副都統衙門に一本化して、それまでニングタ副都統に所属していた二千二百五十戸を合わせて、二千三百九十八戸全部をイランハラの管理下に置いたのであった。

第三節　アムール川下流・サハリン地方の辺民組織

乾隆十五年に定額化された辺民組織には、一体いかなる人びとが含まれていたのであろうか。かれらはいかなる集団に属し、いかなる場所に居住したのだろうか。『寧古塔副都統衙門檔案』と『三姓副都統衙門檔案』には、アムール川下流の辺民組織を記述した檔案はかなりの数残っているが、この点については各年度ごとに貢納した辺民の数をニングタ将軍（乾隆二十二年に吉林将軍と改称）に報告した檔案が、最も詳細である。そこには辺民の集団名（姓）や集落名から、さらにはハライダ以下の人名まで具体的にあげており、貴重な資料を提供している。これらの檔案は康熙十五年（一六七六）から断続的に残っており、乾隆十九年（一七五四）以降はその書式と体裁も統一されるので、それぞれの内容を比較するのに都合がよい[76]。それによると、約二百年の間に辺民の姓と戸数は少しずつ変化しているが[77]、居住する村落にはほとんど変更がみられないことが明らかになった。ただしアムール川の辺民組織は、十九世紀前半にはまったく名目的なものとなってしまい、どの程度実質的に維持されていたのかは疑問である。そこで本稿では辺民制度が、比較的完全な姿で維持されていたと見られる『三姓副都統衙門檔案』第七〇冊、乾隆五十六年十一月五日の条を例に引いて、十八世紀後半の辺民組織を解明していくことにする。ただし地名の中には時間の経過とともに書き損じが積み重なり、初期の檔案に現れる綴りとは似ても似つかない形に変化した場合もある。それらについては本来の綴りに戻した。

アムール川の辺民組織を検討するためには、十九世紀中葉以降にロシア・ソ連の民族学者が達成した研究成果を使うことが必要不可欠であるが、ここでは現在最も標準的な業績と考えられているパトカノフとスモリャクの仕事を参考にしたい。パトカノフは、ロシア政府が一八九七年に実施した人口調査の資料に基づいて、アムール川流域に居住するトゥングース諸民族の氏族構成と、その分布を明らかにした[78]。かれの研究は、この分野における基礎的、かつ包括的な最初の科学的な試みである。またスモリャク女史は、パトカノフなどの業績によりながらも、独自に実施した野外調査の資料を加えて、一層広い視野からアムール川流域に住む少数民族間の関係を研究している[79]。ふたりの研究は、少数民族の社会組織と居住地域を決定する上で重要な資料となる。

ところで『寧古塔副都統衙門檔案』と『三姓副都統衙門檔案』に記された辺民の集落は、二世紀近くもほとんど変化していないが、そうした事実は合理的に説明できるであろうか。周知の通りアムール川の少数民族は、主に漁撈と狩猟に依存した生活を営んでいる。そのために過去の民族学者たちは、かれらを移動生活者とみなし、定着的な村落は作らないと考えていた。しかし現在ではかれらの移動は、漁撈と狩猟を行なうための季節的なものにすぎず、アムール沿岸に設けたその集落は、一般に相当な期間維持されることが確認されている[80]。たとえば二種類の檔案に見える辺民の村落のうち、マカン、ウェクスミ、ブグラン、サルグ、マイ、ディフン、ホミヤン、モンゴロ、ハスルギ、ディヤブハ、ミヨーなどの村は、一六五五年にこの流域を航行したステパノフのヤサク帳にも挙げられているし[81]、サルグなどは元代にはもうすでに存在していた[82]。これから明らかなごとく、アムール川沿岸の村落は、わたしたちが想像する以上に永続性をもっており、地図の上からその位置を特定することは可能である。そこでわたしは、清朝時代の地図によって辺民の集落を検討することにする。清が作製した地図として最も有名なものは『皇輿全覧図』であるが、これは十八世紀初めにキリスト教の宣教師たちが中心となって、中国本土と周辺地域を実地に測量して完成したもので、それ以降の地図の規範となった。それには今日まで幾つかの系統が伝存するが、本章では『満漢合璧清内府一統輿地秘図』を利用する。地名が満洲語で表記されていて、両檔案と比較するのに便利であるからである。ただ『満漢合璧清内府一統輿地秘図』では、本来は存在したはず

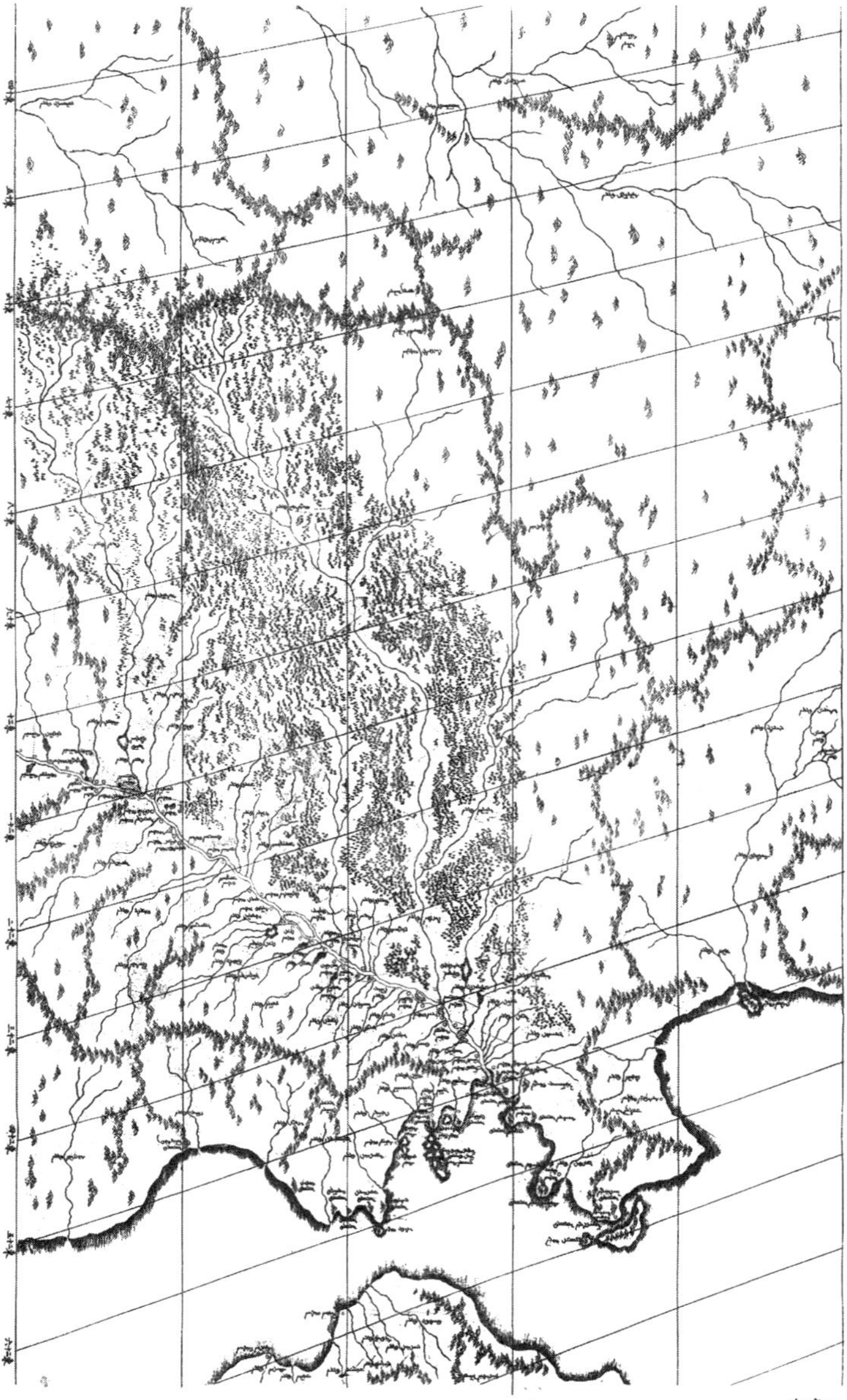

『満漢合璧清内府一統輿地秘図』（アムール川下流・サハリン地域）　『皇輿全覧図』系統の一地図。（京都大学大学院人間・環境学研究科蔵）

流地方の辺民村落

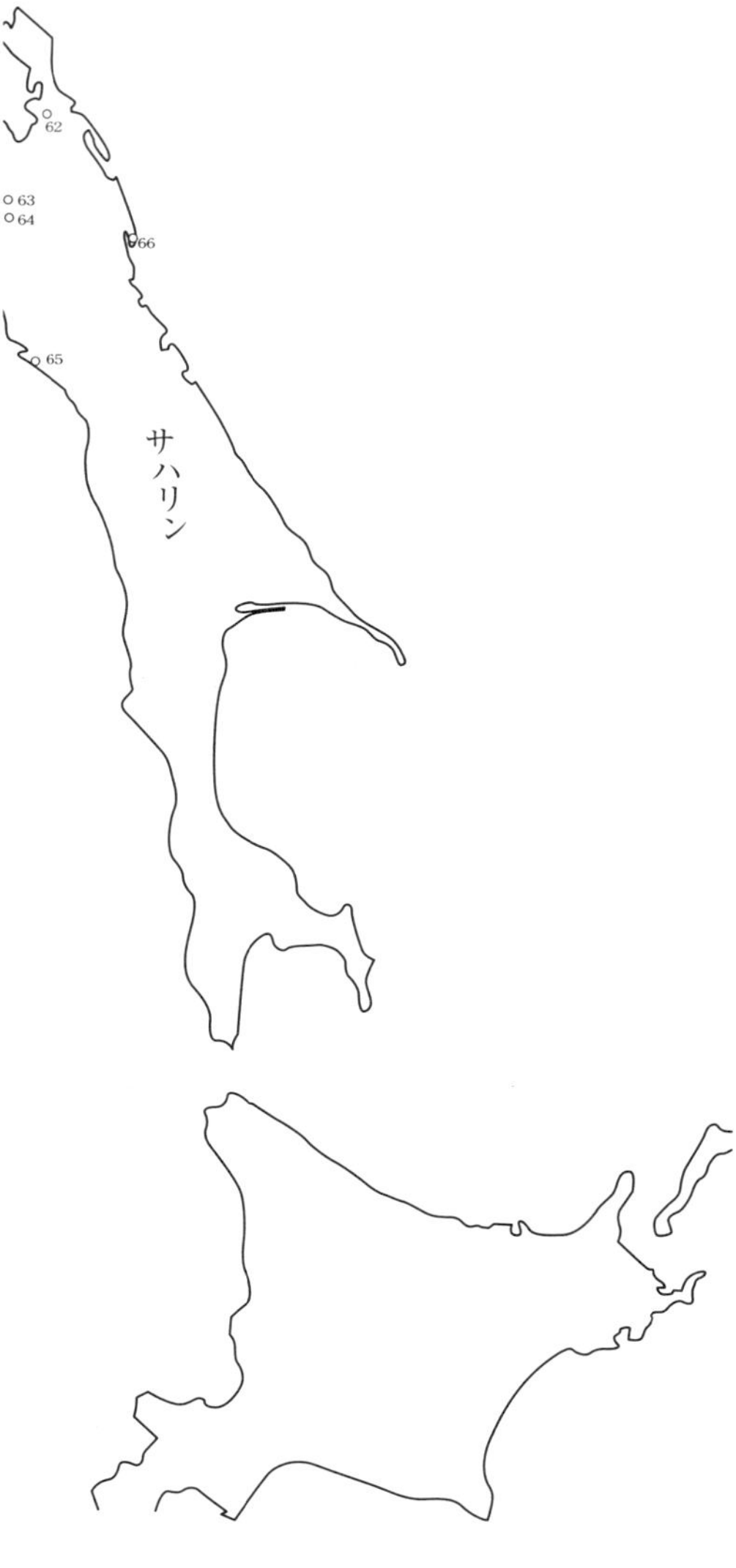

1 G'aijin
2 Weksumi
3 Marin
4 Jergulen
5 Aktara
6 Gasin
7 Datan
8 Dondon
9 Makan
10 Dolin
11 Suwayan
12 Desin
13 Yemuri
14 Uita
15 Galdaki
16 Kaltumi
17 Culaci
18 G'oniyan
19 Sargu
20 Bugūlan
21 Ujala
22 Omo
23 Difun
24 Homiyan
25 Tuser
26 Jomnin
27 Horo
28 Urdaha
29 Kulgu
30 Ajin
31 Firsuhi
32 Deren
33 Welci
34 Hilasumi
35 Jarin
36 Siljun
37 Horo川
38 Guwelehen
39 Oori
40 Utun
41 Monggolo
42 Dukujin
43 Koiman
44 Uktun
45 Hiyari
46 Halgun
47 Hukun
48 Diyan Hongko
49 Manggaca
50 Da
51 Cohonggo
52 Hasulgi
53 Diyabuha
54 G'akin
55 Miyoo
56 Wabcinu
57 Jahada
58 Buyereo
59 Somnin
60 Duki
61 Langga
62 Bomodo
63 Cuwene
64 Bisike
65 Wargi Tekin
66 Sa Oroncon

図6　アムール川下

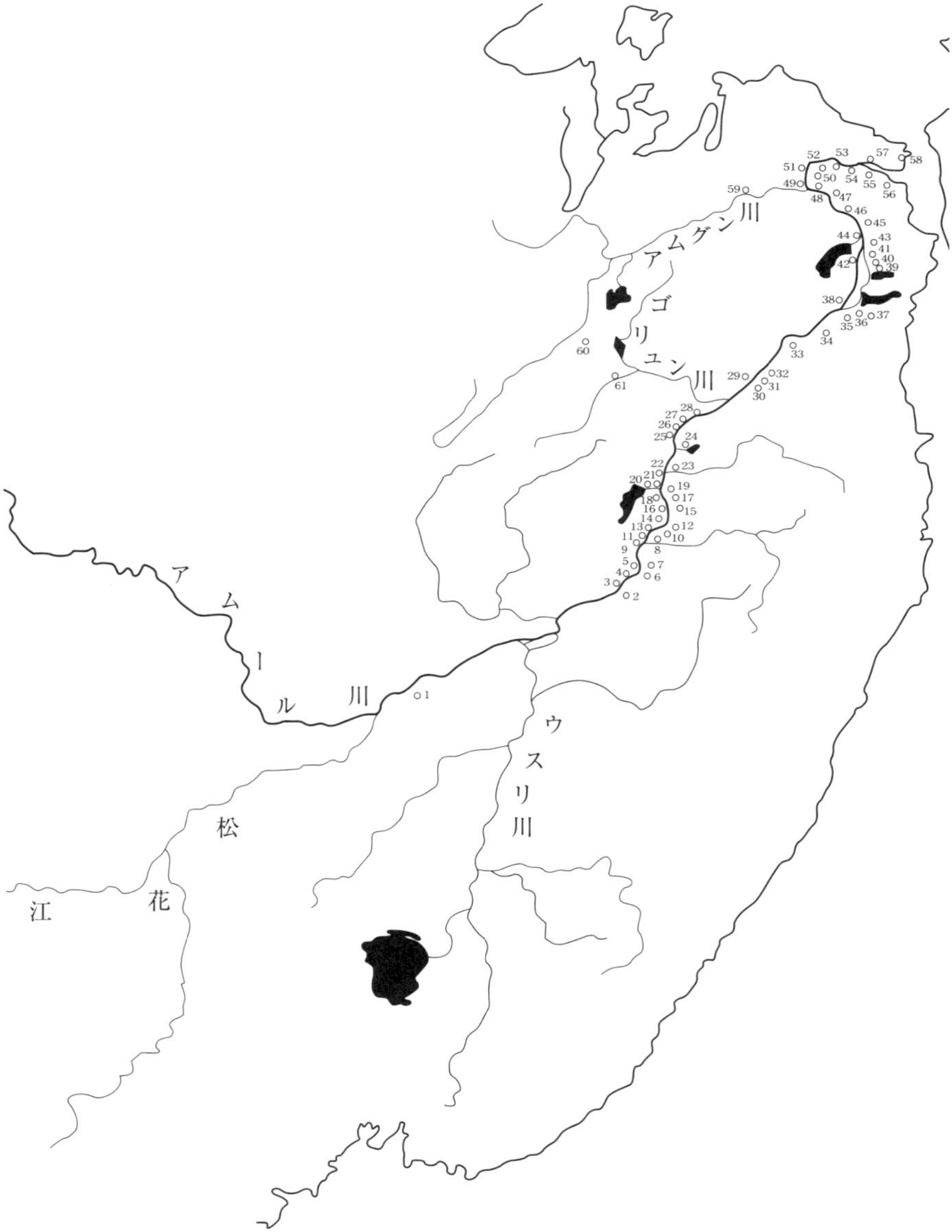

表15　アムール川下流・サハリン地方の辺民組織（乾隆56年）

姓（氏族名）	村落			
	『三姓副都統衙門檔案』①	『満漢合璧清内府一統輿地秘図』②	現在の地名③	その他④
Geikere (Geiker)	Sira 2		*Sara*	
Eiyergu (Neergu)	Hasinggi			
	Gibtelin 2			
	Hirkasi			
	Kicuktu			
Fushara (Passar, Puskhar)	Marin 2		*Mari*	
	Jergulen 2	(Tcharcoulé)		
	G'aijin 2	Gaigin	〈街津口〉	
	Dondon	Dondon	Dondon	
	Gasin 2	Gasan	Gassi	
	Heojimi Wen Yen 2			
	Weksumi	Uksomi	〈Sarapul'skoe〉	Ukshiminskii (St)
	Galdaki 3	Galtiki		
	Dolin		*Dolik* Troitskoe〉	
Bildakiri (Bel'dy, Bel'dai)	Guwelen			
	Uita	Weita	Oita	
	Aktara		Aktar	
	Deren		Dyren	デレン
	Yarkali			
	Suwayan	(Soyam)	*Saian*	
	Gurdamu Yarkali			
	Hiowaha			
	Meiren			
	Hirma			
	Kifen 3			
	Ferimu			
	Yemuri	(Ymour)	*Emoron*	
	Culaci	Culati	Chol'chi	
	Bohida			
	Giowen			
	Welci	Welci	Eri (Yri)	ウルゲー
Hecikeri (Khodzher)	Bugilan 2		*Bolon'*	Bolinskii (St)
	Saksaha			
	Nakida			
	Sargu	Sargu	*Sargu* (*Shargu*)	Shargunskii (St)
	Ma i		Mai	Maia (St)
	Kaltumi 2	(Kaltomi)		

	Susu 2		Susu	
	G'oniyan	(Counien)	*Gaunia*	
	Urdaha	(Oultchaha)		
	Atungga 2			
	Terkel			
	Ungku		*Ut'ku*	
	Piyuli			
Ujala	Ujala 3	(Outchala)	[Odshal]	
(Odzial)	Hukun			
	Desin		Daisun	大松（吉）
	Difun		*Difu* (*Dippy*)	Difunskii (St)
Jaksuru	Hahi			
(Zaksor,	Suben			
Dzhaksor)	Fudasihūn			
	Culaci	Culati	*Chol'chi*	
	Makan 2	(Makan)		Makan'skii (St)
Biral	Welci	Welci	Eri (Yri)	ウルゲー
	Kisisan 3			
Jelturi	Yabakan 2			
Tulduhuru	Jelun		Dzhalun	喬力（吉）
Udingke (Udinkan)	Elbin			
Hudingke (Dunkan)	Dongke			
Homiyan	Ajin	Aji	Adi	
(Khomi)	Homiyan	<Hommiyan talga	Khummi	Khuminskii (St)
Coig'or (Saigor, Sorgor)	Tuser 2	(Tousser)	Tusser	
Jolhoro (Diolor)	Datan	(Tha)	Dada	
	Bihecun			
	Jomnin	(Tchomni)	*Dzëmgi*	
Tumelir			(*Dzëngmi*)	
	Cuwen			
(Tumali)	Huyuken			
	Horo	Hori	<Khorpy 湖	
	Hiowa			
	Omo 3	(Omohé)	*Ommi* (*ommoi*)	
G'akila	Firsuhi	Fiyersu	*Pisui*	
(Gail)	Kulgu	Kulgu		
	Deren		*Dyren*	デレン
	Hekjingge 2			
	Kuru	<Kuru bira		

Kiler	Kulbune Kimnin bira Dugulen Luyer 3 Henggun Gul 2 Dondorgan Yukimar Behilen 2	Kimni bira <Henggun bira		
Saimar (Samar)	Kihecen 3 Langga Wargi Digin Langga Dergi Duki		〔*Ngagha*〕 〔*Ngagha*〕 Duki	郎阿（実） 郎阿（実）
Caisela (Chaisal)	Hilasumi	<Hilasun bira	Pul'sa	
Burgal (Bural)	Guwelehen 3 Siljun Jarin 2	Guwelehen Silju Jari	Diai〈Sofiiskoe〉	ジャレー
Kijin	Dugajin 3 (Dugan jayan) Doo Ung Hiyagi Duwan 2 Niyuka	<Doowan bira <Duwan i Talga		
Halgun (Kholgoi)	Orosobg'o 4			
Udir (Udy, Pil'duncha)	Bijin 2	<Bijan bira	Bichi	
Longkir [Lungkir] (Lonki)	Horo bira 2	Hūili bira	*Puliia*	
Ayamaka (Aiumkan)	Ayamaka			
Moktohi (Muktegil)	Moktohi			
Toromoko (Toiomkon)	Toromoko			
Uden(Udan)	Somnin		Samnia	
	Dugūlan Halgun 3 Miyoo Koiman 2 Jahada Dukujin	Miyoo Koima Jahada Dugujin	Khylka Meo Koima Dudi	ハルカ Meunskii(St), ミヨー コイマー

Fiyaka	Wabcinu	Wabcinu		
	Uktun 3	(Ouktan)	Ukhta	
	Sikduri			
	Utun	(Oti)		
	Monggolo 4	Monggoli	Mongol	Mungulinskii (St), モンコレ
	Buyereo	Buyur	Puir	
	Da	(Tai)		
	Hukun 3		Khok	コツコ
	Cohonggo 3	(Tchohongo)		
	Manggaca 3	Manggacan		
	Oori		Auri (Aury)	アヲレー
	Formi 2			ポルモー
	Diyabuha 2		Tebakh	Tobokhta (St), テホコー
	Dergi Diyan			
	Hasulgi		Khez'	Khezinskii (St), ヘーシ
	Diyan Hongko			
	Guwelen 2			
	G'akin 2	〈Keci bira	Kaki	ガツケー
	Ferimu			
	Biyoronggo			伯悦隆武(吉)
	Hiyari	(Hiari)	Geri (Kh'iare)	ペレー
	Tuhiyabinu			

Kuye	Naduci Hoyoki Ehemuce Cuduce			
Oroncon	Samalgi Godocon Niyeleme Gocišan Akūca Uliyanca Welcin			郭奇善(吉)
Temeyen	Bucer			
Kadaye	Kadaye			
Warul	Dergi Sa Oroncon Wargi Sa Oroncon			チャエ
Kepin	Kepin Utun			
Dobononggo	Dobononggo 2			
Oyolo	Oyolo			
Tonggocol	Sinangga			

Somnin	Iongkumi			
Diyancan	Wargi Tekin			テッカ
Cuweni (Chfinung)	Cuwene Bisike 2 Cuce 2 Caibingga			チフナイ プイスキ
Cukciheri	Cukciheri			
Heoweti	Heoweti			
Hute	Formi			
Iongkumi (Iukaminka)	Ulci		[*Ulike* (*Ul'ka*)]	
Heigule (Heihule)	Somnin 5	Somnin		
Puniyahūn (Pniag''an)	Bomodo 2			泊莫図(吉) ポムイド
Banjirgan	Kilame 2			奇拉莫(吉)
Kiyakara (K'ia)	Imašan Kumurhu Terin			徳林（吉）
Neode				
Duwaha				

Yadan				
Comin				
Šulunggʼuru				
Too				

注①　集落の中に「……村から分離した」と記されるものがあるが、それももとの集落に含めて数えた。数字はその合計である。

②　（　）内の地名は、ダンヴィルの地図によって補う。本章注（83）を参照。

③　パトカノフとスモリャクの著書に現れる地名。本章注（78）と（36）を参照。［　］はドルギフの著書で補う。注（34）を参照。ロシア文字は、米語訳『ソ連邦大百科辞典』の転写法に従ってローマ字表記した。〔　〕内の地名は、L. von Schrenck, *Reisen und Forschungen im Amur-lande in den Jahren 1854-56*, St. Petersburg, 1858-1900. の地図で補う。斜字体の村落名は、一八九七年の人口調査時にも同じ氏族がその村落に居住していたことを表す。〈　〉は現代の地名。

④　（St）はステパノフのヤサク帳、（実）は『清実録』、（吉）は『吉林通志』巻一七、輿地志にそれぞれ見える表記である。注（34）を参照。また片仮名は、江戸時代の和人の記録に現れる表記である。

の一部の村落名が省略されているので、それについてはダンヴィルの地図によって補うことにする[83]。以上の方法で検討した結果を表にしたものが、表15である。それでは表15に従って、辺民の五十六姓（氏族）を順次説明していこう（図6）。

最初のゲイケレ姓は、ナナイ（赫哲）族のゲイケル氏族の祖先にあたる。ナナイのゲイケル氏族は、現在でも中ロ国境をはさんでアムール川の中・下流域に分布しているが、表のシラ村はアニュイ川近くにあったサラ村であろう。十九世紀末にはゲイケル氏族は、サラ村の全人口を占めていたという[84]。ゲイケル氏族はナナイ族の領域全体に広く分布するが、表15にシラ以外の集落が記されていないのはなぜか、今のところ明らかではない。ところでゲイケレ氏族は、康熙五十三年（一七一四）にイランハラにおいて、新満洲佐領を形成した四姓のうちのひとつ、ゲイケレと同族であろう。後者はクリハとメンケイふたりのハライダに率いられ、全部で七百九十三名の壮丁を数えた[85]。クリハ一族の歴史は、十七世紀初めまでさかのぼるが、はっきりと確認できるのはクリハのときからである。クリハは清朝がアムール川下流域に進出する際に、その先導役として大いに活躍した。かれらはもとはデシン村に居住していたが、康熙二十二年初めまでには松花江と牡丹江の沿岸に移った[86]。デシン村は、ウスリ川の河口付近にあったと考えられる。ちなみに新満洲佐領に組織されたゲイケレ氏族の子孫は、今日では満洲族に同化して、その一部とみなされている。

エイイェルグ姓に関しては不明なことが多いが、ナナイのネールグ氏族であろう[87]。スモリャクによれば、ネールグ氏族は十九世紀後半にはオニンカ氏族の中に吸収されたという[88]。もともとはアニュイ川河口付近のナイヒンやトルゴン村などに住んでいたらしいが、表15にはそれに該当する集落はない。

フスハラ姓は使犬部十姓のひとつで、ナナイ族のパサル（プスハル）氏族に該当する。かれらは現在、中ロ国境をはさんでアムール川沿岸に居住する。ロシア領内にいるパサル氏族は、ナナイ族の分布地域では上流部分

（旧トロイツカヤ郷とヴヤツカヤ郷）に集中するが、[89] 表15のマリン、ジェルグレン、ドンドン、ガシン、ウェクスミの五村も、みなアニュイ川河口よりも上流のアムール両岸に位置する。十九世紀末にはパサル氏族はマリ（マリン）村人口の大部分、そしてドンドン村の三分の一以上を構成していた。[90] 一方ガイジン村（現街津口）は、アムール川中流域にあり、今日でも中国の赫哲族の集落として有名である。このようにパサル氏族の居住地域は、百年以上ほとんど変化していない。残る一村については、不詳である。

ビルダキリ姓は、ナナイ族の一氏族ベリドィ（ベリダイ）のことである。ビルダキリとは、中国領内にいる赫哲族の同氏族に対する呼称である。[91] ビルダキリ姓はやはり使犬部十姓に含まれ（ビルタキリ）、四百三十二戸中最多の百戸を占めている。[92] ベリドィ氏族はナナイの中では最大の氏族であり、中ロ両国のアムール川中・下流沿いに広く分布するが、ロシア領内ではナナイ族の居住地域の上流部に、人口の大部分が集中している。[93] 表に列挙された集落は、ほとんどがアムール川下流沿いに点在するが、その中ではアクタラ、ドリン、ガルダキ、チュラチ、スワヤン、イェムリ、ウイタ、デレン、ウェルチなどの位置が明らかである。十九世紀末にはベリドィ氏族は、サヤン（スワヤン）、エモロン（イェムリ）、ドリン村などで人口の過半数を占めていたという。[94] 残る十村については、不明である。

次のヘチケリ姓は、ナナイ族のホジェル（ホジャル）氏族にあたる。使犬部十姓のひとつヘジゲリのことである。ホジェル氏族は人口のほとんどが、ナナイ族の領域内では下流部分（旧下流タムボフスカヤ郷）に居住する。[95] 表の十二村の中では、サルグ、マイ、カルトゥミ、ゴニヤン、ウンク、ブグラン、ウルダハ、ススなどが、比較的に下流に位置する。パトカノフは、このうちガウニャ（ゴニヤン）、サルグ、ボロン（ブグラン）、ウトィク（ウンク）の四村においては、十九世紀末にもホジェル氏族のものが居住したことを確認しており、しかもガウニャの住民の半数はホジェルであったという。[96] このようにホジェル氏族の居住地域は、一世紀半近くの間ほとんど変化していない。

ウジャラ姓は、ナナイのオジャル氏族である。使犬部十姓のウジャラは、かれらのことである。ウジャラ氏族の一部はかつてフルハ部を構成し、松花江下流からアムール中流域にいたが、その大半は康熙十三年に新満洲佐領に組織され、その後東北地区の各地に移住させられた[97]。それに対して辺民として留まったオジャル氏族は、今日でもロシア領内のアムール下流沿いに分布している。これらのオジャル氏族は、ナナイの居住地域の中では上流部分に集中する[98]。表にみえる四村のうち位置が明らかなのは、ウジャラとデシン村だけであるが、ともにウジャラ湖より上流に存在する。

次にジャクスル姓は、ナナイのザクソル（ジャクソル）氏族のことである。使犬部十姓のジャクスルは、ザクソル氏族の先祖にあたる。その名は、すでに十七世紀からロシア人の間では知られていた[99]。十九世紀末にはザクソル氏族の大部分はナナイの領域の下流地域に住み、チョリチ（チュラチ）、メンゲン（ムィンゲ、チュラチ下流）、ディフ（ディフン）村などが中心集落となっていた[100]。スモリャクによれば、ディフンのザクソル氏族はメンゲンとチョリチを最初の故郷と考えており、またトロイツコエ（ドリン）やドンドンなど上流部に住むザクソル氏族も、下流部のザクソルとはすでに関係を失っているが、メンゲンとチョリチ両村の名だけは知っており、それを自分たちの故郷と考えているという[101]。これから明らかなごとく、ザクソルの居住地域は過去何世紀も変化していない。残る三集落の位置は、現在のところ特定できない。

ビラル姓は、『吉林通志』巻一七、輿地志の別蘭氏に該当する。ビラル姓の住むウェルチ村は、ドィリン（デレン）より少し下流の右岸にあった。ビラル姓の系統は、いまのところ不明である。

ジェルトゥリ姓は、『吉林通志』巻一七の札勒図力氏にあたる。ビラル姓とほぼ同一の地域に住んでいたらしいが、現存の氏族中にはその名を発見できない。

トゥルドゥフル姓は、よくわからない。かれらが居住するジェルン村は、『吉林通志』巻一七の喬力にあたる。現代の地図をみると、サルグのすぐ上流にジャルン島とジャルンスコエ湖があり、ジェルン村と関係があると考えられる[102]。トゥルドゥフル姓は、その付近に居住した集団であろう。

さてウディンケ姓であるが、その音から類推すると、かれらはナナイ族のウディンカン（ウドィンカ）氏族の祖先とみられる。ウディンカンは、現在では中ロ両国のアムール川左岸の支流トゥングスカ川流域と、アムール川中流・松花江下流域に分布するが[103]、表15の村エルビンの位置は、明らかではない。

フディンケ姓に似た音の氏族名は知られていないが、その集落がドンケ村であることから推測すると、ナナイのドゥンカン（ドンカ）氏族と関係があると見られる。つまりもともと集落名であったドゥンカンが、後に氏族の名称に変化したのである[104]。ドルギフは、ドゥンカンは十七世紀にはビラ川とビジャン川の上流にいたと考えるが[105]、不詳。今日ドゥンカン氏族は、ウディンカンなどとともにトゥングスカ川流域に居住する[106]。

ホミヤン姓は使犬部のひとつで、ナナイ族の一氏族ホミにちがいない。ホミ氏族の一部は、一八七二年にケヴァリ村において確認されたが、その後の消息は不明である。ケヴァリ村は、ナナイの居住区域としては最も下流に位置し、ナナイとオルチャ族とが隣接する地域にあったが[107]、ホミヤン姓の住んでいたアジン村は、ケヴァリ村のすぐ上流に位置する。それに対してもう一方のホミヤン村は、フミ湖付近の集落にちがいない。ホミヤンという氏族名はフミ湖に由来すると考えられ、かれらの原住地は大体その辺りにあったのだろう。

チョイゴル姓は、ナナイ族のサイゴル（ソルゴル）氏族のことで、使犬部十姓のチョイゴロ姓にあたる。今日サイゴル氏族はナナイ領域の下流部のエケン村に居住するが[108]、チョイゴル姓のいたトゥセル村は、そのすぐ下流にある。

次のジョルホロ姓は使犬部のジョルゴロ姓で、ナナイ族のジョロル氏族に該当する。ジョロル氏族は、現在では同じナナイのザクソル氏族に吸収されたと考えられているが、もともとザクソルが上流地域に分布したのに対して、ジョロルはより下流のゴリュン川河口付近のアムール川沿岸に居住していた。[109] 表15のダタン集落はアニュイ川の河口より上流に位置するので、ゴリュン河口よりもかなり上流である。ジョロルは、昔はこの辺りにも住んでいたのだろう。

トゥメリル姓は使犬部を構成したひとつで、今日のナナイ族のトゥマリ氏族である。トゥマリ氏族のほとんどは、コムソモリスク付近より下流、オルチャとの境界までのアムール沿岸に住む。[110] オルチャと接するトゥマリの一部には、自らをオルチャと考えるものもいるという。かれらは、ナナイとオルチャの中間氏族と見るべきであろう。[111] 表15のジョムニンとホロの二村はコムソモリスク近くに位置し、そのうちジョムニンでは十九世紀末にも、トゥマリ氏族が居住していたことが確認されている。[112] 他の四村については、不詳。

ガキラ姓は、使犬部十姓のガギラ姓にあたる。ナナイ族のガイル氏族の祖先である。ガイル氏族は現在ナナイ領域の下流部に集中するが[113]、表の四集落もみな下流部に存在する。スモリャクによると、昔オンミ（オモ）村にいたガイル氏族の一部は、アムールを下りナナイとオルチャ族との混住地帯に入って、ピスイ（フィルスヒ）村やドィレン（デレン）村に定住したが、かれらはオルチャの影響を受けて、中間氏族的な性格を帯びるようになったという。[114] オンミ、ピスイ、ドィレンの三村では、十九世紀末にもガイル氏族が居住するのが見られたというので[115]、ガイル氏族は過去一世紀半の間、ほとんど居住地域を変えなかったことになる。

表に列挙されるキレル姓の集落中でその位置が大体明らかなのは、クル、キムニン・ビラ、ヘングンの三村である。まずクル村は、ナナイ族の領域内のアムール左岸にある集落クルンではなくて、クル・ビラつまりトゥングスカ川の沿岸にあった村であろう。次のキムニン・ビラは、現在のビラ川にあたるので、その村はビラ川流域にあったと考えられる。ヘングン村はアムグン川の現地名ヘングン・ビラと関係があり、その付近の集落にちがいないが、正確な位置はわからない。おそらくアムグン川の下流ではなくて、中・上流域にあったのであろう。あとの七村に関しては、まったくわからない。さてキレないしはそれに近い音声で発音される集団としては、アムール沿岸にいたナナイ族のキレ氏族と、他の民族からキレンと呼ばれたアムール川左岸のエヴェンキ（トゥングース）族をすぐに思い浮かべることができる。ナナイ族のキレ氏族は、もともとエヴェンキ族の起源であるが、十九世紀にはアニュイ川河口付近のアムール沿岸に居住していたので、[116]キレル姓の中には含まれないであろう。またトゥングスカ川に住むナナイの氏族ユコムザル、ウディンカン、ドゥンカンもキレン（キレセル）と呼ばれることがあるが、[117]ウディンカンとドゥンカンはすでにその名があがっており、そしてユコムザルすなわちユカミンカ氏族も後にイオンクミ姓として現れるので、この場合は該当しない。なお清朝の文献においては、エヴェンキ族とともに、それと近縁関係にあったネギダル族やナナイのサマル氏族なども、奇勒爾（キレル）と称しているが、ネギダル族の氏族の大多数とサマル氏族は後に現れるので、やはり除外される。トゥングスカ川、ビラ川、それにアムグン川などのアムール左岸の内陸部は、以前はエヴェンキやネギダルの領域であったので、これらの集落だけから判断すれば、辺民組織にいうキレル姓はエヴェンキ族のようである。

次のサイマル姓は、ナナイ族のサマル氏族にあたる。サマル氏族は早くからゴリュン川流域に居住していて、『清実録』順治十八年六月辛巳の条においても「奇勒爾塞馬爾姓之郎阿等三屯、初来帰順、進貂皮。」とみえる。郎阿屯は表15のランガ村にあたり、ゴリュン川中流の村ンガガのことにちがいない。ドゥキ村は、そのやや上流にあったドゥキである。サマル氏族は、古くはサマギルというひとつの民族と考えられていたが、二十世紀前半になってナナイを構成する一氏族と認められた。[118]表15の他の二村もまた、ゴリュン川付近の集落であろう。

チャイセラ姓は、現在のチャイサル氏族の祖先である。十九世紀末にはチャイサルは、ドィリン（デレン）村とそれより少し下流のシダヒ村に居住していた。[119]チャイセラ姓のいたヒラスミは、康熙三年に清朝の軍がロシア人を破った黒喇蘇密のことで、今日のプリサにあたり、シダヒ村のやや下流に位置する。これらの集落は、いずれもナナイ族とオルチャ族の混住地帯に含まれる。一般にこの地域に居住する氏族の民族的な帰属を決定することは、きわめて困難であるといわれ、チャイサル自身もそれについてあいまいな意識しかもっていない。パトカノフはチャイサルをオルチャ族に入れるのに対して、スモリャクはナナイとオルチャの中間氏族と考えている[120]。

ブルガル姓は、今日のブラル氏族を指すにちがいない[121]。ブラル氏族は、十九世紀末にはナナイとオルチャ両民族が接する地帯に住み、プリサの少し下流にあるボリバとパフタ両村をその故郷としていた[122]。表15のシルジュン村とジャリン村は、ボリバ村の下流でパフタ村の対岸にあり、グウェレヘン村もパフタ村に隣接していた。ところでブラルもチャイサルと同じく、民族的な帰属が不明瞭な氏族である。パトカノフはオルチャ族とするのに対し、ゾロタリョフはナナイ族と考える[123]。

続くキジン姓は、現存する氏族の中には該当するものは見当たらないが、キジ湖にその語源があることは言うまでもない。五つの集落のうちで所在が明らかなのは、ドー＝ウン、ドゥワンの二村である。ドー＝ウンはドーワン川、ドゥワンはドゥワニ＝タルガ付近にあったとみられる。これらの二村は、ともにキジ湖とその周辺に存在する。現在この地域ではオロチ族やネギダル族も見られるが、主に居住するのはオルチャ族である。キジン姓の主体となっていたのも、オルチャ族の先祖であろう。

ハルグン姓は、オルチャ族のホルゴイ氏族かもしれない。ハルグン姓の集落オロソブゴの場所は明らかではないが、それに関連してオルチャのロスグブ（オロスグブ）氏族に注目したい。オロスグブはオロソブゴの転化したもので、その語源は地名に由来すると考えられる[124]。スモリャクによると、十九世紀末から二十世紀初めにはロスグブ氏族の集落は、モノコダヴァ、アウリ（オーリ）、ドフタ、ドゥディ（ドゥクジン）、クドュムなど、すべてカディ湖北部に集中している。オロソブゴ村も、過去にこの付近にあったと推測される。他方ホルゴイ氏族はその当時はムリカ村とモノコダヴァ村に居住しており[125]、ハルゴイ氏族の居住地はハルグン姓の居住地と重なる。

ウディル姓は、オルチャ族の一氏族ウディ（ピリドゥンチャ）にあたる。ウディ氏族は始めフンガリ川を下ってアムール川に出たが、その後ゴリュン川を遡ってウドィリ湖に注ぐピリダ川に移り、ウドィリ湖沿岸に落ち着いた。それからアムール川とウドィリ湖を結ぶ川に入って、二十世紀始めにはキジ湖近くのアムール川の支流に移った[126]。氏族名ウディはウドィリ湖に由来し、他方ピリドゥンチャはピリダ川に語源がある。清朝の地図においてはビジンという村は存在しないが、ちょうどウドィリ湖があるべきアムール左岸に、ビジャン川という支流がある。現在もウドィリ湖に北から注ぐ川をビチ川と呼ぶので、ビジン村はこのビチ川か、もしくはアムール川とウドィリ湖を結ぶ川の沿岸にあった集落であろう。

ロンキル姓は、オルチャ族のロンキ氏族のことである。ロンキ氏族は大変少数であるが、古くからアムール川に土着しており、その名は十七世紀のロシア語文献に現れる[127]。十九世紀末にはキジ湖南部の村において、九人のロンキ氏族の存在が確認されている[128]。ロンキル姓のいたホロ川は別名フイリ川とも呼ばれ、南方からキジ湖に注ぐ今日のアイ（ヤイ）川のことである。

続くアヤマカ、モクトヒ、トロモコの三姓は、それぞれネギダル族のアユムカン、ムクテギル、トヨムコンの三氏族にあたる。ムィリニコヴァなどによれば、二十世紀前半にはアユムカンの大多数は、イムより下流のアムグン川下流沿岸に居住していたのに対して、ムクテギルとトヨムカンの両氏族は、上流地域だけに集まっていたという[129]。表中のアヤマカ、モクトヒ、トロモコの三村は、みな場所を特定することはできないが、アムグン川の下流と上流にあった集落であろう。

ウデン姓は、ネギダル族のウダン氏族である。ウダン氏族もかつてはウドィリ湖周辺に住んでいたが、後にビチ川からアムグン川の支流イム川をへて、アムグン川流域に出てネギダル族の中に入った。ウダンという氏族名は、ウドィリ湖に因む。二十世紀前半にはかれらはアムグン川の下流域にいたが[130]、そのうち八十八パーセントは、サムニャからイムまでのその上流部分に集中していたという[131]。表15のソムニン村は、現在のサムニャ村にあたる。ウダン氏族は、十八世紀当時もサムニャ付近に集まっていたのだろう。

フィヤカ姓に該当する氏族は、現存する少数民族の中には存在しない。おそらくその主要な部分は、ニヴフ族からなっていただろう。フィヤカ（飛牙喀、費雅喀）は、清初においてはアムール川最下流域の住民を指す呼称であったが、乾隆以後はアムール川下流地方の辺民全体を表す名称として使われた。しかしこのフィヤカ姓は、辺民の一部を占めるにすぎない。表15に現れるフィヤカ姓の集落は、いずれもアムール川最下流域の沿岸に点在している。そのうち最も上流に位置するのはオーリ村で、以下ウトゥン、ドゥクジン、モンゴロ、コイマン、ウクトゥン、ヒヤリ、ハルグン、ディヤン＝ホンコ、マンガチャ、フクン、チョホンゴ、ダ、ハスルギ、ディヤブハ、ガキン、ジャハダ、ミヨー、ワブチヌ、そしてブイェレオの順に並ぶ。ところでシュレンクによれば、ニヴフ族が十九世紀半ばに占めていた地域は、ウフタ（ウクトゥン）とゲリ（ヒヤリ）両村より下流であり、それよりも上流にはオルチャ族が居住していたという。ただ当時もその境界を越えてコイマ（コイマン）、アウリ（オーリ）などに居住するニヴフ族は、少数ではあるが存在した[132]。ニヴフ族の南限をこの地区に設けることは、現在定説となっており、シュレンクの前には間宮林蔵も、ニヴフ族の集落はホル付近から始まることを確認している[133]。ホルは、ウクトゥンよりやや上流のアムール右岸の村プルのことである。上述したフィヤカ姓の大部分の村落は、シュレンクが主張したニヴフ族の領域内に含まれるが、オーリ以下のウトゥン、ドゥクジン、モンゴロ、コイマンの五村だけはその領域外に存在する。『寧古塔副都統衙門檔案』と『三姓副都統衙門檔案』によると、これらの五村には、フィヤカ姓以外の集団が居住していたようすはない。フィヤカ姓の主要な部分を構成したのはニヴフ族にまちがいないが、辺民の戸数が決定された十八世紀中葉には、かれらの領域は現在よりも南に広がっていたのかもしれない。

次のクイェ姓の語源は、アムール川下流域の少数民族がアイヌを呼んだ名称クイェにある。サハリンのアイヌは、十九世紀以前は中・南部の海岸や河川に沿って居住していた。ところでクイェ姓が清に従ったのは、康熙二十九年に実施された吉林副都統のバルダらによる調査の結果である。清は当時はまだ、サハリンの中部以南には進出していなかったので、このクイェは西海岸の中部以北にいたアイヌであろう。[134] ただしクイェの五か村の位置は、不明である。

オロンチョン（オロンチョ、オルチョ）ということばは、一般にはアムール川上流地方でトナカイを飼養するオロチョン族を指すが、ここでいうオロンチョン姓は、サハリン北東部とポロナイ川沿岸に居住したトナカイ飼養民ウイルタのことである。[135] かれらの居住した六か村については、いまのところ手がかりはない。

テメイェンとカダイェの二姓は、前述した如く康熙五十年に辺民に組織された。みなサハリン北部の集団とみられる。

ワルル姓も康熙五十年に清に従属したが、かれらの住む東・西サ=オロンチョン村は、『満漢合璧清内府一統輿地秘図』ではサイと呼ばれ、現在のチャイヴォのことである。オロンチョンとあるとおり、ウイルタの一部である。今日のワーレッタ氏族にあたる。[136]

ケピン姓は、音声から類推すると、オロチ族のコピンガ氏族かもしれないが、確証はない。もしそうであれば、ケピン村はコピ川近くの村である。

ドボノンゴ姓は、前述のバルダに従った集団の中にみえる。「海島に住む」とされるので、サハリンの一集団であることはまちがいない。発音が類似するので、サハリン北西部に居住したニヴフのトヴヌング氏族かもしれない。[137]

オヨロ、トンゴチョル、ソムニンの三姓については、手がかりはない。

ディヤンチャン姓は、サハリンのニヴフ族である。かれらが住んだ西テキン村は北西海岸の地名で、『満漢合璧清内府一統輿地秘図』のテケン、今日のトィクの西にあった村落であろう。

チュウェニ姓は、サハリンのニヴフ、チフィヌング氏族のことである。チュウェニ姓が居住した四か村のうち、チュウェネ村は、日本名チフナイ川付近の村とみられ、ビシケ村はチフナイ川の南プイスキ村のことだろう。どちらもサハリン北西岸の集落である。[138]

チュクチヘリ姓は、ネギダル族の一氏族チュクチャギルにあたる。[139] アムグン川の上流地方、チュクチャギル湖周辺にいたのだろう。

続くヘオウェティ、フテの二姓は、不詳。

次のイオンクミ姓は、現在トゥングスカ川流域にいるナナイのユカミンカ氏族にあたるだろう。ネギダル族の伝説によると、昔アムグン川の上流にユコミルという氏族が住んでいたが、かれらは後に満洲人によって松花江に移されたという。ムィリニコヴァなどは、ユコミル氏族は今日ウルミ川（トゥングスカ川の上流）にいるナナイ族のユカミンカ氏族にあたると考える。[140] ドルギフもまた、十七世紀末にアムグン川流域でカムスキーなる氏族が確認されているが、それらはユカミンカと関係があると言う。ただドルギフは、このユコミル氏族は十七世紀にはすでに、トゥングスカ川流域に移動していたと考える点で、ムィリニコヴァなどとやや異なる。[141] イオンクミ姓の村落ウルチの正確な位置は明らかではないが、十九世紀末にクル川（トゥングスカ川の上流）流域のウリケ村に、ユカミンカなどが居住していたという情報があるので、[142] ウルチはこのウリケのことであろう。そうであれば、イオンクミ姓は十八世紀当時からすでにトゥングスカ川の流域にいたことになる。

ヘイグレ（ヘイフレ）姓は、康熙五十年にサルチャンらがサハリンを調査したとき清に従っているので、サハリン北部にいた集団であろう。ヘイグレ姓が居住したソムニン村は、サハリンの村と考えられる。

プニヤフン姓の住むボモド村は、サハリン最北のシュミット半島の付根にあった村ポムイドである。プニヤフン姓は、ニヴフのプニャグアン氏族のことである。プニャグアン氏族は、古くからサハリン北部に居住した氏族といわれる(143)。

次のバンジルガンとキヤカラの二姓は、沿海地方によったキヤカラを構成した集団である。かれらはニングタまでの距離が遠いという理由で、ウスリ川とニマン川の合流点近くにあったニマンに、二年分の貂皮をもって隔年に貢納した。これらの二姓は、ともにウデヘ族に属するであろう。ウデヘ族は本来沿海地方の南部を占めていたが、現在はウスリ川の支流ビキン川とホル川、それからアムール川の支流であるアニュイ川などに集中する(144)。ナナイとオロチ両民族は、ウデヘ族をキヤハラと呼んだという(145)。キヤカラ姓は、ウデヘの古い氏族キャにあたる。キラメ村は、『吉林通志』巻一七に奇拉莫と見えるが、不詳。テリン村についてはよくわからない。

以上の五十姓は、もとはニングタ副都統に属したが、乾隆四十四年の改革後はイランハラ副都統に所属した。清ではヘジェフィヤカと総称される。

ネオデ、ドゥワハ、ヤダン、チョミン、シュルングル、トーの六姓は、雍正十年（一七三二）にイブゲネらが従えたサハリンの辺民である。これらの集団は、最初からイランハラ副都統の管轄下に入った。いわゆるクイェフィヤカである(146)。

ネオデ姓は、サハリンの北西岸ヌエデ岬から出た呼称である。この地方に居住したニヴフの一部と考えられる。ドゥワハ姓は、東海岸の地名ドワガー（別名メルコアー）に由来する。この集団は、のちに西海岸のタムラヲーに移住した。ニヴフ族とみられる。

ヤダン姓は、南西岸のナヨロに住むアイヌである。東海岸にいたシュルングル・トーの二姓とともに、アイヌの二大勢力を形成し、後者が貢納を中断した後も定期的に清に貢納を続けていた。日本とも関係の深い集団である。

チョミン姓は、北西岸の要衝イドゥイにいたニヴフ族である。もとは大陸のチョミ村に住んだが、サハリンに渡りそのままイドゥイに住みついたと考えられる。

シュルングル姓は、東海岸クタンギ（コタンケシ）にいたアイヌである。乾隆七年に起こったキジ事件により清への貢納を中断している[147]。

同じくトー姓は、中部東海岸のダリカ（タライカ）にいたアイヌである。キジ事件の後シュルングル氏族とともに清への貢納を中断した。十八世紀の末には勢力が衰えたが、日本との関係は終始密接であった。

以上ずいぶんと煩瑣な論証を繰り返したが、ここに至ってようやく十八世紀後半の辺民組織を大体解明することができた。大雑把に言えば、それはウスリ川河口以下のアムール川下流沿岸と、左岸の支流ゴリュン川とアムグン川の沿岸、そしてアムール川左岸の内陸部、さらには沿海地方やサハリンなどに居住する少数民族から構成されていた。これは、清朝が十七世紀後半にロシア人と対抗しながら進出していった地域と完全に一致する。ただ辺民組織の分布には、かなり疏密があるように思える。たとえばアムール沿岸には多数の村落が点在するのに対して、両岸の内陸部ではわずかな集落しか確認できない。他方ウスリ川河口までのアムール中流域沿岸、そしてウスリ川沿岸にあったはずの集落は、辺民組織からほぼ完全に除かれており、ガイジン村の名があがっているにすぎない。この理由は、それまでアムール川の中流沿岸に居住していた辺民が、康熙・雍正年間に東北の各地に移住したことにより、この地域から辺民組織が消滅したからである。

第四節　辺民の戸籍とその継承

辺民組織は、貂皮を貢納する基礎単位となる戸（boo または boigon）からなっていた。しかし当初は戸の概念は明確ではなく、民族や地域により戸の内容には差があった。たとえば『寧古塔副都統衙門檔案』第五二冊、乾隆十三年四月三日の条には、ニングタ副都統のことばとして、

調べましたところ、ヘジェフィヤカとクイェたちの献上する税の貂皮は、もともと毎年決まって献上する数というのはないうえに、丁数というものもありません。一戸（boo）にその親子・兄弟が何人いるかを数えず、毎年各戸ごとに一枚ずつ貂皮の税を献上しています。

とあるので、戸に関する規定はもともと存在しなかったのである。

ところで辺民に組織される住民は、一定の経済力をもつものに限られていた。そもそも清朝がアムール川の下流流域に進出したときには、中国とアムール下流との中継交易に従事する中流地方の住民に、下流地方の住民を説得させた。したがって清は辺民の組織化に関しては、当事者本人とそれに関わった中流住民の申告をそのまま承認するしかなかった。その際に経済力のないものは、辺民には組織しなかったと考えられる。たとえば『寧古塔副都統衙門檔案』第三冊、康熙十五年十一月十四日の条に、

将軍の送った文書が届いたあとに、ノロ地方に残った戸を迎えに行くジャンギン、カトゥフたちに委ね

て、〔それを〕引き継いで迎えに行って、ガシャンイダ、フニオ、バイニヤルマ、ウサナとムキヨーたちが到着した。尋ねると、フニオたちは、「わたくしの仲間は、二十六戸が貂の税を貢納していましたが、この他の十二戸は貧しくて貂を得られませんでしたので、税を貢納していませんでした。〔……〕」と告げた。

とある。この十二戸は、このときはまだ辺民ではなかったのであろう。もうひとつ証拠をあげておく。雍正五年（一七二七）にアムール川下流のホジホン、ダイジュはサハリン東海岸のダリカ地方に行って、現地のアイヌに清への従属を促したが、そのとき貂皮を貢納して辺民となったアイヌは、全人口約百戸のうちの二十戸にすぎなかった。残りのアイヌは、貧しいから貂皮を準備できないという理由で、辺民組織には加わらなかった。翌年ダイジュはふたたびダリカ地方に行ったが、このときは十戸のアイヌが新たに貢納しただけであった(148)。ダイジュがこれをニングタ副都統に報告したときに、ニングタ副都統は七十戸を見逃した不手際を非難したが、実際のところダイジュのような例は珍しくなかったと思われる。このように貢納を負担する力のないものは、始めから除外されたのである。

辺民組織は、上からハライダ、ガシャンイダ、デオテジュセ、バイニヤルマの四階層から構成された。ハライダは小規模な集団では任命されないのがふつうで、反対に戸数が最多のフィヤカ姓には六人もいた。ハライダになれるのは、所属する氏族や集団の内部で、実力と権威を認められた人物である。たとえば太宗時代にハライダに任じられたメルジェレ氏族のキヤントゥリは、当時アムール川中流地方随一の実力者であった。そのあとは子ジャヌカがハライダを世襲したが、ジャヌカは清が康熙初めに新満洲佐領を組織したときには、率先して協力した人物である。当時ジャヌカは、他の辺民から絶大な信頼を寄せられていた。また雍正十年（一七三二）に辺民に組織されたサハリンのアイヌには、三人のハライダが含まれたが、このうち西海岸ナヨロ村に住むヤダン氏族のハライダは、ヤビリヌ（ヤエビラカン）、ヨチヒヤンダヌ（ヨチダヌ、楊忠貞）、ヤングラヌ（ヤエンクルアイノ）、シレトゥマアイヌ（シロトマアイノ）と世襲された[149]。この一族はナヨロ地方の実力者であって、和人の記録にもしばしば現れる。東海岸のダリカ村にいたトー氏族とクタンギ村のシュルングル氏族にも、ひとりずつハライダがいたが、かれらもまたその地域を代表する一族であった。

次にガシャンイダは、集団の内部ではハライダに続く有力者であった。ハライダがいない集団では、その代わりをしたとみられる。なおデオテジュセ（シジギヤンエトゥレともいう）は、本来ハライダとガシャンイダの子弟という意味であったが[150]、のちには独立した階層となった。辺民の中で最下位に属すのはバイニヤルマである。その戸数は全階層で最大であった。これをみると清の辺民組織は、従来の社会の基礎に形成されたということができる。

ところで時間の経過とともに、住民たちの中に莫大な富を蓄えるものが現れた。かれらはアムール下流地方とサハリン地方をまたにかけて交易を行ない、大きな利益をあげた。一部のものは交易で得た大量の毛皮をもって、北京に上京して皇帝にそれを献上した。清はこれらの辺民に衣類などとともに、八旗の女子を妻に与えたので、かれらはホジホン（婿）と称され、その妻はサルガンジュイ（女子）と呼ばれた[151]。ホジホンとサルガンジュイは故郷に帰ってからも優遇されており、与えられたウリンの内容で比較すると、サルガンジュイはハライダより上の、ホジホンはハライダと同等の待遇であった。またサルガンジュイには黒貂を貢納する義務はなかったが、ウリンは毎年支給されている[152]。なおサルガンジュイとホジホンは一代かぎりの資格で、その歿後は後継者もその地位を世襲できず格下げとなった。

辺民の戸籍がいかに継承されたかという問題に関しては、初期の檔案には記述が残っておらず、確かなことはわからない。一般には貢納の際に報告して、承認されたものと思われる。ただし現実の貢納の儀式においては辺民の名前を読み上げるだけで、本人かどうか確認することもしなかったらしい。『礼科史書』順治十年三月九日の条には、アムール川中流地方に居住したトコロ氏族とメルジェレ氏族におけるハライダとガシャンイダの交替を述べるが、兄から弟に継がせる例が数例ある他は、大部分は続柄を書かないので、前任者と後任者の関係は不明である。続柄を書かなかった理由は、両方の間には血縁関係がなかったからとも考えられる。なお継承の実態が明らかになるのは、康煕後半からである。アムール川中流とウスリ川の沿岸にいた八姓の例をみると、子供や兄弟さもなくば親族が継ぐことが多かったが、ただ他人を据えることもまれに起こった。これからみると清は始め血縁関係にこだわらず、村落の実権を握ったものをハライダとガシャンイダに任じたようである。

このように当初の辺民組織は、安定した組織ではなかった。そこで乾隆十五年に辺民の戸籍制度を改正したとき、総戸数を二千三百九十八戸と定め、以後は丁が増えても戸は増やさず、もしも丁が死亡したり除籍されたときには、そのあとにはかれらの子弟をつけることにした。これによりニングタに貢納する辺民は、副都統が直接に取り調べて、その継承を承認するようになったのである。『寧古塔副都統衙門檔案』第五九冊、乾隆十九年正月二十四日の条によると、

ハライダ、ガシャンイダ、デオテジュセがなくなったら、かれらの子供や兄弟たちのうちから選んで継がせます。子供や兄弟がいなければ、近親のものの中から継がせます。これに継がせるときには、みなニングタ副都統衙門に連れてきてきちんと尋問してから、副都統がみて選んで継がせます。

という。

なお沿海地方に住むキヤカラとバンジルガン両氏族に対しては、ニングタ副都統がウスリ川沿岸の村ニマンで、

貢納の貂皮を二年分まとめて受け取っていたが、継承の必要が起こったときには、出張した旗人が子供や兄弟を見比べて、その中から一人を選んで後を継がせた。そしてニングタに戻ってから衙門に出て報告したのである。上掲の檔案には、

ハライダ、ガシャンイダが死亡したら、税の貂皮を受け取りに行った官が見て、かれらの子供や兄弟たちの中から選んで継がせます。戻ってきてから衙門に出て報告して、檔子に書き留めます。

とある。アムール下流の貢納地点に貢納した辺民の継承に関しては、記述が残っていないが、ニマンと同様であったと考えられる。

おわりに

現在アムール川の流域地方に居住する少数民族の形成に決定的な作用を及ぼしたのは、十七世紀初めの清の建国である。当時アムール川の中・下流地方には、多様な地域集団や部族が居住し、それぞれ固有の文化伝統と方言を保持していた。清は当初流域の住民を辺民に組織して、八旗旗人とは区別した。ところがまもなくロシア人の脅威が大きくなったので、清はそれにそなえるため中流地方の辺民を八旗に組織して、東北の各地に強制的に移住させたのである。このときの民族移動は極めて大規模なもので、そのために住民の分布に大きな変動が生じ、一時アムール川の中流地方には住民がほとんどいなくなった。

それに対してアムール川下流域の住民には、この期間に大きな変動は起こらなかった。十八世紀前半までの状

況についてては断言はできないが、『寧古塔副都統衙門檔案』と『三姓副都統衙門檔案』によるかぎり、少なくとも十八世紀後半以降はアムール川の辺民組織に、表面上ほとんど変化はみられない。乾隆十五年定額の辺民二千三百九十八戸は、その大部分がアムール川の下流沿岸とその支流域に居住したが、当時この辺民組織を構成した氏族集団の大半は、現在もほとんど同一の地域に住んでいて、かれらが移動した形跡はまったく見えない。辺民の中にはその系統を確認できないものがかなりあるが、その多くは他氏族に吸収されたか、あるいは別名に変わったかして、今日でもなおこの地方に居住していると考えられる。一部の集団はどこかへ移住した可能性もあるが、その確率は低いであろう。

かつてアムール川中流域に居住したフルハ部などは、起源的に見ればアムール下流域の住民とはごく近い親縁関係にあった。だがかれらは今では満洲族に同化されて、その一部となっている。これに対してアムール下流の辺民は、辺民制度下に清朝の統治を受けながら独自の発展を遂げて、それぞれの民族を形成していった。十七、十八世紀を境にして、アムール川中流と下流の住民は、別々の民族形成の過程をたどったのである。

ところで松花江下流からアムール川中流にかけての中国領内には、現在赫哲（ナナイ）族が住むが、本稿で検討した辺民組織の中にはかれらの存在を確認できない。後述する如く赫哲族は、アムール川中流地方にもとからいた人びとではなくて、アムール川中流の辺民が移動した後に、下流地方から中流方面に遡ってきたものと、そして何らかの理由で移住を免れて、中流地方に留まった辺民の子孫から形成された民族なのである。

注

（1）『欽定大清会典』（光緒）巻一七、戸部。

辺民計以戸、〈……計戸者、三姓所属赫哲費雅喀、〔奇〕勒爾、庫葉、鄂倫春、恰克拉五十六姓、二千三百九十八戸、……〉

（〈　〉内は割注）

一般に辺民という概念の中には、東北辺境の少数民族だけでなく、新疆や青海、チベットなどの諸民族も含まれる。しかし本稿で言う辺民は、もっぱらニングタおよびイランハラ副都統の管轄下にあったアムール川中・下流地方の少数民族を指している。

（2）代表的な論文としては、関嘉録・王桂良・張錦堂「清代庫頁費雅喀人的戸籍与賞烏林制」（『社会科学輯刊』一九八一年第一期）、楊余練・関克笑「清廷対吉林辺疆少数民族地区的統治」（『歴史研究』一九八二年第六期）、関嘉録・佟永功「清朝貢貂賞烏林制度的確立及演変」（『歴史檔案』一九八六年第三期）などがある。またその史料集は、遼寧省檔案館他編『三姓副都統衙門満文檔案訳編』（遼瀋書社、一九八四年）である。

（3）太宗時代の史料は、ウスリ川流域の住民をワルカ（瓦爾喀）部と言う例がほとんどで、フルハ（虎爾哈）と呼ぶ場合は少ない。しかし実際にこの地域を占めていたのはフルハ部であるので、本稿ではフルハで統一することにする。なお阿南惟敬「清の太宗のウスリー江征討について」（同『清初軍事史論考』所収、甲陽書房、一九八〇年）一〇〇～一〇七頁を参照。

（4）『清実録』（乾隆重修本）天聡三年七月甲午、および同五年二月甲戌の条。『滿洲名臣伝』巻二、呉巴海伝。額勒（Ele）、約索（Yoose）は、ともに日本海に注ぐ沿海地方中部の河川名である。厄黒庫倫（Ehe Kuren）も沿海地方の一地域名であろう。

（『滿漢合壁清内府一統輿地秘図』第二排一号）

（5）『八旗通志初集』巻一六五、達諸護伝。

（6）『清実録』天聡六年十二月乙亥の条。

（7）阿南惟敬「清初の東海虎爾哈部について」（前掲書所収）六八～七〇頁を参照。

（8）『清実録』天聡七年十一月戊申、および同八年五月甲辰の条。

（9）『清実録』天聡八年十二月癸卯、同九年四月甲辰、そして同九年六月丁酉の条。

（10）『清実録』天聡九年十月癸未の条。

（11）『清実録』天聡十年三月庚申、同年四月庚辰、崇徳元年四月己丑、同年四月辛丑、そして同年五月丙午の条。

（12）『清実録』崇徳二年七月己巳、および同三年四月戊午の条。

(13) 熊島すなわちレフ島については、楊暘・袁閭琨・傅朗雲『明代奴児干都司及其衛所研究』(中州書画社、一九八二年) 一九九~二〇一頁を参照。
(14)『清実録』崇徳四年八月甲午の条。加哈禅の乱については、寺内威太郎「慶源開市と琿春」(『東方学』第七〇輯、一九八五年) 七九~八三頁に詳しい。
(15)『清実録』崇徳五年七月癸未の条。
(16) 寺内氏は、頼達庫 (頼図庫) を集団名と見ておられるが、人名である。『清実録』崇徳五年閏正月甲申、および同年五月甲辰の条。
(17) 寺内氏前掲論文八四、八五頁を参照。
(18)『清実録』崇徳五年二月丙辰、同年五月甲辰、そして同年六月癸酉の条。
(19)『清実録』天聡八年十二月壬辰、および同九年四月癸巳の条。
(20)『清実録』崇徳七年九月壬午、および同年閏十一月己酉の条。『八旗通志初集』巻一六〇、朱瑪喇伝。
(21)『満漢合璧清内府一統輿地秘図』、『乾隆内府輿図』それに『盛京吉林黒龍江等処標注戦蹟輿図』を参照した。
(22)『清実録』崇徳八年三月庚戌、同年五月丁巳の条、そして『八旗通志初集』巻一六五、阿爾津伝。
(23)『清実録』天聡八年九月甲戌の条。
(24)『清実録』天聡八年十二月丙申の条、また『満洲名臣伝』巻四、阿山伝、同巻一三、布爾堪伝、同巻一二、綽和諾伝、『八旗満洲氏族通譜』巻二八、葉臣伝。
(25)『満洲名臣伝』巻一六、瓦岱伝、および『八旗通志初集』巻五、旗分志、正白旗満洲・第二参領・第二佐領。
(26)『清実録』天聡九年六月壬午の条。
(27)『清実録』崇徳五年七月癸未の条。
(28)『清実録』崇徳八年正月辛亥の条。
(29)『清実録』崇徳八年七月戊戌の条。
(30)『八旗満洲氏族通譜』巻五一、和托諾伝。
(31) 拙稿「ヌルハチ (清・太祖) の徙民政策」(『東洋学報』第六七巻第三・四号、一九八六年) 二六頁を参照。また『清実録』

崇徳五年五月甲辰の条には、

戸部啓心郎布丹等、至自盛京、奏征虎爾哈捷音。計獲男子三百三十六人、帰降男子一百四十九人、共四百八十五人。内有捕海豹人二百四十三人、捕貂鼠人一百九十八人、令仍居彼地、携来者四十四人。

とある。なお注（15）の史料も参照されたい。

（32）拙稿「ヌルハチ（清・太祖）の徙民政策」二七頁を参照。

（33）『八旗満洲氏族通譜』巻五二、強図理伝。高士奇『扈従東巡日録』巻下によると彼の村落（「羌突里噶尚」）は、ニングタの東六百里、松花江とアムール川の合流地点付近にあったという。呉兆騫『秋笳集』巻三、「送人之羌突里街」の羌突里も彼のことである。なお増井寛也氏は、羌図礼の村落は富錦のやや上流であったと推定する。同「新満洲ニル編成前後の東海フルガ部」（『立命館文学』第四九六～四九八号、一九八六年）注（34）を参照。

（34）Б. О. Долгих, *Родовой и племенной состав народов Сибири в XVII в.*, Москва, 1960,（以下 *Родовой и племенной состав* と省略する）стр. 595, *Русско-китайские отношения в XVII веке*, том 1, Москва, 1969, стр. 213. 吉田金一『ロシアの東方進出とネルチンスク条約』（東洋文庫、一九八四年）三八二頁注（22）を参照。

（35）『清実録』崇徳四年二月甲午、および同五年正月辛巳の条。

（36）同書巻三〇、兀札喇氏序、巻三四、庫雅拉氏序、巻三八、巴雅拉氏序、巻五三、赫宜氏序、巻五八、禄葉勒氏序、巻五九、克伊克勒氏序。なお禄葉勒姓と耨野勒姓が同一氏族であることは、А. В. Смоляк, *Этнические процессы у народов Нижнего Амура и Сахалина, середина XIX -начало XX в.* Москва, 1975（以下 *Этнические процессы* と略す）, стр. 108. また同書巻四二、瑚錫哈理氏序には「其氏族散処於瑚錫哈理等地方」とあるが、この瑚錫哈理もアムール中流域の一地方であろう。

（37）中国第一歴史檔案館編『清代中俄関係檔案史料選編』第一編（中華書局、一九八一年）、第四号と第一五号は、『礼科史書』に満洲語檔案とともに収録される同じ檔案の漢文本を編集したものである。

（38）アムール川流域にあった村落名については、注（21）の地図を参照した。以下、同様である。

（39）『礼科史書』順治十年三月九日の条。そして『清代中俄関係檔案史料選編』第四号の漢文檔案。

（40）本書第九章「十八世紀のアムール川中流地方における民族の交替」第三節を参照。

（41）E. G. Ravenstein, *The Russians on the Amur*, London, 1861, pp.20, 21. 吉田氏前掲書六〇、六七頁を参照。

(42) これらの戦闘については、Ravenstein, *The Russians on the Amur*, pp.28-33. 稲葉岩吉「朝鮮孝宗朝に於ける両次の満洲出兵に就いて」(『青丘学叢』第一五、第一六号、一九三四年)、吉田氏前掲書七〇～七八頁等を参照。

(43) 本書第四章「十七世紀アムール川中流地方住民の経済活動」第二節を参照。

(44)『礼科史書』順治十年三月九日の条。『清代中俄関係檔案史料選編』第一編、第一号は、同檔案の漢文訳である。これらの十姓については、本章第三節を参照。

(45) F. A. Golder, *Russian Expansion on the Pacific, 1641–1850*, Cleveland, 1914, p.55.

(46)『清実録』順治十六年三月辛丑の条。

(47)『八旗通志初集』巻一六七、沙爾虎達伝、および『清実録』順治十六年正月甲辰の条。

(48)『清実録』順治十七年七月丁丑の条、および『平定羅刹方略』巻一。また『八旗通志初集』巻二三三、薩音達理伝には、

順治十七年以牛彔章京従征鄂羅斯、賊以舟師拠烏喇崖、薩音達理偕牛彔章京馬喇往撃、被囲戦歿。

とあるが、この烏喇崖は古法壇村付近の地名であろう。

(49)『戸科史書』順治十七年八月九日の条。その中国語訳は、中国第一歴史檔案館「順治十七年招撫赫哲等部族之人史料」(『歴史檔案』一九九五年第二期)に掲載される。

(50)『戸科史書』順治十七年十一月十二日の条。その中国語訳は、前掲「順治十七年招撫赫哲等部族之人史料」に掲載される。

(51)『清実録』順治十八年六月辛巳の条。

(52)『満漢合璧清内府一統輿地秘図』第一排二号。

(53) Н. Г. Каргер, Отчет об исследовании родового состава населения бассейна р. Гарина, *Гарино-Амгунская экспедиция 1926 года*, Ленинград, 1929. わたしは邦訳を利用した。富田良作訳「サマーギル族に就いて」(『書香』第一六巻第一、第二号、一九四四年)(下)六〇頁を参照。

(54)『寧古塔副都統衙門檔案』第二九冊、雍正十二年八月十九日の条。また呉兆騫『秋笳集』巻二、送阿佐領奉使黒斤注に、次の如くみえる。

老羌屢侵掠黒斤、非呀哈諸種、寧古歳出大師救之。康熙三年五月、大将軍巴公乗大雪、襲破之於烏龍江、自是辺患稍息。

(55) 呉兆騫『帰来草堂尺牘』上母親書(四)(同『秋笳集』附録一、上海古籍出版社、一九九三年)。

向来寧古郷紳挙人、倶照中国一様優免、与尚陽堡流徙者不同。此蓋順治皇帝在日、念寧古寒苦、特開此恩例。不意旧年因西海外邏車国〈又名老鎗〉人造反、至烏龍江来搶貂皮、其鋒甚鋭。将軍差人到京討救、即奉部文、今年元宵後到寧古、凡一応流人、除旗下流徙及年過六十外、一概当役。要選二百名服水性者倣水軍、到烏喇地方演習水戦、与老鎗打仗。又要立三十二箇官荘、屯積糧草。〔……〕（〈　〉内は割注）

なお李興盛『辺塞詩人呉兆騫』（黒龍江人民出版社、一九八六年）八五～八八頁を参照。

(56) ヒラスミの位置について、高文風氏はアムグン川河口付近と推定するが、誤りである。同「中俄黒喇蘇密之戦」（『黒龍江大学学報』一九七九年第一期）。

(57)『寧古塔副都統衙門檔案』第二九冊、雍正十二年八月十九日の条。

(58)『清実録』康熙三年十月乙丑の条。

(59)『清実録』康熙六年十一月戊午の条。

(60) ナシハギル氏族については、К. М. Мыльникова и В. И. Цинциус, Материалы по исследованию негидальского языка, *Тунгусский сборник*, I, 1931, стр.114.（以下Материалыと省略する）を参照。

(61) 張玉書『外国紀』俄羅斯部落。

(62)『清実録』康熙八年十二月戊寅の条。

(63)『清実録』康熙十二年十一月甲午の条。

(64) Ravenstein, *The Russians on the Amur*, pp.41-44. 吉田氏前掲書一七四頁を参照。

(65)『清代中俄関係檔案史料選編』第一編、第三二号（康熙二十年五月十一日）。なお吉田氏前掲書一七五頁を参照。

(66) С. В. Бахрушин, *Очерки по истории колонизации Сибири в XVI и XVII вв.*, Москва, 1928. 外務省調査局訳『スラヴ民族の東漸』（新時代社、一九七一年）二七八頁、および吉田氏前掲書一七八頁を参照。

(67)『清実録』康熙二十二年七月戊戌の条、そして『陳学士文集』薩布素伝。また吉田氏前掲書一八一頁を参照。

(68)『清実録』康熙二十二年十一月癸未の条、および『陳学士文集』薩布素伝。

(69)『清実録』康熙二十三年正月乙酉の条、『陳学士文集』薩布素伝の他に、次の史料がある。『吉林通志』巻八七、安珠瑚伝内王燕緒安将軍行状。

〔康熙〕二十三年、以単師略地図瑚魯河、獲原未帰順之奇勒爾部落八姓三十一戸九十九人、以帰。

『八旗通志初集』巻二二五、牛莫淳伝。

〔康熙〕二十三年、従公彭春等征羅察、由恒滾過葫蘆河、招服四十七名羅察、又招服奇勒爾八姓三十一戸、壮丁九十九名、又招服羅察頭目伊立克色等六百余人。

(70) Ravenstein, *The Russians on the Amur*, pp. 45, 46.『スラヴ民族の東漸』七二、二七八頁、吉田氏前掲書一八七頁を参照。

(71)『寧古塔副都統衙門檔案』第二九冊、雍正十二年正月二十六日の条。

(72) 注(71)に同じ。また『大清会典』(雍正)巻一〇六、礼部・給賜に

〔康熙〕五十一年、議准、新帰誠之庫耶特墨尹等姓、係初次進貢、照前賞給例、賞末等蟒緞朝衣各一、送至寧古塔将軍、照例給発。此新帰誠各姓、既経編為八十六戸口、其毎年納進貂皮各一張、令該将軍験看、転送内務府査収。

とあるのは、同じ事実を述べたものと考えられる。

(73)『寧古塔副都統衙門檔案』第五九冊、乾隆十九年正月二十四日の条。

(74)『軍機処満文録副奏摺』第一九二案巻第五文件、雍正十一年四月二十九日付けの署ニングタ将軍ドゥライの上奏文。

(75) 本書第十一章「ウリンの輸送問題と辺民制度の改革」第二節を参照。

(76)『寧古塔副都統衙門檔案』第五九冊、乾隆十九年十月十五日の条が、最初である。その書式と体裁は、イランハラ副都統衙門も受け継いでいて、『三姓副都統衙門檔案』第三六四冊、同治十二年十二月十九日の条が、その最終である。『三姓副都統衙門満文檔案訳編』第七〇～七三、七五～七七、八五、八八～九一号檔案は、それらの檔案の中国語訳である。

(77) 一例をあげると、ネシンキンゲリ(ナシハギル)氏族は乾隆二十五年以降貢納をしなくなり、表15からはもれている。

(78) С. Патканов, **Опыт географии и статистики тунгусских племен Сибири на основании данных переписи населения 1897 г. и других источников**, *Записки Императорского русского географического общества по отделению этнографии*,31 ч. II,1906.(以下Опыт географии и статистикиと略す。大阪外国語大学石濱文庫蔵)この資料については、勝藤猛先生よりお世話をいただいた。記して謝意を表する。

(79) たとえば前掲のСмоляк, *Этнические процессы*などが、代表的な著作である。

(80) А. В. Смоляк, Народы Нижнего Амура и Сахалина, *Этническая история народов Севера*, Москва, 1982, стр. 229-231.

（81）Долгих, *Родовой и племенной состав*, таблица 200, 202, 203. また本章表15を参照。

（82）『経世大典』（『永楽大典』巻一九四二一所引）にみえる「撥魯温站」（撒魯温站の誤り）がそうである。

（83）いわゆるダンヴィルの地図は、J.B. du Halde, *Description géographique, historique, chronologique, politique, et physique de l'Empire de la Chine et de la Tartarie Chinoise*, Paris, 1735. に掲載されている。

（84）Патканов, Опыт географии и статистики, ч. II, стр. 61.

（85）『清代譜牒檔案』（内閣）第三八巻、世襲三八七冊（檔案序号）一九（項目編号）、三姓正黄旗新満洲佐領ドゥルヒヨー承襲世管佐領執照（仮称）。

（86）『寧古塔副都統衙門檔案』第八冊、康熙三十二年正月十三日の条。なお注（85）の史料では、コリハ（クリハ）らは康熙二十六年にイランハラの下流にあったファルトゥン村に落ち着いたというが、何かの誤りであろう。

（87）ウスリ川の支流ニマン川がイマン川と交替するのと、同一の例と見られる。

（88）Смоляк, *Этнические процессы*, стр. 106-108. なお光緒十五年の清の文書にネイェルグ（ネールグ）氏族が現れるので、このときにもまだネールグの名は残っていたのである。佐々木史郎「レニングラードの人類学民族学博物館所蔵の満州文書」（畑中幸子・原山煌編『東北アジアの歴史と社会』名古屋大学出版会、一九九一年）一九九頁を参照。

（89）Смоляк, *Этнические процессы*, стр. 114.

（90）Патканов, Опыт географии и статистики, ч. II, стр. 63.

（91）О. П. Суник, О языке зарубежных нанайцев, *Доклады и сообщения Института языкознания АН СССР*, 1958, 11, стр. 169, 170.

（92）『礼科史書』順治十年三月九日の条。『清代中俄関係檔案史料選編』第一編、第一号は、その漢文訳である。

（93）注（89）に同じ。

（94）Патканов, Опыт географии и статистики, ч. II, стр. 58.

（95）注（89）に同じ。

（96）Патканов, Опыт географии и статистики, ч. II, стр. 60.

（97）本書第八章「康熙前半におけるクヤラ・新満洲佐領の移住」第二、三節を参照。

(98) 注（89）に同じ。

(99) Б. П. Полевой, О местонахождении Ачанского городка, *Советская археология*, 1960, 3, стр. 331.

(100) Патканов, Опыт географии и статистики, ч. II, стр. 61. 62.

(101) Смоляк, *Этнические процессы*, стр.126, 127.

(102) *Атлас Нижнего Амура*, Хабаровск, 1994, стр. 19.（十万分の一地図）この地図は、大塚和義氏から贈っていただいた。位置の特定にたいへん役に立った。記して謝意を表する。

(103) Патканов, Опыт географии и статистики, ч. II, стр. 65. 凌純聲『松花江下游的赫哲族』（南京、一九三四年）上冊、二二四、二二五頁を参照。

(104) 佐々木史郎「アムール川下流域諸民族の社会・文化における清朝支配の影響について」（『国立民族学博物館研究報告』第一四巻第三号、一九九〇年）七〇三、七〇四頁を参照。

(105) Долгих, *Родовой и племенной состав*, стр. 605, 606.

(106) Патканов, Опыт географии и статистики, ч. II, стр. 64.

(107) Смоляк, *Этнические процессы*, стр. 130.

(108) Патканов, Опыт географии и статистики, ч. II, стр. 65.

(109) Смоляк, *Этнические процессы*, стр. 110, 111.

(110) Смоляк, *Этнические процессы*, стр. 128.

(111) А.В.Смоляк, Состав, происхождение и расселение ульчских родов, (середина XIX-первая четверть XX в.) *Труды Института этнографии*, 84, 1963（以下Составと省略する） стр. 151, 152.

(112) Патканов, Опыт географии и статистики, ч. II, стр. 64.

(113) 注（89）に同じ。

(114) Смоляк, *Этнические процессы*, стр. 128; Смоляк, Состав, стр. 151, 152.

(115) Патканов, Опыт географии и статистики, ч. II, стр. 64.

(116) Смоляк, *Этнические процессы*, стр. 120, 121.

(117) Смоляк, *Этнические процессы*, стр. 42.
(118) 注（53）に同じ。
(119) Патканов, Опыт географии и статистики, ч. II, стр. 125.
(120) Патканов, Опыт географии и статистики, ч. II, стр. 125; Смоляк, Состав, стр. 149.
(121) 佐々木氏も前掲論文においてブルガル姓をブラル氏族に比定するが、ただし論拠は示さない。七〇三頁を参照。
(122) Патканов, Опыт географии и статистики, ч. II, стр. 125.
(123) Смоляк, *Этнические процессы*, стр. 90, 91.
(124) ドルギフは、ロスグブ氏族の呼称は魚皮сугбу に関係があると言うが、誤りである。Б. О. Долгих, Социальная организация народов Нижнего Амура и Сахалина в XIX -начале XX в., *Общественный строй у народов северной Сибири, XVII -начало XX в.*, 1970, стр. 272.
(125) Смоляк, Состав, стр. 146, 148, 153, 154.
(126) Смоляк, *Этнические процессы*, стр. 100; Смоляк, Состав, стр. 155.
(127) Н. Н. Степанов, Первые русские сведения об Амуре и гольдах, *Советская этнография*, 1950, 1, стр. 180, 181.
(128) Патканов, Опыт географии и статистики, ч. II, стр. 127. 128.
(129) Мыльникова и Цинциус, Материалы, стр. 124.
(130) Мыльникова и Цинциус, Материалы, стр. 119.
(131) Мыльникова и Цинциус, Материалы, стр. 124.
(132) Смоляк, *Этнические процессы*, стр. 14.
(133) 洞富雄・谷澤尚一編注『東韃地方紀行』（平凡社、一九八八年）巻下、一五五頁。
(134) 本書第三章「一七二七年の北京会議と清朝のサハリン中・南部進出」八七頁を参照。
(135) 拙稿「満洲語檔案に現れる北方少数民族の言語」（平成十四・十五年度科学研究費補助金〔基盤研究C1〕研究成果報告書『十三世紀以降のアムール川下流・サハリン地方に関する研究』二〇〇四年、に所収）oronco の項を参照。
(136) ウイルタ民族のワーレッタ氏族については、石田英一郎「邦領南樺太オロッコの氏族に就いて（一）」（『石田英一郎全集』

第五巻所収、筑摩書房、一九七七年）三五四頁を参照。

(137) А. В. Смоляк, Родовой состав нивхов в конце XIX-начале XX в., *Социальная организация и культура народов Севера*, Москва, 1974,（以下Родовой составと省略する）стр. 192.

(138) 第三章「一七二七年の北京会議と清朝のサハリン中・南部進出」八五頁を参照。

(139) Мыльникова и Цинциус, Материалы, стр. 124.

(140) Мыльникова и Цинциус, Материалы, стр. 121.

(141) Долгих, *Родовой и племенной состав*, стр. 605.

(142) Долгих, *Родовой и племенной состав*, стр. 605. またアルベルト=リプスキー述「黒龍江畔ウルミ及ツングースカ居住ゴリド族に就て」（『人類学雑誌』第三七巻第九号、一九二二年）二八八頁を参照。

(143) Смоляк, Родовой состав, стр. 195.

(144) В. Г. Ларькин, Некоторые данные о родовом составе удэгейцев, *Краткие сообщения Института этнографии*, 27, 1957, стр. 35.

(145) Смоляк, *Этнические процессы*, стр. 59.

(146) ネオデ以下の六氏族については、第三章「一七二七年の北京会議と清朝のサハリン中・南部進出」一〇九～一一二頁を参照。

(147) キジ事件とそれがサハリンアイヌの社会に及ぼした影響については、本書第六章「十八世紀のサハリン交易とキジ事件」を参照。

(148) 『寧古塔副都統衙門檔案』第一八冊、雍正八年五月十日の条。

(149) 洞富雄『樺太史研究』（新樹社、一九五六年）一三一、一三六、一四六～一四八頁、および池上二良「カラフトのナヨロ文書の満州文」（同『ツングース・満洲諸語資料訳解』所収、北海道大学図書刊行会、二〇〇二年）四五〇頁注を参照。

(150) 本書第十二章「繊維製品の流入と辺民社会」注（40）を参照。

(151) 本書第五章「十八世紀アムール川下流地方のホジホン」第一節を参照。

(152) 『三姓副都統衙門檔案』をみると、サルガンジュイは貢納したという記録がないのに、ウリンはいつも支給された。たとえば同書第六九冊、乾隆五十六年九月二十七日、および第七〇冊、乾隆五十六年十一月五日の条。『三姓副都統衙門満文檔案訳編』

第一七号と第七〇号は、その中国語訳である。

第八章　康熙前半におけるクヤラ・新満洲佐領の移住

はじめに

十七世紀後半の中国東北部において最も重大な政治問題は、対ロシア政策であったことは言うまでもない。清朝はそのために様々な対策を講じたが、中でも重要なのは康熙九年と十三年にクヤラ佐領と新満洲佐領を編成したことである。クヤラ佐領と新満洲佐領は、その後東北の各地に移動してそのまま定住化していったが、かれらの八旗編入と大移動を研究することは、清の北方政策を明らかにするだけでなく、また東北アジアにおける民族形成の問題を考える上で大きな意義をもつ。

ところでクヤラ佐領と新満洲佐領については、これまであまり研究がされたことがない。わたしはここ数年来、十六、十七世紀における満洲族の民族移動を研究しているが、別稿ではこのクヤラ佐領と新満洲佐領の編成に関して、簡単ではあるが述べるところがあった[1]。しかしこの問題に関する史料は従来ほとんど残っていないこともあって、解決できないままに残した課題や、追求できなくて犯した誤りが少なくなかった。ところが幸いにして最近入手することのできた中国第一歴史檔案館『清代譜牒檔案』（内閣）（マイクロフィルム）の第三八巻と第三九巻には、東北地区のクヤラ佐領と新満洲佐領の由来を記した世管佐領執照と輪管佐領執照を収録しており、同様に第四〇巻と第四八巻には、北京の新満洲佐領の世管佐領執照を載せている。(2)これらの檔案は、以前の文献史料と比較して格段に詳細な内容を含んでいる。さらには近年中国において清代東北の流人に関する研究が進み、(3)その中から張縉彦『寧古塔山水記・域外集』（哈爾濱、一九八四年）等の流人の著作が公刊されて、だれでも容易にそれを利用できるようになった。またわたし自身も一九八九年以来中国において、『寧古塔副都統衙門檔案』や『三姓副都統衙門檔案』など幾つかの未刊行史料を実地に閲覧する機会を得た。この結果、クヤラ佐領と新満洲佐領についての諸問題を解決する糸口をつかむことができた。

本章では十七世紀後半の北方情勢と関連させながら、まずクヤラ佐領と新満洲佐領が編成された状況を明らかにし、次にこれらの佐領が各地に移動したその経過を述べることにする。

第一節　康熙九年のクヤラ佐領編成とその吉林移住

十六世紀末から十七世紀前半にかけて中国東北地区では大規模な民族移動が起こり、人口の大半が領域の西南部に集中した。周知の通りこれは清の太祖ヌルハチとその後を継いだ太宗ホンタイジが、東北地区を統一する過程で、周辺地域の住民を自らの居城近くに強制移住させたことによって現れた現象である。十七世紀中葉には清の勢力は、松花江下流域からアムール川中流域、さらにはウスリ川流域から沿海地方南部にまで拡大したが、住民は盛京（瀋陽）などの西南部地域に移動してしまい、東北地区ではニングタなどの数都市に八旗兵が駐防する他は、大部分の地域は無人の地として放置された。清朝は、強制移住させたこれらの少数民族を佐領に編成して、八旗に組織した。(4)

なお周縁部の松花江下流やアムール川中流、ウスリ川の沿岸にいた住民の中には、清に服属した後もひき続き故郷に留まり、強制移住を免れたものがいた。かれらは八旗とは区別されて辺民と呼ばれ、兵役がないかわりに貂皮などの毛皮を貢納する義務を負わされた。(5) 辺民の起源はすでに太祖時代に発しているが、制度として一般化するのは、太宗のときからである。清はその有力者にハライダ（hala i da）やガシャンイダ（gašan i da）などの地位を授け、かれらを通してこの地域を統治しようとした。

さて清軍が山海関を越えて北京に入城したちょうどその年、アムール地方にはロシア人が進出を開始して、各地で破壊と掠奪を繰り返し、流域の辺民組織に甚大な被害をもたらした。始めのうち手をこまぬいていた清も、やがてニングタの八旗兵を繰り出して、それに対抗する。順治九年（一六五二）二月にニングタ章京海色は二千人余りの部隊を率いて、アムール川下流のボロン湖東岸にあった烏扎拉村でハバロフらと交戦するが、かえって大敗を喫してしまった。(6) 清は反撃の出鼻を挫かれたが、ただちにニングタ八旗の再建にとりかかり、七月には海色に代えてシャルフダをメイレンジャンギンに登用することにした。続いて十年五月にはシャルフダをニングタ=アンバンジャンギン（康熙元年ニングタ将軍と改称）に昇格させ、一段と大きな権限を与えた。(7)

シャルフダはロシア人に対して積極的な攻勢をしかける一方で、流域の住民（辺民）をロシア人の掠奪から守るために安全な上流地域に避難させた。ちょうど順治十二年末から十三年初めの出来事である。これはステパノフらが目撃した事実で、それによるとシャルフダは、松花江下流からアムール川中流にかけての沿岸の村落を焼き払って、住民をクルガ川（牡丹江）に強制移住させたという。(8) 中国の記録はこれについて何も伝えないが、順

治十五年に同地域を行軍した朝鮮の人申瀏は、『行中記事（北征録）』六月七日の条において、

薬沙家善〔Yaksa gašan、牡丹江口から下流七、八日程の距離にあった村〕以下江に沿ひて左右は、旧時村落相ひ続く。賊船侵掠して自りの後、並びに奔竄をなし、今みな丘墟なり、と云々。

と松花江下流地域から住民が消えたことを記す[9]。このときにシャルフダが移住させた住民の範囲は、アムール川中流地方でも、比較的上流部分にいた人びとにとどまったであろう。ただかれらの移住は、その後アムール川中流地方の辺民全体をまきこむ民族移動へと発展する。その先駆けになったものとして、この事件は注目すべきである。

ところでステパノフが率いるロシア人の船隊は、順治十五年六月にシャルフダと戦って壊滅的な損害を受け、ステパノフ自身も戦死してしまう[10]。しかしそれからもロシア人は、アムール川水系への進出をあきらめなかった。康熙四年に官憲から追われたチェルニゴフスキーらが、アムール川上流のアルバジン（雅克薩）を占拠すると、ロシア人は再びアムール川流域をめざして殺到するようになった。そして八年秋には流域の辺民に圧迫を加え始めたので、清朝もこれ以上放置できなくなった[11]。

順治帝の後を継いだ康熙帝はまだ八歳の幼少であったので、即位当初は四人の輔政大臣をたてて政治にあたらせた。やがてその中から鰲拜が、他の三人を排除して実権をふるい始める。成長した康熙帝は、康熙八年五月に鰲拜を倒して自ら権力を掌握し、これ以後名実ともに親政を行なうことになった。

康熙帝は、先朝以来懸案となっていた北方問題に関して、ロシアと直接交渉を行なう一方で、戦争は避けられないと見て北辺における防衛力の増強を急いだ。康熙帝はそのための兵力として、太宗のときに清に従ったアムール川中流周辺の辺民を八旗に組織し、ニングタに集中させることを考えた。当時のアムール川中流地方はロシア

人による進入の爪痕がまだ癒えず、無人の村落や家屋が連なる荒涼とした地域に変わり果てていた。住民の多くはロシア人を恐れて、松花江や山奥の支流の沿岸に避難したままであった。康熙帝は康熙八年七月には早くも計画の実現に動き出し[12]、翌九年（一六七〇）には最初の大規模な新佐領の編成を行なった。これがいわゆるクヤラ佐領である。陳儀『陳学士文集』巻一〇、薩布素伝によれば、ニングタ将軍バハイは同年に康熙帝の詔を受けて、ウスリ川流域の「瓜爾察部族」をニングタに徙したという。瓜爾察は一般には松花江中流域に居住しており、ウスリ川流域にはいない。ここでは正しくは、クヤラ（庫雅拉）とすべきである。さて『清代譜牒檔案』を見ると、バハイはこのときに全部で十四のクヤラ佐領を組織したという[13]。表16中の(1)から(4)までの四佐領は、『清代譜牒檔案』から拾い出したクヤラ佐領の一部である。(1)トニオらの出身地ヤラン川と、(4)トゥルファチャらの故郷ヒルは、ともに沿海地方の南部にある河川である。(2)ネリオらの出身地ビルテンはふつうは鏡泊湖のことをいうが、それではあまり西に寄りすぎるので、ここでは興凱湖（Hingkai bilten ということもある）を指すとみるべきであろう。後考を俟つ。（第四章図4）。

ここで『吉林通志』巻六四、職官志をみると、康熙九年に吉林烏拉（以下吉林と称す）において八佐領が設置されたといい、それを表にすると次の通りである（表17）。表17の(2)托鈕は表16の(1)トニオに、同じく表17の(3)訥留、(8)図勒法察は、それぞれ表16の(2)ネリオ、(4)トゥルファチャに該当する。また表17の(5)哩仏と(7)満珠那は、康熙初めに清朝に貢納したことのある「尼麻察姓頭目仏柳」と、「呉蘇路烏喇居住満朱納」にあたるとみられる[14]。表17の八佐領はクヤラ佐領の一部である。ただ『吉林通志』が、これらの佐領が吉林に設けられた年を康熙九年とする点は正確ではない。というのはクヤラ佐領は、翌十年になってニングタから吉林へ移動するからである。『吉林通志』では、クヤラ佐領がニングタを経由した事実を省略して、佐領の編成と吉林への移住とを同時にかけたのである。『吉林通志』のこうした記述の仕方は、後述する新満洲佐領についても同様である。

『清代譜牒檔案』の世管佐領執照などによれば、表16の(1)から(4)までのクヤラ佐領は、八旗に組織される以前にはみな貂皮か江獺皮を清に貢納しており、また佐領に任用されたトニオら四人は、康熙九年以前はみなガシャンイダの職にあった。一方『吉林通志』においては、八人のクヤラ佐領全員に対して「嘎山達」とか「屯長」とか称しているが、これはともにガシャンイダのことである。これから明らかなように、かれらはもとは清の辺民であった。つまり康熙九年のクヤラ佐領は、ウスリ川流域と沿海地方南部の辺民を組織したものである。『清代譜牒檔案』によるとクヤラ佐領を構成したクヤラの氏族は、次のふたつのグループに分類することができる。第一は、ギオロ、フチャ、ニマチャなどの氏族である。第二は、クヤラ、ヤンジャ、ゲジレ、ヘキレ、ムルチャンなどの氏族である。前者の氏族は東北地区の全域に分布するのに対して、後者はウスリ川流域と沿海地方南部だけに存在した。クヤラ佐領は、これらの氏族が幾つか複合して形成されたのである。

ところで世管佐領執照は、この時期のクヤラの状況に関してある重要な事実を明らかにする。かれらは佐領に編成される以前から、すでに清朝の内部に移住を始めているのである。たとえば(1)トニオら五十三丁は、遅くとも康熙二年までには故郷のヤラン川流域からフンチュン（琿春）東方のボホリ村に移住しており、そこから清に貢納していた。[15] また(4)トゥルファチャら七十一丁は、佐領に編成されるよりも前にヒル地方からフンチュンに移っていた。[16] さらに(3)ミヨーチャンらも、もともとはウスリ川地方の出身であったが、康熙九年当時はスイフン（綏芬）地区に居住していたし、[17] それから(2)ネリオの率いる五十五丁も、九年以前にすでにニングタに移住していた。[18]

康熙初めに北方において人口の移動が起こっていたことは、『朝鮮王朝実録』にも記録されている。顕宗六年（康熙四年）前後に清は、フンチュンにいた「雪海島」出身の亏知介たちの中から、適当なものを選んでニングタに移住させたという。[19] かれらは崇徳四年に反乱を起こした後、赦されて沿海地方南部にいた加哈禅らの子孫であ

表16　康熙九年編成クヤラ佐領（『清代譜牒檔案』による）

旗分	区分	佐領	旧職	貢納品	率いた丁数	姓（氏族）	居住地（移駐地）
(1)正黄	クヤラ	Tonio①→Sibiyaka→Mergu→…〔Sengboo〕②	郷長（ガシャンイダ）	貂皮	27戸53丁	Yanja, Nimaca, Colhoro, Gejile, Hekile	Yaran川源→琿春Bohori→吉林③
(2)正紅	クヤラ	Nerio→Elhūn→Mujuhu→…〔Erdeni〕	郷長	貂皮	55丁	Kūyala, Fuca, Gioro	Bilten→ニングタ→吉林
(3)鑲白	クヤラ	Miyoocan→Tungsele→Šubene→〔Asha〕	郷長	貂皮		Giyoocan, Nimaca	ウスリ地方→綏芬→吉林
(4)鑲藍	クヤラ	Tulfaca→Tetule→Dariha→…〔Jusimboo〕	郷長	江獺皮	71丁	Nimaca, Gejile, Sakda Murcan	Hilu→琿春→吉林

注①　傍線を引いた人物は、佐領編成時の佐領である。
②　鉤括弧内の人物は、世管佐領（または輪管佐領）と認定された当時の佐領である。
③　傍線を引いた地名は、佐領編成時に居住していた場所である。（以下同じ）

表17　康熙九年編成吉林佐領（『吉林通志』職官志による）

旗分	区分	佐領	旧職	貢納品	率いた丁数	姓（氏族）	居住地（移駐地）	備考
(1)鑲黄		満吉那→…	嘎山達（ガシャンイダ）			庫雅拉（Kūyala）	烏蘇哩綏芬→吉林	
(2)正黄		托鈕→西畢雅喀→莫爾固→…	嘎山達			鄂扎（Yanja）	烏蘇哩雅蘭河源→吉林	
(3)正紅		訥留→額勒渾→穆珠胡→…	嘎山達			庫雅拉（Kūyala）	必勒特爾→吉林	
(4)鑲白		佈克都哩→…	屯長（ガシャンイダ）			尼赫哩（Niohuru）	烏蘇哩→吉林	
(5)鑲紅		哩佛→…	嘎山達			尼瑪察（Nimaca）	烏蘇哩綏芬→吉林	
(6)鑲紅		扎斯胡里→…	嘎山達			庫雅拉（Kūyala）	興喀（興凱湖）→吉林	
(7)鑲藍		満珠那→…	嘎山達			尼瑪察（Nimaca）	?→吉林	
(8)鑲藍		図勒法察→特図勒→達哩哈→…	嘎山達			尼瑪察（Nimaca）	喜路→吉林	

ろう。

さて清朝は康熙九年にニングタに集めたクヤラ佐領を、翌年にはさらに吉林まで移動させる[20]。ロシアとの戦いを前にして、吉林の軍事的な重要性が高まったので、バハイは康熙十年にふたりいたニングタ副都統のうち、アンジュフを吉林に移駐させた。そしてアンジュフとともに十一佐領、七百名もまた、ニングタから吉林に移駐しており[21]、その中にはもと内河地方に居住したタタラ姓も含まれていた[22]。クヤラ佐領の吉林移住は、アンジュフらの移駐と前後して行なわれたと考えられる。表16の(3)アスハ（ミヨーチャン）の輪管佐領執照によれば、ミヨーチャンらが吉林に進駐する際に、バハイはかれらに対して途中の食料と車を支給したという[23]。

第二節　康熙十三年の新満洲佐領編成

康熙帝は、康熙十年（一六七一）八月から十一月にかけて東北地方に初めて東巡している。それは表むき盛京周辺にあった祖陵に参詣するためであったというが、それ以外に緊迫する北辺の状況をじかに視察することも、目的に入っていたにちがいない。康熙帝は十月三日（辛巳）と十四日（壬辰）にニングタ将軍バハイを引見して、アムール川地域に進出したロシア人への対策とともに、流域に住む少数民族の問題について話し合っている[24]。このときに康熙帝とバハイが、どこまでつっこんだ話し合いを行なったかは定かではないが、これから述べる康熙十三年の新満洲佐領の編成は、この会見がその伏線になったのではないだろうか。

さて現在黒龍江省富裕県三家子村に住む農民、陶氏（トコロ氏族）に伝わる家譜によると、陶氏の先祖イカンダらはもとは松花江下流のオキャ（オーキャ）村に居住する辺民であったが、康熙十一年になって新満洲佐領に組織されたという。[25] そもそもかれらは、新編成された十四佐領の缺額八十九丁に補充されるはずであったが、バハイの判断によって独立した一佐領を形成することになった。家譜ではこの十四佐領に関する説明はないが、それ以前に新満洲佐領を編成したという事実はないので、十四という数字から見て、吉林のクヤラ佐領とするのが妥当であろう。のち康熙二十九年に吉林駐防の二十一佐領が黒龍江方面に移駐するが、陶氏の祖先もそのときいっしょに移住したと推測される。

ついで十三年（一六七四）には、新満洲四十佐領が組織される。この四十という数字は、一度に編成された佐領数としてはきわめて大規模なものである。同年ニングタ将軍バハイは、「兵にすべき民を選んで佐領を組織させ、佐領と驍騎校を任じて、だんだんと訓練して国家の用に備えたい」と上奏して許され、五月二十一日に八旗兵を率いて「ワルカ部」のもとに出かけ、四千丁余りを四十の新満洲佐領に編成した。[26]『清代譜牒檔案』に収録されている世管佐領執照を検討して、次の十七佐領が康熙十三年に編成された新満洲佐領であることがわかった。表18の(1)から(11)までと(13)から(18)までの佐領である。それから日本の東洋文庫にもまた、新満洲佐領の世管佐領執照が一部所蔵されている。(12)である。[27]

他方『吉林通志』職官志、『錦県志』（民国九年）、『義県志』（民国二十年）、『八旗満洲氏族通譜』から新満洲佐領をすべて拾いあげると、表19と表20のようになる。表19のニングタ佐領(1)科勒徳、(2)投車、(3)瑚哈図は、表18の(1)ケルデ、(2)テオチェ、(3)フハトゥにそれぞれ該当する。また表19の吉林佐領(8)喀栢、(9)克鈕、(10)珠蘭塔、(12)溝禄神は、表18の(5)カバイ、(6)ケニオ、(7)ジュランタ、(8)ゲオルシェンと同一人物である。後述するように、これらの佐領が実際にニングタと吉林に移動するのは、康熙十五年以後のことである。それにもかかわらず『吉林通志』職官志がそれを十三年にかけるのは、クヤラ佐領の場合と同様に、佐領が形成された時点に遡らせるからである。

ところでこれらの新満洲四十佐領も、十三年より以前は辺民組織に属していた。世管佐領執照などによれば、表18の十八佐領はかつてはみな清に貂皮を貢納していたし、また佐領に任用された人物はすべてハライダとガシャンイダの職にあった。たとえば(8)ゲオルシェンは『清実録』康熙三年二月己亥の条で、ニングタに貢納することを認められた「祁他喇頭目鉤勒甚」その人である。同じく(2)テオチェは、『礼科史書』にみえるトコロ姓のテオチェにあたる。テオチェも、順治十年からガシャンイダをつとめていた(28)。さらに(15)ジャヌカは、有名なメルジェレ氏族のハライダ、キヤントゥリの子である。それから表18の(16)エルジュ、(17)キムナ、表20の(1)都鈕（ドゥニオ）、(2)烏凌（ウリン）額（ゲ）らも、早くから清朝に対して貢納していた。『八旗満洲氏族通譜』と『八旗通志初集』は、この四人について「世代（累世）誠を輸（いた）し貢を進む」とか、「其の誠を輸し貢を進むこと年久し」と表現している(29)。

『清代譜牒檔案』によると、バハイはワルカ部の土地に出かけて住民を八旗に組織したというが、ワルカ部というのはもとは図們江（豆満江）北部地域の住民を指した。だがかれらのほとんどは、太祖時代に西南部地域に移住してしまったので(30)、それ以来ワルカという言葉は使われなくなった。まれにワルカを使う場合があるが、そのときは大体松花江下流とアムール川中流沿岸にいたフルハ部を指すことが多い。これもその一例である。

さてこのとき組織された新満洲佐領は、メルジェレ、トコロ、ヘイェ、ウジャラ、バヤラ、キタラなどの各氏族から構成されていた。かれらは、もともと松花江下流とアムール川中流でもより上流部分に居住した(31)。松花江河口より上流のアムール川沿岸の地名は現在ほとんどわからないが、表18の黒龍江というのはこの方面を指すとみられる。第四章図4をご覧いただきたい。後述するように新満洲佐領の多くは、康熙十三年より以前にすでに故郷を離れており、大部分は松花江沿岸の後のイランハラ（牡丹江河口）付近に移っていた。そして残りのものも、ウスリ川支流のアクリ川やノロ川の流域にいた。かれらが異郷の地に去ったのは、アムール川流域を荒らし回ったロシア人から避難するためであったと考えられる。なお新満洲佐領の中にはキドゥム、キタラなどの氏族

表18　康熙十三年編成新満洲佐領（『清代譜牒檔案』などによる）

旗分	区分	佐領	旧職	貢納品	率いた丁数	姓（氏族）	居住地（移駐地）	備考
(1)正紅	新満洲	Kelde→Enebu→Jahara→〔Ekite〕	ガシャンイダ	貂皮	73(90)丁	Meljere	Amida→イランハラ→ニングタ	
(2)正藍	新満洲	Teoce→Hurku→Kanio→〔Tundari〕	ハライダ	貂皮	127丁	Tokoro, Akjara	Omin→Nooro 地方→ニングタ	
(3)鑲藍	新満洲	Hūhatu→Anai→Yabgio→…〔Lungboo〕	ガシャンイダ	貂皮	101丁	Heye, Durulu	Oogin→Wadan→ニングタ	
(4)鑲白	新満洲	Eljio(Elju)…Dedušen→Yongkū→…〔Jarsai〕	ガシャンイダ	貂皮	15戸45丁	Meljere	黒龍江口 Ice Susu→イランハラ Burhoo、Wengken→ニングタ	康熙十五年独立
(5)正紅	新満洲	Kabai→Iruya→Hūwašan→〔Handu〕	ガシャンイダ	貂皮	86丁	Ujala	Gaijin→ニングタ→吉林	
(6)正紅	クヤラ	Kenio→Nalbica→Teru→…〔Tungbei〕	ガシャンイダ	貂皮	68丁	Kocoli, Nara	Akūli 地方→ニングタ→吉林	
(7)鑲白	新満洲	Julanta→Jilahū→〔Fada〕	ガシャンイダ	貂皮	125丁	Kidumu, Ilari, Nimaci	烏蘇里地方→ニングタ→吉林	
(8)鑲藍	新満洲	Geolušen→Eidungku→Ahana→…〔Nikan〕	ハライダ	貂皮	72丁	Kitara, Sakciri	烏蘇里内 Oo Hongkū→Hūrga→吉林	
(9)正黄	新満洲	Calbišan…Naona→Sobcon→…〔Seltu〕	ハライダ ガシャンイダ	貂皮	115丁〈57丁〉②	Heye	Wengken 地方→ニングタ→吉林	康熙十五年独立
(10)正白	新満洲	Imnece…Werhemu→Borkūn→…〔Duwadi〕	ガシャンイダ ガシャンイダ	貂皮	101丁〈52丁〉	Tokoro	Bijan 地方→Lahū→吉林	康熙十五年独立
(11)正藍	新満洲	Hangko…Ninggune→Jimsu→…〔Faboo〕	ガシャンイダ ガシャンイダ	貂皮	105丁〈73丁〉	Melderi, Meljeri	Bijan 地方→ニングタ→吉林	康熙十五年独立
(12)正黄	新満洲	Soldon→Bašili→Bildun→…〔Asitu〕	ガシャンイダ		80丁	Heye, Ujala	Lefu、松花江 Haran→…→盛京	
(13)鑲白	新満洲	Baniokan…Yacuha→Jartai→…〔Ulimboo〕	ガシャンイダ ガシャンイダ	貂皮	80丁	Tokoro	Weken 川、松花江 Deihen→…→盛京	康熙十七、十八年頃独立
(14)鑲白	新満洲	Tahana…Tolonggo→Faktaka→…〔Kecio〕	ガシャンイダ	貂皮	93丁〈45丁〉	Bayara	松花江 Aolimi Susu→…→盛京	康熙十五年独立
(15)鑲黄	新満洲	Januka→Kišao→Januka→…〔Saintu〕	ハライダ		44戸166丁	Meljere, Niohuro Amuru, Bayara, Gengkere	黒龍江 Omolho→ニングタ→吉林→北京	
(16)鑲黄	新満洲	Elju→Wario→Simtu→…〔Otonggo〕	ガシャンイダ		37戸127丁	Meljere, Fuca Gūwalgiya, Budara	黒龍江→Managan→Hūrgan→ニングタ→吉林→北京	
(17)正白	新満洲	Kimna→Baitangga→Arungga→〔Dumbai〕	ガシャンイダ		41戸158丁	Tokoro	Kamtun→ニングタ→吉林→盛京→北京	
(18)鑲白	新満洲	Cimao→Durho→Dayuka→…〔Kandai〕	ガシャンイダ	貂皮	32戸77丁	Tokoro, Gioro	Dabako Susu, Aoki→…→黒龍江（→メルゲン→チチハル）	

注①　二重傍線を引いた人物は、分離独立したときの佐領である。
②　〈　〉内の丁数は、独立したときの人数である。

も含まれるが、これらの氏族の現住地はウスリ川の流域にあったとみられる。ニングタ将軍バハイは、アムール川中流地方の辺民の中から居住地が清領にもっとも近い氏族を選んで、新満洲佐領に編成したのである。

バハイは同年十一月に新満洲佐領四十名を率いて上京し、康熙帝に謁見する(32)。康熙帝は翌年正月にバハイ以下新満洲佐領に対して、様々な恩賞を与えた。十三年五月から始まった新満洲佐領の編成は、ここに一応完了したのである。

さてバハイが新満洲佐領に任じたものは、ほぼ例外なしにもとのハライダとガシャンイダであった。(5)ハンドゥ（カバイ）の世管佐領執照によると、康熙十三年に新満洲佐領を組織したときに、バハイは、それまでハライダであったものは四品の佐領に、同様にガシャンイダであったものは五品の佐領に任用したという(33)。確かにヘイェ姓のハライダであった表18の(9)チャルビシャンは、四品の佐領に任じられており、また(1)ケルデもガシャンイダから五品の佐領にあてられた(34)。しかし翌年にはこの規則を修正し、全佐領をそれぞれ一品ずつ上げて三品と四品に昇格させたが、もし現在の佐領に異動が生じたときには、後任の佐領はみな四品とすることにした(35)。

十三年に八旗に編入された辺民のハライダとガシャンイダの大多数が佐領の地位を得た中で、佐領よりも一ランク下の驍騎校にしか任用されなかったものも、少数ではあるが存在した。当然のことにかれらは、自らの処遇に強い不満を持った。そのため驍騎校のニングネらは、現在の佐領から離脱して独自の佐領を形成したいと訴えた。かれらの願いは認められて、康熙十五年に四十佐領の中から十二佐領が新たに分離、独立する(36)。表18の(11)ニングネらは、このときにハンコの佐領から独立した。同様に(9)ナオナ、(10)ウェルヘム、それから(4)デドゥシェン、(14)トロンゴ、(15)キシャオも、それぞれ新佐領を形成している。こうして康熙十三年と十五年に、全部で五十二の新満洲佐領が編成されたのである。

表19　康熙十三年編成新満洲佐領（『吉林通志』職官志による）

旗分	区分	佐領	旧職	貢納品	率いた丁数	姓（氏族）	居住地（移駐地）	備考
(1)正紅		科勒徳→額訥佈→扎哈拉→…	郷長（ガシャンイダ）			孟（Meljere）	阿木達→寧古塔	
(2)正藍		投車→瑚爾庫→喀鈕→…	族長（ハライダ）			陶（Tokoro）	臥密→寧古塔	
(3)鑲藍		瑚哈圖→阿奈→雅普久→…	郷長			何（Heye）	敖金→寧古塔	
(4)鑲白		珠穆那喀→徳都伸→永闊→…	郷長			孟（Meljere）	黒龍江口→寧古塔	康熙十五年独立
(5)鑲黄		杭鼇→…	嘎山達（ガシャンイダ）			莫勒哲爾（Meljere）	博爾后→吉林	
(6)正黄		察勒碧山→…	哈頼達（ハライダ）			何業（Heye）	翁肯→吉林	
(7)正白		永保					…→吉林	
(8)正紅		喀柏→依禄雅→花山→…	嘎山達			呉扎拉（Ujala）	街津→吉林	
(9)正紅		克鈕→那勒碧察→特禄→…	嘎山達			闊綽哩（Kocoli）	阿庫哩→吉林	
(10)鑲白		珠蘭塔→吉爾浩→法達→…	嘎山達			奇杜穆（Kidumu）	烏蘇哩→吉林	
(11)鑲紅		尼克山→…	嘎山達			呉扎拉（Ujala）	西爾河→吉林	
(12)鑲藍		溝禄神→額依通庫→阿哈那→…	嘎山達			齊圖哩（Kitara）	烏蘇哩藕洪闊→吉林	
(13)正黄		撓那→舒博春→色爾圖→…	嘎山達			何業勒（Heye）	…→吉林	康熙十五年独立
(14)正藍		寧武訥→吉木舒→佛徳里→…				莫勒徳里（Melderi）	…→吉林	康熙十五年独立

表20　康熙十三年編成新満洲佐領（『八旗満洲氏族通譜』と地方志による）

旗分	区分	佐領	旧職	貢納品	率いた丁数	姓（氏族）	居住地（移駐地）	備考
(1)鑲黄	新満洲	都鈕→阿隆阿→買京阿→…	屯長（ガシャンイダ）			巴牙拉（Bayara）	西拉科（Sirahi）→…→錦州	
(2)正黄	新満洲	烏淩額→満達→達達保→…			31戸115丁	赫葉（Heye）	舒勒赫（Šulhe）→寧古塔→…→錦州	
(3)正黄	新満洲	挪那（Noona）→顔達布（Yandabu）→徳格（Dege）→…	ガシャンイダ		80丁	赫葉（Heye）	白石（Šanggiyan Wehe）→…→錦州	
(4)正黄	新満洲	布克韜（Buktao, Bukteo）→…				兀札喇（Ujala）	瓦丹（Wadan）→…→吉林→義州	
(5)鑲紅	新満洲	拉西達→呢什哈→依普九→…	里長（ガシャンイダ）			託濶羅（Tokoro）	西爾虎（Sirahi）→…→義州	

第三節　新満洲佐領の移住

新満洲佐領の大多数は、クヤラと同じように、八旗に編入される以前からイランハラ方面に移動を始めていた。[37]この点について清朝の檔案は明白に述べる。まずイランハラ周辺に移住していたものの例としては、表18のニングタ佐領(1)、(3)、(4)をあげることができる。(1)ケルデらはもと黒龍江のエクティン村（松花江河口より上流）にいたが、康熙十三年の佐領編成時にはウェンケン川沿岸のアミダ村に移っていたし、[38]また(3)フハトゥらも早い時期に、黒龍江中流のオーギン（オーギヤン）地方からイランハラ近傍のワダン村まで移住していた。[39]それから(4)ジュムナカら四十五丁は、松花江河口にあったイチェ・スス村の出身であるが、十三年当時はイランハラ周辺のブルホー村とウェンケン川（倭肯河）流域に移っていた。[40]さらに(16)エルジュらも、早くからイランハラ附近に移動している。その世管佐領執照によれば、ワリオの父ヒルフワンは百二十七丁を率いて、故郷の黒龍江からイランハラ東のマナガン（マナハ）村に到り、ガシャンイダの地位を与えられた。ヒルフワンが病歿した後、おいのエルジュがガシャンイダを継いだが、エルジュらは再びフルガン（フルハン=トクソ）村に移住し、そこで新満洲佐領に入ったという。[41]フルガン村はイランハラ付近の村名とみられる。

ところで『清代譜牒檔案』によると、新満洲佐領の一部は、康熙十三年以前にニングタ方面に移住していたという。たとえば吉林佐領の(7)ジュランタである。しかし『寧古塔副都統衙門檔案』によれば、かれはその年秋にはテオチェやゲオルシェンなどとともにウスリ川の支流付近にいたというので、この部分の記述は誤りである。[42]『清代諸牒檔案』には他にも同様の記載があるが、いずれの場合もニングタに移っていたという事実を確認できない。

なお康熙初め頃に辺民がニングタ周辺に移住を始めていた事実は、ニングタに流謫された流人たちの著書にみることができる。康熙十一年頃ニングタで歿した張縉彦『域外集』三孝義伝には、ニングタ（新城）の北にあった交羅（ギオロイ）（覚羅）村中に「烏棘（ウエジ）」が居住していたことを述べる。[43] この烏棘は、アムール川中流域水系の辺民を言うと考えられる。また康熙九年から十二年までニングタに流されていた張賁の『白雲集』巻七、寧古台新城記にも、「東北所属阿磯（アジ）、魚皮、黒筋、赤臀諸族」を近頃徙して内付させたが、かれらはそれをうらんで故郷に帰りたがっていると記す。これらはみな、アムール川中・下流地方の少数民族である。

イランハラとニングタ以外の土地に移った佐領としては、(2)テオチェの場合をあげることができる。トコロ氏族のテオチェらは、もとはアムール川中流部（黒龍江）のカク（ガク）の出身である。このカクという村は、松花江河口の付近かそれより上流のアムール川中流沿岸にあったとみられる。テオチェは順治十年ごろまではその付近に居住しており、その後松花江のサリ、ついでウスリ川西岸の支流ノーロ（ノロ）川流域に至り、サディヒン、オミンと転々として、そこで新満洲佐領に編成されたものと思われる。[44] それから表20の(1)ドゥニオと(5)ラヒダは、どちらもシラヒ川を故郷とするようにもとれるが、[45] それぞれバヤラとトコロ氏族に属すので、それより前はアムール川の中流沿岸（黒龍江）にいたとみられる。シラヒ川の流域に移動したのは、テオチェと同様にロシア人を避けてのことであろう。

さて清朝は、康熙十二年（一六七三）末に中国南部で始まった三藩の乱を鎮圧するために、東北地区に駐防する兵力を差し向けた。北方に対する清の防備が手薄となったその間隙をついて、十四年三月にかねて清に不満をもつチャハル部のブルニ親王が、モンゴルで反旗を翻した。このときブルニが盛京に拘束されている父アブナイを救出しに、盛京に攻め込むといううわさが伝わり、東北地区は大騒ぎとなった。[46] バハイは急遽ニングタの兵を率いて盛京の応援に行き、そのためにニングタはほとんど無防備の状態に陥った。そこで城内の住民は、必児汀（ビルテン）（鏡泊湖）に一時避難をしたほどであった[47]。このときジャヌカはバハイに弟を遣わし、ことが起きれば清に助力したいと申し出たといわれる[48]。

ブルニの乱は二か月足らずで平定されたが、これを機にバハイは、東北辺境における八旗の再編成を行なう必要を感じ、そのために新満洲佐領をニングタに移住させることに踏み切った。こうして新満洲佐領の移住が断行されることになり、それは翌十五年に始まり三十年代まで続いた。その間に新満洲佐領の足跡は、ニングタ、吉林から遠くは盛京、北京に、さらにはアムール川上流地方にまで及んだ。ここで移住の開始から終息までの状況をひととおり説明しておこう。

康熙十五年春に新満洲佐領の一部は、ニングタに向かって移住を開始した。このとき移住したのは、全部で四十五佐領であった[49]。この中には一部のものだけが移ったラヒダ佐領のような例もあるが、いちおうそれも数えておく。前述した表18の(1)ケルデ、(3)アナイ、(4)デドゥシャン、(5)カバイ、(9)チャルビシャン、(10)イムネチェ・ウェルヘム、(11)ハンク・ニングネ、(12)ソルドン、(13)バニオカン・ヤチュハ、(14)タハナ・トロンゴ、(15)ジャヌカ・キシャオ、(16)ワリオ、(18)チマオなどの佐領と、表20の(2)烏淩額、(3)挪那（ノーナ）、(4)布克韜（ブクテオ）の佐領がそうである。

それに対して同じメルジェレ・トコロ・ヘイェ・ウジャラ・バヤラ・キタラの各氏族に属してはいても、ロシア人を避けてウスリ川の支流ノロ・ムレン・アクリ川の沿岸にいた新満洲佐領の表18の(2)テオチェ、(7)ジュランタ、(8)ゲオルシェン、表20の(1)都鈕の各佐領は、十五年には移住の対象にならなかった。これらの佐領はまだウスリ川沿岸に止まっていて、ニングタ将軍より、逃亡した新満洲を見つけたらただちに捕捉せよという命令を受けていた[50]。後述するようにテオチェらの佐領は、一年遅れの十六年にニングタに移り住んだのである。

これらの新満洲佐領は、二班に分かれてニングタに移住した。事前の予測で四十五佐領、千戸以上が移動するとみこまれたので、大量の食料が必要となった。ところがニングタには十分な備蓄がなかったので、バハイはニングタに移る新満洲佐領を、当座の食料を自給できるものと自給できないものの二班に分けて、まず前者を先に移住させた。そしてそれが完了してから後者を移したのである[51]。この年実際にニングタに移住した新満洲は、同年七月二十六日の報告によれば、千百九十六戸、二千七百六十八丁、一万三千五百十八人にのぼったという[52]。

このときに新満洲佐領の内部には、ニングタへの移住に強い反感や拒否反応を示すものがいた。かれらは移住を強制されると、「魚を食べに行く」と称して仲間の中から消えた。こうした人びとは故郷近くに身を隠したり、あるいは三姓や八姓の中に逃亡した[53]。これに対してバハイは不満が拡大するのを恐れ、追っ手を差し向けてその行く方を捜索した。

清は、移住した新満洲佐領にかなり手厚い保護を与えている。新満洲たちはそれまで漁撈に依存していたが、これからは農業で生きなければならなくなったので、清はかれらにニングタの周りに土地を与えた。土地の面積は戸の丁数を基準にしたが、実際には口数も勘案して適宜に措置したようである[54]。さらに種子と耕牛を支給することになったが、耕牛をニングタまで輸送することは困難なので、新満洲には銀七両を与えてそれで牛を購入させた[55]。また当面の食料として、ひとり一か月に一斗五升ずつ配給したが、それでも穀物が不足する見通しとなったので、四月十六日から一か月間は数量を減らして支給した[56]。清はまた、移住したものに住居を準備した他に、各戸四匹ずつの毛青布を支給した[58]。

続いて清は康熙十六年に、ノロ、シラヒ、ムレン三川の沿岸に移っていた五百戸以上をニングタに移住させた[59]。その中に表18の(2)テオチェと表20の(5)拉西（ラヒダ）達らの佐領が含まれるので、前年秋にウスリ川の周辺に残った佐領を翌年になって移したのであろう。

ところが移住の波はこれで終わらなかった。ニングタに移って数か月も経たない十五年四月ごろに、一部の新満洲佐領は秋になったら吉林に移りたいと言い始めた[60]。この時点で新満洲の指導者であるジャヌカが、いかに考えていたかは不明である。しかし一部ではあれ新満洲が、吉林に移住したいと自発的に上申したことは、兵力の配置を点検していたバハイにとって好都合であった。かれはすぐにこれを取り上げた。同年七月にジャヌカらが康熙帝からの恩賞を受け取りに吉林に出かけると、バハイはジャヌカらに対して、吉林に移住するかどうかを問いただしたらしい[61]。その結果であろう、八月半ばにはジャヌカらの再移住は既成の事実となっていた[62]。九月二十日の段階で吉林移住が決まった佐領は、ジャヌカ、ブクテオなど計十七佐領で、ゲリオの佐領はすでに出発していた[63]。前述した表18の佐領では、カバイ、キシャオ、ワリオ、タハナ、バニオカン、ソルドンなどの佐領がその中に含まれていた。

新満洲佐領の吉林への再移住は、次年の耕作に合わせて同年秋から翌年春にかけて行なわれた。しかし新満洲佐領はニングタに移ったばかりで、再度移住することは大きな負担に思われた。とくに貧しい人びとはこの移住に反対であった[64]。かれらはしばらくニングタで休息してから移住したいと考えたが、それが聞き届けられたかどうかは不明である。『寧古塔副都統衙門檔案』には康熙十六年の部分が欠落していて、新満洲佐領が吉林に移住した詳しい状況はよくわからない。

翌十六年秋から十七年春の間にも、新満洲佐領の一部が吉林に移住した。明らかになっているだけでも、ブク、シュルドゥハ、ニクシャンの三佐領と、ジャヌカの弟バルジュカなどが移住している[65]。またノハイ、ダブドゥ、ドゥニオの三佐領は、ノロおよびムレン地方から直接吉林に移ったようである[66]。

十七年秋になってニングタの新満洲佐領の中から、計二十佐領の五百六十四戸、五千八百三十三口をみたび吉林に移住させることになった[67]。表18の佐領では、ケルデ、テオチェ、アナイ、デドゥシェン、チャルビシャン、ノーナ（ナオナ）、イムネチェ、ウェルヘム、ハンク（ハンコ）、ニングネ、チマオなどの佐領がそうである。このうちケルデからデドゥシェンまでの四佐領は、このあとにニングタに残ることが決まってリストからはずされた。十二月二十日の時点では、吉林に移住する佐領は十三佐領に減っていた[68]。これらの新満洲佐領は吉林での耕作に備えて、十七年の秋から翌年の春までに移住を完了したと推測される。

さて吉林に入った新満洲佐領の幾つかは、落ち着くいとまもなくさらに盛京方面に向かった。大体康熙十七年末から十八年初めにかけての出来事である[69]。表18の(12)から(14)までの三佐領と表20の五佐領が、それに該当する。表20の(4)ワダン村出身の布克韜（ブクテオ）は、ジャヌカと並ぶ新満洲佐領の実力者であり、十七年十一月には奉天副都統の地位に就いた。かれの一族は義州に土着している[70]。表18の(12)ソルドン、(13)ヤチュハ、(14)トロンゴの三佐領は、それぞれ松花江下流のレフ村、ウェケン（ウェンケン）川、アオリミ・スス村から、途中ニングタ、吉林を経て盛京に到着した[71]。かれらは盛京城の門外に土塀をめぐらした草ぶきの家屋を支給され、そこに定住することになったという[72]。さらに表20の(1)都鈕、(2)烏淩額、(3)挪那らも、かつてはノロ川支流の西拉科（シラヒ）地方、イランハラ東の舒（シュ）勒赫（ルヘ）村と白石村にそれぞれ居住していたが、最終的には錦州にまで移動した[73]。(5)拉西達らは、西爾虎（シラヒ）川から義州に定着している[74]。ちなみに新満洲佐領の盛京移駐を指揮したのは、ニングタ副都統から盛京将軍に昇進したアンジュフであった。

ところで吉林から盛京に移駐する際に、新満洲の中にはそれに抵抗するものも現れた。ジャヌカも始めは反対していたが、最後には命令に屈服した[75]。これに対してバニオカンらは、あくまで拒否して吉林に留まった。このときに表18の(13)バニオカン佐領の驍騎校ヤチュハは、一族とともに率先して盛京に移住したので、清はヤチュハを半箇佐領に昇進させ、バニオカンを半箇佐領に降格させた。そして康熙二十三年にはふたつの半箇佐領を併せて、ヤチュハをその佐領に任じている[76]。

盛京まで移動した新満洲佐領のうち、(15)ジャヌカとキシャオ、(16)エルジュの三佐領は、康熙十八年（一六七九）

にさらに北京まで進駐しており、[77] 二十一年には⒄アルンガらも禁旅八旗に加わった。[78] 第一段階における新満洲佐領の移動は、北京に至って終息した。

新満洲佐領の編成と移駐に功績を立てた将軍バハイは、康熙二十二年六月に失脚してしまうが、ニングタと吉林に進駐した新満洲佐領に、二十年代末には再度新しい展開があった。移動の第二段階の始まりである。清は二十二年にニングタ副都統（同年黒龍江将軍に昇格）サブスらに命じて、黒龍江（アイグン）に進駐させ、ロシアからアムール川上流地方を奪還することをはかった。[79] そしてアルバジンの激戦を経て、二十八年にはロシアとの間にネルチンスク条約を締結し、アムール川流域を確保することに成功した。翌二十九年には早速、ニングタと吉林からそれぞれ四佐領二百名、二十一佐領八百名の合計二十五佐領一千名を黒龍江に移駐させる。将軍サブスは二十九年にメルゲン、三十八年にはチチハルにと転々と駐在地を変えたが、黒龍江に入った兵丁の半数八佐領五百名もサブスとともに移駐した。[80] 黒龍江地方に移った八旗兵は、そのほとんどが新満洲とクヤラであった。たとえば表18の⒅チマオらは、ダバコ・スス村にいたトコロ姓であったが、康熙十三年に新満洲佐領に編成され、二十九年にはニングタから黒龍江へ移住した。黒龍江将軍サブスがメルゲンに移駐したときには、チマオの佐領から半数の兵丁を出してサブスに同行させた。[81] また『瑷琿県志』（民国九年序）巻八、武事志によれば、黒龍江に駐防した世管佐領九は、いずれもが莫爾哲勒（メルジェレ）、托闊羅（トコロ）（爾）、呉（ウ）（武）扎拉（ジャラ）などフルハ系の姓を称しており、新満洲佐領であることは明白である。それから『黒龍江志稿』巻四三、職官志にも、チチハルの世管佐領五は新満洲佐領であるといい、かれらは十三年に佐領に編成されたあと、二十九年にニングタから移駐したと記す。

アイグンとチチハル周辺の村落には、今日でも新満洲佐領とクヤラ佐領の子孫が生活しているところがある。『瑷琿県志』巻九、人物志には、アイグン付近の百十五屯（鎮）に居住する住民の姓と戸数の統計が掲載されているが、満洲族の中には新満洲系の托闊羅、呉扎拉、何葉（ヘイエ）、莫爾哲勒、巴雅拉（バヤラ）の各姓とともに、クヤラに属す葛（ゲ）

哲勒（ジレ）、恆奇勒（ヘキレ）等の姓が含まれている。そのうちの一村、大五家子村に住む満洲族は、古老の話によればニングタから移住してきたのであり、以前には寧安地方（ニングタの現在名）の満洲族となお交流があったという[82]。大五家子村の呉（ウジャラ）姓などは、おそらく康熙二十九年にニングタから移住した新満洲の子孫であろう。

おわりに

新満洲佐領の中には移住に対して、明らかに拒否反応があった。それにもかかわらず清は大規模な移住を繰り返したが、それが可能となったのは、いかなる理由によるのだろうか。もちろん清の権力は強大であり、その前では新満洲の抵抗は無力に等しかったにちがいない。しかしわたしは、新満洲の側にもその原因があったと考える。

そもそもアムール川中流地方の住民は、沿岸に点在する集落に孤立して暮らしていた。それらの住民をいきなり寄せ集めて、ひとつの佐領に組織すること自体、問題であった。関係の希薄だった人びとを同じ佐領に組織しても、短時間で融和できるはずはない。その好例が、ニングタに移住する前に佐領を分割して、新たに十二佐領を析出した事実である。このことは、佐領の組織方法に無理があったことを示すものである。新満洲佐領の内部では、孤立して疎外感をもつものが少なくなかった。移住が始まるとすぐに、かれらは佐領の人びとと別れて、自らの家族だけで単独行動をとった。たとえば康熙十五年に新満洲佐領の大部分がニングタに移住する中で、自らは盛京や北京に移りたいというものが現れた[83]。またニングタから吉林に移住するときには、所属する佐領と離れて自分たちだけで吉林に移りたいと上申するものもいた[84]。多くの場合佐領たちはそれを拒否して、かれらが分離することを認めなかったが、佐領の中に深刻な亀裂があったことは確かである。

さらに清は、新満洲佐領を副都統品級（二品）、佐領（三品と四品）に分けたが、その基準は、それ以前にハライダであったのかガシャンイダであったのかという地位の問題と、積極的に移住したかどうかなどの点であった(85)。この等級分けに対して強い不満をもつものがいたことは、前述したとおりである。ところがこうしたものにかぎって、再移住の問題が起こると、自らの昇格をめあてに進んで行動を起こしたのである。わたしは、このような内部の分裂こそが新満洲の移住を加速させて、歯止めを失わせた最大の原因であったと考える。

新満洲は状況にまかせて、吉林までは一気に移った感があるが、後に盛京と北京に移住せよという命令が下った際には、さすがにかれらも抵抗したようである。しかし最終的にはそれに同意して、十八年に盛京と北京に分かれて移住したのである。

この結果新満洲佐領は、各地に散らばって住むことになった。以前には近くに居住した氏族が、いまは遠く離れてしまうという場合が少なくなかった。そのために結納を交わしておきながら婚約を履行できなくなって、相手から訴訟を起こされる例が頻繁に起こった。一例をあげると、三姓の一つヌイェレ（ルイェレ）氏族のガシャンイダ、ニオワンギヤトゥの息子が、新満洲トコロ氏族のイムネチェ佐領に属すギングルダの娘と婚約をして、結納も大体払い終わったが、ギングルダは義州に移住してしまい、その娘も一緒に連れていった。そこで康熙十九年にニオワンギヤトゥが、ギングルダに対して婚約の履行を求めてニングタ副都統に訴え出たので、清はギングルダに事実を確かめた上で、ニオワンギヤトゥにその娘を迎えに義州まで行くことを許したのであった(86)。

康熙十三年以降の十数年間は、新満洲にとり激動の期間であり、その社会と伝統は根底から覆された。本来かれらは、満洲族とは異なる文化をもっていたとみられるが、従来の生活基盤は移住により完全に失なわれた。かれらが新しい土地で満洲族の文化に同化するのは、時間の問題であった。

注

(1) 拙稿「天命年間の世職制度について」(『東洋史研究』第四二巻第四号、一九八四年) 第一章、「ヌルハチ(清・太祖)の徙民政策」(『東洋学報』第六七巻第三・四号、一九八六年)、「清朝辺民制度の成立」(『史林』第七〇巻第四号、一九八七年) 第二章を参照。

(2) この史料については、楠木賢道氏がすでに紹介されている。同「『清代譜牒檔案内閣』について」(『清史研究』第三号、一九八七年) 参照。

(3) たとえば李興盛『辺塞詩人呉兆騫』(黒龍江人民出版社、一九八六年)、張玉興『清代東北流人詩選注』(遼瀋書社、一九八八年) など。

(4) 拙稿「ヌルハチ(清・太祖)の徙民政策」第二章を参照。

(5) 辺民とは戸籍上の概念であって、清朝は民籍にも旗籍にも入らなかった辺境の少数民族を辺民と総称した。従ってアムール川流域以外にも辺民は存在したのだが、本稿ではもっぱらアムール川中・下流地方の住民を指す。本書第七章「アムール川中・下流地方の辺民組織」注(1)を参照。

(6) E. G. Ravenstein, *The Russians on the Amur*, London, 1861, pp. 20, 21. 吉田金一『ロシアの東方進出とネルチンスク条約』(東洋文庫、一九八四年) 六〇、六七頁参照。

(7)『清実録』順治九年七月丁亥、同順治十年五月甲戌の条。

(8) ***Русско-китайские отношения в XVII веке***, том 1, Москва, 1969, стр. 213. 吉田氏前掲書七四頁参照。

(9)『行中記事(北征録)』は、朴泰根『国訳北征日記』(ソウル、一九八〇年) に収録される。寺内威太郎氏の書評を参照されたい(『東洋学報』第六四巻第三・四号、一九八三年)。

(10) 清軍とロシア人との間の戦闘については、Ravenstein, *The Russians on the Amur*, pp. 28-33. 稲葉岩吉「朝鮮孝宗朝に於ける両次の満洲出兵に就いて」上、下(『青丘学叢』第一五、一六号、一九三四年)、吉田氏前掲書七〇～七八頁などを参照。

(11) 張玉書『外国紀』俄羅斯部落

康熙八年秋、復来寇。廷議、乗江凍時彼不能返、可襲撃之。朝廷以路遠労民、而止。

(12) 中国第一歴史檔案館編『清代中俄関係檔案史料選編』第一編(中華書局、一九八一年)、第二一号「莫洛洪等題請強固寧古

塔等処辺圉本」（康熙八年七月二十三日）
　再寧古塔以外、黒鎮以内、皆朝廷供（貢）貂百姓所居之地、而羅叉常爲侵犯、其寧古塔亦応酌量添兵、〔……〕。
(13)『清代譜牒檔案』第三八巻、世襲三九二冊（檔案序号）一六（項目編号）、吉林鑲白旗クヤラ佐領アスハ承襲輪管佐領執照（仮称）（以下同じ）。
(14)『清実録』康熙七年七月庚申、および同康熙四年十月甲戌の条。なお『清実録』が「仏柳」とするのは、『吉林通志』にある「哩仏」の書き損じと考えられる。
(15)『清代譜牒檔案』第三八巻、世襲三八七冊一九、吉林正黄旗クヤラ佐領センボー承襲世管佐領執照。清朝の地図を見ると、フンチュンの東にボホリ川がある。ボホリ村はその流域にあった村とみられる。
(16)『清代譜牒檔案』第三九巻、世襲三九八冊七、吉林鑲藍旗クヤラ佐領ジュシムボー承襲世管佐領執照。
(17)注（13）に同じ。
(18)『清代譜牒檔案』第三九巻、世襲三九三冊二、吉林正紅旗クヤラ佐領エルデニ承襲世管佐領執照。
(19)『朝鮮王朝実録』（顕宗改修）顕宗六年五月丙午の条。
　咸鏡監司閔鼎重状啓、本道会寧以北五鎮、近以越辺胡人、往来頻数、人心洶懼、外村居住之人、入保城内。似聞亏知介種類本在雪海島中、清人遷三百戸於厚春、又揀其材力者、移于寧古塔。因諸胡陵踏、憤怨逃走、諸胡為捕此輩、往来頻数云。
(20)注（13）に同じ。『吉林外記』巻三、建置沿革は、吉林に移駐したクヤラ佐領を十二とする。
(21)『皇朝文献通考』巻一八二、兵考。
(22)魁陞『吉林他塔拉氏家譜』（中国社会科学出版社、一九八九年）移駐篇第六、族居記。
(23)注（13）に同じ。
(24)『清実録』康熙十年十月辛巳、及び壬辰の条。なお康熙帝の最初の東巡が対ロシア政策と密接な関係をもつことは、鉄玉欽・王佩環「試論康熙東巡的意義」（『故宮博物院院刊』一九八八年第四期）五頁を参照。
(25)李書・劉景憲「三家子陶氏家族史料」（『満語研究』一九八六年第二期）を参照。
(26)『清代譜牒檔案』第三八巻、世襲三九二冊一六、盛京鑲白旗新満洲佐領ウリムボー承襲世管佐領執照。一方新満洲佐領の数を四十六とする世管佐領執照もある。同じく寧古塔鑲白旗新満洲佐領ジャルサイ承襲世管佐領執照。

(27)この『盛京正黄旗新満洲佐領アシトゥ承襲世管佐領執照』については、神田信夫「東洋文庫所蔵満洲文文書の二、三について」(同『清朝史論考』所収、山川出版社、二〇〇五年)を参照。
(28)『礼科史書』順治十年三月九日の条(『清代中俄関係檔案史料選編』第一編、第四号は、満洲語原文に対応する漢文訳文を編集したものである)。
(29)『八旗満洲氏族通譜』巻五二、墨爾哲勒氏希爾関伝。同巻四九、托活洛氏奇穆納伝、『八旗通志初集』巻二〇二、杜鈕伝、『八旗満洲氏族通譜』巻五三、赫宜氏烏齡額伝。
(30)拙稿「ヌルハチ(清・太祖)の徙民政策」第一章を参照。
(31)『寧古塔副都統衙門檔案』第五冊、康熙十七年七月五日の条。ここには康熙十三年に組織された新満洲佐領のそれぞれについて、もともとの出身地とロシア人を避けての移住先が詳しく述べられている。また本書第四章「十七世紀アムール川中流地方住民の経済活動」一二六頁を参照。
(32)『康熙起居注』康熙十三年十一月己丑の条。
(33)『清代譜牒檔案』第三九巻、世襲三九三冊二、吉林正紅旗新満洲佐領ハンドゥ承襲世管佐領執照。
(34)『清代譜牒檔案』第三八巻、世襲三八七冊一九、吉林正黄旗新満洲佐領セルトゥ承襲世管佐領執照。同第三九巻、世襲三九三冊二、寧古塔正紅旗新満洲佐領エキテ承襲世管佐領執照。
(35)注(33)に同じ。
(36)一例をあげると、『清代譜牒檔案』第三九巻、世襲三八九冊一、吉林正白旗新満洲佐領ドゥワディ承襲世管佐領執照。
(37)こうした事実に関しては、増井寛也氏もすでに指摘している。同「新満洲ニル編成前後の東海フルガ部」(『立命館文学』第四九六〜四九八号、一九八六年)一四〇頁を参照。
(38)本書第四章「十七世紀アムール川中流地方住民の経済活動」一二六頁を参照。
(39)『清代譜牒檔案』第三九巻、世襲三九八冊七、寧古塔鑲藍旗新満洲佐領ルンボー承襲世管佐領執照。
(40)注(26)、ジャルサイの世管佐領執照を参照。
(41)『清代譜牒檔案』第四〇巻、世職一三四冊二、北京鑲黄旗新満洲佐領オトンゴ承襲世管佐領執照。
(42)『寧古塔副都統衙門檔案』第三冊、康熙十五年三月二日の条。この記事は十月と十一月の間に入っているが、今は記載通り三月としておく。

(43) 張縉彦の歿年が康熙十一年頃であることについては、『寧古塔山水記・域外集』(黒龍江人民出版社、一九八四年) 七六頁にある李興盛氏の注を参照。

(44) 『礼科史書』順治十年三月九日、および『寧古塔副都統衙門檔案』第五冊、康熙十七年七月五日の条。なお『清代譜牒檔案』第三九巻、世襲三九六冊五、寧古塔正藍旗新満洲佐領トゥンダリ承襲世管佐領執照は、テオチェの出身をオミン地方とするが、オミンは一時的な滞在地にすぎない。

(45) ラヒダは黒龍江のヒルフ村の出身で、ノロ川のシファンに移住していて、そこで八旗に組織されたという。この黒龍江もまた、アムール川の中流部を指すのであろう。『寧古塔副都統衙門檔案』第五冊、康熙十七年七月五日の条。

(46) 森川哲雄「チャハルのブルニ親王の乱をめぐって」(『東洋学報』第六四巻第一・二号、一九八三年) を参照。

(47) 『秋笳集』跋一 (呉振臣撰)

後遇插哈喇之乱、都統唐公、限三日内、合城満漢、倶遷至必児汀、避難。

(48) 『寧古塔副都統衙門檔案』第一冊、康熙十五年五月二日、および第三冊、康熙十五年九月二十日の条。

(49) 『寧古塔副都統衙門檔案』第一冊、康熙十五年四月一日、および第二九冊、雍正十二年八月十九日の条。

(50) 注 (42) に同じ。

(51) 『寧古塔副都統衙門檔案』第一冊、康熙十五年四月一日、および第二冊、康熙十五年六月二十五日の条。

(52) 『寧古塔副都統衙門檔案』第三冊、康熙十五年七月二十六日の条。

(53) 『寧古塔副都統衙門檔案』第二冊、康熙十五年四月三日の条。

(54) 『寧古塔副都統衙門檔案』第一冊、康熙十五年二月四日の条に、ニングタ将軍バハイのことばとして次の如くいう。

新しい人びとに家と畑を措置するとき、ヨロンゴ、ラク、オクトの周りにある家と畑を与えたが、その周囲に余っている畑と家を新しい人びとに与えよ。

ヨロンゴ、ラクはニングタ近くの地名である。

(55) 『寧古塔副都統衙門檔案』第一冊、康熙十五年二月十一日、同二月二十四日、および第二冊、康熙十五年四月二十三日の条。

(56) 『寧古塔副都統衙門檔案』第一冊、康熙十五年二月十一日、および第二冊、康熙十五年四月十六日の条。

(57)『寧古塔副都統衙門檔案』第二冊、康熙十五年四月二十五日の条。
(58)『寧古塔副都統衙門檔案』第三冊、康熙十五年九月二十八日の条。
(59)『陳学士文集』巻一〇、薩布素伝、および『寧古塔副都統衙門檔案』第二九冊、雍正十二年八月十九日の条。
(60)『寧古塔副都統衙門檔案』第一冊、康熙十五年四月二十二日の条。
(61)『寧古塔副都統衙門檔案』第三冊、康熙十五年七月二十六日、同九月二十日、および十一月十四日の条。
(62)『寧古塔副都統衙門檔案』第三冊、康熙十五年八月十八日の条。
(63)『寧古塔副都統衙門檔案』第三冊、康熙十五年九月二十日の条。
(64)注(63)に同じ。
(65)『寧古塔副都統衙門檔案』第四冊、康熙十七年正月二十一日、および同二十二日の条。
(66)『寧古塔副都統衙門檔案』第四冊、康熙十七年二月二日の条。
(67)『寧古塔副都統衙門檔案』第五冊、康熙十七年九月五日の条。
(68)『寧古塔副都統衙門檔案』第五冊、康熙十七年十二月二十日の条。
(69)たとえばブクテオらは一足先に十七年に到着しているが、ジャヌカらは遅れて十八年に移ってきた。『宮中檔康熙朝奏摺』第八輯(台北、一九七七年)、第八号「諭安珠瑚処置遷来盛京人戸事宜」(康熙十八年正月五日)。
(70)『八旗満洲氏族通譜』巻三〇、兀札喇氏布克韜伝、『清実録』康熙十七年十一月辛亥の条。
(71)ソルドンは注(27)、ヤチュハは注(26)のウリムボーの世管佐領執照を参照。トロンゴについては『清代譜牒檔案』第三八巻、世襲三九二冊一六、盛京鑲白旗新満洲佐領ケチオ承襲世管佐領執照。レフ村は『行中記事(北征録)』において、松花江口付近の村として記録される列伐であろう。アオリミ・スス村は、松花江下流のオーリミ村である。
(72)王一元『遼左見聞録』
奉天八関廂、多有達子営、義気満洲〔Ice Manju〕所居也。従塞外投誠隨旗披甲、建官房安插之、毎一家給草房三楹、土垣繚之、累累櫛比、如村落云。
(73)都鈕、烏淩額については『錦県志』(民国九年)巻一六、人物志、『八旗満洲氏族通譜』巻五三、赫宜氏烏齡額伝、それから挪那に関しては注(27)を参照。『錦県志』人物志は烏淩額と挪那の出身地をそれぞれ寧古塔、長白山とするが、拠ることはできない。
(74)『義県志』巻中、人物志上。
(75)注(69)に同じ。
(76)注(26)、ウリムボーの世管佐領執照を参照。
(77)注(41)と『清代譜牒檔案』第四〇巻、世職一三四冊一、北京鑲黄旗新満洲佐領サイントゥ承襲世管佐領執照。
(78)『清代譜牒檔案』第四八巻、世職四〇六冊七七、北京正白旗新満洲佐領ドゥムバイ承襲世管佐領執照。
(79)『皇朝文献通考』巻一八二、兵考。
(80)注(79)に同じ。
(81)『清代譜牒檔案』第三八巻、世襲三九二冊一六、黒龍江鑲白旗新満洲佐領カンダイ承襲世管佐領執照。ダバコ・スス村は、オーキャ村の西に位置していたとみられる。『樺川県志』巻二、交通志に達巴戸とみえる。
(82)『満族社会歴史調査』(遼寧人民出版社、一九八五年)二一二、二一三頁を参照。
(83)『寧古塔副都統衙門檔案』第三冊、康熙十五年九月九日の条。
(84)『寧古塔副都統衙門檔案』第二冊、康熙十五年五月十四日の条。
(85)『寧古塔副都統衙門檔案』第二冊、康熙十五年四月二十二日の条。
(86)『寧古塔副都統衙門檔案』第六冊、康熙十九年六月二十四日、および第七冊、康熙十九年九月二十五日の条。

第九章　十八世紀のアムール川中流地方における民族の交替

はじめに

十七世紀から現在までの間に、アムール川の中流地方において民族がどのように交替したのかという問題は、東アジア史上に残された難問のひとつである。この問題をめぐり、日本では古くから論争が戦わされたが、いまだに定説は存在しない[1]。最大の論点は、十七世紀末から十八世紀中葉までの期間に関してであり、同時期の史料をいかに整合的に理解できるかということであった。本来ならば始めにこれまでの学説を振り返るべきであるが、ここでそれを行なう余裕はない。ただ研究の前提となる次の二点を指摘するだけにとどめたい。

十八世紀を境にして、ゼヤ川との合流点からアニュイ川（ドンドン川）との合流点までのアムール川の中流地域では、清の強制移住政策により民族分布が激変して、住民はすっかり入れ替わってしまった[2]。十七世紀以前に中流地方に居住した住民は、十八世紀中葉までに牡丹江よりも上流に移動してしまい、その後には新しい住民が移ってきた。従来の説は、剃髪黒金（『柳辺紀略』）と七姓（『職貢図』）を同一の民族とみなすが、こうした推定に確たる根拠があるわけではない。わたしは、両者は別の民族であって、七姓は剃髪黒金がイランハラの地に移住した後に、下流地域から移ってきたと考える。

これに対してアニュイ川の河口より下流のアムール川下流地域では、十七世紀以来大きな変動は一度も起こらなかった。(3) この間民族の分布は、基本的に変化していない。清の史料に現れる下流地域の民族の中に、十七世紀末の不剃髪黒金（『柳辺紀略』）と十八世紀半ばのヘジェ（『職貢図』）がある。両者が同一の民族を指すことは、学界の一致した見解であるが、問題はかれらの系統である。従来の学説は、オルチャ族の祖先であったと考えるが、もしそうであれば、当時のオルチャは現在よりもはるかに上流にまで進出していたことになり、それは事実と矛盾する。不剃髪黒金とヘジェの居住地域は、むしろナナイ族の居住地域と重なるのである。

ところでこの問題に関する既存の史料は、質量ともに限界をもっている。そこで従来の研究をさらに前進させるためには、新たな史料の発掘がぜひとも必要になってくる。わたしは、一九九三年に北京の中国第一歴史檔案館で清朝の檔案を調査する機会をえたが、そのときにこれまで未知の『寧古塔副都統衙門檔案』などを調べることができた。その後関連する資料の収集と整理に努めてきたが、ここにきてようやくこの問題にある程度の見通しをうることができた。

本章においてわたしは、新たに発見した史料にもとづいて、まず十七、十八世紀における八姓の歴史を明らかにし、続いて七姓へジェの起源と二十世紀までの歴史について論じることにする。

第一節　十八世紀初めのアムール川中流地方における民族分布

十七世紀以前アムール川の中流沿岸には、農耕と漁撈を結合した類似の文化をもつ人びとが居住していた。中国では一般にかれらのことをフルハと呼ぶのに対して、ロシア人はジュチェルと称していた。しかしこれまでの文献には、かれらに関する情報はほとんど残っておらず、内部の構成や集落の位置について、実証的な研究を行なうことは不可能であった。ところが近年研究の始まった『礼科史書』と『寧古塔副都統衙門檔案』には、氏族と集落の名称が克明に記録されており、それを検討することにより、中流地域の民族分布はほぼ解明されたのである。[4] そこでまず流域の各氏族を、上流から順に説明することにする（第四章図4）。

もっとも上流に位置していたのは、メルジェレ・トコロ・ヘイェの三氏族であった。かれらはグブカティン・エルゲ・ギタンなどに集落を形成していたが、これらの集落は松花江の河口から上流のアムール沿岸にあった。この三氏族に接して松花江の下流地域に住んでいたのは、ウジャラとバヤラの両氏族であった。カルカマ・ガイジンなどのウジャラ氏族の村落は、松花江の下流沿岸に点在している。バヤラ氏族も、『清実録』天聡八年十二月戊子の条に「松阿里地方擺牙喇氏僧格額駙、喇東格」とあるので、松花江の下流沿岸にいたと考えられる。

アムール川の本流をさらに下ると、ヌイェレ氏族の村落が現れる。ビラ川の河口の両岸には、エトゥ村とキネリン村があった。ヌイェレ氏族の下流には、ゲイケレ氏族とフシカリ氏族が続く。ゲイケレ氏族が居住したアムギ・デシン・ムルグ・イェオテレと、フシカリ氏族の集落があったヒルリン・ヘクテリ・チョンノコなどの地点は、みなウスリ川との合流点付近に位置していた。[5] 以上の八氏族に関しては、ここ数年の間に研究がかなりの程度進捗して、十七、十八世紀の状況は大体明らかになった。[6]

さて『寧古塔副都統衙門檔案』によれば、康熙十五年から二十二年にかけて、次の八氏族が清に貂皮を貢納したという。表21のとおりである。これらの氏族は、これまでほとんど名前を知られることがなかった。ただ『清実録』康熙三年二月己亥の条に、「東部木里雅連頭目朱木藍・那木都喇頭目賽必那〔……〕歳貢貂皮〔……〕」と、ムリヤリヤン氏族とナムドゥラ（ナムドゥル）氏族の名があがっていることと、『礼科史書』順治十年（一六五三）三月九日の条に、ホルフォコル（ホルフォゴル）とウルグンケレ（ウルクンゲリ）氏族の名称がみえるくらいである。

これらの氏族が居住していたのは、ゲイケレとフシカリの両氏族より下流のアムール川沿岸と、それにウスリ川の流域であった。たとえばホルフォコル氏族が集落を形成したジェチリン・ホロン・ダタンの各集落は、ウスリ川の河口から下流のアムール川沿岸に点在する。またウルグンケレ氏族の居住したヒジャン・ジョルビの両村は、ウスリ川の河口付近に位置していた。グファティン氏族とシヌルフ氏族の村があったマカン・イルクル・モソンなどの地点は、さらに下流のアムール川沿岸にあった。なおビラ氏族のトゥワラン村も、位置は不明であるが、この地域に存在したとみられる。一方ナムドゥラ氏族のキン村とジュワジ村は、ウスリ川下流の支流キン川（キヤ川）との合流点付近にあった。一六五五年のステパノフのヤサク帳においても、ナムドゥラ氏族はウスリ川の流域に拠っていたといわれる。[7]またムリヤリヤン氏族は、ウスリ川の支流ムレン川の河口付近にいたことがわかっている。[8]最後のキヤカラ氏族は、ウスリ川の支流ビヒン川（ビキン川）とホロ川（ホル川）の流域に居住していた。[9]以上が、新しい檔案により明らかになったアムール中流地方の住民である。[10]

清朝はヌルハチ（太祖）以来、アムール川の流域で勢力を拡大し続けたが、沿岸の住民は八旗に組織することなく、現住地に留めて貢納だけを義務づけた。清はかれらを八旗と区別して、辺民と称している。[11]ところが十七

表21　貂皮を貢納した辺民と貂皮の数（括弧内の数字は内数で、補貢分の貂皮）

氏　　族	集　　落	康熙15年（1676）	康熙17年（1678）	康熙22年（1683）
Horfokol	Jecilin (Jecelin)	16（8）	9（8）	11（11）
	Holon	16（12）	10（8）	
	Katar	13（10）		
	Datan	33（20）	25（25）	20①
	Heti		14（7）	6
	Gocišan			9
Gufatin	Makan		30（30）	6
	Moo Jajin		26（26）	
	Dabun		17（16）	
	Hunggun		17（17）	
	Amba Makan		72（72）	
	Irkūl		15（15）	
Urgungkere	Hijan		20（2）	4①
	Jorbi		7（7）	
Sinulhū	Moson	3（3）	21（21）	10（10）
Bira	Tuwalan		13	
Namdula	Kin		9	8
	Juwaji		11（1）	7
Muliyaliyan	Datan	12	15	18
Kiyakara			30（20）	19

注①　数字の中には、集落から分離したものが貢納した貂皮も含む。
　　典拠：『寧古塔副都統衙門檔案』第３冊、康熙15年９月28日、第５冊、同17年10月２日、第９冊、同22年８月３日の条。

世紀後半になって康熙帝は従来の方針を転換し、北方の防衛力を強化するために中流の住民を八旗に組織し、東北の各地に移住させた。真っ先にその対象となったのは、中流地域ではもっともニングタに近かったメルジェレ・トコロ・ヘイェ・バヤラ・ウジャラなどの氏族である。[12] これらの氏族は康熙十三年（一六七四）に八旗に組織され、新満洲佐領と呼ばれた。

康熙十五年に上流にいたメルジェレ氏族などがニングタに移住したのにともない、そのすぐ下流にいたヌイェレ・ゲイケレ・フシカリの三氏族も、上流の方に移住を開始した。ヌイェレ氏族のハライダ、セヤウケンは康熙十七年（一六七八）に率先して移動し、二、三年後にはヌイェレ氏族のほとんどのものが牡丹江まで移っている。[13] その後を追ってゲイケレ氏族とフシカリ氏族も動きだし、二十二年までには牡丹江への移住を終わった。[14] こうして康熙十七年から二十二年までの間に、ヌイェレ・ゲイケレ・フシカリの全人口が牡丹江の河口に移ってしまった。これらの三氏族は、後に三姓と称される。そして三姓が移った牡丹江の河口付近は、かれらにちなんでイランハラ（三姓）と呼ばれるようになった。

こうして上流地帯で大きな変動が起こった結果、さらに下流にいた住民もその影響を受けることになった。上述した八氏族の中には、空地となった地域に進出するものが現れた。ホルフォコル氏族の六村とウルグンケレ氏族の三村、それにウスリ川の沿岸にいたナムドゥラ氏族の二村は、康熙二十二年までにそれまで三姓が居住した地方に移動した。[15] またホルフォコル氏族とウルグンケレ氏族の一部は、康熙二十年前後に家族をつれて牡丹江の河口に移住している。[16] ただ八氏族の大部分は、依然として故郷に留まっていた。

ところでアムール川の中・下流地域における民族分布を記した史料として、もっとも頻繁にとりあげられるのは、楊賓『柳辺紀略』である。楊賓がニングタに両親を訪ねたのは、康熙二十八年後半のことで、ニングタには翌年まで滞在したとみられる。[17] 問題の記事は、楊賓がニングタで入手した情報にもとづいて記述したもので、最初の民族移動が一段落した二十八、九年当時の状況を表している。楊賓のあげる集団の名称は、かれ自身の造語であり他に例がないので、その内容の評価は相当にむつかしい。少し煩瑣になるが、『柳辺紀略』巻三の関係部分を引用することにする。

　東北辺の部落に、現在寧古塔（ニングタ）に貢するものは八あり。毎年四月より六月に至り、倶に次を以て入貢す。(1)寧古塔より東北のかた行くこと四百余里、虎爾哈（フルハ）河・松花江の両岸に住むものを、拏耶勒と曰ひ、革依克勒と曰ひ、祜什喀里と曰ふ。此の三喀喇（ハラ）は役属すること久し。〔……〕所謂窩稽（ウェジ）韃子は是れなり。又異齊満洲（イチェマンジュ）と名づく、異齊は、漢言の新なり。其の地貂を産す。(2)寧古塔より東のかた行くこと千余里、烏蘇里江の両岸に住むものを、穆連連と曰ふ。俗窩稽に類（に）る、貂を産す。(3)又東のかた二百余里、伊瞞河源に住むものを、欺牙喀喇と曰ふ。其の人面に黥す。其の地貂を産す、五穀なし、夏は魚を食らひ、冬は獣を食らふ、其の皮を以て衣と為す。(4)寧古塔より東北のかた行くこと千五百里、松花・黒龍江の両岸に住むものを、剃髪黒金（ヘジェン）と曰ふ、喀喇凡そ六あり、俗窩稽に類る、貂を産す。以上はみな毎年入貢す。(5)又東北のかた行くこと四、五百里、烏蘇里・松花・黒龍三江匯流の左右に住むものを、不剃髪黒金と曰ふ、喀喇十数あり、披髪にして、鼻端に金環を貫く、魚・獣皮を衣（き）る。〔……〕所謂使犬国なり〔……〕。（原注はすべて省略）

(1)ヌイェレ（拏耶勒）・ゲイケレ（革依克勒）・フシカリ（祜什喀里）の三氏族が、虎爾哈河つまり今日の牡丹江の河口付近に移ったことや、(2)ムリヤリヤン（穆連連）氏族がウスリ川の沿岸にいることなどは、康熙二十八年段階の史実として正確である。ただし一部には不適当な箇所もあり、それについては訂正が必要である。たとえば楊賓は、(3)キヤカラ（欺牙喀喇）氏族がイマン川（伊瞞河、ニマン川）の水源に居住したというが、前述したように、キヤカラはこの当時はイマン川よりも下流の支流ビヒン川とホロ川の沿岸に住んでいたのである[18]。

『柳辺紀略』の問題点は、(4)剃髪黒金と(5)不剃髪黒金が、それぞれ何を表すのかということである。楊賓によると、剃髪黒金は松花江とアムール川の両岸に居住し、その内部は「喀喇（ハラ）凡そ六あり」、すなわち六氏族からなっていたという。前述の如く三姓が西に移住した後に、アムール川の中流沿岸に居住していたのは、ホルフォコル・ウルグンケレ・グファティン・ビラ・シヌルフ・ナムドゥラの六氏族しかいない。これらの六氏族が住んでいたのは、もとはウスリ川との合流点付近とその下流のアムール沿岸が中心であったが、その後さらに上流に移動したものもいた。また六氏族の一部は、辮髪の風習をもっていた。康熙二十三年にウルグンケレ氏族とホルフォコル氏族の間で殺人事件が起こったとき、その騒動のひきがねとなったのは、ホルフォコル氏族のフォトナ（フォトノ）が、ウルグンケレ氏族のクチュクの辮髪を引っ張って切ってしまったことであった[19]。以上の二点に関して、この六氏族の特徴は剃髪黒金のそれと大体一致する。楊賓のいう剃髪黒金は、ホルフォコル・ウルグンケレ・グファティン・ビラ・シヌルフ・ナムドゥラの六氏族を指すのであろう。

『柳辺紀略』によれば、剃髪黒金に続いて、アムール川・ウスリ川・松花江が合流する付近には、(5)不剃髪黒金が拠っていたというが、かれらは使犬国とも呼ばれたとあるので、不剃髪黒金はアムール川の下流地域にいたフスハラ氏族などを指すのであろう[20]。ただフスハラなどは十七世紀以来アムール川の下流地方に住んでいて、居住地域をほとんど変えていないので、不剃髪黒金の分布範囲は、楊賓がいうより少し下流にずらす必要がある。

康熙四十八年（一七〇九）には、レジス・ジャルトゥ・フリデリらのイエズス会士一行が、アムール川の下流地域を調査に行ったが、かれらは途中ニングタからフンチュンを経て、ウスリ川を下ってアムール下流に出た。そして帰りは迂回することなくまっすぐアムール川を遡って、松花江の下流沿岸を経由し北京に戻った[21]。この調査旅行においてレジスは、沿岸の住民に関して詳細な記録を残したが、その内容は『柳辺紀略』と大筋で一致する。ただレジスの記述の独自な点は、中流地方の住民をふたつに大別することである。まずイラン＝ハラつまり三姓が、牡丹江の河口付近に居住したことを正しく記述している。次にウスリ川の流域を含むアムール川の中流地方に住む少数民族を魚皮韃子と総称し、かれらは農耕よりも漁撈により強く依存したことを述べる。その頭髪に関してはレジスは明言していないが、全体の内容から判断すると辮髪であったらしい[22]。したがってイエズス会士が魚皮韃子と呼ぶのは、ホルフォコル氏族など八氏族のことであり、楊賓のいう(2)、(3)、(4)をいっしょにした

表22　アムール川中流地域に残った八氏族のハライダとガシャンイダの交替

氏族	任命の月日	集落	地位	交替した人物と関係
Kiyakara	康熙三十九年 康熙四十八年	Bihin Orgimda	ガシャンイダ ハライダ	Sirmangga→Keltehe Keltehe
Urgungkere	康熙五十二年六月十一日	Jorbi	ガシャンイダ	Dišeo→子Sibeke
Horfokol	康熙五十二年六月二十三日	Gocišan	ガシャンイダ	Cakūma→弟 Heldu
Namdulu	康熙五十二年六月二十五日	Hirulin	ガシャンイダ	Obiša→子Gerbule
Muliyaliyan	康熙五十三年五月七日	Daldai	ハライダ	Waihana→Cinggina
Gufatin	康熙五十三年六月二十七日 康熙五十三年七月七日 同　上	Amba Maka Dabun Irkūn	ガシャンイダ ガシャンイダ ガシャンイダ	Jurnece→甥 Hangkū Margi→甥 Girheo Lukucen→Sirio
Sinulhū	康熙五十五年七月六日	Wargi Horilokū	ガシャンイダ	Jonggi→子Lala

『寧古塔副都統衙門檔案』第二九冊、雍正十二年三月十四日の条による。

ものである。ちなみにイエズス会士は、魚皮韃子の下流にはケチェン韃子が居住していたという。[23] このケチェン韃子は、『柳辺紀略』にいう不剃髪黒金のことで、後述のヘジェにあたる。

これらの八氏族は、その後も辺民組織に留まり貢納を続けている。『寧古塔副都統衙門檔案』第二九冊、雍正十二年三月十四日の条によると、ニングタ副都統は、順治十八年以降におけるグファティンとキヤカラ両氏族の貢納に関して、ニングタ将軍に次の如く報告を行なった。

順治十八年と康熙元年とをいっしょに書いた檔冊には、税の貂皮を徴収した〔……〕グファティン氏族のハライダ、ギチンガ〔……〕から税の貂皮を徴収したことを檔冊に記録してある。〔……〕康熙三十八年の檔冊には、キヤカラ氏族ビヒン村の十一戸は、己卯年〔三十八〕の貂皮十一枚をガシャンイダ、シルマンガの弟ティマオが届けたという。三十九年の檔冊には、キヤカラ氏族ビヒン村の十一戸は庚辰年〔三十九〕の貂皮十一枚をガシャンイダ、ケルテへが届けたという。三十九年から四十七年まではガシャンイダ、ケルテへが税の貂皮を届けたことを、みな檔冊に記している。また四十八年の檔冊には、キヤカラ氏族のオルギムダ村の十三戸はこの年三戸増えて十六戸となり、己丑年〔四十八〕の貂皮十六枚をその村のハライダ、ケルテへとガシャンイダ、ホルトガが届けたという。康熙四十八年から雍正十年までは、ハライダ、ケルテへが税の貂皮を届けたことを、みな檔冊に記録してある。

同条にはまた康熙年間の八氏族内における首長の交替に関して、具体的な事例を列記している。そうした例をひとつひとつ抽出して表にすると、表22のようになる。

第二節　雍正十年における八姓佐領の編成

前述した如く清は康熙四十八年（一七〇九）に、『皇輿全覧図』を作製する一環としてイエズス会士レジスらを派遣し、沿海地方とアムール川下流地方の調査を行なわせた。さらに二年後の五十年には班領サルチャンらを送って、レジスらが到達できなかったアムール川河口付近とサハリン北部を調査させた[24]。また五十二年ごろにはそれと関連して、沿海地方の海岸部に別の調査隊を派遣したらしい[25]。これらの調査によって清は、アムール地方の地理と少数民族の現状を正確につかむことができた。そしてその直後からアムール地方において、新たな防衛策を実行に移したのである。

まず康熙四十九年から翌年にかけてニングタ将軍と黒龍江将軍との間で、広大なアムール地域をふたつに分割してそれぞれの管轄地域を定めた。その結果アムール川下流とサハリン地域は、ニングタ将軍の支配下に入った[26]。それから五十三年にはイランハラとフンチュンに防衛の拠点を設けることにし、それぞれに協領と佐領を置いた。この二地点は、アムール川の下流から中国東北部に入る軍事的な要衝にあたり、当時イランハラには三姓、フンチュンにはクルカ（クヤラ）と呼ばれる辺民の集団が集まっていた。清はそれらの一部を八旗に組織することにし、イランハラではゲイケレ・ヌイェレ・フシカリ・シュムル四氏族の二百名を四佐領に編成し[27]、フンチュンではニオフテ・ニオフル・タイチュレの三氏族を中心に百五十名を三佐領に組織して、防衛の任につかせたのである[28]。

さて雍正四年（一七二六）末から翌年初めにかけて、ロ清両国は北京で国境交渉を行ない、その際にモンゴル方面と並んで、ネルチンスク条約で画定されなかったウダ川地方とサハリン方面の帰属問題を協議した。両国は西太平洋の地理に疎かったので、結局合意には至らなかったが、会議の直後から清は、サハリンの領有権を確保するために、それまで勢力の及ばなかったサハリン中・南部への進出を試みた[29]。同時に北方の防衛力を増強するためにイランハラに副都統の職を新設して、辺民の一部を八旗に組織した。すなわち雍正十年（一七三二）五月二十一日に未組織の三姓壮丁で新たに六佐領を編成し、そして各佐領の壮丁数を五十名から百名へと拡充したのである。『吉林通志』巻六五、職官志をみると、三姓佐領の雍正十年の欄には全部で十六人の佐領をあげるが、このうち次の六名が新設の三姓出身の佐領であった。鑲黄旗のギスハ（古斯哈）、正黄旗のカオウルダ（考烏爾達）、鑲白旗のシュシュ（舒舒）、鑲紅旗のニカン（尼坎）、正藍旗のカイチリ（開奇哩）それに鑲藍旗の寛他である。この結果三姓は、ほとんどのものが八旗に組織されたことになる[30]。

ところで北方の軍備を増強するという雍正十年の政策は、三姓だけを対象とするものではなかった。清は八姓に対しても、同様の方針をもってのぞんでいた。すなわち前年の雍正九年に、未組織であったこれらの住民を八旗に編成する準備を開始した。『清実録』雍正九年九月壬戌の条に、

> 大学士等に諭すらく、〔……〕七姓地方の人は、見今仍ほ打牲し貂を捕ふ。聞くならく、伊等漢仗甚だ好く、三姓地方と異なるなしと。著して該将軍常徳に行文し、七姓の人等の内に、如し漢仗好く披甲して力を効すことを情願するものあらば、数目を査明して具奏せよと。

とあり、兵士とすべき資質をもつものが七姓のうちにどれくらいいるのかを、ニングタ将軍チャンデに調査させた。この史料には七姓とあるが、七姓とするのはこれだけで、当時の史料にはみな八姓となっている。ここで七姓というのは八姓のことであって、両者は同一の内容を表す。

『吉林依蘭県志』によると、チャンデはその決定に従ってゲイケレ氏族の有力者アムチカ（阿瑪奇喀）を派遣し、ホルフォコル氏族など八姓の状況を調査させたという[31]。そして翌年五月二十一日に次の如く上奏を行なった。『寧古塔副都統衙門檔案』第二六冊、雍正十年六月二十六日の条によると、

願わくば八姓の打牲丁の中から千丁を選んで、各佐領百兵として十佐領を編成させたいと思います。〔……〕ハライダ・ガシャンイダのうちから佐領・驍騎校を選んで任じたいと考えます。〔……〕

と述べる。これを受けて軍機大臣たちは協議を行ない、閏五月十四日に雍正帝に対して上奏して、帝はそれを裁可した。すなわち八姓のハライダとガシャンイダから佐領と驍騎校を任命し、その他の千丁は兵に組織して、欠員が出次第残ったものから補うということになった。なお八姓で編成した十佐領は、正白旗と正紅旗に二佐領ずつとし、残りは各旗に一佐領ずつ配分することに決まった[32]。

ところでこの八姓とはいかなる集団であったのだろうか。『寧古塔副都統衙門檔案』第二九冊、雍正十二年八月十九日の条によれば、同一の事実を

同年〔雍正十年〕にはまた、貂皮を貢納するグファティン・ホルフォコル・ムリヤリヤン・ビラ・シヌルフ・キヤカラ・ナムドゥル・ウルグンケレ、この八氏族の民からよりすぐり、馬甲千名を出して十佐領を編成させた。そしてハライダ・ガシャンイダの中から佐領十名・驍騎校十名を任じて、イランハラに移住させ、副都統を設けて管轄させた。

という。八姓と呼ばれたのは、新満洲や三姓が移動した後、アムール川の中流地域に残った上述の八氏族であったのである。『吉林依蘭県志』政治門では、ウスリ川沿岸のデクデンギ（徳克登基）付近にいた氏族だけを八旗に

組織したようにいうが、それは舌足らずで、アムール川沿岸にいた氏族もその対象になっていた。このとき合計三百七十四戸が八旗に編成されたが[33]、雍正六年に八氏族の総人口は三百六十七戸を数えたので[34]、大体その全人口が八旗に組織されたことになる。今後は同時代の史料に従って、この八氏族のことを八姓と呼ぶことにする。

それでは雍正十年に組織された八姓の佐領は、いかなる人物であっただろうか。前述した『吉林通志』巻六五、職官志にみえる十六名の佐領から三姓系の六人を除いた残りの十佐領が、八姓佐領と推定される。鑲黄旗の奇克西訥、正黄旗の噶胡勒、正白旗の航庫と吉爾侯、正紅旗の察奇哩、喜悦爾格とそれに巍哈那、鑲白旗の克爾特和、正藍旗の特馬除、鑲藍旗の楊保である。『軍機処満文録副奏摺』第二三四案巻第五文件、乾隆七年正月二十八日付けニングタ将軍オミダの上奏文によると、

八姓の十佐領を組織したときにウルグンケレ氏族のガシャンイダ、チクシナ（チクシネ）、ナムドゥル氏族のハライダ、ゲフレ、グファティン氏族のハライダ、ハンク、ガシャンイダ、ゲルヒオ（ギルヘオ）、ホルフォコル氏族のハライダ、チャキリ、ガシャンイダ、ヒヨルゲ、キヤカラ氏族のハライダ、ケルテへ、ムリヤリヤン氏族のハライダ、ワイハナ、シヌルフ氏族のガシャンイダ、テムチュ、バラ（ビラ）氏族のハライダ、ヤンボーたちを佐領に任じた。〔……〕

とあって、『吉林通志』の記載と一致する。ただしムリヤリヤン氏族のワイハナ（巍哈那）は、正紅旗ではなくて鑲紅旗の佐領であった（表23）。このうちのチクシネとチャキリは、前述したウルグンケレ氏族とホルフォコル氏族の闘争事件に現れ、それぞれウルグンケレとホルフォコルの出身であった[35]。またケルテへ、ハンク、ギルヘオは表22にあがっている。ところで八姓の佐領と驍騎校が実際に任命されたのは、三姓の佐領任命から半年遅れた十年十一月十五日のことであった。『三姓副都統衙門檔案』第六冊、乾隆八年三月六日の条に、

（鑲黄旗）佐領チクシネを、雍正十年十一月十五日にガシャンイダから佐領に任命した。〔……〕（正黄旗）佐領ゲフレを、十年十一月十五日にハライダから佐領に任じた。〔……〕（正白旗）佐領ギルヘオを、十年十一月十五日にガシャンイダから佐領に任じた。〔……〕（正紅旗）佐領チャキリを、十年十一月十五日にハライダから佐領に任命した。〔……〕

と述べるとおりである。

八旗に組織された八姓の住民が、住み慣れた故郷からイランハラに移るにあたり、イランハラ副都統はイランハラの城郭を改修して受け入れの準備を始めた。八姓が実際に移住したのは、寒気の緩む翌十一年の春先であったとみられる。(36) 八姓は新天地に到着すると、まもなく耕作にとりかかった。

清は移住する八姓に対して、さまざまな援助を行なった。三百七十四戸のそれぞれにイランハラの近くに土地

表23　雍正十年（一七三二）に編成されたイランハラ駐防の八姓佐領

	鑲黄旗	正黄旗	正白旗		鑲白旗	正紅旗		鑲紅旗	正藍旗	鑲藍旗
名前	奇克西訥 Ciksine	噶胡勒 Gehule	航庫 Hangkū	吉爾侯 Girheo	克爾特和 Keltehe	察奇哩 Cakiri	喜悦爾格 Hiyolge	巍哈那 Waihana	特馬除 Temcu	楊保 Yangboo
氏族	Urgungkere	Namdula (Namdulu)	Gufatin	Gufatin	Kiyakara	Horfokol	Horfokol	Muliyaliyan	Sinulhū	Bara (Bira)
種類	公中佐領	公中佐領	公中佐領	公中佐領	公中佐領	公中佐領	公中佐領	公中佐領	公中佐領	公中佐領

『吉林通志』巻六五、職官志・三姓佐領、および『軍機処満文録副奏摺』第二三四案巻第五文件、乾隆七年正月二十八日付けニングタ将軍オミダの上奏文による。

三十晌を均等に支給し、耕牛を二頭ずつとからすき、それに種もみ二石一斗二升四合（一晌につき七升八勺）を与えている。牛七百四十八頭は吉林・ニングタ・ベドゥネなどから買い集めたが、全部は調達できず、百頭についてはニングタから代金の銀七百両をイランハラ副都統に送った。なお耕牛には二月一日から五月一日まで、一頭につき一日三升五合四勺の飼料を配給した(37)。またからすきに装着して土を反転させるすきさきとすきへらは、ニングタ将軍が購入してイランハラまで送った(38)。そのうえに二十人の佐領・驍騎校と千人の兵に対して、二月から収穫が終わるまで食料を支給することにし、同時に毎年六両の銭糧を与えたのである(39)。

移住した八姓はもともと農業よりも漁業に依存する度合が高く、農業の生産技術はあまり高くなかった(40)。そのためにかれらに対する援助は、移住の年だけでは終わらなかった。やがて中国本土から罪人をイランハラの地に流し、八姓の奴隷として農業労働力にすることも行なわれた(41)。

八姓がイランハラ地方に移住したことにより、かつてアムール川の中流地方に分布した諸氏族はイランハラ以西の各地に移動し、中流地方の人口はほとんど空白となったのである。

第三節　七姓ヘジェの構成と中国領赫哲族の起源

十八世紀前半にアムール川の中流沿岸から住民がいなくなって、ふたたびその地に人が住みつくまで、永い時間はかからなかった。『皇清職貢図』によると、乾隆初めには七姓なる集団が中流地方に居住していたという。『皇清職貢図』が根拠としたのは謝遂『職貢図』であって、謝遂がそれを編纂したのは、乾隆十六年（一七五一）から二十六年までの間と推定されている(42)。『職貢図』の満洲語文によると、七姓は、イランハラの西方二百里余りさきにあるウジャラ＝ホンコ[43]などの地方にいる。〔……〕毎年貂皮を貢納する。

とある。この中で「西方」というのは、東方の誤りと考えられる[44]。数字どおりに計測すると、イランハラから二百余里（百キロ余り）の地点は、松花江の河口近くにあたる。

『寧古塔副都統衙門檔案』においても、七姓の名は乾隆初期から現れる。同書第五八冊、乾隆十九年正月二十三日の条によると、ニングタ将軍衙門が、吉林に使いできた三姓のものに七姓について尋ねると、その三姓は、

イランハラの城より百里のさきから、フスハラ・ビルダキリ・ジャクスル・ヘチケリ・ウジャラ・ホミヤン・ガキラなどの氏族の民が、ゲリン〔ゴリュン〕川に至るまで居住しております。これを七姓の人といいます。

と答えたという。後述の如くフスハラ以下の七氏族は、みなアムール川下流地方に拠るヘジェであり、かれらが七姓であるというのは、この三姓の誤解である。しかし七姓と呼ばれる集団が、このときアムール川の中流地方にいたことはまちがいない。『寧古塔副都統衙門檔案』では、七姓よりもむしろ七姓ヘジェの名で現れることが多い。たとえば同書第四九冊、乾隆十二年三月十日の条には、

貂皮を貢納する七姓ヘジェは、ニングタの管下のものであります。ウスリ川の河口に続く付近に居住します。

とあり、かれらがウスリ川との合流点付近にいたことを述べる。さらに第一一〇冊、乾隆四十四年四月二日の条

には、

税の貂皮を貢納する七姓ヘジェたちは、みなスンガリ＝ウラの下流の両岸につらなって居住します。

とある。このスンガリ＝ウラは、文字どおり松花江のことである。檔案に出現する時期とその居住地域から判断して、『寧古塔副都統衙門檔案』にいう七姓ヘジェは、『職貢図』の七姓にあたることはまちがいない。松花江の河口からウスリ川の河口までのアムール川沿岸というのは、それまでは八姓が住んでいた地域である。上述した如く、八姓の大部分は雍正十一年（一七三三）にすでにイランハラに移動しているので、七姓ヘジェというのはかれらのことではない。おそらく八姓の後に、新たに進出してきたものであろう。

十七世紀以来アムール川の流域において、中流地域と下流地域を分ける境界となっていたのは、ドンドン（アニュイ）川の河口付近であった。アムール川を旅行したヨーロッパ人たちは、この地帯を境に民族が交替することに早くから気づいていた。たとえば十七世紀半ばのポヤルコフとハバロフの情報によっても、中流と下流の人文地理学的な境界は、ドンドン川の河口付近にあったことが明らかである[45]。さらに十八世紀初頭にアムール川を下ったレジスらも、ドンドン川の河口にあったトンドン（ドンドン）村の付近で、住民が上流の魚皮韃子から下流のケチェン韃子に交替したと証言している[46]。康熙五十三年（一七一四）と雍正十年に清が八旗に編入した辺民は、中流地域の住民に限られ、下流の住民には及んでいない。問題は、中流地域の人口が空白になって以後、下流地方の住民がこの境界を越えて、組織的に中流地域に進出することがあったかどうかということである。

『職貢図』によると、七姓より下流にはヘジェ（赫哲）・フィヤカ（費雅喀）・キレン（奇楞）・クイェ（庫野）・オロンチョ（鄂倫綽）・キヤカラ（恰喀拉）などの辺民が居住したというが、七姓との関連で問題となるのはヘジェである。ヘジェは、かつて使犬部（使犬国）・不剃髪黒金・ケチェン韃子などと呼ばれたものの子孫である。『職貢図』では、ヘジェは上述のウジャラ＝ホンコで七姓と接するというが、ヘジェが松花江近くまで移動したとは考えられないので、何かの誤りであろう。いずれにせよ七姓とヘジェが同時に存在する以上、七姓（七姓ヘジェ）を使犬部の直接の子孫とすることはできない。

前掲の史料によると、七姓ヘジェはニングタに貢納を行なった辺民であるというが、乾隆十五年定額の辺民二千三百九十八戸は、ほとんどがドンドン川の河口より下流のアムール川の下流地域に居住しており、アムール川中流地域に住んでいたのは、ガイジン村にいたフスハラ氏族の例があるだけである。(47)それでは『寧古塔副都統衙門檔案』のこの記事は誤りであって、七姓ヘジェは辺民ではなかったのだろうか。

七姓ヘジェに関する記事は、『寧古塔副都統衙門檔案』の中にもごくわずか残るだけである。一般の辺民に関する情報と比べたら、その何十分の一あるかどうかといった程度である。『寧古塔副都統衙門檔案』において七姓ヘジェが記録される状況は、幾つかの特殊な場合に限られる。ひとつは、人参を採取するためにウスリ川の流域に違法に潜りこんだものを、七姓ヘジェがかくまったことに関連してである。(48)もうひとつは、七姓ヘジェが吉林将軍（乾隆二十二年にニングタ将軍から改称）の管轄地域を越えて、黒龍江将軍の管轄下に入ったときである。(49)もしもこれらの出来事がなければ、七姓ヘジェは記録に残らなかったかもしれない。このことは、七姓ヘジェが特殊な存在であったことを間接的に物語っている。ところでわたしは後者の檔案の中に、七姓ヘジェの起源を解明するうえで重要な手がかりを発見した。

清朝の制度においては松花江との合流点から下流のアムール川の両岸は、ともに吉林将軍の管轄に属したが、それより上流については松花江を境界として、その南は吉林将軍が管轄し、松花江の北岸とアムール川の両岸地域は黒龍江将軍が管轄することになっていた。(50)ところが乾隆四十一年（一七七六）に吉林将軍の管轄する辺民の一部が、黒龍江将軍管轄下のアムール川沿岸に移り住んで、それが両者の間で問題となった。吉林将軍が調査したところによると、越境したのは七姓ヘジェの辺民と下僕十戸四十九人であった。かれらは元来、吉林将軍管下の松花江沿岸のガイジン・ホンドルホン・シルビ・ジェルギ・ナマハなどの村に住んでいたが、四十一年当時は黒龍江将軍管下のコブカチン（グブカティン）・エルゲ・イスリイェン・イェヘレ＝ススの四か所に移り、畑を作って生活していた。七姓ヘジェはニングタに貢納していたというので、署ニングタ副都統ミンインは貢納する辺民の名簿により、越境したものの身元を確認しようとしたが、名簿の中にかれらの名前と集落を発見することはできなかった。ただガイジン村の名を確認できただけであった。そこでミンインは、同年七月八日に防御アンタイを調査に派遣する。アンタイらは途中でイランハラの委官ダンシェオらと合流し、ガシャンイダのジョルビカとニシハを同行して、七月二十六日に黒龍江将軍の管轄地域に入ったが、当の七姓ヘジェはすでにもとの村に戻ってしまった後だった[51]。

ところでこのときに越境した七姓ヘジェの氏族とその首長の名は、表24の通りである。イオケミすなわちイオンクミとフスハラ、ウディンケの三氏族は、確かに辺民組織に含まれるが、かれらが入植していたガイジン・ホンドルホンなどの五村は、この三氏族が居住した集落の中には入っていない[52]。それもそのはずで、そもそもこれらの三氏族はアムール川の下流地域に居住したのに対して、七姓ヘジェの集落はアムール川の中流沿岸にあったからである。ではこの事実をいかに理解すべきであろうか。

表24において七姓ヘジェが所属したガシャンイダのひとりに、ジョルビカという人物がいるが、それはアンタイの調査に同行したジョルビカのことと考えられる。試みに辺民組織の中にジョルビカに該当する人物を探っていくと、イオンクミ氏族の中にはみあたらず、キレル氏族のドンドルガン村に同名の人物が実在していた[53]。『寧古塔副都統衙門檔案』によると、キレルのガシャンイダ、ジョルビカは、乾隆三十三年から四十三年までの間、清に貢納を行なっている[54]。一般に清がキレル氏族と呼ぶのは、アムール川の左岸にいたエヴェンキ系の人びとで

ある。[55] これに対してイオンクミ氏族は、このころはウルミ川の流域に移っていたが、もとはアムグン川の上流地域に拠ったユカミンカ氏族であった。ユカミンカ氏族の祖先は、エヴェンキ起源のラレギル氏族と関係があったといわれる。[56] したがってイオンクミとキレルは、もとを遡れば同じエヴェンキの系統であったのである。清はかつてジョルビカの祖先をキレルに編入したが、かれらの自称はイオンクミだったのであろう。越境した七姓ヘジェは、このジョルビカに所属していたと考えられる。

他方フスハラ氏族のガシャンイダ、ニシハは、辺民組織の中に確かに該当の人物が実在していた。それによるとニシハはマリン村のガシャンイダであった。[57] アンタイに協力したニシハはこのニシハとみられる。『寧古塔副都統衙門檔案』によると、マリン村のガシャンイダ、ニシハは、乾隆三十三、三十六、三十七、四十一年に貢納

表24　乾隆四十年（一七七五）に黒龍江将軍の管轄地域に移住していた七姓ヘジェの所属

移住した奴隷の氏族	もとの村落→移住した村落	所属する首長	階層	辺民組織で該当する首長		
				氏族	村落	階層
Iokemi (Iongkumi)	G'ajiin 村→Kobkacin 村 Hondorhon 村→Isuliyen 村 Hondorhon 村→Elge 村	Jorbika	ガシャンイダ	Kiler	Dondorgan	ガシャンイダ
Iokemi (Iongkumi)	Hondorhon村→Yehere Susu村	Sampi (Sambai)	デオテジュセ			
Fushara	Silbi村→Elge村	Nisiha (Nisha)	ガシャンイダ	Fushara	Marin	ガシャンイダ
Udingke	Jergi 村→Elge 村 Namaha村→Elge 村	Kūlan (Hūlan)	ガシャンイダ			

『寧古塔副都統衙門檔案』第一〇六冊、乾隆四十一年六月三日、同七月八日、そして同九月二十日の条による

を行なっている。[58] フスハラ氏族の七姓ヘジェは、マリン村の出身であったのである。

なお残る七姓ヘジェのガシャンイダとデオテジュセ（シジギヤンエトゥレ）、クランとサムピは、辺民組織の中に該当する人物はみあたらない。後考に俟ちたいと思う。

『寧古塔副都統衙門檔案』と『三姓副都統衙門檔案』は、非常に詳細な内容を含む史料である。たとえば清朝に貂皮を貢納した辺民の氏族とその集落を年ごとに記録し、ハライダ・ガシャンイダ・デオテジュセ・ホジホンなど、指導的な地位にあるものばかりでなく、庶民であるバイニヤルマすらも名前を記す場合がある。しかし他の一面においては、保守的な性格を強くもっていた。とくに辺民の集落名に関しては以前の記述を踏襲し、現状に合わせて修正を行なうことはほとんどなかった。[59] 七姓ヘジェの場合も問題が起こるまで、清はその身分を移住先の村に移すことなく、出身の集落に入れたままにしておいたのである。このあたりが、アムール地方における清の力の限界であったといえる。

以上要するにガイジンなど五村の七姓ヘジェは、もとはアムール川の下流地方に居住したフスハラ・キレル・ウディンケの三氏族から分離した人びとであった。このうちイオンクミ（キレル）とウディンケ両氏族は、本来アムール川左岸の支流であるクル・ウルミ川方面に居住していた。一方フスハラ氏族は、アムール本流の沿岸を占めた氏族である。なお七姓ヘジェの中には、当然他の集団も含まれたはずであるが、『寧古塔副都統衙門檔案』には現れない。おそらく以下に述べる如く七姓ヘジェの構成は、二十世紀の赫哲族と大きなちがいはなかったであろう。

辺民組織を所管する官庁は、乾隆四十四年（一七七九）にニングタ副都統衙門からイランハラ副都統衙門に移る。それ以後の七姓ヘジェ（七姓）については、『三姓副都統衙門檔案』を見なければならないが、実際にかれらのことが『三姓副都統衙門檔案』に現れるのは、十九世紀半ば近くになってである。たとえば第二五一冊、道光二十一年（一八四一）九月十日の条によると、この年アムール川の下流に貂皮の徴収にでかけたイランハラの旗人のひとりが、役目を終わって引き上げる途中、ニルベ村の近くであやまって水中に落ち行方不明となった。そこで一行はその旗人を捜索するために、付近に住む七姓ヘジェから板船を借りたという。[60] ニルベ（ニイェルベ）村は、松花江の河口付近にあった村である。また同書第二九二冊、咸豊六年（一八五六）三月十五日の条によると、前年にアムール川下流の淵呑（ニコラエフスク）においてムラヴィヨフと国境交渉を行なった協領フニヤンガらは、帰る途中トゥスケ村まで来て寒気のために動けなくなり、乗ってきた船四隻をその場所に残してきた。[61] そこで翌年に近くの七姓を雇って、船をイランハラまで回送させたという。トゥスケ村はニイェルベのすぐ近くにあった村落である。なお同条によると、五年にはまたイランハラ佐領フニヤガンの一行が、穀物を船でホトンギ村まで輸送したが、寒気のために帰ることができず、翌六年に七姓を雇って船を回送させている。ホトンギ村は富克錦の下流にあった村である。七姓ヘジェの居住地域は、十九世紀半ばにおいても前の時代と変化していない。

ところで一八六〇年以降『三姓副都統衙門檔案』においては、松花江の下流に居住した少数民族を赫哲（ヘジェ）と称するようになる。このころ松花江の下流地域では治安が悪化して、盗賊が横行するようになり、そのためにイランハラ副都統は、同地域に住む住民の中から徴兵を行なうことを始めた。たとえば同治十三年（一八七四）冬には賊の襲撃に備えて、二百五十名の赫哲兵を徴集した。[62] また光緒元年（一八七五）には盗賊の追跡に、八旗兵とともに赫哲兵七十名を動員し、激戦の後その首領を捕縛した。[63] さらに光緒七年にはアムール川の中流地方に圧力を強め始めたロシアに対抗して、富克錦（富替新）に協領衙門を設けることにし、協領以下佐領、防御、驍騎校などの人員を配置し、赫哲の四百丁を徴発して八旗に組織し佐領を編成させた。[64] これらの赫哲がそれまでの七姓ヘジェ（七姓）にあたることは、その居住地から明らかである。

同じことは、祁寯藻『富克錦輿地略』によっても確かめられる。[65] この中には全部で二十余りの集落を列挙しているが、大半の集落に赫哲兵が配置されている。

十九世紀後半になって七姓ヘジェから赫哲（ヘジェ）へと呼称が変化するのは、清がアイグン条約によりロシアにアムール川の下流地方を奪われたことと関係がある。下流地方にいるヘジェはすでに清の統治下にはなく、したがって七姓ヘジェとヘジェを区別する必要はなくなったのである。アムール川の中流地域に住むナナイ系の住民を今日赫哲族と呼ぶようになった起源は、このときに遡る。

二十世紀に入って、数人の学者が赫哲族を調査してその氏族構成を明らかにしている。表25のとおりである。一部出入りはあるが、調査結果に大きな違いはみられない。凌純聲氏と赤松智城・秋葉隆両氏の調査に現れるユカンとユカラは、同一の氏族を指しており、七姓ヘジェのイオンクミ氏族にあたる。ラティモア氏は代わりにキレンの名をあげるが、これはキレル氏族のことである。ジョルビカの例でも明らかな如く、ユカン・ユカラにしてもキレンにしても自称によるちがいだけで、両者を分ける明確な基準はない。ここでは同一の氏族としておく。フタル・フタハ・フサハリもみな同じで、七姓ヘジェのフスハラ氏族に該当する。凌氏とラティモア氏は、この氏族の別名はマリンカないしはマランカであったと指摘するが、マリンカというのはマリン村にいたフスハラ氏族を呼ぶ名称マリンカンのことである。[66] マリンカンの別称があったことは、七姓ヘジェのフスハラ氏族がマリン村の出身であった事実と完全に符合する。ウディンケ（ウディンカ・ウディンク）氏族は、七姓ヘジェのウディンケである。さらにビルダキリ（ビルダキ・ピルダキ）氏族も、全員の調査に共通する。赫哲族のビルダキリ氏族は、ナナイ族の一氏族、ベリドィ氏族と同一である。ビルダキリ氏族の祖先も、早い時期に下流から遡上したのだろう。ゲイケレ（ゲキル・カイカ・クイカル）・ヌイェエレ（ルイル・ルイラ・ルヤラ）の両氏族は、八旗に編成されるのを免れた三姓の子孫であろう。シュムル（シムル・スンムン・スムル）はヌイェエレに従属していた小氏族で、三姓の一部とみなすことができる。[67] 要するに現在の赫哲族は、かつての七姓ヘジェの子孫と三姓の子孫からなるので

表25　中国領赫哲族の氏族構成（20世紀前半）

『寧古塔副都統衙門檔案』など	O. Latimore	凌　純　聲	赤松智城・秋葉隆
Iongkumi	Kilen	juk'əŋ (kilən)	Yukala
Fushara	Futar (Maranka)	fut'əhɑ (mɑriŋk'ɑ)	Fusahali
Udingke	Udingke	udink'ə	Udingku
Bildakiri	Birdaki	pirdɑk'i	Pirdaki
Geikere	Gekir	kəik'ə	Kuikal
Nuyele	Luir	luirə	Luyara
Šumuru	Shimuru	sunmun	Summuru
Meljere	Mengjir		
	Kumara		

典拠：O. Lattimore, The Gold Tribe, "Fishskin Tatars" of the Lower Sungari, *Memoirs of the American Anthropological Association*, 40, 1933, pp.47, 48.
凌純聲『松花江下游的赫哲族』（南京、1934年）上冊、224～226頁。
赤松智城・秋葉隆『満蒙の民族と宗教』（東京、1941年）169、170頁。
なお、増井寛也「清初の東海フルガ部とゴルドの形成過程」（『立命館史学』第4号、1983年）第3章を参照。

ある。ラティモア氏はさらにメンジルとクマラ両氏族の名をあげるが、他の学者が採集したデータにはみあたらないので、両氏族については保留しておく。

おわりに

十七世紀以前にアムール川の中流沿岸に拠った住民は、新満洲・三姓・八姓などの集団であった。従来の学説は、かれらを満洲族の系統と考えるものと、ヘジェ（ナナイ族）と推定するものに二分されるが、後者に属す研究者でもほとんどは、中流地方の住民が満洲族の文化的な影響下にあったことを認めている。[68]かれらが辮髪の習俗をもっていたこと、あるいは十七世紀前半のフルハ部が、満洲族と同じ言語を話したという記述があることから、[69]中流住民と満洲族との関係を否定できないのである。その意味では双方の事実認識に、それほど大きな隔たりがあるわけではない。

本章において明らかになったところによると、新満洲・三姓・八姓などを構成した氏族の大部分は、アムール中流地方だけに固有の氏族であって、満洲族にもヘジェにも共通の氏族は存在しない。中にはウジャラ・ゲイケレ氏族の如く、満洲族とヘジェの内部に親族関係のある氏族をもつものも存在するが、このような氏族は少数であった。この事実は、中流地域の住民がかなり独立的な集団であった可能性を物語るものである。さらに中流地域と下流地域の住民の間には顕著な差異があったが、清朝は中流地域の住民には同化政策を行なって、積極的に八旗に組織したのに対して、下流地域の住民には辺民として間接的な統治をするにとどまった。清は両者の間の民族や文化のちがいを考慮して、それぞれ別の政策を実施したのであろう。

以上を総合すると、中流地域の住民をヘジェの系統と考えることはできない。さらにこれに関連して満洲族が、下流地域のヘジェよりも中流地域の住民に、一層親近感を抱いていたことは事実である。しかし中流住民の言語や文化についてまだほとんど研究されていないので、現在の段階では、中流住民と満洲族の関係を断定的に述べることは困難である。[70] 言語学や民族学の今後の研究成果を俟ちたいと思う。

さて十八世紀前半に八姓がイランハラ地方に移住した後、アムール川の中流地方には下流地域からヘジェの一部が移り住んだ。かれらは七姓ヘジェと呼ばれ、現代の赫哲族の祖先となった。赫哲族の言語を調査したスニク氏は、赫哲族の方言はナナイのクル方言に近いと述べているが、[71] この説は本章の論旨を裏づけるものである。なお赫哲族の中にはもとから中流地域に居住したゲイケレ・ヌイェレ・シュムルの三氏族も含まれるが、かれらはヘジェと接触する中で、ヘジェの文化に同化されたものであろう。

注

（1）十七世紀から二十世紀までの期間で問題を検討したものには、和田清「支那の記載に現はれたる黒龍江下流域の原住民」（『東亜史論藪』所収、東京、一九四二年）、島田好「近代東部満洲民族考」（『満洲学報』第五号、一九三七年）、阿南惟敬「清初の東海虎爾哈部について」、同「清初の使犬国について」（同『清初軍事史論考』所収、甲陽書房、一九八〇年）、増井寛也「清初の東海フルガ部とゴルドの形成過程」（『立命館史学』第四号、一九八三年）などの論文がある。それぞれニュアンスは異なるが、中流地方（その近辺も含む）にはもとからナナイ（ゴルディ）系の集団が居住したとする点では、大体一致する。これに対して田中克己「明末の野人女直について」（『東洋学報』第四二巻第二号、一九五九年）、吉田金一「十七世紀中ごろの黒竜江流域の原住民について」（『史学雑誌』第八二編第九号、一九七三年）は主に十七世紀について論じ、当時の中流住民は満洲族の系統であったと考える。ただ十八世紀以降に関しては、かれらが上流に移住した後に、ナナイ系の集団が進出したという見通しを述べるだけで、それがいつどうして起こったのかは示さない。なおドルギフなどロシアの学者も、後者の立場に近い。

（2）本書第八章「康熙前半におけるクヤラ・新満洲佐領の移住」および拙稿「清代中期における三姓の移住と佐領編成」（石橋秀雄編『清代中国の諸問題』山川出版社、一九九五年）を参照。

（3）本書第七章「アムール川中・下流地方の辺民組織」第三節を参照。

（4）本書第四章「十七世紀アムール川中流地方住民の経済活動」第一節を参照。

（5）注（4）に同じ。

（6）注（2）に同じ。

（7）Б. О. Долгих, *Родовой и племенной состав народов Сибири в XVII в.*, Москва, 1960, таблица 200. Намдорский.

（8）『寧古塔副都統衙門檔案』第九冊、康熙二十二年九月十二日の条。

（9）『寧古塔副都統衙門檔案』第七冊、康熙十九年閏八月九日の条。

（10）他にキドゥム・キタラ・イルクレなどの小規模な氏族が、ウスリ川の沿岸地域に拠っていたが、かれらはメルジェレ氏族などと同時期に新満洲佐領に組織され、東北の各地に移住していった。第八章「康熙前半におけるクヤラ・新満洲佐領の移住」二九〇～二九二頁を参照。

（11）辺民の定義に関しては、第七章「アムール川中・下流地方の辺民組織」注（1）を参照。

（12）第八章「康熙前半におけるクヤラ・新満洲佐領の移住」第二節を参照。

（13）『寧古塔副都統衙門檔案』第七冊、康熙十九年八月二十六日、および第九冊、康熙二十二年十一月六日の条。

（14）『寧古塔副都統衙門檔案』第八冊、康熙二十二年正月二十日、および注（13）に同じ。前者によれば、康熙二十二年正月までに計四百六十九戸が移住したという。

（15）『寧古塔副都統衙門檔案』第九冊、康熙二十二年十一月六日の条。

（16）『寧古塔副都統衙門檔案』第六冊、康熙十九年六月二日、第九冊、康熙二十二年七月六日、および八月三日の条。

（17）本書第一章「ネルチンスク条約直後清朝のアムール川左岸調査」注（38）を参照。

（18）なお乾隆以降の辺民組織には、沿海地方にいたキヤカラ氏族がふくまれているが、かれらが辺民に編入されたのは康熙五十二年のことで、ここでは該当しない。注（25）を参照。

（19）『寧古塔副都統衙門檔案』第二九冊、雍正十二年七月一日、および第四二冊、乾隆七年十一月二十六日の条。
（20）順治十年に使犬部の十姓が初めて貂皮を貢納したが、この十姓とは、フスハラ・ビルダキリ・ヘチケリ・ウジャラ・ジャクスル・ホミヤン・チョイゴル・ジョルホロ・トゥメリル・ガキラの十氏族のことで、いずれもアムール川の下流地方に居住していた今日のナナイ族の祖先である。第七章「アムール川中・下流地方の辺民組織」二五一〜二五五頁を参照。
（21）『黒龍江将軍衙門檔案』第二七四冊、康熙四十八年四月十三日、および『寧古塔副都統衙門檔案』第一二冊、康熙四十八年十一月二十日の条。
（22）J. B. du Halde, *Description géographique, historique, chronologique, politique, et physique de l'Empire de la Chine et de la Tartarie Chinoise*, tome 4, Paris, 1735, pp. 6, 10-12,（以下の引用では、*Description* と略す。）またダンヴィルの地図を参照。
（23）Du Halde, *Description*, tome 4, pp. 7, 12.
（24）本書第二章「一七〇九年イエズス会士レジスの沿海地方調査」第二、三節を参照。
（25）『寧古塔副都統衙門檔案』第五九冊、乾隆十九年正月二十四日、および第八三冊、乾隆三十年十一月二十一日の条。それによると沿海地方に居住するバンジルガン・キヤカラの二氏族四十五戸が、康熙五十二年に清に初めて貢納したという。これは、その前に清が旗人などをこの地域に派遣して貢納を促した結果と考えられる。
（26）ニングタ将軍（吉林将軍）と黒龍江将軍は、アムール地方の境界に関する協議を康熙四十九年から始めている。たとえば『黒龍江将軍衙門檔案』第二九四冊、康熙四十九年九月二十二日の条。そして翌五十年五月に両者が会見して、松花江を境界とすることで合意した。『寧古塔副都統衙門檔案』第二三冊、雍正七年七月二十二日の条。
（27）拙稿「清代中期における三姓の移住と佐領編成」一三三、一三四頁を参照。
（28）拙稿「清代中期における三姓の移住と佐領編成」一三三頁を参照。
（29）本書第三章「一七二七年の北京会議と清朝のサハリン中・南部進出」第三節を参照。
（30）拙稿「清代中期における三姓の移住と佐領編成」一三五、一三六頁を参照。
（31）同書人物門。
（32）『寧古塔副都統衙門檔案』第二六冊、雍正十年六月二十六日の条。
（33）『寧古塔副都統衙門檔案』第二六冊、雍正十年十二月十四日の条。

（34）『寧古塔副都統衙門檔案』第五二冊、乾隆十三年四月三日の条。
（35）注（19）に同じ。
（36）『寧古塔副都統衙門檔案』第二七冊、雍正十一年五月二十三日の条に、「八姓の官と兵が移ってきたときに、口数をはっきり調べて〔……〕」とあるので、八姓はこの時期まだイランハラに到着していなかった。しかしまもなく着いたことはまちがいない。
（37）以上は、『寧古塔副都統衙門檔案』第二七冊、雍正十一年五月二十三日の条。なお晌というのは面積の単位で、大体五畝に該当する。周藤吉之『清代満洲土地政策の研究』（東京、一九四四年）四三、七一頁を参照。
（38）注（33）に同じ。
（39）注（32）に同じ。
（40）第三章「十七世紀アムール川中流地方住民の経済活動」第二節を参照。
（41）楊合義「清代東三省開発の先駆者——流人——」（『東洋史研究』第三二巻第三号、一九七三年）一九頁を参照。
（42）荘吉発『謝遂《職貢図》満文図説校注』（国立故宮博物院、一九八九年）一一～一五頁を参照。
（43）ウジャラ＝ホンコの位置は不明。『職貢図』の原文は、hūngko とするが、hongko（hongkū）の誤りである。荘『謝遂《職貢図》満文図説校注』一八二、一八三頁を参照。hongko は、山地の端が川べりまでせりだしたアムール川独特の地形である。
（44）和田「支那の記載に現はれたる黒龍江下流域の原住民」四八九頁を参照。
（45）**В.И. Огородников,** ***Туземное и русское земледелие на Амуре в XVII в.,*** **Владивосток, 1927, стр. 23-25.** 吉田「十七世紀中ごろの黒竜江流域の原住民について」四一頁、および池上二良「東北アジアの言語分布の変遷」（三上次男・神田信夫編『東北アジアの民族と歴史』山川出版社、一九八九年）一五〇、一五一頁を参照。
（46）注（23）に同じ。
（47）第七章「アムール川中・下流地方の辺民組織」表15を参照。
（48）同書第四八冊、乾隆十一年十一月六日の条。
（49）同書第七二冊、乾隆二十五年十二月六日の条。
（50）注（26）に同じ。

(51)『寧古塔副都統衙門檔案』第一〇六冊、乾隆四十一年六月三日、同七月八日、そして同九月二十日の条。

(52)第七章「アムール川中・下流地方の辺民組織」表15を参照。

(53)『寧古塔副都統衙門檔案』第一〇六冊、乾隆四十一年十月二日の条。

(54)注（53）の他に、同書第九〇冊、乾隆三十三年十月十二日、第九五冊、乾隆三十六年十月三日、第九八冊、乾隆三十七年九月二十五日、第九九冊、乾隆三十八年九月二十八日、第一〇三冊、乾隆四十年十月二日、第一一一冊、乾隆四十三年十月八日の条。

(55)第七章「アムール川中・下流地方の辺民組織」二五五、二五六頁を参照。

(56)К. М. Мыльникова и В. И. Цинциус, Материалы по исследованию негидальского языка, *Тунгусский сборник*, 1, 1931, стр. 121.

(57)注（53）に同じ。

(58)注（54）に同じ。

(59)第七章「アムール川中・下流地方の辺民組織」表15の集落は、乾隆以降のものであるが、康熙・雍正時期の集落もこれと大差ない。

(60)遼寧省檔案館他編『三姓副都統衙門満文檔案訳編』（遼瀋書社、一九八四年）第一一七号は、その中国語訳である。

(61)このときの清とロシアの交渉については、『籌辦夷務始末』咸豊五年十月乙巳の条、なお宮崎正義『近代露支関係の研究——沿黒龍地方之部——』（大連、一九二二年）二六六、二六七頁を参照。

(62)同書第三六七冊、同治十三年十月十日、および同十一月一日の条（『三姓副都統衙門満文檔案訳編』第一五〇号、および一五二号は、その原文である）。

(63)同書第三七〇冊、光緒元年七月三十日、同八月十日、そして同八月二十日の条（『三姓副都統衙門満文檔案訳編』第一五三号、一五四号、そして一五五号は、その原文である）。

(64)同書第三七九冊、光緒七年二月二日の条（『三姓副都統衙門満文檔案訳編』第一六五号は、その原文である）。

(65)原本は、中国国家図書館所蔵。『黒龍江述略』（黒龍江人民出版社、一九八五年）所載の活字版による。

(66)А. В. Смоляк, *Этнические процессы у народов Нижнего Амура и Сахалина, середина XIX -начало XX в.*, Москва, 1975, стр. 112

(67)拙稿「清代中期における三姓の移住と佐領編成」一二二頁を参照。

(68) 注(1)に同じ。

(69) 満文老檔研究会訳註『満文老檔』第Ⅰ冊、(東洋文庫、一九五五年)八二頁(『旧満洲檔』国立故宮博物院、一九六九年、第一冊、一六七、一六九頁)を参照。

(70) 池上二良氏が一九九三年に氏族名称の検討を通じて、アムール川の中流地方にはナナイ族系と満洲族系の氏族が混住していたという趣旨で、研究発表をされている。その要旨は、「満洲人とツングース人――清初の東北辺境の住民について――」(『満族史研究通信』第三号、一九九三年)である。

(71) О. П. Суник, О языке зарубежных нанайцев, *Доклады и сообщения Института языкознания АН СССР*, 1958, 11, стр. 170.

第四部　清朝のアムール統治システムと辺民社会

第十章　清朝のアムール地方統治

はじめに

中国東北地区に興った清朝が、アムール川の中流地方に勢力を拡大したのは、十七世紀初めのことである。その後北方からロシア人が進入して、アムール地方に甚大な被害を与えたが、清は三藩の乱を平定した後ようやく反撃に転じて、ついにはアムール下流とその支流の沿岸部を制圧するにいたった。十八世紀以降には、さらにサハリンや沿海地方にまで進出する。

清は従属したアムール地方の少数民族を辺民に組織して、毎年一戸につき一枚ずつの貂皮を貢納する義務を課した。そして貢納した辺民には、恩賞としてウリン（服地その他）を与えた[1]。その場合アムール川の沿岸に居住する辺民には、ニングタ副都統のもとに貂皮を届けさせたが、サハリンと沿海地方の辺民に対しては、別に貢納地点を設けてニングタから八旗旗人を派遣し、そこで貂皮を受け取った。乾隆四十四年（一七七九）の改革で、ニングタ副都統に代わりイランハラ副都統が辺民を管轄することになったが、アムール地方へはイランハラの旗人を引き続いて派遣し、それは十九世紀半ばまで続いた。

さて清が辺民の貢納を受け取りにアムール地方に旗人を派遣した事実は、日本では早くから注目されている[2]。しかし当時の研究者が拠ることのできた史料は、断片的な清の漢文献と日本の北方史料に限られたので、その研究には自ずと限界があった。ところが一九八〇年代になると、中国において『三姓副都統衙門檔案』の一部が公表されて、関連の史料は飛躍的に充実した[3]。わたしもこれらの檔案を使って論文を発表したことがあるが[4]、『三姓副都統衙門檔案』は基本的には十九世紀の史料であるので、十八世紀における制度の変遷を明らかにすることはできなかった。この問題をさらに発展させるためには、新たな史料の発掘が必要であった。

そうした中でわたしは、一九九三年に文部省在外研究員として北京の中国第一歴史檔案館で研究する機会をえ、それまで利用されたことがなかった『寧古塔副都統衙門檔案』を調査することができた。そしてその中に、清が十八世紀にアムール地方に派遣した旗人に関する史料が、大量に含まれることを発見したのである。さらに瀋陽の遼寧省檔案館では『三姓副都統衙門檔案』の調査を行ない、未公表の檔案の中から多数の関係資料を収集することができた。それ以来わたしは資料の収集と整理に努めてきたが、ここにきてこの問題にある程度の見通しを得た。

本章においてわたしは、まず清がアムール地方に旗人を派遣した制度の変遷を明らかにし、続いてこの制度の目的と意義について考えることにする。

第一節　ニングタ副都統がアムール地方に派遣した旗人

『寧古塔副都統衙門檔案』を検索すると、ニングタ副都統が辺民から貂皮を徴収した方法に二通りあったことがわかる。辺民自身がニングタに貢納する場合と、ニングタ駐防の旗人がアムール地方に行って辺民から集める場合で、後者はさらにヘジェフィヤカ・キレルなどの居住地に行くものと、エレ・ヨセ地方に行くものとに分かれた。たとえば同書第三七冊、乾隆四年九月十六日の条によると、

乾隆四年三月七日から七月二十一日までに、ヘジェフィヤカ・キレルたちがニングタに届けた税の貂皮は、千三百二十八枚。〔……〕正黄旗防禦ホイセ・筆帖式ウユンタイたちをヘジェフィヤカ・キレルなどの地に派遣して、受け取って帰った税の貂皮三百七十三枚。鑲黄旗マタイ佐領の驍騎校アイシャンたちをエレ・ヨセのものを迎えに送って、受け取って帰った税の貂皮は九十枚。委署驍騎校フセンたちを遣わして、年々欠貢して税の貂皮を届けに来なかった海島に住む人びとから受け取って帰った税の貂皮二百二十二枚。以上全部で二千二十九枚〔……〕。

とある。この檔案は、ニングタ副都統がその年に辺民から集めた貂皮の数を、ニングタ将軍（乾隆二十二年に吉林将軍と改称）に報告したものである。ヘジェフィヤカ・キレルというのは、ニングタ副都統が管轄するアムール下流地方の住民の総称であって、防禦ホイセらが遣わされたのは、そのうちでもとくにサハリン北部とアムール川河口付近の辺民を指している。一方エレ・ヨセは沿海地方の東海岸に注ぐ河川の名称で、エレ・ヨセのものと

は、その地域に居住したバンジルガン・キヤカラの両氏族をいう。なお委署驍騎校フセンらは臨時に派遣された使いで、これについては後述する。同様の檔案は『寧古塔副都統衙門檔案』には数年おきに残っており、それを貢納方法の違いによって分類したのが、表26である。ヘジェフィヤカ・キレル（ニングタ）の欄には、アムール地方の辺民がニングタに持ち込んだ毛皮の枚数を、その他の欄にはそれぞれの辺民のもとに派遣された旗人の名前と、かれらが徴収した貂皮の枚数を記しておく。

さてニングタ副都統が貂皮を徴収しにアムール地方に旗人を派遣するようになったのは、康熙後半のことである。それ以来毎年旗人を送って遠隔地の辺民から貂皮を集めたが、いずれの年も大体四百枚前後の貂皮を集めている。そもそも清がアムール下流に旗人を派遣するようになった理由は、ニングタに貢納できないサハリン北部の辺民のためであったが、かれらの戸数を全部合計しても二百戸前後にしかならないので、(5) 四百という数字の中には、アムール川の河口付近に居住した辺民も含まれていたと考えられる。

ニングタの旗人が向かった貢納地点は、その初期にはダ村に置かれていた（第五章図5）。『寧古塔副都統衙門檔案』第一一〇冊、乾隆四十四年六月十一日の条には、

フィヤカ・クイエ・オロンチョル・テメイエン・カダイエ・ワルル・キパン・ドボノンゴ・オヨロ・トンゴチョル・ソムニン・ディヤンチャン・チュウェニ・チュクチャヒリ・フウェティ・フテ・イオイクミ・ヘイグレ・プニヤフンなどの氏族の人は、毎年ニングタの地に来ることができないので、ニングタから官を出し、ウリン・穀物などのものを持って、約束したダ村という地に到り、ウリンを支給して貂皮を徴収します〔……〕

とある。この文書は、辺民制度の改革によって関連する業務を、ニングタ副都統からイランハラ副都統に引き継

表26　ニングタ副都統がアムール地方に派遣した旗人と辺民が貢納した貂皮の枚数

年　次	Heje・Fiyaka・Kiler（ニングタ）	Heje Fiyaka・Kiler（アムール下流地方）	臨　時	Ele Yose（Banjirgan・Kiyakara）	典　拠[1]
康熙48年（1709）		防禦 Hešose 筆帖式 Ulaca			寧12,　康48,4,2
57年		防禦 Booju 筆帖式 Gersei		防禦 Itku	寧13,　康57,4,11 4,19
59年		委署散騎郎 Salbungga 筆帖式 Gersei		驍騎校 Dunggele	寧16,　康59,4,10 4,13
雍正13年（1735）	1001(7)[2]	424 委署防禦 Nastai 筆帖式 Serhude	286 委署防禦 Ongkio	90 委署驍騎校 Fusen	寧31,　雍13,10,15
乾隆3年（1738）	1282(15)	370 佐領 Yartai 筆帖式 Barsu	251 委署驍騎校 Šajin		寧35,　乾3,9,6
4年	1328(16)	373 防禦 Hoise 筆帖式 Uyuntai	222 委署驍騎校 Fusen	90 驍騎校 Aišan	寧37,　乾4,9,16
6年	1434(6)	401 防禦 Foju 筆帖式 Serhude	176 委署驍騎校 Dunggiyoo	90 委署驍騎校 Narsai	寧40,　乾6,9,22
7年	1617(9)	378 防禦 Hūwase 筆帖式 Uyuntai	177 委署驍騎校 不明		寧42,　乾7,10,6
9年	1459(10)	473 防禦 Uyatu 筆帖式 Suruntai	235 委署驍騎校 Ongkio		寧44,　乾9,10,16
12年	504(16)	575 佐領 Lungboo 筆帖式 Yunggana	896 佐領 Jibkio 委署驍騎校 Dercu	90 防禦 Cangboo	寧50,　乾12,10,8
13年	1566(16)	589 佐領 Ušao 筆帖式 Marsai			寧52,　乾13,9,27
14年	1567(18)	538 佐領 Jibkio 委署筆帖式 Sektu		90 防禦 Cangboo	寧47,　乾14,10,3
17年	1527(18)	398 佐領 Songgoto 筆帖式 Udele			寧56,　乾17,9,15

18年	1742(16)	473 佐領 Lungboo 委署筆帖式　不明		90 佐領 Burha	寧57,　乾18,10,1
19年	1376(10)	468 防禦 Boshū 委署筆帖式 Talimboo			寧59,　乾19,10,15
20年	1645(6)	500 佐領 Dekdu 筆帖式 Udele		90 委署驍騎校 Durguce	寧61,　乾20,9,16
21年	1735(4)	500 佐領 Sira 委官 Marka 委署筆帖式 Monggortu			寧64,　乾21,9,8
22年	1645(4)	500 防禦 Boshū 筆帖式 Udele		90 驍騎校 Ertu	寧66,　乾22,10,16
24年	1615(2)	530 防禦 Sunai 委署筆帖式 Šangboo		90 委官 Šayang	寧70,　乾24,10,13
25年	1477(2)	525 防禦 Urtai 筆帖式 Arbungga			寧72,　乾25,10,24
26年	1615(2)	530 驍騎校 Booju 委官 Guruntai		90 委官 Puseliyang	寧75,　乾26,9,30
28年	1642	495 佐領 Lioboo 筆帖式 Genggiyembu		90 佐領 Hūsita 委官 Cišisy	寧78,　乾28,10,6
30年	351	495 佐領兼三等軽車都尉 Ilamboo 委署筆帖式 Hošonggo	1319 佐領 Sira 防禦兼雲騎尉 Uge	90 委官 Dasena	寧83,　乾30,10,12
33年	1667	495 雲騎尉 Uge 教官 Lungboo			寧90,　乾33,10,12
36年	373	495 雲騎尉 Uge 委署筆帖式 Šulingga	1387 防禦 Tarantai 筆帖式 Yosongga	90 驍騎校 Hengju	寧95,　乾36,10,3
37年	1584	495 防禦 Tarantai 教官 Lungboo			寧98,　乾37,9,25

38年	1746	495 防禦 Tarantai 筆帖式 Yosongga		90 驍騎校 Yengge	寧99, 乾38,9,28
40年	1674	495 防禦 Hengju 筆帖式 Yosongga		90 驍騎校 Lioboo	寧103, 乾40,10,2
41年	271	495 佐領 Jungšiboo 教官 Lungboo	1602 佐領 Jolbo 委署筆帖式 Tomorhon Uldembu		寧106, 乾41,10,2
43年	1478	495 佐領 Jolbo 委署筆帖式 Yungliyang			寧111, 乾43,10,8

注①　寧は『寧古塔副都統衙門檔案』を示す。寧の後の数字は檔冊の通し番号を、また康は康熙、雍は雍正、乾は乾隆の略で、それ以下の数字は順に年、月、日を表す。

②　括弧内の数字は、殺人事件を起こしてニングタに拘束された辺民が、貢納した貂皮の枚数である。

ぐときに出されたもので、日付は乾隆四十四年であるが、それが伝える内容は康熙から雍正年間にかけての状況である。[6] ダ村というのは、アムグン川の河口周辺にあった集落である。[7]

続いて同書第二九冊、雍正十二年（一七三四）八月十九日の条によると、

さらに海島にいたテメイエン・カダイェ・ディヤンチャン・ワルル・チョリル・ドボノンゴ・シュルングル・プニヤフン・チュウェニなどの氏族の人びとは〔……〕海島からスンガリ=ウラ〔アムール川〕に来ます。ニングタに貂皮の税を届けるならば、道のりがはるかで来ることができないので、スンガリ=ウラの〔……〕岸のディヤン=ホンコの地に貂皮の税を貢納します。ニングタから〔……〕官・兵を出して、緞子・木綿などやごちそうするものを〔もたせ、かれらを〕迎えるために送って、〔……〕

とある。これによると、雍正十二年当時アムール下流の貢納地点は、アムール川とアムグン川との合流地点に近いディヤン=ホンコにあり、旗人が毎年ニングタから派遣されていたという。ディヤン=ホンコは、明のときイシハらが遠征して奴児干都司を建設したティルの丘のことで、この地方の政治的な中心地であった。[8] 貢納のために辺民を集めるには、最適の地点であったと考えられる。貢納地点をディヤン=ホンコに置いた時期は、それがダ村にあった時期からあまり離れていないだろう。

それからしばらくしてニングタ副都統は、貢納地点をさらに上流に移している。『寧古塔副都統衙門檔案』第五九冊、乾隆十九年（一七五四）正月二十四日の条には、

さらにとても遠くに住んでいて、毎年ニングタまで来ることのできないクイェ・オロンチョン・カダイェ・ワルル・チョリル・ドボノンゴ・チュウェニ・プニヤフン・シュルングルなど九氏族五百戸余りの

人びとは、海口〔原文 mederi mangga とあるが、mederi angga の書き損じか〕のてまえにあるニングタから三千里離れたプル村などの地に出張して、かれらをそこに毎年六月中に来らせて、〔……〕

と述べる。上記の史料から二十年経過したこのときには、アムール下流の貢納地点はプル村に移っていたのである。また『皇朝文献通考』（乾隆中勅撰）巻二七一、輿地考にも、

その最遠に散処し、時を以て寧古塔に到る能はざる者にして、烏拉江口居住の庫頁等五百余戸の若きは、則ち毎歳章京等の員を遣はし、寧古塔境外三千余里の普禄郷等の地方に赴き、それをして六月を以て会集せしむ。〔……〕

と、同じ事実を伝える。普禄郷はプル村のことであり、「烏拉江口居住の庫頁等五百余戸」とは、アムール川の河口周辺とサハリン北部の辺民のことである。『皇朝文献通考』に引用されるこの史料は、ニングタ副都統が乾隆三十年に『大清一統志』を編纂するために方略館に提出した資料の一部であるが、[9] 後者のもとになった資料は、上掲乾隆十九年正月二十四日の条と同じである。

なお『寧古塔副都統衙門檔案』には現れないが、清はこの三か所以外にも貢納地点を設けている。イランハラの革職留任驍騎校イブゲネは、康熙末から雍正にかけてたびたびアムール川下流地方に派遣されたが、ダ村以外にもウトゥンゲ、ワジ、タクティン、コイマンなどに貢納地点が置かれたと証言している。[10] さらに一八〇九年にアムール川の下流沿岸を調査した間宮林蔵も、カタカー（カディ）に仮府（貢納地点）の跡があったと記している。[11]

初期の貢納地点であったダとディヤン＝ホンコに共通する特色は、両村がともにアムグン川の河口周辺に位置して、アムール川本流、アムグン川、サハリンの三方向に通じる交通の要衝であったことである。辺民が貢納を

行なうには、絶好の場所であった。これに対してプルやカディは、それよりもかなり上流に位置するが、サハリン北部の住民でも、トィミ川やキジ湖を利用すると比較的容易に達することができた[12]。以上の如く十八世紀中にアムール下流の貢納地点はしだいに上流に移動したが、それは清の勢力が衰退したためではなく、むしろ辺民の居住地域が広がったことと、伝染病や闘争などが起こったことの結果であろう[13]。

一方康熙五十二年（一七一三）には、沿海地方に居住したバンジルガンとキヤカラの両氏族が清に従属したが、かれらもまたニングタに貢納することはなかった[14]。沿海地方とニングタとの間は、直線距離ではあまり離れていないが、ウスリ川の東側には急峻なシホテアリン山脈がそびえており、それを横断して通うのは容易なことではない。そのためにニングタ副都統は、ウスリ川の支流ニマン（イマン）川の河口をバンジルガンとキヤカラの貢納地点に指定し、隔年に一度人員を派遣して両氏族から二年分の貂皮を徴収した。前掲乾隆十九年正月二十四日の条には、

さらにニングタの東南、アムバ=ウラ〔アムール川〕に合流するウスリ=ウラ〔ウスリ川〕のかなた四千里離れたところに〔……〕キヤカラ・バンジルガン二氏族四十五戸の人びとは、〔……〕とても遠く、ニングタに来ることができないので、かれらには隔年に一度ニングタから官一名・兵十二名を出し、アムバ=ウラに合流するウスリ=ウラの内にあるニングタから二千里離れたニマンという川の土地に、五月を会見の月と約束して、これらのものが約束の場所に到着したら、一戸につき二年分の貂皮二枚ずつを徴収し、かれらに褒美のものを定数通りに与えて〔……〕。

とある。ニマンに派遣された旗人と、かれらがバンジルガンとキヤカラから徴収した貂皮の枚数は、表26に記載しておいたが、後者はいつも九十枚ちょうどであった。

以上は、ニングタ副都統が一年かまたは二年に一度、アムール地方に定期的に派遣していた旗人の例である。その他に辺民が欠貢したときに、ニングタから臨時に人員を送って貢納を督促する場合があった。たとえば雍正十三年（一七三五）から乾隆九年（一七四四）までに、ニングタ副都統は毎年の如く海島に旗人を派遣して、辺民から貂皮を徴収しているが、これは海島の辺民がいったん清に従属しながら、その後義務を怠り貢納しなかったからであるという。ここで海島というのは、サハリンのことである。この時期は上述した北京会議の直後に当たり、清はサハリンにロシアの影響力が及ぶのを恐れて、先手をうって勢力の拡大に乗り出していた[15]。サハリンに臨時に貂皮徴収の使いを送ったことも、こうした動きと関連している。表26では臨時の欄がそれに該当し、派遣された官と集めた貂皮の数量を記入しておいた。

十八世紀後半になると、漢人の流民や商人が封禁政策の網をかいくぐって、ニングタやイランハラにまで進入してきたが、漢人の滞在者が増えるにつれて、これらの地域では天然痘が流行するようになった。乾隆十二年にニングタとイランハラで天然痘が発生すると、それを聞いて辺民は恐ろしくなり、貢納を中止して途中から来た道を引き返したという。そこでニングタ副都統イレンタイは急遽佐領ジブキオらに命じて、辺民に与える朝褂・朝衣など千組と穀物六十二石二斗五升・酒三千斤を持って、下流へ向かわせた。その結果ジブキオらは、貂皮八百九十六枚を集めることができたのである[16]。これ以来この地方で伝染病が流行したときには、特別の措置としてアムール下流に人員を派遣することが慣例となった。すなわち乾隆三十年からは三十五年、三十六年、四十一年と連続して天然痘が流行し、ニングタに貢納する辺民が減少したので、ニングタ副都統はこれらの年にも臨時に八旗旗人を派遣して、貂皮を集めさせた。表26の臨時の欄に示した人名と数字が、臨時に派遣された官と徴収した貂皮の枚数である。なおその場合に、ニングタの旗人たちはあまり遠くには行かず、ボロン湖に近いウジャラで貂皮を集めたという[17]。

ニングタ副都統がアムール地方に派遣した旗人の規模は、輸送するウリンの数量に比例した。アムール川河口やサハリン北部の辺民は、雍正十三年以降補貢分を含めると、最大で貂皮五百八十九枚、最少でも三百七十枚を貢納している。それに比例して、準備するウリンの数量も増加しており、乾隆十二年当時は四百組のウリンを貢納地点まで輸送していた[18]。具体的にどれ位の旗人がアムールの下流に派遣されたのかというと、前掲乾隆十九年正月二十四日の条によれば、当時プルに派遣される使いは、章京（janggin）一人・筆帖式一人・兵四十人で構成されたという。ここで章京というのは、五品以上の佐領（niru i janggin）・防禦（tuwašara hafan i jergi janggin）などを指すとみられる。表26によると、実際に派遣された旗人の官職は大体これと一致しており、この規則が遵守されたことがわかる。かれらに同行した兵の人数も、規則で決まった四十人前後であっただろう。

これに対してニマンに向かった使いの規模はかなり小さい。上記の史料によれば、その使いは官（hafan）一人・兵十二人からなっていたという。表26から類推すると、ここでいう官とは六品以下の驍騎校（funde bošokū）や委官（araha hafan）のことであると考えられる。バンジルガン・キヤカラ両氏族の戸数は四十五戸にしかすぎないので、二年分の貂皮をまとめて貢納したとしても、最大で九十枚である。かれらに給付するウリンの量は限られており、その分旗人の数も少なくてすんだのである。

なおこれらの旗人たちが乗り込んだ船は、二十人前後の定員であったとみられる。十九世紀の例であるが、『三姓副都統衙門檔案』第二五一冊、道光二十一年（一八四一）九月十日の条によれば、佐領ジジュンゲなどが職務を果たして、船二隻に分乗してイランハラまで帰る途中、八月五日にニルベ（ニィェルベ）村付近で兵がひとり、誤って防禦サインゲの船から水中に落ちて死亡した。サインゲの船には、その他に兵二十一名が乗り込んでいたという[19]。さらに同二十五年五月四日の条によると、それよりさき下流地方から帰途についた防禦三英額の乗った船が嵐のために沈んで、十一人が溺死する事件が起こった。このとき三英額の船には領催二名・兵十九名が同乗し、もう一方の船には驍騎校一名・領催一名・兵十八名が乗っていた[20]。十八世紀に旗人たちが乗った船の規模も、これと大きな違いはなかったと考えられる。

第二節　イランハラ副都統がアムール地方に派遣した旗人

始め清は、雍正十年（一七三二）に帰属したサハリン中・南部の辺民百四十六戸（のちに二戸増える）については、イランハラ副都統に所属させて、キジの地に貢納させることにした[21]。一般にサハリン中・南部の住民が多く利用した大陸への交通路は、ノテト（テッカ、テケン）からタタール海峡を横断して対岸に上陸し、山越えしてキジ湖に入りアムール本流に出るルートであり、キジはそのルート上にあった。これ以後イランハラ副都統は毎年キジにイランハラの旗人を派遣して、サハリン中部の辺民から貂皮を受け取った。

ところで吉林＝イランハラ間の街道が完成間近となった乾隆二十六年（一七六一）に、吉林将軍ヘンルはアムール地方の辺民をすべてイランハラ副都統の管轄下に置くように上奏した[22]。この提案は軍機処の反対にあい実現しなかったが、こうした動きはその後ますます強くなった。そうこうするうちにイランハラに進出した漢人商人が、ニングタの手前で辺民から違法に貂皮を買い占めるようになり、辺民の貢納する貂皮の品質が低下し始めた[23]。そこで清は乾隆四十四年に制度改革を断行し、すべての辺民をイランハラ副都統に管轄させることにする。

これ以後辺民の問題は主に『三姓副都統衙門檔案』に記録されたが、『三姓副都統衙門檔案』の中には、イランハラ副都統が各年度に徴収した貂の枚数を報告した、『寧古塔副都統衙門檔案』と同系統の檔案とともに、アムール地方に派遣された旗人全員の名を記した別系統の檔案が、大量に残っていた。たとえば同書第一六六冊、嘉慶二十四年（一八一九）四月二十九日の条には、次の如く記される。

左司の文書、右司に送った。銀を支給するためである。下流にウリンを支給しに派遣した佐領ネイブンゲなどの官と兵六十三人の旗・佐領・名を別紙に付して送らせた。貴司より調べて銀を支給してほしい。

〔……〕

別紙

鑲藍旗佐領ネイブンゲ、チュン佐領の驍騎校イサンガ、馬甲ホロンガ、ウルグンガ、リオシイ、デルン、バルギヤンガ佐領の馬甲・委署筆帖式フリヤン、領催ファリンガ、馬甲ジュルガンガ、〔……〕

この種の名簿はこれまで公表されたことがないが、アムール地方に派遣された使いの名、人数、構成を研究する上で、重要な手がかりを与える。ここでこれら二種類の檔案から旗人の名前をリストアップすると、表27のようになる。アムール川の下流に遣わされた人員とかれらが集めた貂皮の枚数は、左側の下流へジェ・クイェフィヤカ（下流）の欄に示した。嘉慶十四年と二十三年の人名に関しては『三姓副都統衙門檔案』には欠落しているので、間宮林蔵の『東韃地方紀行』と『カラフトナヨロ文書』第三号により補足した。

さて乾隆四十四年の改革の結果、貢納地点についても変更が行なわれた。すなわちアムール川の沿岸に住む大部分の辺民は、ニングタに代わってイランハラに貢納することになった。さらにアムールの河口付近とサハリンに居住する辺民に対しては、それまでニングタ副都統とイランハラ副都統がそれぞれ独自に旗人を送っていたが、これ以後はイランハラ副都統だけがキジに使いを派遣した。(24) また沿海地方の辺民については、ニングタに代わりイランハラから旗人を二年に一度ニマンに遣わした。

十九世紀前半になると、アムール川河口付近とサハリンの辺民に対する貢納地点は、キジを離れてさらに上流に移動する。『三姓副都統衙門檔案』においては、この時期の貢納地点を「キジ地方」とあいまいに表現し、それがキジ村を指すのか、一般的に下流地方をいうのか明確でない。たとえば同書第一六七冊、嘉慶二十四年十月一日の条によると、この年ネイブンゲらはキジ地方に向かったという。しかしこの時期に清が派遣した旗人はみなデレンに向かっており、キジに行ったとする例はない。『東韃地方紀行』によると、嘉慶十四年（一八〇九、文化六）にサハリンから大陸に渡った間宮林蔵は、デレンにおいてイランハラ佐領のトジンガら一行に出会ったが、他方キチー（キジ）の仮府はこの年閉鎖されていたという。[25] また『カラフトナヨロ文書』第三号にも、

　旨を奉じて赫哲（ヘジェ）を賞しに来たるの佐領付勒琿（フレフン）ら徳楞（デレン）に抵至（いた）り、烏林（ウリン）を験賞す〔……〕。

とあり、フレフンたちが嘉慶二十三年に貂皮の徴収にデレンまで下ったことはうたがいない。[26]

　貢納地点をキジからデレンに移したことにより、アムール川最下流地方に居住する辺民は、貢納に不便になったにちがいない。その中でデレンまで貢納に行くものは、確実に減少したと想像される。ところが『三姓副都統衙門檔案』によれば、フィヤカ姓などのアムール川最下流の辺民は、嘉慶八年から同治十二年（一八七三）まで毎年、全員が貢納しており、しかもその間かれらは誰ひとり交替をしていないという。しかしこのような統計は事実ではなく、すべて虚構である。というのは七十年間も全員が生存して、同じ地位に留まることなど、常識的には起こりようがないからである。[27] 貢納を行なう辺民の数が減るのに反比例して、その穴を埋めるために買い上げる貂皮の数は確実に増えていったと考えられる。こうした中で辺民の誰が貢納したのか記録することはほとんど意味を失い、そのためにイランハラ副都統は前年の内容を機械的に写すようになったのである。デレンに貢納地点が移ったことは、清が当時アムールの最下流地域を統治する力を失って、アムールの河口近くから撤退を始めたことを意味する。

表27　イランハラ副都統がアムール地方に派遣した旗人と辺民が貢納した貂皮の枚数

	Heje・Kiler（イランハラ）	Heje・Kuye Fiyaka（下流）	Heje(Fiyaka)・Kiler（下流第二次）	下流カルンの境界外に住む Heje・(Kiler)（第三次）	Banjirgan・Kiyakara (Ele Yose)	典　拠[①]
雍正12年（1734）		佐領 Šušu 筆帖式 Asitu				寧30，雍13,4,3
乾隆8年（1743）		95 驍騎校 Tiyamboo				三5，乾8,11,14
19年	(2)[②]	201 佐領 Dungsana				三24，乾19,11,15
25年	(2)	95 驍騎校 Cilamboo				三40，乾25,11,9
42年		110 驍騎校 Taisimboo				三50，乾42,10,10
56年	1714	623 佐領 Udaci			90 筆帖式 Dasamboo	三70，乾56,11,5
59年	1713	623 佐領 Gosimboo				三86，乾59,11,5
嘉慶8年（1803）	1193	625 佐領 Hebengge	604 雲騎尉 Mingšan		90 筆帖式・委署章京 Guwaimboo	三100，嘉8,11,1
9年	940	625 佐領 Tojingga	597 佐領 Turumboo			三112，嘉9,10,25
12年		佐領 Jakdamboo　以下84名				三144，嘉12,5,19
13年		佐領 Fulehun 驍騎校 Secungge 以下81名	防禦 Oyonggo 筆帖式 Fugindei			三149，嘉13,5,7 三150，嘉13,5,22 三151，嘉13,5,25
14年		佐領 Tojingga 驍騎校 Bolhūngga 委署筆帖式 Ferhengge 以下5，60名				『東韃地方紀行』巻中
23年		佐領 Fulehun 雲騎尉 Lingšan 防禦 Desengge				『カラフトナヨロ文書』第3号
24年		佐領 Neibungge 驍騎校 Isangga 以下61名			驍都尉 Sasengga 馬甲・委署筆帖式 Eldembu 以下10名	三166，嘉24,3,26 4,29
道光2年（1822）		佐領 Giljangga，佐領 Urdešan 以下91名				三174，道2,4,21

5年	729	627 佐領 Sarhūlan	997 防禦 Galbingga		90 驍騎校 Utungga	三192,　道5,10,20
8年		佐領 Giljangga 防禦 Hūwašangga 以下48名	佐領 Mutebu 筆帖式 Eldembu 以下16名			三207,　道8,5,2 6,27
12年		佐領 Dekjingge 驍騎校 Jaljungga 以下49名	驍騎校 Sebengge 筆帖式 Fuliyangga 以下23名			三229,　道12,5,14
21年	453	627 佐領 Jijungge	800 佐領 Urgungga	473 佐領 Jalungga	90 驍騎校 Minggioi	三252,　道21,10,25
22年		佐領 Tailu 防禦 Jalungga 以下53名	佐領 Taifingga 筆帖式 Durungga 以下33名	防禦 Erimbu 倉官 Surumbu 以下26名		三254,　道22,5,1 三255,　道22,6,2 7,24
25年	455	627 佐領 Guwamboo	800 佐領 Cengšan	471 驍騎校 Fulu	90 驍騎校 Karmatu	三273,　道25,11,5
27年		佐領 Tolin 驍騎校 Karmatu 以下56名	佐領 Tailu 領催・委署筆帖式 Guifu 以下22名	防禦 Sektun 筆帖式・委署章京 Ulhisu 以下13名	驍騎校 Linggan 馬甲・委署筆帖式 Sujabu 以下11名	三276,　道27,3,22 4,8 7,22 8,4
29年		佐領 Fujuri 防禦 Fuming 以下56名	防禦 Fulu 筆帖式・委署章京 Guifu 以下32名	驍騎校 Karmatu 馬甲・委署筆帖式 Sujabu 以下23名	驍騎校 Iktambu 領催・委署筆帖式 Deyen 以下11名	三279,　道29,4,18 4,28 6,8 7,22
30年	577	627 佐領 Boconggo 驍騎校 Icengge 以下56名	驍騎校 Tailin 領催・委署筆帖式 Belu 以下40名	349 防禦 Lušan 倉官 Tojingga 以下26名		三284,　道30,4,17 7,13 7,25
咸豊元年 (1851)		627 佐領 Funiyangga 驍騎校 Linggan 以下56名	900 佐領 Guwamboo 倉筆帖式 Guifu 以下36名	398 防禦 Sektun 筆帖式・委署章京 Yongsiyang 以下26名	90 驍騎校 Karmatu 領催・委署筆帖式 Deyen 以下12名	三285,　咸元,4,13 5,20 三286,　咸元,7,5 8,20
3年		佐領 Boconggo 防禦 Cunfu	防禦 Kinggan 筆帖式 Encehengge	筆帖式・委署章京 Yongsiyang 筆帖式 Toron	倉官 Hengkeri 筆帖式 Arsalan	三291,　咸3,4,4 5,17 7,11
7年	77	627 佐領 Socang	900 佐領 Janju	749 佐領 Lingsiyang	90 佐領 Yendebu	三297,　咸7,11,12
同治4年 (1865)	574	627 雲騎尉 Cangšeo	652 佐領 Sungcang	500 雲騎尉 Šuwangciowan	90 驍騎校 Filingga 領催・委署筆帖式 Bakjingga 以下8名	三310,　同4,閏5,4 三318,　同5,3,21

5年	647	627 佐領 Cingen	540 佐領 Kuifu	539 佐領 Cunfu		三321, 同5,11,5
6年	598	627 佐領 Taimintu	565 雲騎尉 Šūnlin	563 佐領 Deyong	90 驍騎校 K'ailin	三329, 同6,11,17
8年			防禦 Kobto 雲騎尉 Guisiyang 以下27名	佐領 Cengšuwen 雲騎尉 Fucang 以下27名	驍騎校 Cunsi 倉官 Deyen 以下19名	三333, 同8,4,13 三334, 同8,8,23
9年		佐領 Cengšuwen 雲騎尉 Fucang 以下50名	佐領 Urdešan 驍騎校 K'ailin 以下28名	佐領奨賞花翎 Cunling 驍騎校奨賞藍翎 Alintu 以下28名		三354, 同9,6,3 三355, 同9,8,23
12年	576	627 雲騎尉 Sabingga	600 佐領 Šuwangfu	550 驍騎校 Sarbun	90 驍騎校 K'ailin	三364, 同12,12,19
光緒7年 (1881)		佐領 Dabkūri 雲騎尉 Culgan 以下58名	佐領 Hekun 以下39名	雲騎尉 Kingsiyang 筆帖式・委署章京 Deliyan 以下38名	雲騎尉 Žuilin 以下29名	三387, 光7,5,19 三389, 光7,9,14

注①　寧は『寧古塔副都統衙門檔案』を、三は『三姓副都統衙門檔案』を表す。寧と三の後の数字は檔冊の通し番号を、また雍は雍正、乾は乾隆、嘉は嘉慶、道は道光、咸は咸豊、同は同治、光は光緒の略で、それ以下の数字は順に年、月、日を表す。

②　括弧内の数字は、殺人事件を起こしてイランハラに拘束されていた辺民が、貢納した貂皮の枚数である。

ところで表27によるとイランハラ副都統は、嘉慶八年（一八〇三）以後アムール下流に出かける使いを一組から二組に増加させている。新たに派遣されるようになった旗人は、ヘジェフィヤカ・キレルのもとに行ったというが、かれらが向かった地点はデレンよりは上流であったと推測される。[28] イランハラに貢納する辺民の数は、このころから減少する傾向にあったので、イランハラ副都統は何とか貂皮の不足分を補おうとしたにちがいない。第二次の使いは、もともとは不足分を補充するために臨時に派遣された旗人であったが、その後も事態が改善されなかったために、ついには恒常的な制度となったと考えられる。

道光二十一年（一八四一）以降清は、旗人を一年に三組派遣するようになった。イランハラまで貢納に行く辺民の数は、この時期さらに減少したので、アムール地方に送る使いの回数を一回増やしたのである。新しい使いは下流カルンの境界外に住むヘジェのもとに出かけたが、下流カルンとは松花江とアムール川が合流する地点に設けられた黒龍江口カルンのことと考えられる。かれらはその付近の辺民から貂皮を徴収したのであろう。『三姓副都統衙門檔案』第二五三冊、道光二十二年七月二十三日の条には、

現在ヘジェたちの来るものが少ないので、下流カルンの境界外に住むヘジェ・キレルたちにウリンを支給しに遣わすときに〔……〕。

とあり、やはり不足する貂皮を補充するための臨時的な措置であったことがわかる。

十九世紀半ばになると、清のアムール地方統治は危機的な段階にいたる。清は最下流の辺民のために設けた貢納地点を、デレンよりもさらに上流に移さざるをえなくなった。『三姓副都統衙門檔案』にはそれについて記した史料は存在しないが、それを補うのは、一八四五年にイランハラを訪れたフランス人宣教師ブルュニエールの記録である。[29] ブルュニエールの証言は、アムール地方に向かう船が全部で三隻であり、しかもそれぞれ一隻であ

ったというなど、『三姓副都統衙門檔案』の内容とくいちがう点もあるが、大体は正確である。それによると、第一の船はムチェム（木城）すなわちドンドン（北緯四十九度十二分）に向かい、辮髪をしない長毛子から貂皮を徴収したという。[30]長毛子というのは、ドンドンから下流のアムール川沿岸に居住したヘジェフィヤカのことである。これが本来の使いであろう。続いて第二の船は、魚皮韃子のもとに行ったという。一般に魚皮韃子は、アムール川の中・下流沿岸に住む漁撈の民をいう呼称であるが、ここでは十八世紀に中流地方に移住した七姓ヘジェ（赫哲）を指すとみられる。[31]これは貂皮を補充するために遣わされた旗人で、第二次かまたは第三次の使いである。最後の第三の船は、ウスリ川に注ぐ支流の河口にいた少数民族（長紅毛子）のもとに出かけたという。ウスリ川の支流という点からみて、かれらは沿海地方のバンジルガンとキヤカラの両氏族である。第三の船は、ニマン川の河口に派遣された使いである。

そのうえアムール地方に派遣された旗人の中には、命令に違反して指定された貢納の場所まで行かないものもいたらしい。『三姓副都統衙門檔案』第一八七冊、咸豊元年（一八五一）六月十一日の条によると、アムール地方に使いする旗人が、アムール下流に行くことなく途中の黒龍江口カルン付近に留まり、付近の住民から暴力的に貂皮を集めているといううわさがあったという。[32]清の勢力範囲は、このころ急速に後退していたのである。

以上から推測して、ロシアが侵入する以前の十九世紀前半の時点で、清朝の勢力はもはやアムール川の河口付近からは撤退しており、清が実質的に統治していたのは、アムール川の中流地域と下流地域の一部にすぎなかった。このころ清はアムール地方に年三回も旗人を派遣していたが、それはアムール地方の統治というよりは、単に皇帝に送る貂皮の数をそろえるためであった。

なお乾隆四十四年以前にイランハラ副都統がキジに派遣した使いの規模は、不明である。クイェフィヤカの戸数が百四十八であったことから推測すると、ニマンに行ったものよりは少々大きかった程度であろう。その後アムール下流の貢納地点はキジに一本化されて、ヘジェフィヤカの大半もキジに貢納を行なうようになったので、イランハラ副都統が送り出した旗人の人数は、以前よりも多くなったはずである。また嘉慶八年から道光十二年までの時期には、ヘジェ・クイェフィヤカのもとに出かけた使いの規模は平均五四・六名で、第二次のそれは二一・〇人である。間宮林蔵の証言によると、一八〇九年当時デレンには五、六十人程度の人員が派遣されていたといい[33]、この数値は第一次の規模と大体一致している。さらに旗人を三度派遣した道光二十一年以降に関しては、使いの平均人数は第一次から順に四七・七、三三・八、二八・〇人となっている。

それからニマンに派遣された旗人の規模に関しては、表27によると平均一六・三人となり、乾隆四十四年以前とあまり変化していない。

第三節　旗人の職務とその規律

本節においては、清がアムール地方に派遣した旗人が現地で行なった職務の内容について、具体的に検討を加えることにする。使いの旗人は目的地に到着すると、まず貢納にきた辺民から貂皮を受け取って、そのみかえりに階層に応じて一定のウリンを支給した。ディヤン=ホンコで行なわれた貢納の儀式について、『寧古塔副都統衙門檔案』第二九冊、雍正十二年八月十九日の条には、

ニングタから〔……〕官と兵を出して〔……〕、貂皮の税を収め終わったら、宴を設け、褒美の緞子・木綿などを定数どおり支給します。するとかれらはともに喜びあい、天恩を仰ぎみて叩頭します。

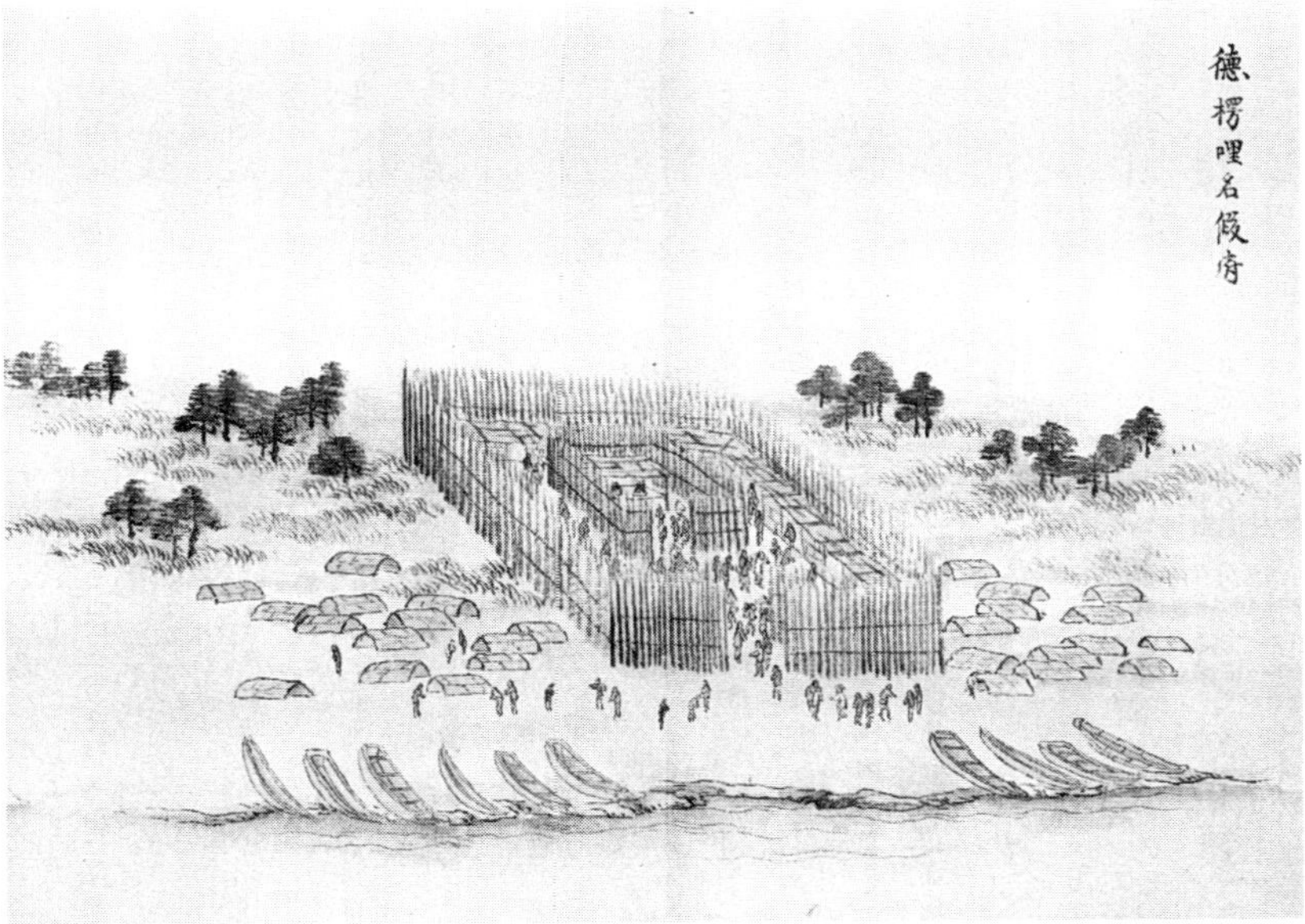

『東韃地方紀行』「徳楞哩名仮府」　1809年に清がデレンに設けた仮の施設（満洲仮府）。この内部で貢納の儀式と交易が行なわれた。（国立公文書館蔵）

とみえる。また同書第五九冊、乾隆十九年正月二十四日の条によると、プルとニマンでの貢納に関しても、

われわれの官と兵が出張の場所に到着すると、かれらが献上する貂皮を収めて、かれらに褒美のものを定数通りに与えます。それからかれらのハライダ・ホジホン・ガシャンイダたちを前方に、バイニヤルマを後方に整列して立たせ、恩に向かって叩頭させます。

と、同様の記述がみえる。

ところで辺民の貢納について記した史料の中では、間宮林蔵の『東韃地方紀行』がもっとも詳しい。それによると一八〇九年のデレンには、十四、五間四方の粗末な二重の柵が設けられ、内側の柵は満洲仮府と呼ばれた。この年イランハラから出張した佐領のトジンガらは、仮府の中に辺民を招き入れて、貢納の儀式を行なった。

トジンガら三人は、仮府の奥にしつらえた壇上のいすに腰をかけ、辺民はその前の地面に膝をついていた。辺民が三度叩頭した後貂皮を献上すると、トジンガらはそれを受け取って、用意したウリンの反物などを与えたという。(34) なお『東韃地方紀行』には貢納の場面を描いた絵図も付されており、その情景を生き生きと再現している。

辺境の辺民に支給されたウリンの内容と数量は、直接ニングタやイランハラに貢納した辺民の場合と同じである。それについては第十二章でふれるので、ここでは省略する。

貢納に来た辺民には滞在の期間中は毎日、食料と酒を支給することになっていた。このうち穀物はひとり一日八合三勺ずつで、焼酎はデオテジュセ以上が一日ひとり三分の一瓶、バイニヤルマは十分の一瓶で、それぞれ穀物に換算して与えた。ところがアムール川河口・サハリン北部・沿海地方の辺民とサハリン中・南部の辺民では、定められた滞在日数に差があり、前者は五日間であったのに対して、後者はわずか二日間であった。また焼酎の穀物換算率も前者に有利で、後者に不利となっていた。(35) こうした待遇の違いは、両者がそれぞれニングタ副都統とイランハラ副都統とに分掌されていた時代に始まる。しかしそれに特別の根拠があるわけではなく、本来ならばイランハラ副都統が全辺民を管轄するようになったときに同じにすべきであったが、清はその後もそれを修正することはなかった。もしもサハリン中・南部の辺民が、不当に待遇されていることを知ったならば、当然それに不満を抱いたはずである。そのように考えると、両者が同一地点に貢納するようになった乾隆四十四年以降も、果たして規則通りに待遇に差を設けたかどうかは疑問である。

アムール川河口付近の辺民には、さらに全部で四度の宴席を設けた。宴席には穀物・ゴマ・焼酎を用意したが、ゴマ・焼酎については代わりに穀物を与えた。その他にきび餅も二度支給することになっていた。これに対してサハリン中・南部の辺民には、これらのものを支給したことはなかったらしい。(36)

さらに辺民が故郷に戻るときには、故郷までの距離に応じて道中の食料を与えた。アムール川河口・サハリン北部・沿海地方の辺民には、ひとり三斗五升四合ずつの穀物を支給したのに対して、サハリン中・南部の辺民にはひとりあたり一日八合三勺ずつを与えている。[37] この問題もさきの滞在日数の場合と同じである。両者の間で帰る距離に大きな差はないのに、待遇は極端に異なる。後者の不満は大きかったにちがいない。

ところで貢納を怠る辺民に対しては、旗人たちはしばしば督促を行なった。たとえばサハリンのアイヌ、ヤエンクルアイノ一族が代々所有した『カラフトナヨロ文書』第三号は、嘉慶二十三年（一八一八）にデレンに派遣された佐領のフレフンが交付したもので、日本との関係を深めて貢納をしなくなったトー氏族に対して、これまで通り清に貢納するよう促した文書である。フレフンは第三者の辺民を通じて、この文書をトー氏族に伝達しようとしたのである。[38]

欠員となった辺民を補充することも、派遣された旗人に課された重要な任務であった。一般に辺民が死亡したり老齢に達したときには、その子弟でもって後を埋めるのがふつうであった。前掲の乾隆十九年正月二十四日の条には、

ハライダ・ガシャンイダが亡くなったら、税の貂皮を徴収に行った官たちが会って、その子弟から選んで継がせます。戻ってから衙門に届け出て、檔冊に記録しておきます。

と述べる。旗人たちはその場で後継者を指名しておき、ニングタやイランハラに帰ってから正式な手続きを行なったのである。なお後継者を決定した際に、旗人たちはその証明書を与えた可能性があるが、詳しいことは不明である。[39]

前述したように、『三姓副都統衙門檔案』では嘉慶八年以降、辺民間の世襲や継承はまったく記述されなくなる。この時期に清が、どのように辺民組織を維持していたのか、残念ながら『三姓副都統衙門檔案』には、それ

を解くてがかりは残っていない。

旗人たちの職務は、貢納の儀式や戸籍の継承などに直接関係ない方面にも広がっていた。たとえば辺民の社会に起こった事件を報告して辺境の秩序維持に努めることも、重要な仕事のひとつであった。アムール地方に滞在しているかれらのもとには、辺民たちが事件やトラブルの調停、解決を訴えにきたと推測される。些細な事件に関しては派遣された旗人だけで処分を決めたらしいが[40]、殺人などの重大な犯罪は処分を保留して、ニングタやイランハラの副都統に報告した。たとえば乾隆七年（一七四二）にキジにおいて、コイマン村の辺民イトゥヒヤヌが、サハリンに住むアイヌの辺民アカトゥスとウクトゥン村の辺民ダイジュら数人を殺害する大事件を起こしたが、これを報告したのは、貂皮を受け取りにキジに遣わされていたニングタとイランハラの旗人であった。その報告を受けたニングタ将軍は翌年に官と兵を送り、犯人イトゥヒヤヌなどをニングタまで連行して裁判にかけたのである[41]。

辺境に侵入する外国人の情報を収集することも、旗人の職務であったと考えられる。アムール地方に遣わされる旗人の人数は、せいぜい五、六十人程度にすぎないうえに、かれらが携帯できる武器は、必要最小限のものに制限されていた[42]。もしも敵が大規模な侵入を企てたときには、かれらはそれを制止できなかった。もとより清もそのことは承知の上であって、旗人には直接的な戦闘を行なうよりもむしろ、外敵の動静に関する情報を集めることを期待していた。これについて述べた史料はほとんど残っていないが、一八〇九年にデレンで間宮林蔵に会ったイランハラの佐領トジンガが、間宮の旅行の理由を問いただしているのは、その例と考えられる[43]。旗人たちは貢納や交易に集まる辺民の情報に、重大な関心を払っていたのである。

これらの職務を遂行するにあたって、旗人には厳格な規律が求められた。ニングタ副都統は、アムール地方に派遣される旗人に対して、出発の前に次のような訓示を行なった。『寧古塔副都統衙門檔案』第一二冊、康熙四

十八年四月二日の条によると、

副都統衙門の文書を、貂皮の税を催促しに行く防禦ヘショセと筆帖式ウラチャたちに与えた。「おまえたちは新満洲の地方に到着したら、おまえたちとともに行った兵士を厳しく取り締まれ。一人二人で離れて、かってに村の家に行かせるな。婦女子を辱しめたり、人びとのものを奪い取るなどの騒ぎを起こしては困る。税に取るべき上等の貂皮を交換したり、買ったり、さらには禁止したものを持っていくとも取り締まれ。村の家から隔たった別の場所に泊まれ。詰め所や見張り所を設けて、守りを怠るな。また新満洲の地方に人参の盗掘者や逃走したものがおれば、捕えて連行せよ。もしも厳しく取り締まらず、騒いでことが起これば、おまえたちを厳罰に処する。」このために与えた。

と述べている。一般に新満洲というのは、十七世紀に八旗に組織されてアムール中流地方から移住した集団のことであるが、ここではアムール下流の辺民を指している。清は、派遣した旗人が辺民との間にトラブルを起こし、辺民社会を動揺させることを恐れたのである。『寧古塔副都統衙門檔案』には同様の檔案が、康熙四十八年から五十九年まで三年分残っており、その中にはニマンに行く旗人に与えたものも含まれる(44)。この訓示は、アムール地方に出かける旗人に対する一般的な規則であった。

この訓示で「禁止したもの」とある中のひとつには、旗人が携行する武器が含まれた。旗人が携帯できる武器は、護身用の鉄砲や刀などに限られ、しかもそれを事前に報告する義務があった。そして途中松花江下流のワリイホトン=カルン（見張り所）などで所持品の検査を受けて、事前に申し出たものと相違がないかを調べられた(45)。このように清が、アムール地方に行く旗人の武器に神経質であった理由は、それにより辺民社会に脅威を与えないように配慮したためである。

清はまた訓示の中で、アムール地域に遣わされた旗人が、貢納の前に辺民から貢納用の上等な貂皮を買い上げることを厳禁していたが、その他に商人など一般人を同行することも禁止していた。たとえば乾隆十四年にイランハラの筆帖式ロチャンは、キジにクイェフィヤカの貂皮を集めに行ったときに、漢人のドゥン＝ダとグ＝チを下僕と偽って同道し、交易を行なわせたかどで免職になった。[46] さらに『寧古塔副都統衙門檔案』第一一〇冊、乾隆四十四年七月十九日の条にも、

また調べたところ、クイェフィヤカとキヤカラなどの民は、みな海島に住んでいます。場所が遠くて来ることができないので、毎年官と兵を送りウリンをもって、約束のニマン川とキジ村の場所まで行き、そこで〔ウリンを〕与えて、献上する貂皮を収めます。そのときにこの中の或る愚かな官が利益をはかって、漢人たちをいっしょに連れていったり、あるいはかってに交易するための品をウリンの品に混ぜてもっていき交易することを、全部なくすことはできません。〔……〕

と述べている。

ところがこの訓示も、時間の経過とともに守られなくなった。『東韃地方紀行』によると、一八〇九年のデレンにおいては、貢納以外の私的な交易は外側の柵と内側の柵の間などで行なわれ、辺民の他に公務で来た旗人が加わることもあった。[47] 旗人が持ち込む中国の物品は、辺境ではみな貴重な商品となったので、辺民は旗人の持参した品ばかりか、かれらの着衣まで買い求めたという。清はこうした実態を知りながら、それをどうすることもできず、ただ黙認していたのである。

なお『東韃地方紀行』によると、デレンに出張したトジンガたちは、日暮になると仮府を閉じて船に帰り、船の中で寝泊りしていたという。[48] 清が事前に与えた訓示の中で、旗人は集落から離れて泊まるように指示されてい

『東韃地方紀行』「群夷騒擾」　満洲仮府内における交易の情景。(国立公文書館蔵)

たが、トジンガたちが船で寝起きしていたのは、この注意を守ってのことであろう。

清が細心の用心を行なったにもかかわらず、一部の旗人は下流地域で事件を起こすことがあった。次の事件は、一般の公務で派遣されたものの例であるが、貂皮を受け取りに行った旗人の場合にも、同様の処置を行なったにちがいない。乾隆十三年に鹿を狩りに派遣された兵エルダセは、キジ村においてヘジェの少女ウナを辱しめようとした。それ自体は未遂に終わったが、ウナはそのことを恥じて、翌日首をくくり自殺してしまった。驍騎校ウサンタイはヘジェの慣習に従って、ウナの遺族に物品を賠償して両者を和解させたが、そのことを上司に報告しなかった。ところが事件が明るみに出て、清はこの事件に関係した旗人を全員処罰した(49)。エルダセ本人は、「威逼人致死」律の関連条例を適用されて絞監候と決まり、ウサンタイと領催タキも、清律によらずにかってに調停し、事件を報告しなかった罪で処罰された。旗人の犯罪に対して、清が比較的に厳正な態度で臨んだ裏には、清が辺民を漢人同様に公平に待遇する姿勢を、辺民に示すねらいがあったものと考える。

おわりに

十八世紀以降、清朝はアムール地方の統治を強化して、アムール川河口付近とウスリ川の沿岸に旗人を派遣し、サハリンや沿海地方の辺民から貂皮を徴収した。これらの使いがアムール地方に滞在したのは、一年のうちわずか半年であったことや、その規模がせいぜい数十人までであったことなどから、統治方法としては限界をもっていた。しかしアムール地方に派遣された旗人たちは、ニングタやイランハラの副都統と同じ仕事を行なったのであり、その中には政治および軍事に関する任務も含まれていた。清が行なったこの統治制度は、辺境の辺民を清に引き止めておく上で、一定の役割を果たしたことはまちがいない。

こうした体制は、十八世紀までは有効に機能していたと考えられる。この時期には毎年辺民から、貂皮を安定して集めることができた。もしも辺民が長期間にわたり欠貢したときには、それらの辺民に貢納するように督促を行なった。たとえば十八世紀前半に貢納を怠るサハリンの辺民に対して、ニングタ副都統が特別に使いを送って貂皮を徴収したのは、その好例である。また清の領内で天然痘が流行したときには、辺民が大量に欠貢したが、その場合には臨時の使いを出して、貂皮を購入して数を補充したのである。

ところが十九世紀初めになると、清朝の勢力は衰退に向かい、アムール地方からも後退を始めた。それを象徴するのが、本来遠方の辺民のために設けられた下流の貢納地点を、アムール川河口から上流の方に移動させたことである。同時にイランハラに貢納を行なう辺民の数も、徐々に減少するようになった。そのために清はアムール下流に臨時に旗人を遣わすようになり、その使いの回数も始めは一回であったものが、後には二回へと増加していった。そしてこの臨時の使いは、やがて恒常的な制度となってしまった。こうして清は貂皮のノルマを確保するために、だれかれの区別なく貂皮を買いつけるようになったので、辺民の貢納というのは名目だけになってしまった。

十九世紀中葉には、清朝の権力は一段と弱体化する。その間ロシアがアムール地方に侵入して河口一帯を占領し、清との間にアイグン条約・北京条約を結んで、その事実を合法化してしまった。その結果清は下流地方との関係を断たれ、この地域の辺民組織は消滅したのである。『三姓副都統衙門檔案』には、それからも辺民が清に貢納を続けたことになっているが、もとよりそれは虚構にすぎない。

注

(1) 辺民とは戸籍上の概念であって、清朝は民籍にも旗籍にも属さなかった辺境の少数民族を辺民と総称した。したがって辺民はアムール地方以外にも存在したのであるが、本稿ではもっぱらアムール川中・下流地方の住民を指して、辺民と呼ぶことにする。なお辺民制組織に関しては、本書第七章「アムール川中・下流地方の辺民組織」などを参照。

(2) 島田好「(東韃紀行)解説」(『東韃紀行』南満洲鉄道株式会社、一九三八年)一五〜一七頁、白鳥庫吉「『東韃紀行』の山丹に就いて」(『白鳥庫吉全集』第五巻所収、岩波書店、一九七〇年)四二七〜四三三頁、洞富雄『樺太史研究』(東京、一九五六年)第二編六「賞烏綾木城における穿官」などを参照。

(3) 遼寧省檔案館などが、『三姓副都統衙門檔案』に含まれる辺民関係の檔案を中国語訳して、『三姓副都統衙門満文檔案訳編』(遼瀋書社、一九八四年)として刊行した。しかし辺民関係の檔案は、これですべて公表されたというわけではなく、『三姓副都統衙門檔案』には未公表の檔案がまだ多数残っている。

（4）拙稿「一七世紀以降の東北アジアにおける経済交流」（『松村潤先生古稀記念清代史論叢』汲古書院、一九九四年）第一章を参照。

（5）乾隆十五年に定められた辺民二千三百五十戸（ヘジェフィヤカ）のうち、クイェ、オロンチョン、テメイェン、カダイェ、ワルル、ドボノンゴ、ディヤンチャン、チュウェニ、ヘイグレ、プニヤフンなどが、サハリンに居住したとみられる。しかしこれらの戸数を合計しても、百八十戸たらずにしかならない。拙稿「清朝辺民制度の成立」（『史林』第七〇巻第四号、一九八七年）表3を参照。また『寧古塔副都統衙門檔案』第四二冊、乾隆七年十月二十八日の条によると、サハリンの辺民はこの段階で六十五村、二百六十八戸であったという。

（6）『軍機処満文録副奏摺』第四九案巻第一文件、雍正十年四月十一日付けニングタ将軍チャンデの上奏に付された、イランハラ革職留任驍騎校イブゲネの履歴書によると、イブゲネは康熙後半から雍正初めにかけて、貂皮を徴収しにたびたびアムール川下流にでかけたが、このころ貢納地点は転々と移動しており、イブゲネはその名前を全部で五か所あげる。その中では、かれはダ（ダイ）村に行った回数がもっとも多くて、九回に達する。これからこの時期の貢納地点は、主にダ村に置かれていたとみてよいであろう。

（7）『寧古塔副都統衙門檔案』第八冊、康熙二十二年正月二十六日の条には、「ヘングン〔アムグン川〕のダ村……」とあり、また同書第五九冊、乾隆十九年正月二十四日の条では、ダ村をアムール川の河口付近とするので、ダ村はアムール川とアムグン川の合流点に位置していたと推測できる。

（8）『大清一統志』（乾隆九年）巻三五、寧古塔・山川に、

殿山觜〈在城東北二千七百二十一里。上有二碑。〉（〈　〉内は割注）

とある。殿山觜はディヤン=ホンコのことであり、その上にあった二碑とは、明朝が奴児干都司の近くに建立した永寧寺の二種類の碑文をいうにちがいない。したがってディヤン=ホンコは、ティルの別名と考えられる。

（9）『寧古塔副都統衙門檔案』第八三冊、乾隆三十年九月十五日の条。

（10）注（6）の檔案に同じ。

（11）洞富雄・谷澤尚一編注『東韃地方紀行』（平凡社、一九八八年）巻下、一五三頁。

（12）本書第五章「十八世紀アムール川下流地方のホジホン」注（72）を参照。

(13) カタカーに関して、間宮林蔵が同じ趣旨のことを語っている。注(11)を参照。

(14) 『寧古塔副都統衙門檔案』第五九冊、乾隆十九年正月二十四日、および第八三冊、乾隆三十年十一月二十一日の条。

(15) 本書第三章「一七二七年の北京会議と清朝のサハリン中・南部進出」第三節を参照。

(16) 『寧古塔副都統衙門檔案』第五〇冊、乾隆十二年六月十九日、および十月八日の条。

(17) 『寧古塔副都統衙門檔案』第八三冊、乾隆三十年十一月二十一日の条。

(18) 『寧古塔副都統衙門檔案』第五〇冊、乾隆十二年十一月十四日の条。

(19) 前掲『三姓副都統衙門満文檔案訳編』第一一七号は、その中国語訳である。

(20) 『三姓副都統衙門満文檔案訳編』第一一九号は、その原文である。兵部がこの事件を上奏したのは道光二十四年三月十日であるので、事件が実際に起こったのはその前年と推定される。

(21) 『寧古塔副都統衙門檔案』第三一冊、雍正十三年四月十五日の条。

(22) 『寧古塔副都統衙門檔案』第七七冊、乾隆二十七年三月二十八日の条。

(23) 一例をあげると、『寧古塔副都統衙門檔案』第五四冊、乾隆十五年十月八日、および同書第九八冊、乾隆三十七年三月十四日の条。

(24) 『寧古塔副都統衙門檔案』第一一〇冊、乾隆四十四年二月二十三日の条。

(25) 『東韃地方紀行』巻上、一三〇頁。

(26) 『カラフトナヨロ文書』は、池上二良「カラフトのナヨロ文書の満州文」(同『ツングース・満洲諸語資料訳解』所収、北海道大学図書刊行会、二〇〇二年)に掲載されるテクストに拠った。なお『カラフトナヨロ文書』の研究史については、小川運平『満洲及樺太』(東京、一九〇九年)二二七〜二五一頁を参照。

(27) 本書附篇第一「十九世紀におけるアムール川下流地方辺民の貢納状況」を参照。

(28) 享和元年(一八〇一)にサハリンを調査した高橋次太夫の報告によると、ヤエンクルアイノから聞いた話として、ヤエンクルアイノはこの時期すでにウチヤラ(ウジャラ)まで貂を貢納していたという(中村小市郎・高橋次太夫「唐太嶋見分仕候趣左ニ奉申上候」、『新撰北海道史』第五巻史料一、北海道庁、一九三六年、八二九、八三〇頁)。さらに光緒十一年(一八八五)にアムール下流地方を実地調査した曹廷杰は、アジの上流三百里余りの莫爾気対岸に木城跡があって、かつての貢納地点であったことを確認している（同『西伯利東偏紀要』一〇七）。貢納の場所は時とともに移動したが、みなこの付近に集中していたとみられる。

(29) ブリュニエールの手紙は、*Annales de la Propagation de la Foi*, 20, 1848, pp. 199, 200. わたしは衛藤利夫氏の翻訳を利用した。『韃靼』（東京、一九五六年）四四頁を参照。

(30) 一説によると、このムチェムはドンドンではなくて、フンガリ河口より少し下流の莫爾気の対岸にあった木城、すなわち曹廷杰が確認した木城跡のことであるという（洞『樺太史研究』一六九頁）。いずれにしても、デレンよりかなり上流に位置したことはまちがいない。なお莫爾気は、コムソモリクの南ムィルカ湖を指すとみられる。

(31) 七姓ヘジェについては、本書第九章「十八世紀のアムール川中流地方における民族の交替」第三節を参照。

(32)『三姓副都統衙門満文檔案訳編』第一二一号は、その中国語訳である。

(33)『東韃地方紀行』巻中、一三七頁。

(34)『東韃地方紀行』巻中、一三七、一三九頁。

(35)『寧古塔副都統衙門檔案』第一一二冊、乾隆四十四年二月二十八日、また『三姓副都統衙門檔案』第五冊、乾隆八年十二月十三日、第一〇二冊、嘉慶八年十二月十九日の条（『三姓副都統衙門満文檔案訳編』第一〇三号と一〇五号のふたつの檔案は、その中国語訳である）。

(36)『寧古塔副都統衙門檔案』第一一二冊、乾隆四十四年二月二十八日の条。

(37) 注（35）に同じ。

(38) 注（26）に同じ。フレフンについては、本書附篇第二「間宮林蔵がデレンで出会った中国人」四六六頁を参照。

(39) たとえば『カラフトナヨロ文書』第二号は、嘉慶二十一年にデレンに出張したネイブンゲが、サハリンのハライダ、シレトゥマイヌに交付した証明書であり、同様にロシアに現存する四通の証明書は、光緒年間（一八七五、八九、九〇、九四年）に、辺民の中ではもっとも上流に居住したガシャンイダに与えたものであるが、しかしこれをもってただちに辺民に証明書を出すことが、一般的に行なわれていたとすることはできない。池上「カラフトのナヨロ文書の満州文」、および佐々木史郎「レニングラードの人類学民族学博物館所蔵の満州文書」（畑中幸子・原山煌編『東北アジアの歴史と社会』名古屋大学出版会、一九九一年）一九七～二〇〇頁を参照。

（40）『東韃地方紀行』巻中、一四二頁。
（41）本書第六章「十八世紀のサハリン交易とキジ事件」第二節を参照。
（42）『三姓副都統衙門檔案』第一一冊、乾隆十四年十一月九日、および第二八冊、乾隆十五年五月一日の条（『三姓副都統衙門満文檔案訳編』第一一二号と一一三号の両檔案は、その中国語訳である）。
（43）そのいきさつに関しては、トジンガが間宮林蔵に与えた文書に記されている。『東韃地方紀行』巻中、注（10）に詳しい。また中村和之「アムール川下流から間宮林蔵が持ち帰った清朝官吏の満州語文書」（『北海道新聞』平成六年六月二十一日夕刊）を参照。
（44）『寧古塔副都統衙門檔案』第一三冊、康熙五十七年四月十一日の条。
（45）注（42）に同じ。
（46）『三姓副都統衙門檔案』第八冊、乾隆十四年八月九日の条（『三姓副都統衙門満文檔案訳編』第一一〇号は、その中国語訳である）。
（47）注（40）に同じ。
（48）『東韃地方紀行』巻中、一三九頁。
（49）『三姓副都統衙門檔案』第一四冊、乾隆十五年七月二十九日の条。

第十一章　ウリンの輸送問題と辺民制度の改革

はじめに

清朝はアムール川の下流地方を特別な地域として、外部との関係を厳しく制限していた。この地域に居住する少数民族は辺民の組織に編成して、かれらには本土とは異なる法を適用した。清はこれらの辺民に対して毎年貂皮を一戸一枚ずつ貢納することを義務づけて、その際に返礼として衣服などを支給し、それらをウリンと総称していた。このウリン制度は、辺民統治の根幹をなす重要な政策であった。

貢納した辺民にウリンを給付する業務は、ニングタ副都統（のちにイランハラ副都統）の所管であったが、それを年々支障なく行なうためには、相当な困難がともなった。特に問題となったのは、ウリンを北京から東北地区の辺境まで輸送することである。毎年春先の決まった時期までに、大量のウリンを輸送しなければならなかったが、インフラや事務手続きなどに問題があって、清はその実施に苦慮することになった。

ところでウリン制度が注目されるのは、一九八〇年代に入ってからである。最初に中国の研究者が、公開されたばかりの『三姓副都統衙門檔案』に拠ってその研究を開始した[1]。しかしこれらの研究はウリン制度の概要を述べるに止まり、その問題点や変遷を明らかにすることはなかった。その原因は、『三姓副都統衙門檔案』に史料的な限界があったからである。そもそもウリン制度に関連する諸改革は、すべて乾隆四十四年（一七七九）以前に実施されているが、『三姓副都統衙門檔案』がカヴァーするのはそれ以降の時期であって、ウリン制度に関する記述は限られている。その研究を進展させるためには、『三姓副都統衙門檔案』に代わる新史料を発掘する必要があった。

わたしは一九九三年に北京の中国第一歴史檔案館において史料調査を行なう機会をえ、そのとき『寧古塔副都統衙門檔案』を調査することができた。ニングタ副都統衙門は乾隆四十四年にイランハラ副都統衙門に権限を委譲するまで、アムール地方を実質的に統治した機関であり、その行政文書である『寧古塔副都統衙門檔案』は、前半期の清のアムール統治を研究する上で最重要の史料である。調査の結果『寧古塔副都統衙門檔案』にはウリン制度に関して、『三姓副都統衙門檔案』よりもはるかに詳細な記録が残されていることがわかった。それ以来わたしは『寧古塔副都統衙門檔案』の調査を続けてきたが、ようやくこの問題に一応の結論をうることができた。

本章においてわたしは、清がウリンを北京から東北地区まで輸送するときに直面した問題点を明らかにし、次にそれを解決するためにいかなる改革を行なったのかについて述べることにする。

第一節　ウリン輸送の迅速化とウリン縫製の中止

清朝は、貢納を済ませた辺民にウリンとして、清の衣服や帽子・帯・靴・糸・縫い針・かんざしなどを給付した。ウリンの内容と数量は、時代により少しずつ変化しているが[2]、最終的な構成は雍正三年のウリンにみることができる[3]。それによるとウリンは、サルガンジュイ、ハライダ及びホジホン、ガシャンイダ、デオテジュセ、バイニヤルマの六階層に従って、五段階に分けられていた。とくに上着（褂と袍）は階層により布地や文様が異なり、上位のものは高価な緞子製であったのに対して、下位ものはふつうの緞子や綿布で作られていた。当時アムール地方の住民が着用した衣類は獣皮や魚皮がふつうで、その他には麻や木綿がわずかにある程度だったので[4]、辺民にとってウリンのもつ魅力は大きかったであろう。

貂皮の貢納とウリンの支給は、支配・従属の関係を表す政治的な儀式であったから、ハン（皇帝）の面前で行なわれるのが原則であった。辺民は、入関前には都の瀋陽（盛京）まで貢納していたが、順治元年（一六四四）に都が北京に遷ってからは、辺民が毎年ハンのもとに貢納に行くことは事実上できなくなった。そこで清はアムール地方をニングタ将軍の管轄下に置いて、辺民にはニングタに貢納させることにした。そして康熙十五年にニングタ将軍が吉林に移駐してからは、ニングタ副都統に辺民に関する事務を代行させたのである[5]。

こうして貢納の儀式は、ニングタで行なわれるようになったが、ウリンに含まれる繊維製品のほとんどは、東北地区では生産できなかったので、その大部分が北京の戸部から輸送されてきた。その際にウリンが北京を出発してニングタに到着するまでには、錯綜した事務手続きが必要であった。それは、ニングタ副都統が盛京礼部に対して、翌年に準備するウリンの数量を要請することから始まる。その時期はふつう九月か十月であった。ニングタに貢納した辺民の数は確実に捕捉できるが、辺民の中には清がアムール下流に派遣した旗人に貂皮を献上するものもいたので、それらの旗人が下流から戻るまで、全体としては徴収した貂皮の枚数も、準備すべきウリンの数量も確定しなかった。ニングタ副都統はかれらの到着を待って、まずその年に集められた貂皮を北京の内務府に送り出す。(6) それに続いてウリンの収支を計算し、翌年に準備するウリンの数量を、ニングタ将軍を経由して盛京礼部から盛京戸部に伝えた。盛京戸部はそれを北京の戸部に報告して、同時にウリンを受け取りに北京に使者を派遣するというぐあいである。(7)

戸部はニングタ副都統の要請に従って、各地で生産された繊維製品の中からウリンの布地を準備して、盛京戸部の使いに引き渡した。これらの使いは駅車を使ってそれを盛京に持ち帰る。そしてウリンが盛京に到着すると、盛京工部は地元の八旗旗人に分けて、衣服・帽子・帯・靴などを縫製させた。(8) それが終わると、ウリンの品々はニングタ副都統の派遣した旗人に渡されて、ニングタまで輸送されたのである。

このようにウリンは、前年秋から辺民が貢納を始める翌年春までの半年の間にニングタに輸送されたが、その際に幾つかの問題が起こった。まず気候の問題である。ウリンは北京からニングタまですべて陸上輸送に頼っており、このうち吉林=ニングタ間の街道（以下ニングタ道という）では湿地がいたるところに存在し、それが旅行者の行く手を妨げた。(9) それでも冬の間は地面が凍結していくぶん通行しやすくなったが、気温が上昇して雪が解け始める春先には道路がぬかるんで足をとられ、人も牛も余計に苦しむことになった。(10)

さらには人手の問題もあった。ウリンは木の箱に入れて、むしろで外からおおった。(11) ウリンを全部積み込むためには、初期のころで車二、三十台、最盛期には五、六十台余りも必要であったという。(12) ところがニングタ道の九駅に設備された牛は、多いときでも十五頭前後しかいなかったので、毎年近隣の村や屯荘から借りなければならなかった[13]。そこでもし輸送の時期がずれて農作業の開始と重なれば、農事を妨げることになった。以上の二点からウリンを輸送する時期は、どうしても年内か年明けの早いうちでなければならなかった。

しかし実際にウリンがニングタに到着するのは、たいてい季節が冬から春に変わる二月か三月になった。たとえば康熙十九年（一六八〇）にウリンがニングタに着いたのは三月になってからで、しかも途中雨に濡れて衣服のあちこちが腐っていたので、ニングタ副都統サブスはニングタ将軍バハイに対して、翌年は正月中に届くようにしてほしいと訴えた[14]。ウリンを辺民に支給するのに間に合わせるためには、三月はぎりぎりの期限である。ところがウリンがニングタに着くのは四月十日前後になるのがふつうで、雍正二年（一七二四）にはさらにそれを越えて閏四月八日に、ようやくウリンの荷物がニングタに到着したという[15]。ウリンの到着を遅らせる主要な原因は、行政上の手続きに時間がかかったことと、盛京において布地から衣服を作るときに時間を費やしたことであった。

清はこの問題を解決するために早くから検討を重ねていたが、とくに雍正末から乾隆初めにかけては、その議論を集中的に行なっている。このころ辺民の人口は急激に増加して、支給すべきウリンの数量が一挙に跳ね上がり、ウリンの輸送はますます困難となった。当時清の当局者は、ウリンの準備を迅速化する方法として、ふたつの方向を模索していた。ひとつは、盛京においてウリンの材料から衣服を縫製していた時間を短縮、または省略することである。そもそも布地から服などを製作する工程は、かなりの労力と時間を費やす作業であった。そのために旗人たちは突貫作業で働いたが、それにもかかわらず仕上がった衣服が、辺民の身体にぴったり合うかどうかは、保証のかぎりではなかった[16]。

雍正六年ごろに吉林（船廠）地方を訪れた戸科給事中の方観は、この地方の行政を監査した結果を十二項目に分けて上奏したが[17]、その中にウリンの改革に関する提言が含まれていた。『寧古塔副都統衙門檔案』第二九冊、

雍正十二年正月二十六日の条には、

戸科給事中の方覲が、条陳した。「イランハラ地方とヘジェフィヤカ等の地方の新満洲たちには、毎年衣服・靴・靴下および日用品を支給しておりますが、〔かれらに〕送るための衣服・靴などのものを盛京工部から八旗に与えて縫製しますと、日にちがかかり、三月か四月にようやくそろってから送り出します。ちょうど雨季にあたり、駅伝を使って行かせますが、到着後に支給しても身体に合いません。望むらくは、黒龍江地方のソロンたちが貂皮を献上しますときに、緞子・木綿を給付する例に照らして、衣服・靴・靴下を適当に計算して、緞子・木綿を代わりに〔与え、かれらが〕身体に合わせて作って着るならば、本当に利益があります」と言った〔……〕。（〔　〕は、不明の部分。著者が補う。）

とある。議政大臣たちはこれを受けて、ニングタ将軍と盛京工部尚書に対して合同で検討させたいと上奏を行なった。その結果雍正六年初めに、ニングタ将軍ハダらは次の如く上奏した。

ヘジェフィヤカたちにもともと給付していました緞子・木綿・裏・糸・縫い針・ボタン・スカーフ・紐・すき櫛・かんざし・手拭〔佩帨〕・皮箱・箱・漆などのものは、引き続きもと通りの数を与えますが、給付します蟒緞の朝袍・朝衣・緞子の袍・朝掛・木綿の袍・襯衣などは、作るのに日にちがかかるうえ、ヘジェフィヤカに支給しても身体に合わないので、利益がありません。これらのものを作って与えるのをみな中止して、それに必要な蟒緞・緞子・木綿・裏・綿花・衿〔扇肩〕・〔不明〕絹裏をもと通りの数量だけ与えたいと思います。さらに衣服などに付随して与えます帽子とふさ〔絨纓〕・金具のついた帯・靴・靴下は、作るのに人手がいりますので、それを与えるのを中止して、これら一揃いを毛青布二匹に換算して与えたい思います。そうすれば作るときにむだになります緞子・木綿などがみな余りますし、ヘジェフィヤカたちには大いに利益となります。

ハダの提案は認められて、ウリンのうち上着・肌着・ズボンなどは、これ以後は縫製することなく、布地のままで辺民に支給することになった[18]。それとともに帽子・帯・靴なども、既製品を与える代わりに毛青布二匹を支給した[19]。これにより清は、衣服と靴などを作るのに要した時間と手間を省くことができたのである。なお糸・縫い針などは、従来通り現物を支給している[20]。

時間短縮の第二の方向は、事務手続きを早くしてウリンの北京出発を早めることである。『寧古塔副都統衙門檔案』第一八冊、雍正八年十月五日の条によると、雍正五年十一月に盛京戸部と盛京工部が合同して、ウリンを十一月か十二月にニングタに到着させるように上奏を行なっている。ところがそれからもウリンは二月に盛京を出発したので、雍正八年三月十七日にふたたびニングタ将軍は盛京礼部に対して、ウリンは十一月か十二月にニングタに到着するように、十月に官と兵を盛京に送るので、ウリンを早めに準備してほしいと要請している[21]。このとき盛京戸部は、これまではウリンを雨に濡さないように冬を選んで、正月にニングタ副都統の使いが取りにくるのに合わせて盛京まで運んでいたが、この年は九月六日に盛京戸部の使いを北京に派遣して、十一月中に盛京に戻らせるので、もしニングタの旗人が十一月に出発すれば、ウリンは十二月中にニングタに到着すると回答した[22]。

この改革は、当初はある程度成果があがったとみられる。ところが時間の経過とともに、やがて履行されなくなり、乾隆初めにはほとんど有名無実となってしまった。『寧古塔副都統衙門檔案』第四一冊、乾隆七年（一七四二）六月五日の条によると、当時盛京戸部は、北京から運ばれたウリンを新年すぎてニングタの官と兵に渡したので、これらの旗人がニングタに達するのは、かなり遅くなって二月か三月であった。かれらが帰るころはちょうど雪解けの季節にあたり、路面の状態が悪く、ウリンの運搬にあたる牛は余計に苦しむことになったという。そこでニングタ将軍は盛京戸部に文書を送って、今年は十一月までにウリンを準備し、ニングタの旗人が来たらただちにウリンを引渡すように求めた。同時にニングタ副都統などに対しても、八月中に用意すべきウリン数を報告するように命じたのである。

しかしこの後も事態は改善されなかった。『寧古塔副都統衙門檔案』第五〇冊、乾隆十二年十一月十四日の条によると、ウリンの輸送はその後も時期を逸して、二、三月にならないとニングタに到着しなかったという。このためニングタ副都統は、新たな妥協案を提案する。すなわち盛京戸部は、収支が確定しない九月の段階であらかじめ人員を北京に送って、一定のウリンを受け取る。その使いが盛京に戻る十月までには、その年の貂皮とウリンの収支決算はすでに確定しているので、ニングタ副都統は別の使者を盛京に派遣して、必要なだけのウリンを引き取る。このようにすればウリンは十一月中にはニングタに届くので、余計な労苦を強いることなく、必要なウリン数を確保することができるというのである。これはなかなかの名案であるが、実施には至らなかった(23)。

一般的には盛京戸部が役人を北京に出発させる時期など、かれらの考え一つで自由に決めることができるように思われる。ところが毎年北京から盛京に輸送される公の物資は、辺民に支給するウリンだけではなかった。盛京五部、盛京将軍、三陵、その他の関係のものが膨大にあった。盛京戸部はこれらの物資を全部まとめて、毎年九月から十月初旬にかけて同時に請求していたが(24)、それらの行政手続きは長い間に慣例化しており、それを無視して時期を早めることは困難であった。そうかといってウリンだけを切り離して、別に役人を派遣することもできない。盛京戸部がウリンを受け取るための使いを早めに北京に出発させられなかった理由は、このあたりにもあった(25)。

第二節　ウリン需給の不均衡と辺民の定額化

ウリンの輸送時期をめぐって、活発な議論が行なわれた十八世紀半ばは、同時に辺民の貢納がピークになって、必要なウリンの供給に赤信号がともった時期でもある。本節では、乾隆十五年（一七五〇）以前におけるウリンの需給状況と、その問題点について考えてみたい。

『寧古塔副都統衙門檔案』には、辺民の人口に関する統計はほとんど残っていないが、第五四冊、乾隆十五年十月八日の条に当時のニングタ副都統イレンタイが、辺民人口の変遷を調査したときのかんたんな統計数字が載っている。それをまとめると表28になる。康熙二十九年に増加した五十三戸と同五十一年に増えた三百八十三戸中の八十六戸は、サハリンの辺民である(26)。また同五十二年には沿海地方のキヤカラ、バンジルガン両氏族四十五戸が新たに従属して、全体としては百八十六戸の増加となった(27)。雍正十一年以後、辺民の戸数は数年おきに大体百戸の単位で増加しているが、おそらくこれはその間に増えた分をまとめて記録したせいであろう。雍正末から乾隆初めにかけて清は、アムール川河口とサハリンに対する活動を積極化していたので(28)、この時期に増加した辺民人口の過半数は、この地方の住民が占めたと考えられる。なお雍正十年に戸数が急激に減少するのは、同年にアムール中流地方にいた三姓の一部と八姓が、あいついで八旗の戸籍に編入された結果である(29)。『寧古塔副都統衙門檔案』では他の二、三の箇所でも同一の統計を引くので、これが清の公認資料であったと考えられる(30)。

ところで『寧古塔副都統衙門檔案』第五二冊、乾隆十三年（一七四八）四月三日の条には、上の資料とは別系統の統計が存在する。その内容を表にすると次のようになる（表29の左側半分）。雍正六年から乾隆十一年までの資料しかないが、一年ごとの増減を記録しているので大変に貴重である。各年の戸数の合計は表28とは一致しないが、数字自体はより詳細である。この統計が何を典拠とするのか不明であるが、その数字には信憑性があると考えられる。それによると雍正十年と十一年に辺民の戸数は、大きく落ち込んで三分の二以下に減少するが[31]、それから乾隆十一年までに七百五十戸回復した。とくに雍正十一年、十二年、十三年、乾隆二年、三年、四年、六年には、毎年八十戸以上も戸数が増えている。その結果辺民が貢納する貂皮の数は、飛躍的に増加することになった。

ウリンの数量を左右した要因としては、戸数の増減と並んで補貢の存在も忘れることはできない。補貢というのは、辺民がその年何かの理由で貢納しなかった貂皮を、改めて翌年以降に貢納することである。乾隆十五年以前には清は補貢の有効期間に関していっさい制限を設けず、何年経過した後でも補貢することを許していた[32]。これらの数字は延べ数であって、その中には補貢分の枚数も含まれる。さて前述した乾隆十三年四月三日の条には、『寧古塔副都統衙門檔案』によって辺民が貢納した貂皮を年度別に集計すると、次のようになる（表30）。これ各年度に徴収した貂皮をその年度分と補貢分とに分けて示すので、両者を加えると辺民が貢納した貂皮の合計となる。表29の右側半分がそうである。表29の合計と表30の数値をみると、ふたつは完全に一致している。そこで表29に戻ると各年度に徴収した貂皮の中で、補貢分が占める割合はきわめて高い。雍正六年から乾隆十一年までの十九年間で、補貢の貂皮は計六千百四十九枚に達し、年平均三百二十三枚強となる。補貢を行なった辺民には全員にウリンが支給されるから、補貢数が増大するとその分だけウリンの支給も増える。このために年によっては予測を越えるウリン数が必要になる可能性があった。

ここで『寧古塔副都統衙門檔案』によって、乾隆十五年以前の各年にニングタに準備されたウリンの数量と、実際に支給された数量とを調べると、表31のようになる。雍正十二年には総計千三百九十二組であったが、乾隆三年に百組増やし、五年からはさらに二百組増加させた。そして八年には十五組、十二年ごろからはさらに二百組というふうに、ウリンの数量をしだいに増している。ただしこれらの数字は、各年度に準備されたウリンの上限であって、毎年この数字通りのウリンが、北京からニングタに輸送されたわけではない。実際には前年に辺民に支給した数だけ補充するのが原則であって、支給せずに留保している分をそれに加えて、ウリンの全体数とした。このように清は需要の増大に応じて、準備するウリンを急ピッチで増加させたが、それにもかかわらずウリンの数量は、年々辺民の貢納する貂皮の合計を下回っていたのである。

以上の如くウリンの数は過少にすぎたので、本来であれば各年度のウリンは、余るどころか不足してもおかしくない。ところがニングタ副都統が盛京礼部に報告した毎年の収支決算においては、不思議なことにウリンの一部に例年余りが生じているのである。表31の右半分をご覧いただきたい。しかしこれは見かけの数字にすぎない。現実には辺民が貢納した貂皮の合計は、ウリンの総数をはるかに超過しており、ウリンをもらえなかった辺民はかなりの数にのぼったはずである。それではなぜこのような数字になるのかというと、ひとつにはアムール下流に貂皮を徴収に行く旗人一行に、あらかじめ一定数のウリンを割り当てたからである[33]。仮にニングタではウリンを支出し尽くしても、下流に派遣された旗人の方にウリンが残っていれば、全体としては余りが生じたことになる。しかしニングタに貢納する辺民の数は、準備されたウリンの数量を上回り、かれらに与えるべきウリンは慢性的に不足していた。たとえば乾隆三年と四年には全部で百九十四人のバイニヤルマが、ウリンをもらえなかったという。かれらは滞在費と帰りの旅費を支給されただけで、故郷に帰らざるをえなかった[34]。似たような状況は、その他の年にも起こっていたのである[35]。

清が各年度に準備したウリンの数量は、辺民の全戸数より少なかったから、清は辺民全部が貢納することを想定していなかったことになる。辺民が貢納する貂皮の数が急激に上昇したことは、清にとって予測を越える事態

表28　辺民（ヘジェフィヤカ）戸数の変遷

（『寧古塔副都統衙門檔案』第54冊、乾隆15年10月8日の条。なお第59冊、乾隆19年正月24日、第83冊、乾隆30年11月21日の条によって、一部修正した。）

年　次	総　戸　数	増加した戸数	減少した戸数
康熙17年（1678）	1,209		
18年	(1,211)①	2	
20年	(1,261)	50	
21年	(1,314)	53	
22年	(1,316)	2	
23年	(1,319)	3	
29年	(1,372)	53	
34年	(1,432)	60	
36年	(1,482)	50	
51年	(1,865)	383	
52年	(2,051)	186	
雍正７年（1729）	2,051		
10年	(1,615)		436
11年	(1,725)	110	
乾隆２年（1737）	(1,825)	100	
４年	(2,025)	200	
８年	(2,235)	210	
15年	2,250	(15)②	

注①　括弧内の数字は、もとの檔案にはなくて、筆者が計算して補ったものである。
　②　サルガンジュイの人数である。ただしサルガンジュイは貂皮を貢納しない。

表29　辺民（ヘジェフィヤカ）戸数の変遷とかれらが貢納した貂皮数

（『寧古塔副都統衙門檔案』第52冊、乾隆13年４月３日の条）

年　次	総戸数	増加した戸数	減少した戸数	辺民が貢納した貂皮（年度分）	辺民が貢納した貂皮（補貢分）	辺民が貢納した貂皮の合計
雍正６年（1728）	1,955			1,623	319	1,942
７年	1,972	46	29	1,549	373	1,922
８年	1,980	18	10	1,755	202	1,957
９年	1,992	23	11	1,714	239	1,953
10年	1,521	19	490	1,401	209	1,610
11年	1,374	225	372	1,264	256	1,520
12年	1,469	99	4	1,355	148	1,503
13年	1,576	111	4	1,382	426	1,808
乾隆元年（1736）	1,627	52	1	1,293	495	1,788
２年	1,722	98	3	1,537	621	2,158
３年	1,818	96		1,572	346	1,918
４年	1,900	84	2	1,671	358	2,029
５年	1,926	28	2	1,617	315	1,932
６年	2,008	83	1	1,756	351	2,107
７年	2,059	58	7	1,851	330	2,181
８年	2,078	24	5	1,950	324	2,274
９年	2,105	33	6	1,845	332	2,177
10年	2,107	8	6	1,943	366	2,309
11年	2,124	18	1	1,961	139	2,100

表30　辺民（ヘジェフィヤカ）が貢納した貂皮（表26による）

年　次	辺民が貢納した貂皮
雍正13年(1735)	1,808
乾隆３年(1738)	1,918
４年	2,029
６年	2,107
７年	2,181
９年	2,177
12年	2,081
13年	2,171
14年	2,213
17年	1,943
18年	2,321
19年	1,854
20年	2,241
21年	2,239
22年	2,239
24年	2,237
25年	2,004
26年	2,237
28年	2,227
30年	2,255
33年	2,162
36年	2,345
37年	2,079
38年	2,331
40年	2,259
41年	2,368
43年	1,973

であったにちがいない。貢納した辺民の全員にウリンを支給するためには、ウリンの数量をさらに増やす必要があったが、ウリンの供給をこのまま無制限に拡大することは、当時の輸送能力から不可能であった。そこで出てきたのが、辺民戸数の定額化と補貢の制限という改革案であった。

乾隆十五年七月十六日に大学士・領侍衛内大臣・忠勇公傅恆らは上奏して、現行の補貢制度がもつ問題点を指摘し、合わせて辺民戸数の膨張をどこかで抑制すべきであると主張した[36]。これを受けてニングタ将軍ジョナイは、上述した康熙十七年以来の辺民戸数の増減を確認した上で、乾隆十五年段階の戸数二千二百五十戸を定額として、以後増加を認めないようにしたいと述べた。そして今後は戸数を増やさず、もし死亡したり老齢に達して戸数が欠けたときには、その子弟をもって補充すること、また前年に貂皮を貢納しなかったときには、翌年にそれを補貢させるが、その分のウリンは支給しないということを上奏した[37]。

このとき乾隆帝は、ジョナイの案を再度傅恆らにはからせた。傅恆らはこれを審議して、同年十一月二十六日に次の如く上奏している。

> 貂皮を貢納する〔ヘジェ〕フィヤカ、クイェフィヤカの戸数は、康熙年間より三百四十二戸増加しましたが、ただかれらは貂皮の税を貢納するようになって久しくなります。もしも必要以上に増えた戸を削

表31　ニングタに準備したウリンの数量と支給したウリンの数量

年次	準備したウリンの数量						支給したウリンの数量(括弧内は残ったウリンの数量)						典拠①
	サルガンジュイ	ハライダ・ホジホン	ガシャンイダ	デオテジュセ	バイニヤルマ	合計	サルガンジュイ	ハライダ・ホジホン	ガシャンイダ	デオテジュセ	バイニヤルマ	合計	
康熙17年	8	10	90	97	541	746							4,康17,正,25
(1678)							(7	4	10	53	21)	(95)	5,康17,10,2
18年	10	10	100	70	410	600							同　上
19年													
							(8	6	39	5	76)	(134)	7,康19,8,4
20年	8	12	100	100	400	620							同　上
雍正12年							6	13	112	61	1052	1244	31,雍13,正,13
(1734)							(4	9	58	29	48)	(148)	
13年													
	10	22	170	90	1100	1392							
乾隆元年							8	13	114	60	1055	1250	34,乾2,4,16
(1736)							(2	9	56	30	45)	(142)	
2年													
3年							7	19	132	90	1200	1448	37,乾4,11,22
	10	22	170	90	1200	1492	(3	3	38)			(44)	
4年							8	18	149	90	1200	1465	同　上
							(2	4	21)			(27)	
5年							8	18	124	90	1397	1637	40,乾6,10,3
							(2	4	46	0	3)	(55)	
6年	10	22	170	90	1400	1692	10	20	133	90	1400	1653	40,乾6,12,14
								(2	37)			(39)	
7年							10	22	162	90	1400	1684	42,乾7,12,8
									(8)			(8)	
8年	15	27	170	95	1400	1707							
12年							11	24	161	70	1582	1848	52,乾13,10,22
							(4	3	9	35	18)	(69)	
13年							12	26	167	83	1589	1877	52,乾13,12,5
	15	27	170	105	1600	1917	(3	1	3	22	11)	(40)	
14年							13	26	170	105	1600	1914	47,乾14,10,26
							(2	1)				(3)	
16年							14	27	161	93	1933	2228	56,乾17,9,19
							(1	0	9	12)		(22)	
17年							15	27	168	97	1633	1940	同　上
									(2	8	300)	(310)	
18年							15	27	170	105	1933	2250	57,乾18,10,7
19年							15	27	158	104	1555	1859	59,乾19,11,15
									(12	1	378)	(391)	
20年							15	27	170	105	1933	2250	61,乾20,9,27
21年	15	27	170	105	1933	2250	15	27	170	105	1933	2250	66,乾22,10,24
22年							15	27	170	105	1933	2250	同　上
23年							15	27	170	105	1580	1897	70,乾24,3,4
											(353)	(353)	
25年							14	22	108	105	1767	2016	72,乾25,11,1
							(1	5	62	0	166)	(234)	
26年							15	27	170	105	1933	2250	75,乾26,10,15
28年							13	24	170	103	1930	2240	78,乾28,10,15
							(2	3	0	2	3)	(10)	
30年	16	27	173	107	1975	2298	15	26	172	101	1956	2270	82,乾30,2,22
							(1	1	1	6	19)	(28)	83,乾30,10,28
33年	16	31	180	110	1974	2311	14	19	169	102	1872	2176	90,乾33,10,29
							(2	12	11	8	102)	(135)	
35年													
									(8	2	100)	(110)	
36年	15	27	178	107	2033	2360	15	27	178	107	2033	2360	95,乾36,10,19
37年	15	27	170	105	1933	2250	13	17	144	105	1813	2092	98,乾37,10,23
							(2	10	26	0	120)	(158)	
38年	17	37	196	105	2053	2408	10	18	160	105	2048	2341	99,乾38,10,25
							(7	19	36	0	5)	(67)	
39年													
							(4	7	35	6	154)	(206)	
40年	19	34	205	111	2087	2456	17	31	196	106	1926	2276	103,乾40,閏10,1
							(2	3	9	5	161)	(180)	
41年	17	30	179	110	2094	2430	17	30	174	110	2054	2385	106,乾41,10,5
									(5	0	40)	(45)	
42年	15	27	175	105	1973	2295							

注①　最初の数字は『寧古塔副都統衙門檔案』の檔冊の通し番号を、また康は康熙、雍は雍正、乾は乾隆の略で、それ以下の数字は順に年、月、日を表す。

減するならば、それは遠方〔の民〕を慈しむ聖主の御心にかないませんので、現在貂皮を貢納するヘジェフィヤカ二千二百五十戸〔……〕をそのまま定額として、これ以上増えないようにするなどのことを、みな当該の将軍ジョナイらが奏請した通りに実施したいと思います。〔……〕ただかれらが居住する地方は、ニングタ〔……〕の地からとても遠く隔たっている上に、ともに川、海、三つの森を行きますので、あるいは道が塞がっていて、約束の月に到着できなかったり、あるいは病気になって来れなかったりすることがないとはかぎりません。もしもその年に理由があって翌年に補貢したものに、ウリンを追加支給することをカットすれば、遠方の民を慈しむ聖主の御心にかないません。そうでありますのでヘジェフィヤカのものが、もしも理由があって貢納すべき貂皮を一年間貢納しないで、翌年補貢したときには、前にいつも行なった通り給付するものを追加して与えますが、もし二年以上貢納しないものがいれば、貢納しなかった分の貂皮を貢納させることをやめて、〔ウリンを〕追加支給することも中止したいと思います〔……〕。

傅恆の上奏は裁可され、ただちに実施に移された[38]。こうして乾隆十五年当時の戸数を辺民の定額として、以後の戸数増加は認めないことになった。また補貢に関しても制限を設けて、前年に欠貢した分のみ補貢することを許し、それについてはウリンを支給したのである。

乾隆十五年の改革以後、ニングタでは毎年辺民の戸数分だけウリンを準備することになった。しかしこの場合にもそのウリン数はあくまでも上限であって、前年に支給したウリンの数だけ補充したのである[39]。したがって前年に貢納しなかったものがそれを翌年補貢したときには、その分はウリンを支給しなければならないので、準備した数以上にウリンが必要になる可能性は残った。『寧古塔副都統衙門檔案』には、乾隆十五年以降にウリンが不足したという記事はみえないが、実際にはそうしたことが起こっていたことであろう。たとえば表30によると、乾隆十八年には辺民の貢納した貂皮の総数が、ウリンの数量二千二百五十組を越えるのである。この制度的な欠陥が是正されるのは、乾隆三十年からである。それ以来毎年、次年度の補貢数と辺民の全戸数二千二百五十を合計した数のウリンを準備するようになった。この結果ウリンが不足することは、理論上起こらなくなったのである。

第三節　ウリン輸送の合理化と乾隆四十四年の改革

これまでふれなかったが、辺民の中にはニングタ副都統とともに、イランハラ副都統に属すものも含まれていた。サハリンの中・南部に居住する辺民は、当初からイランハラ副都統の管轄下に入り、クイェフィヤカと呼ばれて、ニングタ副都統に属すヘジェフィヤカとは区別されていた。さて清がサハリンの北部地域に進出したのは、康熙二十九年（一六九〇）に遡る。清はネルチンスク条約で定めたロシアとの国境を調査しに、同年に九方面に調査隊を派遣したが、そのうち吉林副都統バルダが率いた一隊は、北サハリンの住民五十三戸を従属させた(40)。それから乾隆七年までに北部に住むクイェ・オロンチョンなどの二百六十八戸を辺民に組織したといわれるが(41)、これらのヘジェフィヤカはニングタ副都統に所属して、貂皮をアムール下流の貢納地点に貢納していた(42)。他方で清は、サハリン中・南部にも進出している。雍正十年（一七三二）にイランハラの革職留任驍騎校イブゲネらは、ネオデ、ドゥワハ、ヤダン、チョミン、シュルングル、トーの六氏族十八村の住民を従えたが、このとき辺民に組織された百四十六戸は、始めからイランハラ副都統の管理下に置かれて、キジ村に貢納することになった(43)。ネオデ、ドゥワハ、チョミンはニヴフに、ヤダン、シュルングル、トーはアイヌに属した。清がこれらの辺民だけをなぜイランハラ副都統に所属させたのか、その理由は判然としないが、特別な理由があってのこととは考えられない。なおその戸数は後に二戸増えて百四十八戸となり、乾隆十五年にはそれがクイェフィヤカの定額と定められた(44)。

辺民の管轄官庁をニングタ副都統とイランハラ副都統とに分けたことにより、辺民に給付するウリンもそれぞれが担当することになった。イランハラ副都統もニングタ副都統とは独自に、ウリンを盛京からイランハラまで運んだので、輸送の経費と労力は二重にかかることになった。こうした点が、早晩問題となるのは必至である。もしも辺民を管轄する官庁をひとつにまとめることができれば、一方の負担を軽減することができるが、ニングタ副都統にその業務を集中することは不可能であった。ニングタ道の輸送能力は、すでに限界に達していたからである。一本化するとすれば、イランハラ副都統に統合するしかなかった。さらにイランハラからニングタまでの牡丹江の水路は、往復千里余りもある上にひどい難コースであって、しかも暑さのために天然痘が発生する心配もあった(45)。もし貢納地点が上流のニングタから下流のイランハラに変更になれば、辺民たちはそれを大歓迎するにちがいない。問題は、吉林=イランハラ間の街道（以後イランハラ道という）が整備できるかどうかであった。

当初イランハラ道は駅の設備もなく、通信・輸送の業務はカルン（見張り所）が代行していた。乾隆九年になりようやくモンゴカルン、ラリンドゴンの二駅を西端に設けたが、それより東の区間は、一部が黒龍江将軍の管轄地域を横断していることもあって、手つかずのまま放置されていた。それでも同二十四年にラリンドゴン駅の東側にサクリら三駅を増設し、三年後には黒龍江将軍の管内にフェスヘン駅など五駅を設けて、ようやく全線で駅伝網がつながったのである(46)。

それを待っていたかのように、辺民の管轄権限をイランハラ副都統に集中すべきだとする意見が、吉林地方において現れた。『寧古塔副都統衙門檔案』第七七冊、乾隆二十七年三月二十八日の条によると、その前年に吉林将軍ヘンルは、辺民の管轄官庁をイランハラ副都統に統一することを上奏した。ヘンルはその理由として、(1)ニングタとイランハラの両副都統が、ウリンを受け取りにそれぞれ別に盛京に人員を派遣するのは、食糧やかいばが二重にかかってむだであること、(2)ウリンを吉林からニングタまで輸送するとき、途中の駅には牛を十五頭しか配置しておらず、近隣から牛と車を集めなければならないこと、(3)ニングタに貢納することは、旅行する距離がイランハラからニングタまで延長する分、辺民に余分な負担を強いることになる、の三点を強調している。

ところでヘンルが上奏を行なった乾隆中期には、東北地区では漢人が無許可で移住、定着することが、大きな政治問題となっていた。一部の漢人農民は、入関直後から東北地区に移住を開始したが、とくに十七世紀後半以後、本土では飢饉と人口爆発が交互に起こり、多数の流民が山海関を越えて、清朝発祥の地である奉天地方に進入した。そして流民の後には商人も続いたので、奉天地方と本土との一体化が急速に進んで、旗人と家族の生活に深刻な影響が現われ始めた。事態を憂慮した清は乾隆十五年（一七五〇）に封禁政策を実施して、漢人が東北地区に入植することを禁止したが、その後も漢人の流入は止まらず、奉天地方からさらには吉林地方に拡大する様相をみせていた(47)。

ヘンルの改革案を検討した軍機処は、それに強く反対した。すなわち以前から漢人の商人たちは、辺民の貢納に合わせてニングタまで交易にきており、もしもイランハラ副都統に管轄を変更したら、商人たちは今度はイランハラをめざすであろう。そうなれば悪い商人が来て人も多くなるので、風紀が悪くなるばかりでなく、イランハラ副都統はそれを取り締まれず、場合によっては不測の事態も起きかねないという。軍機処はそれを実施することによって、結果的に漢人をイランハラ地区に招き入れることを恐れたのである。乾隆帝は以前から東北地区の状況を憂慮していたので、軍機処の意見を全面的に支持した(48)。折しも乾隆二十七年に清は寧古塔等処禁止流民例を公布して、今後流民が吉林地方に進入することを禁止している[49]。

ところがこうした政府の意図にもかかわらず、漢人商人の一部はその直後からイランハラ方面に進入して、辺境の秩序を足元から破壊し始めた。もともと清は、貢納の前に辺民と漢人商人が取り引きすることを禁止して、ニングタの手前にイチェ＝カルンを設けて、旗人に辺民を監視させていた。そして辺民が持ち込む毛皮を検査して、もしも黒狐や北極狐などの高価な毛皮があれば、兵を辺民に付き添わせてニングタまで行かせて、それらを優先的に買い上げたのである[50]。一般の商人が辺民と交易できるのは貢納と清朝による買い上げが済んだ後で、しかも場所はニングタだけに限られていた。その場合にも商人には購入した毛皮について報告する義務があって、かれらが高級な毛皮を取り引きすることは厳しく制限されていた[51]。

そこで商人たちは制度の盲点をついてイチェ＝カルンの外に待ち構えて、辺民から上等な毛皮を買い占めようとした。とくにイランハラ道が貫通してからは、上流のイランハラに集まって違法な取り引きを行なうようになった[52]。それがさらにエスカレートすると、一部の商人は辺民の居住地域に直接乗りこんで毛皮を買い占めたのである[53]。

このように密貿易が横行した結果、辺民が貢納する貂皮の品質と数量は、急激に低下することとなった。この時期に辺民の持ち込む貂皮には満足なものがなく、そのために皇帝の帽子を作ることができなくなったといわれる。『寧古塔副都統衙門檔案』第九八冊、乾隆三十七年三月十四日の条には、乾隆三十年当時に内務府が、

毎年献上してくる貂皮は、色はまずまずであるが、形が小さいうえに黒いすみが入っている。皇帝の帽子を作る貂皮を選んでもそうえられないし、裏地にする貂皮もとても少ない。

と、貂皮の品質低下を嘆いていたという。同条にはさらに続けて、三十七年前後のこととしてニングタ副都統衙

門が、

　この数年ヘジェフィヤカのものが献上した貂皮は、前年に比べると黄色くてとても小さいものです。

と述べている。

　清はこのような違法な取り引きを厳しく規制したが、ほとんど効果は上がらなかった。また他方では辺民の貢納を促すために、乾隆三十年にウリンの準備数を増加させて、辺民の欠貢により生じるウリンの残余分に関わりなく、毎年全戸数分のウリンをニングタまで輸送することに改めた(54)。その結果辺民が貢納する貂皮は、補貢分も含めてそのすべてにウリンを支給できることになったが、しかしせっかくの改革も辺民には魅力に乏しく、かれらをニングタに呼び戻すまでには至らなかった。こうして軍機処の危惧した事態は現実のものとなった。辺民の管轄権限をイランハラ副都統に一本化しようとする地元の案に対して、軍機処が反対を続ける根拠は完全に失われたのである。

　乾隆四十三年に吉林将軍福康安は先のヘンルの改革案を再度上奏し、今度はただちに認められた(55)。現在のままニングタ副都統が辺民を管轄するよりも、この際イランハラ副都統に権限を委譲する方が、ウリンの輸送を合理化できるだけでなく、同時に漢人商人の違法な取り引きも規制できるので、政府にはつごうがよかったのである。清はニングタ副都統配下のヘジェフィヤカ二千二百五十戸をイランハラ副都統の所管に移して、クイェフィヤカ百四十八戸とともに辺民組織全体をイランハラ副都統に管轄させることを正式に決定した。それを受けて翌年二月十六日に後任の将軍ホロンゴは、この制度改正にともなう規則の変更を上奏し、ウリンに関しては乾隆四十四年だけは特例として、吉林からイランハラまで松花江の水路を使って運ぶが、翌年以降は従来どおりすべて陸上輸送とし、そのために駅伝の整備を急ぐことになった。『寧古塔副都統衙門檔案』第一一〇冊、乾隆四十四年二

月二十三日の条によると、ホロンゴは、

辺外のデンゲルジェク駅からイランハラの間に置いた十駅には、駅ごとに馬・牛を十頭ずつ配置しています。〔……〕ヘジェたちに給付するウリンをニングタ道で輸送するのを中止しましたので、駅の馬・牛は余分にはいりません。駅に必要なだけをはかって、ニングタ道の九駅のうち六駅にそれぞれ馬・牛十三頭ずつ、三駅にそれぞれ馬・牛十頭ずつを留めて、余った馬三十八頭、牛三十八頭を移して、イランハラ道の十駅のうち町〔イランハラ〕近くにある一駅には加えないで、九駅に公務の軽重と距離の遠近をはかって加えさせたいと思います。〔……〕

と述べている。同時に商人に対する規制を強めて、イランハラよりも下流のワリイホトンにカルンを設けて、違法な毛皮の取り引きを取り締まるとともに、毛皮への課税を強化することにした。それまでの制度はザル法で、北京に輸送する貂皮は山海関と崇文門（北京）で課税していたが[56]、盛京に向かう貂皮に課税することはなかった。そこでこの機会に後者についても吉林で課税を行なって、商人の行動を監視したのである。ホロンゴの上奏は同年三月十五日に乾隆帝のもとに達し、帝はその通りに裁可した[57]。

この年ニングタ副都統は、ヘジェフィヤカ関係の各種檔冊・貂皮に捺す印鑑・ウリンの布地を測る営造尺・四十三年に余ったウリン八百八十三組をイランハラ副都統に引き渡すとともに、雲騎尉クチなどを派遣して、イランハラ副都統への業務の引継ぎを指導させた[58]。またクイェフィヤカとヘジェフィヤカの一部については、旧来どおり旗人を下流に送り貂皮を徴収したが、キヤカラとバンジルガンに関しては、本来は隔年に一度であったが、このときだけは一年空けることなく二年続けて使いを出して、制度の変更を伝えて貂皮を徴収したのである。これにはニングタの旗人も、イランハラの旗人に同行している[59]。

乾隆四十四年（一七七九）の改革により、ウリン制度は完成した。新しいウリン制度は、これ以降辺民組織が解体する十九世紀半ばまで、基本的には大きく変わることなしに続いたのである。

おわりに

乾隆四十四年の改革によって、ウリン制度は完成する。それから数十年間は、いかなる改革も行なわれなかった。ただその理由として、当時は辺民の制度が十全に機能していたためと考えることは、おそらく正しくないであろう。十八世紀末以来清の勢力は、確実にアムール川の下流から後退したのであって、それにもかかわらず制度改革を行なわなかったのは、清にそれを実行するだけの余力がなかったからと考えるべきである。

ウリンについていえば、十九世紀に入ると本土の混乱が加速して、ウリンの輸送はしばしば滞るようになった。そのときにはイランハラ副都統は、代わりの布地を購入してその穴を埋めている。たとえば道光五年（一八二五）には毛青布が到着しなかったので、辺民には代わりに蘇州産の木綿を与えたという[60]。さらに咸豊十一年（一八六一）にはウリンの白布・毛青布が不足したので、やはり蘇州産の木綿を支給したのである[61]。

また当時は貢納する辺民の数も急激に減少していたので、貂皮の枚数をそろえるために、何組もの旗人をアムール地方に派遣しなければならなかった。始めは臨時の使いであったものが、やがては恒常的な制度となった[62]。こうなるとだれが貢納したのか、あるいはだれにウリンを給付したのかということは問題でなくなり、数字の帳尻を合わせることだけが関心のまとになった。史料には現れないが、ウリンと交換に辺民以外の住民から貂皮を購入することが、すでに日常化していたであろう。

十九世紀半ばを過ぎると、アムール川の下流地方は大部分をロシアに占領されてしまい、辺民組織は事実上崩壊した。『三姓副都統衙門檔案』においては、それでもなお辺民が貢納を続けたことになっているが、虚構にすぎない(63)。貂皮を集めることはこの時期いよいよ困難となった。アムール下流に派遣された旗人は目的の場所に行くことができなくて、途中の黒龍江口付近で毛皮を集めるような事態となった(64)。十九世紀末になると、イランハラ副都統は辺民とは無関係にウリンを換金して、イランハラや盛京において、はてはハバロフスクにおいて、一般の毛皮商人から貂皮を購入したのである(65)。

注

（1）関嘉録・王桂良・張錦堂「清代庫頁費雅喀人的戸籍与賞烏林制」（『社会科学輯刊』一九八一年第一期）、楊余練・関克笑「清廷対吉林辺疆少数民族地区的統治」（『歴史研究』一九八二年第六期）、関嘉録・佟永功「清朝貢貂賞烏林制度的確立及演変」（『歴史檔案』一九八六年第三期）などが、主な論文である。

（2）本書第十二章「繊維製品の流入と辺民社会」第二節を参照。

（3）『寧古塔副都統衙門檔案』第二〇冊、雍正三年八月二十四日の条。

（4）辺民が着用した衣服については、荘吉発『謝遂《職貢図》満文図説校注』（国立故宮博物院、一九八九年）一七二～一八五頁に詳しい。また『寧古塔副都統衙門檔案』第三冊、康煕十五年七月十五日の条には、逃亡したアムール中流の住民が着ていた衣服について述べている。

（5）鞠徳源「清初的貂皮貢賦」（『文物』一九七六年第九期）三九頁を参照。

（6）始め辺民が貢納した貂皮は戸部に納入されていたが、康煕五十一年からは内務府に納めることになった。第十二章「繊維製品の流入と辺民社会」四〇七頁を参照。

（7）ニングタ副都統が行なった行政手続きに関しては、『寧古塔副都統衙門檔案』第五〇冊、乾隆十二年十一月十四日の条に詳しい。
（8）『寧古塔副都統衙門檔案』第二九冊、雍正十二年正月二十六日の条、および『大清会典』（雍正）巻二三〇、盛京工部・賞給。
（9）吉林＝ニングタ間の街道に多くの湿地が存在したことは、十八世紀前半になった呉振臣『寧古塔紀略』に、
寧古去京四千余里、〔……〕夏則有哈湯之険、数百里俱是泥淖、其深不測。辺人呼水在草中如淖者、曰紅銹水。人依草墩而行、略一転側、人馬俱陥。所以無商賈往来、往来者惟満洲而已〔……〕後来哈湯之上、俱横鋪樹木、年年修理、往来者始多。

とあり、また一九〇八年に会寧＝吉林間を旅行した内藤湖南も、「間島吉林旅行談」で同様の事実を指摘している（『内藤湖南全集』第六巻、筑摩書房、一九七二年、四二二～四二四、四三四、四三五頁）。
（10）『寧古塔副都統衙門檔案』第四一冊、乾隆七年六月五日、七月十四日、および第五〇冊、乾隆十二年十一月十四日の条。
（11）『寧古塔副都統衙門檔案』第四一冊、乾隆七年六月十三日の条。
（12）『寧古塔副都統衙門檔案』第一九冊、雍正二年八月十三日、および第七七冊、乾隆二十七年三月二十八日の条。
（13）注（12）に同じ。
（14）『寧古塔副都統衙門檔案』第七冊、康熙十九年八月四日の条。
（15）『寧古塔副都統衙門檔案』第一九冊、雍正二年八月十三日の条。
（16）『寧古塔副都統衙門檔案』第二九冊、雍正十二年正月二十六日、および第四一冊、乾隆七年六月十三日の条。
（17）『碑伝集』巻八二、通奉大夫陝西西安布政使贈太常寺卿方公観墓志銘
陞戸科給事中、歴署吏、戸、礼、工諸科掌印給事中、巡視船廠、〔……〕船廠西接盛京、東界黒龍江、三伏如冬、公不以辺遠自弛置、所陳地方便宜十二事、僉旨議行。

方観が上奏したのが雍正六年であったことは、『寧古塔副都統衙門檔案』第二九冊、雍正十二年八月十九日の条を参照。
（18）以上の記述は、『寧古塔副都統衙門檔案』第二九冊、雍正十二年正月二十六日の条による。
（19）注（16）に同じ。
（20）第十二章表34を参照。
（21）『寧古塔副都統衙門檔案』第一八冊、雍正八年七月二十五日の条。

(22) 以上の記述は、『寧古塔副都統衙門檔案』第一八冊、雍正八年十月五日の条による。
(23) 『寧古塔副都統衙門檔案』第五〇冊、乾隆十二年十一月十四日の条。
(24) 『寧古塔副都統衙門檔案』第四一冊、乾隆七年七月十四日の条。
(25) 乾隆七年に盛京戸部はニングタ将軍に対して、ウリンを取りにいく時期をあらかじめ決めることはむずかしいと報告している。注(24)に同じ。
(26) 清は、康熙二十九年と五十年にそれぞれ一度、サハリンに調査隊を派遣している。この五十三戸と八十六戸は、そのとき調査隊が従属させた住民の戸数である。『寧古塔副都統衙門檔案』第二九冊、雍正十二年正月二十六日、同年八月十九日の条、および『大清会典』(雍正)巻一〇六、礼部・給賜。なお本書第三章「一七二七年の北京会議と清朝のサハリン中・南部進出」第一節を参照。
(27) 『寧古塔副都統衙門檔案』第五九冊、乾隆十九年正月二十四日、および第八三冊、乾隆三十年十一月二十一日の条。
(28) 本書第十章「清朝のアムール地方統治」三五二頁を参照。
(29) 本書第九章「十八世紀のアムール川中流地方における民族の交替」第二節を参照。
(30) 注(27)に同じ。
(31) 雍正十一年に辺民の戸数が大幅に減少しているのは、十年十一月に八姓が辺民の戸籍から離脱したことを、十一年にかけたためである。
(32) 『寧古塔副都統衙門檔案』第五四冊、乾隆十五年十月八日の条。
(33) 乾隆十二年にはアムール下流に出張する使いに、四百組のウリンを割り当てている。『寧古塔副都統衙門檔案』第五〇冊、乾隆十二年十一月十四日、および第五一冊、乾隆十三年正月二十七日の条。
(34) 『寧古塔副都統衙門檔案』第三七冊、乾隆四年九月二十四日の条。
(35) 乾隆七年にはサルガンジュイとホジホンの人数が増えて、ウリンが不足したという。『寧古塔副都統衙門檔案』第四二冊、乾隆七年十月七日の条。
(36) 注(32)に同じ。
(37) 乾隆十五年十一月二十六日付けの傅恆の上奏文。遼寧省檔案館他編『三姓副都統衙門満文檔案訳編』(遼瀋書社、一九八四

年）の附録は、その中国語訳である。なお『寧古塔副都統衙門檔案』第五四冊、乾隆十五年十月八日の条には、ニングタ副都統イレンタイがニングタ将軍ジョナイに回答した内容が記載されており、参考になる。
(38) 乾隆十五年十一月二十六日付けの傅恆の上奏文。
(39) 表31を参照。
(40) 本書第一章「ネルチンスク条約直後清朝のアムール川左岸調査」二一〜二三頁を参照。
(41) 『寧古塔副都統衙門檔案』第四二冊、乾隆七年十月二十八日の条。
(42) 第十章「清朝のアムール地方統治」第一節を参照。
(43) 『三姓副都統衙門檔案』第六冊、乾隆八年二月二十九日の条（『三姓副都統衙門満文檔案訳編』第六五号は、その中国語訳であるが、〔雍正〕十一年とするのは十年の誤りである）、および乾隆十五年十一月二十六日付けの傅恆の上奏文。なおクイェフィヤカがキジに貢納したことについては、『寧古塔副都統衙門檔案』第三一冊、雍正十三年四月十五日の条。
(44) 注（38）に同じ。
(45) 『寧古塔副都統衙門檔案』第一一〇冊、乾隆四十四年七月十九日の条。
(46) 叢佩遠「清代東北的駅路交通」（『北方文物』一九八五年第一期）八四頁。また『欽定盛京通志』（乾隆四十三年）巻三三、関郵、および『吉林通志』巻五七、武備志を参照。
(47) 川久保悌郎「清末に於ける吉林省西北部の開発」（『歴史学研究』第五巻第二号、一九三五年）一五八〜一六七頁を参照。
(48) 『寧古塔副都統衙門檔案』第七七冊、乾隆二十七年三月二十八日の条。
(49) 注（47）に同じ。
(50) 『寧古塔副都統衙門檔案』第二二冊、雍正七年四月六日、および第七七冊、乾隆二十七年三月二十八日の条。
(51) 『寧古塔副都統衙門檔案』第三〇冊、雍正十三年三月十三日の条。
(52) 『寧古塔副都統衙門檔案』第九八冊、乾隆三十七年三月十四日の条。
(53) 人参を採取するなど特別な場合を除いて、民間人はイランハラより下流のアムール地方に行くことを禁止されていたが、一部の商人は川が凍結する前に辺民の居住地域に潜りこんで、辺民が冬の間に狩猟する動物の毛皮を買い漁った。『寧古塔副都統衙門檔案』第一一一冊、乾隆四十三年五月二十六日、および『三姓副都統衙門檔案』第五六冊、乾隆四十五年十月二十五日の条など（『三姓副都統衙門満文檔案訳編』第一一六号は、その中国語訳である）。

(54) 表31を参照。

(55) 『寧古塔副都統衙門檔案』第一一二冊、乾隆四十四年四月二日の条。

(56) 『寧古塔副都統衙門檔案』第三〇冊、雍正十三年三月十三日の条。

(57) 『寧古塔副都統衙門檔案』第一一二冊、乾隆四十四年六月一日の条。

(58) 『寧古塔副都統衙門檔案』第一一二冊、乾隆四十四年三月八日、および第一一〇冊、乾隆四十四年七月十八日、七月二十五日の条。

(59) 『寧古塔副都統衙門檔案』第一一〇冊、乾隆四十四年四月二日の条。

(60) 『三姓副都統衙門檔案』第一八八冊、道光五年四月五日の条。

(61) 『三姓副都統衙門檔案』第二九九冊、咸豊十一年三月十六日（『三姓副都統衙門満文檔案訳編』第三九号は、その原文である）、および第三〇五冊、同年十一月十日の条。

(62) 第十章「清朝のアムール地方統治」三六〇頁を参照。

(63) 本書附篇第一「十九世紀におけるアムール川下流地方辺民の貢納状況」を参照。

(64) 『三姓副都統衙門檔案』第二八七冊、咸豊元年六月十一日の条（『三姓副都統衙門満文檔案訳編』第一二一号は、その中国語訳である）。

(65) 『三姓副都統衙門檔案』第四三七冊、光緒二十六年正月八日（『三姓副都統衙門満文檔案訳編』第九四号は、その原文である）、『東三省政略』巻八、旗務・吉林省・典礼篇・紀解送貂皮改章。なお Д. Позднеев, *Описание Маньчжурии*, том 1, С.-Петербург, 1897, стр. 467-469. 中野二郎・県文夫訳『満洲通志』（東京、一九〇六年）四六一～四六三頁を参照。

第十二章　繊維製品の流入と辺民社会

はじめに

中国と東北アジアの少数民族との間で行なわれた経済交流の歴史は、たいへん古い。たとえば遠くは唐と渤海との関係が有名であり、近くは明と女直の交流も重要な意義を持っていた。これらの関係においては中国からは主に繊維製品が、一方東北アジアからは毛皮や人参などが輸出されたのである。

十七世紀に清が成立すると、東北アジアの経済交流はさらに規模を拡大した。ネルチンスク条約によってアムール川の両岸地域を領有した清は、中・下流の沿岸に居住する少数民族を辺民に組織し、かれらには毎年戸ごとに貂皮を一枚ずつ貢納させることにして、その返礼として緞子や綿布などを支給した。それとともに各地の貢納地点では、清の商人や旗人と辺民との間に私的な交易も行なわれ、毛皮と繊維製品が交換されたのである。こうしてアムール地方には清から大量の繊維製品が流れこみ、住民の日常生活に浸透していった。

十七世紀以降の中国と東北アジアの経済交流に関しては、数多くの業績が発表されている。しかしこれらの論考で研究の対象となったのは、中国の東北地区かあるいはサハリンや北海道など日本の北方に限られ、その中間にあって辺民の大部分が居住するアムール下流地方は、考察の外に置かれた。またその主題を見ても、一方は漢族による東北地区の開発に関連して、他方はサンタン交易の一部としてこの地域を取り上げたにすぎず、アムール川下流・サハリン地方内部の流通や、周辺部との交流を研究したことはなかった。こうした研究の現状は、関連する史料が中国の漢文献と日本の北方史料しかなかったことにその原因がある。そのために研究の範囲も自ずと制限されたのである。

ところが近年になって、中国で『寧古塔副都統衙門檔案』や『三姓副都統衙門檔案』など、当時アムール川下流・サハリン地方を実質的に統治した八旗衙門の檔案が公開され、外国人もそれを利用できるようになった。わたしは一九八九年以来、これらの檔案を実地に調査して、関連する資料の収集に努めてきた。その結果、この問題にある程度の見通しをうることができた。

本章でわたしは、清朝治下の中国本土から北方世界に流れた繊維製品の種類と量を明らかにし、続いてそれがアムール下流地方の辺民社会にいかなる影響を及ぼしたのかを考察することにする。

第一節　アムール川下流地方への繊維製品の流入

松花江の支流の一つである牡丹江の中流沿岸にひらけたニングタは、もとはわずかな八旗の兵が駐防する地方都市にすぎなかった。その後ロシア人がアムール川流域に進出して、軍事的な緊張が高まると、清朝はニングタにメイレンジャンギンを置いて、アムール地方の防衛にあたらせた。そしてメイレンジャンギンが、アンバンジャンギン（のち将軍と改められた）に昇格して吉林へ移駐した後は、ニングタ副都統がその権限を代行し、実質的にアムール川下流・サハリン地域を治めた。

清はアムール川下流・サハリン地域を特別な地域として、住民の少数民族を辺民に組織した。[1] 清が辺民に課した義務は、毎年各戸貂皮を一枚ハン（皇帝）に貢納することであったが、入関以後はその体制を維持することが困難となったので、清はアムール川の河口に近い辺民から順次、ニングタに貢納させることに改めた。[2]

なお雍正十年（一七三二）に清はサハリンの中・南部に進出して、そのときに従えた辺民をイランハラ副都統の管轄下に入れた。[3] イランハラは、ニングタから二百キロ下流の牡丹江の河口に形成された町である。古来この地域は、東北地区の農耕民とアムール川沿岸の漁撈民との境界となっていたが、清になって先住の新満洲が移住した後は、三姓と八姓の人びとが下流から移り住んだ。康熙五十三年（一七一四）と雍正十年に清が、三姓と八姓の駐防佐領を置いて以来、イランハラはアムール防衛の最前線として発展した。そして乾隆四十四年（一七七九）からは、イランハラ副都統がニングタ副都統に代わってすべての辺民を管轄することになり、それにともなって辺民の貢納地点も、ニングタからイランハラに変更になった。[4]

さてアムール川の氷が解けて、舟が自由に航行できるようになると、辺民はニングタを目指して牡丹江を遡っていく。ニングタ副都統は、夏の間だけニングタの手前約五十キロのところにイチェ=カルン（見張り所）を設けて、辺民の持ち物を検査した。ニングタに行く辺民は、必ずカルンに立ち寄る決まりになっており、それを無視してカルンを素通りすれば、処罰を受けた。[5]

ニングタに到着すると、辺民は副都統衙門に出頭して再度毛皮の検査を受けた。それが済むと副都統は辺民から毛皮を受け取り、かれらには衣料を主とするウリン（ulin 宝物）を給付した。『寧古塔副都統衙門檔案』第二九

冊、雍正十二年八月十九日の条には、

ハライダ、ガシャンイダ、ハライダ・ガシャンイダの子弟〔デオテジュセ〕、バイニヤルマを階層に分けて整列して立たせ、御恩に対して叩頭をさせる。

とある。なおイランハラ副都統が辺民全体を管轄するようになってからは、イランハラの手前ワリイホトンにカルンを設けて（後デンヘンギラン=トクソに移す）、辺民の持参する毛皮の監視にあたらせた。(6) なお清は、アムール川河口・サハリン・沿海地方の東海岸など辺境の地に居住する辺民に対しては、アムール川の下流とウスリ川の沿岸に場所を指定し、ニングタとイランハラから旗人を派遣して貂皮を受け取った。上掲の檔案によると、

そして海島〔サハリン〕にいたテメイェン、〔……〕などの氏族のものは、〔……〕ニングタに貂皮の税をもっていくときには、道のりが遠くて来ることができないので、スンガリ=ウラ〔アムール川〕の〔……〕岸にあるディヤン=ホンコの土地に貂皮の税を貢納します。〔……〕

とある。一八〇九年に日本の間宮林蔵はサハリンの辺民に同行して、そのころ貢納地点となっていたアムール下流のデレンまで行き、貢納のようすをじかに目撃した。そして『東韃地方紀行』巻中に、そのときの情景を生きと書き留めたのである。(7) それによるとこの年イランハラから出張したのは、佐領のトジンガら一行であった。デレンの川岸には貢納の儀式を行なうために、周囲を二重の柵で囲んだ施設が設けられていて（満洲仮府）、トジンガらは仮府内で辺民から貂皮を受け取り、その見返りにウリンを与えた。「進貢」と題される絵はその儀式を描いたものであり、壇上の右手に山積みされた反物は、辺民に支給するウリンの一部である。

辺民の組織が拡大し、貢納する辺民が増加するにつれて、清が支給するウリンの数量も増え続けた。そして乾隆十五年以降にその量は最大となり、毎年二千三百九十八組近いウリンがアムール地方にもたらされた[8]。ウリンを構成する繊維製品の種類については、第二節で説明する。なお辺民が貢納した黒貂は始めは戸部の収入となったが、康熙五十一年からは内務府に納入されることになった[9]。それらの毛皮は皇帝の衣服や帽子用として使われたが、一部は臣下に下賜されることもあった。

ところで貢納に赴く辺民は、清に貢納する貂皮以外にも毛皮を持っていた。前述したように辺民はイチェ＝カルンで持ち物の検査を受けたが、もしその中に黒狐皮などの高級な毛皮が含まれていると、カルンの旗人がニングタまでかれらに同行した。『寧古塔副都統衙門檔案』第二冊、康熙十五年六月四日の条によると、

副都統衙門の文書を、チクテン＝カルンにいる領催たちに送った。「今後フィヤカ、ヘジェ、ゲイケレ、フシカリなど諸々の氏族のものが、税を届けにくるときには、おまえたちのいるカルンに止め、かれらが所持する黒狐・北極狐の皮を調べて、枚数を文書に書き、ひとりを随行させてもってこさせよ。この文書を交替する領催に、次々まちがいなく引き継げ。〔……〕」

とある。チクテン＝カルンは、牡丹江の支流チクテン川の河口に置かれたカルンとみられる。のちには同じ業務をイチェ＝カルンに移して行なった。同書第二二冊、雍正七年四月六日の条には、

協領の文書を、イチェ＝カルンの長ジャスタイに交付するために送った。「〔……〕貂皮をもってくる舟と人の数、税の貂皮、交易用の貂皮、仲間のものについて必ず本当の数を詳細に厳しく調べ、一行の舟、人、税の貂皮の枚数、交易用の貂皮の枚数をはっきりと文書に書いて、カルンのものを随行させて、次

々にもってこさせるがよい。〔……〕」

と、同様の事実を伝える。旗人が辺民に同行したのは、辺民が途中でそれを売却しないように監視するためであった。ニングタ副都統は、それらの貴重な毛皮を優先的に買い上げたのである。『寧古塔副都統衙門檔案』第八冊、康熙二十二年四月四日の条によると、

> 戸部が制定して送った文書に、「ヘジェンフィヤカたちの国が納める税の貂皮を選んで取り、余分な貂皮の中に好いものがあれば、いつも定めたとおり庫の財貨と交換して取るがよい。〔……〕康熙十一年三月十一日に上奏したら、同月十六日に『議に依れ』と勅旨があった」といっている。

とあり、この規則は康熙十一年に定められたことがわかる。

ここで康熙年間の『寧古塔副都統衙門檔案』を検索すると、各年の年末に辺民が貢納した貂皮の決算とともに、その年に清が買い上げた毛皮の種類と枚数、およびその購入に用いた物品を詳述している。たとえば康熙十五年（一六七六）には黒狐皮一枚・北極狐皮四枚を、八尋の緞子（amba suje）一匹・六尋の彭緞一匹・四尋の彭緞二匹・牛角一対・毛青布九匹で買い上げたし、また同十七年には黒狐皮四枚・北極狐皮十九枚を、八尋の緞子一匹・閃緞一匹・四尋の閃緞一匹・錦一匹・彭緞二匹・桃と鶴を描いた緞子一匹・龍緞二匹・六尋の粧緞一匹・牛角九対・毛青布三十匹で買い上げている。十九年には黒狐皮四枚・北極狐皮二十二枚を、緞子十一匹・牛角二十二対・毛青布四十四匹で、さらに二十二年には北極狐皮八枚・貂皮十枚を、緞子三匹・牛角三対・毛青布二十七匹で買い上げたという[10]。これらの毛皮は、辺民が貢納した貂皮とともに北京に輸送された。

ところが高級毛皮の買い上げ制度は、雍正以降ほとんど行なわれなくなる。同書第三〇冊、雍正十三年三月十

三日の条によると、商人が辺民から購入した毛皮の中に黒貂と黒狐が交じるときには、購入した価格を商人に与えて、国が買い取るようにしたという。これをみると清はこのときすでに、一般の商人がニングタ副都統より先に辺民と交易することを許可していたことになる。ニングタ副都統が年末に行なった決算報告によれば、雍正以降は清が買い上げる毛皮は貂皮だけとなって、黒狐や北極狐の毛皮は一枚も含まれない。しかも貂皮の買い上げ価格は、常に貂皮一枚につき毛青布二匹で終始変わらない。[11] おそらく商人たちはたとえ黒狐などの毛皮を手に入れても、それをニングタ副都統に報告することはなかったのだろう。こうして清の高級毛皮買い上げは事実上康熙中で終わり、その後は本来の趣旨とはかけ離れた、貂皮の買い上げ制度に変質してしまった。その数量も、乾隆七年以降は貂皮二百四十六枚を毛青布四百九十二匹で買い上げることで固定されたので、規模としては貢納の十分の一程度に止まり、その補完的な意味しかもたなかった。

ちなみにアムール川下流域における清朝と住民との取り引きは、貢納の機会だけに止まらなかった。宮廷で祝典が催されるときなどにも、清は旗人を派遣して下流の辺民から動物を買うことがあった。この場合清が購入するのは、皇帝に献上する生きたトナカイや狐などであった。たとえば乾隆二十五年（一七六〇）にイランハラの旗人は、オロンチョ（サハリンに住むウイルタを指す）の所にトナカイを買いにいって、代価としてオロンチョには絹と木綿の衣服・掛け布団・布団の表の木綿・羊皮の上着・毛青布・焼酎・タバコ・穀物・酒かご・むしろを支払った。[12] 嘉慶二十四年（一八一九）にもまた佐領のトジンガらが、下流のウクトゥ（ウクトゥン）村とクイマン（コイマン）村などに行って、生きている黒狐と北極狐を十八匹買い付けたが、そのときは朝衣（ergume）・蟒袍・緞子の袍・紬と綿入れの肌着・綿布・穀物・タバコ・焼酎など総計二百六十二両一銭の品を持参したという。[13]

さて貢納とニングタ副都統による買い上げが済んでから、辺民はようやく一般の商人と自由に交易することを許された。それは始めきわめて零細な規模であったが、東北地区の開発にともなって発展し、やがて市場で売買される貂皮の数量は、貢納される貂皮の数量を上まわるようになった。東北アジアにおける毛皮と纖維製品の流通を考える場合、私的な交易の果たした役割はきわめて重要である。そこでここからは私的な毛皮取り引きについて検討を加えることにする。

清は、毛皮の私的な交易に関して、それが貢納の妨げとなることを防ぐために、辺民との市場をニングタの一か所に制限した。当初辺民の交易相手は、ニングタの住民に限られていた。本土で三藩の乱が始まると、ニングタでは防備のために、流人などの漢人も城内に居住することを許され、かれらは東西の大街に沿って商店を開いた。やがて商人たちは東西の関廂に集中するようになり、そこでは纖維・雑貨から飲食物まで取り引きされたという[14]。康熙二十年（一六八一）ごろに盛京（瀋陽）とニングタを結ぶ新街道が整備されると、商人たちが全土から集まるようになり、一部のものはニングタに定住するまでになった[15]。康熙四十八年にニングタを訪れたイエズス会士のレジスは、ニングタの町が各地からの商人で溢れていたと証言している[16]。これらの商人のほとんどは、山西省と直隷出身の商人が占めていたとみられる[17]。かれらの目的は、ニングタに集荷する毛皮や人参であった。

後述する如く十八世紀後半のニングタでは、小間物店や帽子店の経営者が辺民の毛皮を扱っていて、かれらは自らそれを北京まで輸送していた。辺民は貢納の際にニングタには五日間滞在したが[18]、その間はこうした商人の家に宿泊したらしい。『寧古塔副都統衙門檔案』第五九冊、乾隆十九年正月二十四日の条に、

そしてヘジェフィヤカの人びとは、献上する貂皮を手渡してしまったあと、かれらがそれぞれ宿泊する商店の所に行って泊まります。

とある。商人たちは、辺民に対して宿泊の便宜を提供することによって、かれらの毛皮を優先的に購入する約束をとりつけたのである。

なお乾隆四十四年の改革にともない、交易の場所もニングタからイランハラに変更になったが、ニングタの毛皮商人はその前後からイランハラに移住を始めていた。イランハラの商業に関しては史料がほとんど残っていないが、イランハラでもニングタと同様の状況があったにちがいない。たとえば『三姓副都統衙門檔案』第七六冊、乾隆五十九年九月二十五日の条によると、リオ=ジンイーは奉天府承徳県の出身で、乾隆四十二年からイランハラでフシン=ディヤンという旅館を経営しながら、その一方でかれは塩や雑貨を商なったり、貂皮を盛京などに売りにいく商人の保証人となっていた。後述する「ヘジェたちの毛皮を交換する店」とは、リオのような商人を指すのだろう。

ところで乾隆年間になると、毛皮の違法な取り引きが目立つようになった。一般に私人がアムール地方に入ることは厳しく禁止されていたが、一部の商人たちはそれに違反して、イチェ=カルンよりも下流に出かけて辺民と密貿易を行なった。かれらは貢納に向かう辺民を途中で待ち受けて、辺民がニングタに到着する前にその毛皮を買い占めたのである。その結果上質の貂皮はみな商人に吸い上げられ、清には貢納されなくなった。内務府は、辺民の貢納する黒貂の品質が、めっきり低下していることに危機感を募らせて、乾隆十五年と三十年にこの問題を指摘した(19)。その間ニングタ副都統は、商人がイランハラで毛皮を購入することを禁止するとともに、イランハラ副都統に対して、辺民がイランハラに到着したら、交易をさせずにかれらをただちにニングタに送り出すように要請している(20)。しかしこの取り締まりもあまり効果はあがらなかったとみえ、清は乾隆三十七年には再びイランハラ副都統に、同様の要請を行なわなければならなかった。

商人の違法行為はその後もやまなかった。むしろますます激化して、一部のものはイランハラを越えて、さらに下流の辺民の居住地域にまで潜入し始めた。たとえば『寧古塔副都統衙門檔案』第一一一冊、乾隆四十三年五月二十六日の条には、調べると、乾隆三十九年にニングタに税の貂皮をもってきたハライダ、ナンチバ、ジョルホ〔……〕たちが差し出した文書の中に、「この数年イランハラの商人は、川が凍結する前に、穀物・タバコ・焼酎・木綿などを六、七隻の大きな舟で運んで、われわれへジェのところに行き、ひと冬交易を行ないます。春に氷が解けると、イランハラに帰ってきます。〔……〕」

とみえる。このような状況に対して辺民たちも、このまま悪徳商人を野放しにしたら、貢納を続けることが困難になってしまうと訴えて、その取り締まりを求めたのである。

なお漢人商人のアムール地域への侵入は、改革の後も跡を絶たなかった。四十五年にはリー＝ジェンスゥら五人が辺民の居住地域に潜入して、綿布その他で貂皮二百五十六枚などを購入したり、負債の取り立てを行なった。イランハラ副都統はこれらの違犯者を捕えて、その毛皮を没収するとともにかれらを厳罰に処したのである。[21]

アムール下流の貢納地点でも、辺民と辺民あるいは辺民とその他の住民との間で、活発な交換が行なわれた。『東韃地方紀行』巻中によると、デレンの満洲仮府の一角に設けられた交易所には、毎日数百人の住民が訪れて、毛皮と自分の欲しい酒・タバコ・絹や木綿・鍋などと交換したという。ところで下流に派遣された旗人の中には、これに便乗して違法な交易を行なうものがいた。一般に公務でアムール下流に行く旗人に対して、ニングタ副都統は行く前に厳重な注意を与えて、かれらが商人を同行することや上質な貂皮を買い上げることを禁止した。にもかかわらずこの注意はしばしば無視され、下流に派遣される旗人の中には、商人を同行して処罰されるものがあとを絶たなかった。乾隆十四年にイランハラの筆帖式ロチャンは、クイェフィヤカの貢納を受け取りに下流に出張したときに、民戸ドゥン＝ダとグ＝チを下僕として一行に加えた事実が明るみに出て、免職になっている。[22]間宮の証言によるとイランハラから出張した旗人は、出発前に適当な品物を用意しておき、それと毛皮などを交換した。もしも辺民がそれらの品を受け取らず、交渉が成立しないときには、自分の衣服を脱いでそれと取り替えることもあったという。監督者のトジンガらはそれを取り締まろうとせず、見て見ぬふりであった[23]。こうした違法な取り引きも、相当な規模に達したものとみられる。

境界の内外で行なわれた私的な交易を通じてアムール下流・サハリン地方に流入したのは、主として繊維製品であった。呉桭臣『寧古塔紀略』によると辺民たちが好んで買ったのは、「大紅盤金蟒袍」すなわち紅地に金糸で龍の文様をデザインした袍と、「各色錦片粧緞」つまり様々な色の錦と粧緞であったという。また康熙初めの記録である張縉彦『寧古塔山水記』には、ニングタにやってきた辺民が毛皮や人参と交換に手に入れたのは、瀋陽から移入された綿布であったと述べる。さらに楊賓は『柳辺紀略』巻三において、康熙初めのニングタでは鉄鍋一個でもってその中に入るだけの貂皮と交換できたが、かれがニングタを訪れた康熙二十八年には貂皮の価格が高騰して、鉄鍋二個で貂皮一枚を買うのがやっとだったという。

満洲語檔案によると、辺民が交易用に持ちこんだものの中には、貂・北極狐・赤狐などの毛皮とともに、魚の内臓を煮て作ったにかわ・鳥の羽などがあった[24]。それに対して辺民が中国の商人に求めた品物は、衣料品と日用品などが中心であった。たとえば『寧古塔副都統衙門檔案』第五四冊、乾隆十五年十月八日の条に、

いかなるものを交易で得るのかということを調べると、市場で交易するときには、きまって取るというものはまったくありません。あるいは蟒袍・色のついた絹の衣服・閃緞の布団上下・羊皮の衣服などの雑貨と換えます。自分が気に入らないものは、一両の貂に対して、たとえ二、三両の値のするものを与えたとしても、換えません。

とある。また同書第五九冊、乾隆十九年正月二十四日の条によると、辺民はその他に木綿の服・鍋の台・穀物・

タバコ・焼酎などを欲しがったという。

それでは合法と違法両方の交易を通じて、いったいどれくらいの繊維製品がアムール地方に流入したのであろうか。残念ながら直接それを述べる史料は存在しない。しかし繊維製品と交換で清に流れた貂皮に関しては、大体の状況を伝える統計が残っているので、それから繊維製品の流入量を類推してみたい。始め清朝は、違法な毛皮取り引きを禁止するために、商人の購入した毛皮を検査してそれに課税することにした。すなわち雍正十三年（一七三五）から北京に運ばれる毛皮に対して、山海関と崇文門（北京）で徴税することにしたのである。[25] ただニングタでは税を徴収することはせず、商人に毛皮の数を申告させるだけで、票を与えて通行証とした。『寧古塔副都統衙門檔案』第八六冊、乾隆三十一年八月二十四日の条には、北京まで毛皮を輸送する商人が通行証を請求した文書が残されており、

> ユワンシン=ハオという雑貨店を開いている民リオ=ズンシヤンが次のように申しました。「カルンを通過するための証明書の交付を求めるためです。わたくしリオ=ズンシヤンは、今年ヘジェフィヤカたちと交易して得たふつうの等級の貂皮千三百四十枚を、願わくば京師〔北京〕に売りに行きたいと思っております。〔……〕」

とみえる。乾隆三十一年には同様の檔案が他に四通あって、それらの貂皮を合計すると全部で六千二百二十二枚を北京に運んだことになる。[26] ただし実際に移入した数はもっと多いであろう。

ところでこの規則では、盛京に向かう毛皮は考慮されていない。盛京は陪都とはいっても地方都市にすぎず、当初は毛皮のなめし工場も少なかったのであろう。その後毛皮の取り引き量が増大すると、毛皮を盛京に持ちこむものが増えて、盛京は北京と並ぶ毛皮加工の中心になった。その結果毎年数千枚から一万枚もの貂皮が、盛京

に流入するようになった[27]。そこで清は、辺民との市場をニングタからイランハラに変更した乾隆四十四年（一七七九）以降は、盛京に運ばれる毛皮についても吉林で徴税を行なうことにし、貂皮一枚につき銀三分を徴収することにした[28]。『三姓副都統衙門檔案』には、イランハラ副都統が吉林将軍（乾隆二十二年ニングタ将軍から改称）に対して、貂皮を盛京に輸送する商人に通行証を交付するように求めた檔案が、数多く存在する。それらは以下の如く、ほとんどが同一の書式で書かれている。

九月二十五日に商人ルン＝ヂチュワンなど七名が申し出た文書に、「証明書の交付を請求するためです。私どもは今年イランハラにおいてヘジェたちの毛皮を交換する店から、私たち七人で黄貂皮を一万六千五百六十七枚買いました。願わくば私たちが買ったこれらの貂皮を、陸路吉林に運んで税を納めてから、そこから盛京・張家口などの地方に商いに行きたいと思っています。どうか私たちにカルンを通過するための証明書を交付して送ってください」と、保証人を立ててそれぞれ請求している。〔……〕そこで驍騎校シシャムボーを遣って、ルン＝ヂチュワンたちが運ぶ貂皮を詳細に調べさせたら、シシャムボーは「〔……〕貂皮を一枚ずつ詳しく調べたところ、全部ふつうの等級の黄貂皮であって、黒貂皮と黒狐皮は一枚も含まれておらず、みな彼らが申し出た数ちょうどでした」と報告している[29]。

檔案の中で商人たちは、購入した貂皮はみな黄貂皮であったと述べるが、ここでいう黄貂皮は上質の黒貂皮ではないという意味である[30]。これらの檔案は全体では七十通余り存在するが、ここでは乾隆・嘉慶両時期のものに限ってその内容を表にすると、次のようになる（表32）。それによると年一万枚以上の貂皮を移出したのは、乾隆五十六年と五十九年の二度ある。檔案の不備ということを考えると、毎年数千枚以上の貂皮が盛京や張家口に運ばれたとみられる。

表32　イランハラにおける貂皮交易の状況

檔案年月日	商　人　名	本籍(府・県)	黄貂皮数	行先	保　証　人
乾隆45年2月1日	Ioi Jang	永平・臨楡	747	盛京	
45年3月1日	Šen Tiyan jing	奉天・承徳	519	盛京	
56年9月27日	Lung Ji cuwan	太原・徐溝	2,231	盛京	Lio Žan ii (Lio Žin ii)
	Wang Si ii	永平・臨楡	1,306	〃	Sung Duwan žu
	Wang Ji jung	〃	3,617	〃	〃
	Yang Ji dzung	奉天・承徳	4,513	〃	Lio Žan ii (Lio Žin ii)
	Ceng Šui ii	太原・太谷	1,700	張家口	〃
	Lung Ji cuwan	太原・徐溝	1,800	〃	〃
	Jang Wei sin	同州・蒲城	1,400	〃	〃
56年11月25日	G'ao Diyan cen	奉天・承徳	597	盛京	Lio Žin ii
	Ts'oo Jiyun heng	吉林	575	〃	〃
59年10月16日	G'ao Yung sing	永平・臨楡	1,965	盛京	Jang Fu yang
	Hao Ting u	汾州・平遥?	535	〃	Hao Ting(不明)
	Joo Dzung tang	永平・楽亭	2,372	〃	Lio Žin ii
	Wen Ts'ai tiyan	太原・徐溝	1,115	〃	Lii(不明)
	Tiyan Hūi an	永平・臨楡	1,056	〃	Lio Žin ii
	Siowei He ding	太原・交城	1,160	〃	Yan Wen guwan
	Cang Ting dung	〃	1,819	〃	Dai Hūng en
59年11月10日	Wang Si ii	永平・臨楡	3,770	盛京	Wang Jing ii
	Cang Ioi gui	太原・交城	840	〃	Lio Moo siyan
嘉慶8年9月5日	Yan Wen bi		673	盛京	
8年10月20日	Ts'oo Cen hūi	永平・臨楡	2,950	盛京	Tiyan Ioi diyan
	Ioi Šang jy	永平・撫寧	3,580	〃	Yuwan Fa hao
8年10月23日	Lung Ji cuwan	太原・徐溝	1,900	盛京	Tiyan Ioi diyan
9年8月15日	Lu Šūn	永平・臨楡	1,020	盛京	Yuwan Fu hao
9年8月15日	Lung Ji cuwan	太原・太原	850	ベドゥネ	Du Diyan ing
9年9月15日	Cang Jing lii	太原・交城	1,500	盛京	Wang Feng ceng
	Han Šeng	太原・徐溝	1,550	〃	Nio Gui mao
9年9月25日	Ts'oo Ceng hūi	永平・臨楡	2,997	盛京	Tiyan Ioi diyan
9年11月1日	Lii Šeng u	永平・撫寧	2,750	盛京	Ii Jioi hao
9年12月15日	Lung Ting bi	太原・太原	80	ベドゥネ	Wang Si siyang
12年7月20日	G'ao Wei gui	太原・太谷	787	ベドゥネ	Ciyoo G'o sin
	Lung Ting cang	太原・太原	660	ベドゥネ	Wang Šeng yei

以上の如く東北地区で交易された貂皮の数量は莫大な数に達する。したがってそれと交換にアムール川下流・サハリン地方の辺民地区に流入した繊維製品の量もまた、われわれの想像を越えるものがある。

第二節　ウリンの構成

清は貢納した辺民に対して、貂皮の見返りに衣料などの物品を給付したが、これらの物品は満洲語の原語によってウリン（ulin）と呼ばれる。ウリンの内容が最終的に定まるのは雍正初めのことであるが、衣料を与えるというウリンの基本的な性格は、当初から不変であった。史料に現れる実際の例からウリンの変遷を跡づけてみよう。

太宗時代のウリンについて、『清実録』には緞衣・蟒衣・朝服・衣などを与えたと記しており、場合によってはさらに帽子・靴・帯・緞子・綿布から、馬・鞍・弓矢・矢筒まで支給することもあった。[31]『満文老檔』は、『清実録』よりも一層詳細にウリンの品をあげる。同書天聡十年二月二十一日の条には、貂皮を貢納した松花江地方に住むフルハ部の族長十二人に対して、衿と袖を縁取りした緞子の袍（丈の長い上着、長衣）・毛青布の襯衣（肌着）と袴（ももひき）・帽子・靴・帯を支給し、一般の住民七十三人には、毛青布の袍・（毛青布の）襯衣と袴・帽子・靴・帯を与えたという。[32]清初の史料にいう蟒衣、朝服、緞子の袍、毛青布の袍などが、どの程度規格化されていたかは不明であるが、そもそもウリンというのは、このような上着・肌着・ももひき・帽子・靴・帯からなる一セットであったと考えられる。

入関時期のウリンに関しては、『礼科史書』の記事が具体的な事例を提供する。同書順治十年三月十六日の条によると、自ら貢納にきたアムール川下流の使犬部の族長には、ふつうの蟒緞の朝衣（goksi）・朝鮮紬の襯衣と綺・帽子・帯・靴・針・スカーフ・裏地・すき櫛・かんざし・木綿糸・ひも・扇子・箱・毛青布と、それにふつうの蟒緞の掛（kuremu?）と馬具を賞し、また一般の辺民には、粧緞の衿と袖のついた毛青布の袍・翠藍布の襯衣と綺・帽子・帯・靴・針・木綿糸・スカーフ・裏地・すき櫛・かんざし・扇子・ひも・毛青布を与えたという。蟒緞は全体に龍が織りこまれた特別な絹織物で、官僚用の各種上着の材料となった。ところでこの史料で注目されるのは、従来から支給された衣料の他に、針以下の品々が付け加わっていることである。この前後からウリンは、衣料とその付随品という二つの部分から構成されるようになった。

ウリンの内容と数量は、その後も少しずつ変化している。康熙前半に松花江下流の支流、倭肯河に住むトコロ氏族のガシャンイダ、ヤチュハがニングタに貢納したときには、清はかれに朝衣（ergume）を支給した。[33]また『大清会典』（康熙）巻三九、盛京戸部によると、清朝は貢納した辺民に対して、衣服とともに絹・木綿・ひも・帯・緑斜皮線・綿花・すき櫛・かんざし・扇子などを用意したという。さらに康熙五十一年に貢納したサハリンのガシャンイダ十七人には、下僚用の蟒緞の朝衣とともに、毛青布・帯・帽子・襯衣・綺・靴・糸・ひも・スカーフ・裏地・針・すき櫛・かんざしを支給し、一般の辺民（バイニヤルマ）には、粧緞で縁取りした藍色毛青布の袍の他に、襯衣・綺・帯・靴・帽子・毛青布・糸・ひも・スカーフ・裏地・針・すき櫛・かんざしを与えている。[34]

ところで最終的なウリンの構成は、雍正三年のそれにみることができる（表33）。これによるとウリンは、サルガンジュイ、ホジホン及びハライダ、ガシャンイダ、デオテジュセ、バイニヤルマの六階層に従って五段階に分けられていた。もともと辺民は、上からハライダ、ガシャンイダ、デオテジュセ、バイニヤルマの四階層に分かれていて、それらは大体世襲であった。それに一代かぎりのサルガンジュイとホジホンが加わり、四階層の上に位置付けられたのである。ウリンの衣料は、辺民の属す階層により布地や文様が異なっており、上位のものに

表33　雍正三年のウリン（『寧古塔副都統衙門檔案』第二〇冊、雍正三年八月二十四日の条）

	サルガンジュイ	ホジホン・ハライダ	ガシャンイダ	デオテジュセ	バイニヤルマ
朝掛	（濃青色）一着	——	——	——	——
袍	袍（彭緞製、衿は粧緞）一着	朝衣（蟒緞製）一着	朝衣（緞子製）一着	袍（緞子製）一着	袍（毛青布製、衿と袖は粧緞）一着
襯衣（肌着）	（金色の紬製、丈が長い）一着	（藍色の毛青布製）一着	（藍色の毛青布製）一着	（藍色の毛青布製）一着	（藍色の毛青布製）一着
裙（スカート）	（綿紬製、閃緞で縁取りした）一着	——	——	——	——
絝（ももひき）	（藍色の毛青布製）一着	（藍色の毛青布製）一着	（藍色の毛青布製）一着	（藍色の毛青布製）一着	（藍色の毛青布製）一着
帽子	——	（毛氈製、毛皮は使わない）一個	（毛氈製、毛皮は使わない）一個	（毛氈製、毛皮は使わない）一個	（毛氈製、毛皮は使わない）一個
帯	——	（佩帉二枚つき）一本	（佩帉二枚つき）一本	（佩帉二枚つき）一本	（佩帉一枚つき）一本
靴	——	（馬皮、靴下つき）一足	（馬皮、靴下つき）一足	（馬皮、靴下つき）一足	（牛皮、靴下つき）一足
毛青布	五匹	四匹	三匹	三匹	二匹
糸	五繰り	三繰り	三繰り	三繰り	三繰り
紐	五対	三対	三対	三対	三対
スカーフ	二枚	一枚	一枚	一枚	一枚
絹裏	三片	二片	二片	二片	二片
縫い針	一〇〇本	三〇本	三〇本	三〇本	三〇本
すき櫛	二個	一個	一個	一個	一個
かんざし	二個	一個	一個	一個	一個
ボタン①	一二個	八個	八個	八個	八個
箱	（皮張り）一箱	（絵入り）一箱	——	——	——
漆	一	——	——	——	——

注①　ボタンは、盛京工部が準備した。もとの檔案にはボタンの項目はないが、筆者が補う。

は高価な緞子を使用し、下位のものにはふつうの緞子や綿布を用いた。

さてサルガンジュイ（女子）はホジホンに嫁いだ北京出身の女性であり、辺民制度においては一般の辺民よりも厚遇された。サルガンジュイに与えられる朝掛は、婦人用の袖のない羽織のことで、濃青色の彭緞からできていた[35]。彭緞は織造が生産して緞疋庫に納入した緞子の一種であるが、模様を一段ずつ横に並べて織るのが特色というだけで、詳細は不明である[36]。裙は綿紬（絹織物）製のスカートである。袍の衿や裙の裾には、粧緞や閃緞で縁取りがされていた。粧緞は江寧織造が生産した特別の緞子で、粧花ないしは粧花緞とも呼ばれる。高度な技術を必要とし、カラフルで配色が自由なことに特徴があった[37]。粧緞は高価であったために、衣服の衿や袖に部分的に使用された。さらに襯衣と綺は、それぞれ紬と毛青布で作られていた。

大量の毛皮をもって上京して、清からサルガンジュイを与えられた辺民は、ホジホン（婿）と呼ばれた。ホジホンは故郷に戻ると、氏族内の有力者であるハライダ（氏族の長）と同等の待遇を与えられた。ホジホンとハライダに給付された蟒緞製の朝衣（goksi）は、清朝が定めた公式の朝服であって、裾の部分に裳がつくところが準公式の蟒袍とは異なった[38]。

ハライダに次ぐ有力者であったガシャンイダ（集落の長）に与える朝衣（ergume）は、緞子製の布地で作り、袖と衿は粧緞で縁取りしていた。この種の朝衣は下級の官員用であり、それには龍紋は入っていなかった[39]。

デオテジュセとは、本来ハライダとガシャンイダの子弟の意であるが[40]、のちには独立した階層となって、その他の人物も含むようになった。デオテジュセに与える袍は緞子で作られていた。最下位のバイニヤルマ（土地人）の袍は藍色の毛青布製であった。毛青布というのは、明代に完成した新しい染色法を用いる松江府産の藍染綿布のことであるが[41]、『満文老檔』では中国内地から輸入された綿布を一般に毛青布（mocin）と総称している。その袖と衿の部分は粧緞で縁取りされていた。

なお辺民の全部に給付した襯衣（肌着）と絝（ももひき）は藍染の綿布製であり、同一の規格に従って作られたと考えられる。

帽子・帯・靴も、サルガンジュイを除く辺民すべてに与えられた。帽子は夏用のもので、毛皮を使わず毛氈で作りみな同じ規格であった。ただ帯については、デオテジュセ以上は佩帉（細長く折ったきれ）を二枚吊り下げるが、バイニヤルマだけは一枚しかなかった。さらに靴は、デオテジュセ以上が馬皮製であるのに対して、バイニヤルマは牛皮製であった。

毛青布からかんざしまでの品々は全員に共通して与えられるが、それぞれの数量についてみると、サルガンジュイがひときわ優遇されている。ハライダ以下の辺民には大体同数ずつ支給しているが、毛青布はホジホンとハライダに一匹だけ多く与えている。またサルガンジュイとホジホン・ハライダには、それぞれ別に箱と漆を給付した。

ところで雍正六年に清朝はウリン制度を改革し、既製服に代わって布地を支給することにした[42]。清がこのような変更を行なった理由は、衣服を縫製するのに時間がかかること、そしてせっかく衣服を作っても、寸法が辺民の身体に合わないことが多かったからであるという。しかしわたしは、清がこの改革を行なった背景には、辺民側の意向が強く働いていたと考える。第三節で述べる如く、辺民は服地で支給される方を望んでいたからである。その結果ウリンの内容は次表のようになった（表34）。

このうち毛青布は一匹が長さ二丈、幅一尺一寸の規格であった[43]。それから白布は河南産の大白布のことらしい。『三姓副都統衙門檔案』第二九九冊、咸豊十一年三月十六日の条には、この年河南大白布が手に入らなかったので、蘇布つまり蘇州産の綿布で代用することにしたという。白布は長さ四丈、幅一尺六寸で、裏地に使った[44]。高麗布は文字通り朝鮮産の綿布のことで、朝鮮の燕行使が毎年清に貢納したものである。白色で、裏地や佩帉に使

表34　辺民に支給するウリン（雍正12年当時）
（『寧古塔副都統衙門檔案』第29冊、雍正12年正月26日の条）

品目＼階層	サルガンジュイ	ホジホン・ハライダ	ガシャンイダ	デオテジュセ	バイニヤルマ
彭緞	3丈5尺		2丈3尺5寸	2丈	
粧緞	1尺3寸	1尺8寸	1尺8寸	1尺3寸	1尺3寸
帽緞	2尺5寸				
蟒緞		1匹			
閃緞綿紬	6尺				
金紬	1匹				
白絹	10丈	4丈5尺	4丈5尺	4丈	
紅絹	3丈8尺5寸	2尺5寸	2尺5寸	2尺5寸	2尺5寸
緑絹	2丈5尺				
絹裏	3尺のもの3片	3尺のもの2片	3尺のもの2片	3尺のもの2片	3尺のもの2片
毛青布	6匹2尺5寸	8匹	7匹	7匹	8匹
白布	4丈	4丈	4丈	4丈	4丈
家機布		3尺1寸	3尺1寸		
高麗布		1丈	1丈	1丈	4丈
綿花	34両	26両	26両	26両	26両
すき櫛	2個	1個	1個	1個	1個
かんざし	2個	1個	1個	1個	1個
縫い針	100本	30本	30本	30本	30本
スカーフ	2枚	1枚	1枚	1枚	1枚
紐	5対と2本	3対	3対	3対	3対
綿糸	5繰り	3繰り	3繰り	3繰り	3繰り
漆	1個				
綿糸(裁縫用)		4銭	4銭	4銭	6銭
ボタン	12個	8個	8個	8個	8個
皮箱	1個				
皮小箱		1個			

われた[45]。ただ乾隆二十年以降は高麗布に代わって、家機布が支給されるようになった[46]。

ウリンの中には、東北地区で生産された品も含まれる。『欽定大清会典』(光緒)巻二五、盛京戸部によると、辺民に与える綿花は盛京内務府の綿花荘で収穫されたという。上述した家機布も東北地区特産の綿布を指すとみられる。清初には永平府産の綿布を家機布と呼んだが、後には盛京内務府の綿花荘で生産された綿布も家機布と称している[47]。またボタンはもともと盛京工部が準備していたが、乾隆二十二年以後はウリンから削除されることになった[48]。以上のような品々が、ウリンとして毎年辺民に定まっただけ支給されたのである。

なお清の繊維製品は、私的な交易を通してもアムール地方に流入したが、その種類についてはほとんどわからない。後考を俟つ。

第三節　繊維製品の流通と辺民の衣服

周知の如く十九世紀以前のアムール川下流とサハリン地方の住民は、その衣服・帽子・靴などの素材やデザインに共通性や類似性をもっている。かれらは、狩猟した獣の毛皮や家畜である犬やトナカイの毛皮で衣服などを作ったが、なかでも魚皮から作った衣服や靴は、この地方だけにみられるものであった。

アムール川下流・サハリン地方の住民は、古くから漁撈に依存した生活を送ってきた。かれらの生活空間である西太平洋とアムール川の水系は豊富な漁業資源に恵まれ、とくに鮭(シロサケ)は毎年夏と秋の二回、アムール川を遡上した。このうち夏鮭は魚体が小さく遡上する距離も短いので、河口に近い住民しか利用できなかったが、それに対して秋鮭は魚体も大きく、支流のフンガリ川やアニュイ川あたりまで遡上したので、沿岸の住民は均しくその恩恵に与った[49]。かれらにとり秋鮭は半年分の食料を約束する貴重な資源であり、かれらの生活が安定するかどうかは、その漁獲量にかかっていた。『軍機処満文録副奏摺』第一八八八案巻第八文件、乾隆二十六年七月二十二日付けの吉林将軍ヘンルの上奏文によると、

ニングタに税の貂皮を届けに行くヘジェフィヤカのハライダ、ジェルシヌなど八十二人のものが、イランハラを通過するときに、文書を提出して、「〔……〕戻って行くときに道のりが遠いので、少しでも遅れて、シロサケの漁期に間に合わなければ、たちまち飢えて苦しむことになります。〔……〕」とつぎつぎに申しました。

とある。

住民は豊かな水産資源を自分たちだけでは食べ尽くせず、一部は家畜のえさとして利用した。そのためにこの地方においては犬を飼育してそりや船を牽引させたり、子熊を育てて熊送りを行なう独特の文化が形成された。歴史上に現れる「狗站」とか「使犬部（使犬路）」などの表現は、そうした事実にもとづいている[50]。興味深いことに、このような漁撈文化の分布と鮭の遡上する範囲はほぼ重なっている。

さてオホーツク海やアムール川水系で捕獲される魚類は、食料としてだけでなく衣料としてもきわめて重要な資源であった。この地方の住民は、容易に手に入る魚皮を使って衣服を作る技術を習得した。かれらがこうした文化を形成したのは、相当に早い時期とみられ、中国の史料ではかれらのことをいつしか「魚皮韃子」と呼ぶようになった。

アムール川下流・サハリン地方において生れた少数民族の衣装文化は、自然の材料を巧みに取り入れて独自な発展を遂げた。その素材、デザイン、装飾、用途には合理性があり、民族的な嗜好とも合致して親から子へと何

代も継承された。十九世紀後半から二十世紀前半にかけて、民族学者がかれらの衣服について報告したことは、基本的にはそれ以前にも遡り得るものである。

それによると、かれらが日常に着る衣服の中で最も基本的なのは、男女とも丈が膝近くまである長衣である。和服のように右脇で重ねる形式と、ジャンパーの如く正面で合わせる二つの形式があり、後者の方がより古いと考えられている(51)。男物の長衣は無地がふつうであるが、女物には様々な飾りや模様が施される。長衣には夏用と冬用とがあって、それぞれ素材が異なる。冬には長衣の上にさらに毛皮の外套を羽織るが、そのデザインは長衣と変わらない。それから長衣の下には短いズボンをはいた。この短いズボンとセットで、両足には脚絆型の長い靴下をつけるが、このズボンと靴下の組合せはアムール地方に特徴的なものであった。さらに女性は、長衣とズボンの間に首から長い胸あてを下げた(52)。

帽子は、機能別、性別に様々なデザインのものが存在する。興味を引くのは、帽子の下にかぶる大きな三角巾で、それにより夏は虫、冬は雪から頸部を保護した。また後述の謝遂『職貢図』の絵とそっくりの耳あての長い女物の帽子もあった(53)。

靴は、底をつけるかどうかで二種類に分かれる。底をつけないものはさらに二つのヴァリアントがあり、一方は甲の部分に三角形のはめこみがあった。底をつける方は、短いブーツのような形である。装飾や模様は靴の上部に施された(54)。

ところでアムール川下流・サハリン地域の住民は、早くから交換により植物性の繊維製品を手に入れた。元の勢力が直接及んだ十四世紀以降は、多くの繊維製品が中国本土からアムール地域に流れこんだが、とくに十七世紀に清がアムール地方を統治下に置くと、アムール地方に流入する繊維製品は空前の規模に達した。そもそも植物性の繊維製品は、肌ざわりや通気性など多くの利便性をもつ。これに対して獣皮や魚皮で作った衣服と靴は破損し易かったので、それを作るためにかなりの時間と労働力が必要となった。こうした理由により中国や日本から入る繊維製品は、アムール下流・サハリン地域の住民にとって大きな魅力であったにちがいない。

当初アムール川沿岸の住民は、輸入した清の既製服をそのまま着用していた。アムール川の中流沿岸に居住した新満洲は、十七世紀末に各地に移住したが、王一元『遼左見聞録』は、その女性の多くが錦繍を着て、足には烏喇（烏拉履）をはいた異様なかっこうで、盛京の市場に出入りしたという[55]。ここでいう錦繍は、かれらが毛皮と交換に手に入れた緞子製の中国服であろう。同様に『寧古塔紀略』には、新満洲がニングタ将軍衙門に呼び出されたときに、緋色の蟒袍を着たうえに袋を背負って現れたという。この蟒袍も清が与えたものである。一般にアムール下流の住民は、紅色や緑色に染色された絹織物を好み、なかでも龍の文様を織り込んだ蟒緞製の朝衣や蟒袍を珍重した[56]。これらの官服は、貢納と交易を通じてアムール川の中流から下流地方へ、さらにはサハリンへと広まり、やがて晴れの衣装として着用されるようになった。サハリンの西海岸ノテト（テッカ）にいたニヴフ族のコーニが、一八〇八年に同地を訪れた松田伝十郎と会見したときに、「花色龍形の錦」（朝衣か蟒袍）を着てかれの前に現れたことはよく知られている[57]。ガシャンイダであったコーニにとって「花色龍形の錦」は、その地位と力を象徴するものであったのだろう。

しかしアムール地方の住民が、民族の衣服をそっくり清の衣服に取り換えることは、ついに起こらなかった。繊維製品が大量に入るようになって以後も、一般の住民が着る衣服は、以前と同じ伝統的なデザインの、しかも伝統的な素材を使ったものであった。康熙四十八年（一七〇九）にアムール川下流地方を旅行したレジスは、ウスリー川の沿岸に住む魚皮韃子の衣服について次の如くいう。

ウスリ川は、住民が（魚）皮の衣服を作ったり、肉を食べて生きるのに必要なだけ、かれらに魚を供給するので、特別に多くの魚がいるにちがいない。タルタル人は皮を着用して、三色か四色に染め、きれいに裁断して、とても繊細に縫うことを知っている。それは始め絹糸で縫ったと思えるほどで、いくつかの縫い目をほどいたときにようやく、その糸がいちだんと薄い皮を切った、とても細い皮のひもであると気づく。衣服の形は、満洲人のものと同じである。後者は今では同様に全省において漢人のそれとなっている。気がつく唯一の違いは、下の長い衣服は、ふつう白地または灰色地の上に、青または赤の異なった色の帯で縁取られていることである。婦人たちは、上の長い外套のすそに、かれらの到着を知らせる銅銭や小さな鈴をぶらさげている。いくつかのおさげに編んで肩までたらした髪には、小さな鏡やリング、他のがらくたなどをぶらさげる。かれらは、それを宝石と同じようにみなしている。[58]

これは伝統的な長衣について語ったものであり、そのデザインと素材は十九世紀後半のナナイ族の長衣と基本的に同じである。アムール地方の住民が清の衣服をそのまま着ることは、むしろ例外的な事実だったということができる。

かれらの伝統的な衣装文化に対する愛着は根強くて、経済効率の観点だけで衣服のデザインや素材を決めることはなかった。かれらは魚皮の衣服の中に悪霊を追い払ったり、あるいはそれから身を守る力が存在すると信じていた。[59] また中国の繊維製品を使用するときにも、品質の良し悪しだけではなくて、他に様々な理由があったのである。たとえば民族学者がその報告書の中でしばしば取り上げた、ニヴフ族の女性がかぶる蟒緞製の帽子は、実はオオヤマネコの帽子の代用品であった。かれらはもともとオオヤマネコ製の帽子をかぶったが、その毛皮は高価でありかんたんには手に入らなかったので、蟒緞製の帽子でがまんをした。[60] あたりまえのことではあるが、清の文化伝統がいかに優れたものであっても、辺民の文化伝統に無条件にとって代わることはできないのである。

アムール川下流・サハリン地域の住民が清の繊維製品をどのように使用したのかというと、かれらはそれを自分の好みに合わせて加工して利用することを喜んだ。すなわち和服の洗い張りのように、それを解いて伝統的なデザインに仕立て直したり、あるいは細かく裁断して別の用途に使ったのである。反物やはぎれなど半製品の形で入ったものは、いっそう便利に利用されたことであろう。

アムール下流の住民が伝統的な素材とデザインを守りながら、一方で中国の繊維製品を利用したことを具体的に伝える文献は、謝遂の『職貢図』である。この文献は、辺境の少数民族や外国の男女とその衣装を説明したもので、絵と本文（満洲語と中国語の二体）からなる。勅命により乾隆十六年（一七五一）から編纂が始まり、二十六年にいちおう完成した。[61] 有名な『皇清職貢図』（写本と刊本）は、謝遂『職貢図』にもとづいて編集されたものである。謝遂『職貢図』と二種類の『皇清職貢図』の間には絵に違いがみられ、前者の方がより正確であると考えられる。『職貢図』の中に偏見や誤りがまったくないとはいえないが、アムール下流に住む民族の衣服に関して、『職貢図』ほどまとまった史料は他に存在しない。アムール住民の衣服を取り扱った従来の研究は、主に十九世紀半ば以降の実地調査にもとづくものであり、それ以前の文献を利用したことはほとんどない。そこでわたしは謝遂『職貢図』を中心に他の史料も交えて、十八世紀中葉のアムール辺民の衣服、帽子、靴のデザインと素材について検討することにする。

謝遂『職貢図』巻二では、アムール下流の辺民をオロンチョ・キレン・クイェ・フィヤカ・キヤカラ・七姓・ヘジェの七民族に分類するが、それらの間では繊維製品の普及に程度の差があったことをうかがわせる。繊維製品が比較的にいき渡っていたのは、ヘジェ・キヤカラ・クイェである。これらの民族は中国と日本に近く、その影響をより強く受けたものと考えられる。まずこれらの民族から検討を始めよう。

ウスリ川河口より下流のアムール下流地方で、もっとも上流に位置したのはヘジェである。清の文献にいうヘジェは今日のナナイ族にあたり、オルチャ族の一部も含むと考えられる。『職貢図』の本文によると、ヘジェの男は冬に狐皮の服を着て貂皮の帽子をかぶるが、女は色彩のついた綿布で縁取りをした魚皮製の服を着て、兜のような帽子をかぶるという。『職貢図』の絵には、氷上でそりに乗る一組の男女と、魚皮をなめす女性の計三人が描かれる。本文から女の長衣は魚皮製であるが、その衿・裾・袖にある帯状の縁取りは綿布であることがわかる。長衣を重ねる箇所は右脇にきている。一方そりを操る男は毛皮の外套を着ていて、本文からそれが狐皮であることがわかる。その帽子は、キレン・フィヤカ・七姓などと同一形式の狩猟用防寒帽である。後方にすわる女の帽子は両耳をおおい、後の部分が長くまるで兜のようである。女物の帽子は、綿布である可能性が高い。靴は、キレンや七姓に共通する長靴である。その下には、やはりキレンと同様の靴下をはく。なお魚皮をなめす女は素足であるが、脚絆のようなものをしており、短いズボンとセットの靴下とみられる。謝遂の描くヘジェの長衣と帽子のデザインは、十九世紀後半のものとほとんど変わらないが、繊維製品についての記述は部分的である。実際には繊維製品は、もっと利用されていたと思われる。

ヘジェの衣服に関しては、『寧古塔副都統衙門檔案』にも記述がある。ヘジェの一氏族ヘチケリのバイニヤルマ、ビヤクタが、乾隆三十一年（一七六六）にニングタに貢納にきたとき、随行していた奴隷のワンガが逃亡したので、ビヤクタはニングタ副都統にワンガを捜索するように訴えた。その際にビヤクタはワンガの特徴について、

ワンガは今年三十三歳になります。すらっとして丸顔であばたがあります。色は浅黒くひげは少ない方です。頭のまわりに灸のあとが五つあります。身体には絹の上着、足には白い木綿の靴下、はめこみ靴をはいています。

という。[62] このようにヘジェ族では、奴隷ですら絹や綿布を着用している。アムール下流の辺民社会では、繊維製品が想像以上に普及していたことがわかる。

次にキヤカラは、沿海地方の海岸部に住んだ漁撈民である。現在のオロチ族およびウデヘ族にあたる。『職貢図』の本文によると、キヤカラは鹿皮の帽子をかぶり、木綿の服を着るという。絵をみると、櫂を手にした男がシラカバ製の舟に乗っており、その服装はオロンチョに似ている。その左側に立つ女性が着る長衣は正面で合わさり、その衿から裾にかけては黒っぽい帯状の縁取りがなされている。また腰・裾・肩・肘・胸には、渦巻の模様がみえる。キヤカラの衣服では、長衣の布地と縁取りが木綿を使ったものであろう。ちなみに一七八七年にフランス人ラペルーズの艦隊が、日本海を北上してタタール海峡に入っているが、そのときの報告によると、アムール川河口のすぐ南デカストリー湾（大陸東岸）にいたオロチ族は、魚皮・犬皮・獣皮などの衣服とともに木綿の衣服を着ていたという。しかしかれらは自分で織物を織ることはなく、これらの木綿はみな中国から輸入したものであった。[63] このように大陸の東海岸にも、木綿製の衣服が流入していたのである。

クイェは、サハリン南部のアイヌをいう。一六四三年にフリースの率いるオランダの艦船が、北太平洋に金島・銀島を捜索に行く途中、サハリンのアニワ湾とチェルペニヤ湾に入り、船員たちは海岸に上陸して土地のアイヌと交流をもった。そのときアイヌたちは毛皮や麻とともに、中国ないし日本から来た絹や木綿の衣服を着ていた。[64]『職貢図』の本文によると、クイェの衣服には魚皮製とともに木綿製の服もあって、その肩や背には卍の模様が縫い付けられたという。絵をみると、膝まである長衣をきた男女が並んでいて、男の肩・腹・袖に卍の模様がある。卍というのは、アイヌの衣服に特徴的な十字型の模様をそれと誤って伝えたものである。

『職貢図』においては、キレン・フィヤカ・オロンチョなどアムール川の河口周辺やサハリンに住む民族の衣服は、獣皮と魚皮製のものが多く、繊維製品はほとんどみられない。たとえばフィヤカは現在のニヴフ族にあたり、アムール川の河口周辺とサハリンの北部に居住したが、本文には「男女みな犬の皮で服を作って着るが、夏には魚皮で作る」とある。絵ではところどころ黒みがかった毛皮の外套を着た男女が立っており、それは犬の毛皮製とみられる。男女それぞれのかぶる帽子とえりまきも毛皮製である。『職貢図』からはニヴフが繊維製品を使っていた事実はみえないが、しかし間宮林蔵は、サハリンに居住したニヴフの中に木綿の服を着たものがいるのを目撃している。(65)

キレンは、アムール川の支流、アムグン川の沿岸にいたネギダル族などのことをいう。かれらの生活は狩猟と漁撈が中心であり、『職貢図』によると、その衣服は「鹿と魚の皮で作」られたという。絵の中のキレンは冬服であって、男女ともに膝まである、前見頃が右脇で重なる外套を着ている。本文からみて鹿の毛皮である。絵のキレンは毛皮のえりまきをしており、その帽子も毛皮製である。なお男女ともに長靴の上に靴下がのぞいているが、これはアムール下流に独特な短いズボン（謝遂の絵ではみえない）とセットとなった脚絆型の長い靴下である。その素材は魚皮製のようにもみえるが、はっきりとはわからない。以上のように『職貢図』からは、キレンが繊維製品を利用していた事実を見出せない。

続いてオロンチョ（オロンチョン、オルチョ）は、サハリンの北東部に住んでいた民族ウイルタである。(66)『職貢図』の本文では、かれらは「トナカイを飼い、魚をとって生きる」というだけであるが、その絵には夏服を着た男女が描かれており、ともに丈が膝まである長衣を着ている。長衣を合わせる位置は、正面というよりは右脇にある。本文にてらし合わせると、この長衣は魚皮製であろう。しかし十九世紀初めに一部のウイルタは木綿の衣服を着用していたというので、(67)それ以前から木綿がかれらの社会に入っていたことはまちがいない。なお実際の長衣には縁飾りや刺繍などもあったはずであるが、『職貢図』の絵にはみあたらない。

『職貢図』には、アムール中流地方の住民も紹介されている。七姓は十八世紀半ばにヘジェから分かれて、中流地域に移動した人びとである。かれらはアムール川の沿岸と支流のトゥングースカ川流域の出身者からなり、今日中国領にいる赫哲族の祖先にあたる。[68]本文には「衣服と帽子は、貂皮で作るものが多い」とあり、その絵にもつぎはぎのような模様のある外套を着て、毛皮の帽子をかぶった男女が描かれている。『職貢図』には七姓が繊維製品を利用していた形跡はみられないが、それは事実とは異なるであろう。ただ七姓はアムール川の左岸地域と下流の沿岸から移住したばかりで、ヘジェなどと比較すると、清の繊維製品はまだ十分にその社会に浸透していなかったのだろう。

『職貢図』は、細部については現実と合致しないところもあるが、十八世紀中葉の各民族の衣装をある程度正確に伝えている。ただし繊維製品に関する記述は、事実を簡略化しすぎているので修正しなければならない。というのは表面は魚皮やスエードであっても裏には木綿や綿をつけたり、あるいは上着の下に隠れる下着などにも繊維製品を使う場合があった。たとえば裏に毛皮や綿入れをつけた繊維製品の男物袖無しジャケットは、アムール地方で広くみられたし、[69]ナナイとオルチャ族の婦人が着た魚皮の裏に繊維製品をつけた長衣も、古くから存在したといわれる。[70]また婦人の用いる長い胸あては、一般に上半分は繊維製品、下半分は皮やスエードで作られた。[71]さらに刺繍の糸には、トナカイの毛などとともに蟒緞の立水の部分から絹糸を引き出して使っていた。[72]こういう点は、『職貢図』では一切説明されない。

さて繊維製品の使用が広がると、やがて宗教儀礼の中にも絹や木綿が取り入れられるようになった。一例をあげると死者を埋葬するとき、その装束に絹や木綿を使用したことが考えられる。だが当時の文献にはそれを記述したものはない。わずかに『寧古塔紀略』に、アムール川中・下流域の住民全体について、

其の人歳月を知らず、生辰を知らず。死なば、片錦を以て尸を裹み棺に下す。木架を以て野に挿し、棺

を架上に置く。棺木将に朽ちんとするを俟ちて、乃ち土に入れる。

とみえるだけである。一般に土葬（風葬）を行なったのは、ヘジェやキヤカラなどツングース系の民族だけであり、フィヤカは火葬であった。著者の呉振臣は、土葬（風葬）の習慣がアムールの下流全体に広がっていたようにいうが、それは誤解である。ただしそのなきがらを錦で包んだというのは、大体真実を伝えていると考えられる。というのはデカストリー湾に上陸したラペルーズの一行が、オロチ族のもとで死者を納めた棺に、中国の錦や布が飾られていたのを目撃しているからである(73)。

近年にロシアの民族学者が報告するところでは、ナナイ族は必ず死者の顔をベルトまで届くような織物でぐるぐるに覆ったといい、オルチャやオロチ族はそれよりも短い織物を使っていたという(74)。ニヴフの場合は、死者に皮製の服を縫うことはタブーで、遺体は木綿や絹の布で包むかあるいは布の長衣を着せた(75)。

またアムール地方には男女のシャマンがいたが、かれらの着る衣装は一般の衣服と異なり、アップリケ・刺繍・絵で人や動物に擬した霊の姿を表現した。あるシャマンは、清の蟒緞から龍の文様だけを切り取って、自らの衣服にアップリケとして用いたのである(76)。

おわりに

アムール川下流・サハリン地方に絹や木綿の繊維製品が流入したルートとしては、いくつかの道が存在するが、もっとも重要なものは中国からアムール川の水路を北上するルートであった。十九世紀以前にアムール地方に入った繊維製品の大半は、このルートを経由した中国の製品である。とくに清代には貢納と交易を通じて、未曾有の繊維製品がこの地方に流入した。

アムール川下流・サハリン地方では、辺民は輸入した繊維製品の大部分を自分で消費した。始めその利用は限定的、部分的であったが、その後徐々に拡大して、ついには住民の意識や精神世界に変化を引き起こすまでになった。

ところでアムール地方に入った繊維製品の一部は、周辺地域との交易用にも回された。アムール下流域の辺民の中には、毛皮を買いつけに遠隔の地域に出かけるものがいた。その際にかれらは清の緞子や綿布などを持っていき、それと毛皮とを交換したのである。こうしてアムール川下流の交易圏と周辺地域の交易圏とが結合して、さらに大きな交易圏が形成された。江戸時代のサハリン・北海道に住むアイヌと大陸の住民（サンタン）との間に行われたサンタン交易も、このような交易圏の端に形成されたものである。サンタン商人からアイヌに転売された清の絹織物は、アイヌの手をへて北海道に渡来し、蝦夷錦と称された。その遺品が今日まで伝存することは、周知の通りである。[77]

注

（1）楊余練・関克笑「清廷対吉林辺疆少数民族地区的統治」（『歴史研究』一九八二年第六期）、本書第七章「アムール川中・下流地方の辺民組織」を参照。

（2）鞠徳源「清初的貂皮貢賦」（『文物』一九七六年第九期）三九頁を参照。

（3）本書第三章「一七二七年の北京会議と清朝のサハリン中・南部進出」第三節を参照。

（4）注（1）に同じ。

（5）イランハラに貢納地点が移った後に、ワリイホトンのカルンを素通りした辺民に対して、清が処罰を行なった例がある。『三姓副都統衙門檔案』第二〇七冊、道光八年六月二日、および同年六月七日の条。なお貢納地点がニングタにあった時代の例はまだ発見できないが、当時から同様の規則を設けていたことはうたがいない。

（6）『三姓副都統衙門檔案』第三〇二冊、咸豊十一年三月二十日、および第三〇三冊、同年四月一日の条。

（7）本章では、洞富雄・矢澤尚一編注『東韃地方紀行』（平凡社、一九八八年）をテキストとして使用した。

（8）本書第十一章「ウリンの輸送問題と辺民制度の改革」第二節を参照。

（9）『寧古塔副都統衙門檔案』第二九冊、雍正十二年正月二十六日の条、および『軍機処満文録副奏摺』第一八九三案巻第三〇文件、乾隆二十六年九月九日付けの大学士・領侍衛内大臣・忠勇公傅恆らの上奏文。

（10）『寧古塔副都統衙門檔案』第三冊、康熙十五年九月二十八日、第五冊、康熙十七年十月二日、第七冊、康熙十九年十二月十二日、そして第九冊、康熙二十二年八月三日の条。

（11）『寧古塔副都統衙門檔案』第一九冊、雍正二年八月二十日、および第四二冊、乾隆七年十月六日の条。

（12）『三姓副都統衙門檔案』第三九冊、乾隆二十五年七月九日の条。遼寧省檔案館他編『三姓副都統衙門満文檔案訳編』（遼瀋書社、一九八四年）の第一七三号は、その中国語訳である。

（13）『三姓副都統衙門檔案』第一六五冊、嘉慶二十四年七月十一日の条。

（14）呉振臣『寧古塔紀略』、および楊賓『柳辺紀略』巻三。

（15）叢佩遠「清代東北的駅路交通」（『北方文物』一九八五年第一期）八三頁を参照。

（16）J. B. du Halde, *Description géographique, historique, chronologique, politique, et physique de l'Empire de la Chine et de la Tartarie Chinoise*, Paris, 1735,（以下 *Description* と省略する） tome 4, p. 6.

（17）表32を参照。

（18）本書第十章「清朝のアムール地方統治」三六四頁を参照。

（19）『寧古塔副都統衙門檔案』第五四冊、乾隆十五年十月八日、および第九八冊、乾隆三十七年三月十四日の条。

（20）『寧古塔副都統衙門檔案』第九八冊、乾隆三十七年三月十四日の条。

（21）『三姓副都統衙門檔案』第五六冊、乾隆四十五年十月二十五日の条。『三姓副都統衙門満文檔案訳編』の第一一六号は、その中国語訳である。
(22)『三姓副都統衙門檔案』第八冊、乾隆十四年八月九日の条。『三姓副都統衙門満文檔案訳編』の第一一〇号は、その中国語訳である。
(23)『東韃地方紀行』巻中、一四〇～一四二頁を参照。
(24)『寧古塔副都統衙門檔案』第二九冊、雍正十二年八月十九日の条。
(25)『寧古塔副都統衙門檔案』第三〇冊、雍正十三年三月十三日の条。
(26)『寧古塔副都統衙門檔案』第八六冊、乾隆三十一年八月二十五日、八月二十六日、八月二十七日、および九月十七日の条。
(27)『寧古塔副都統衙門檔案』第一一〇冊、乾隆四十四年二月二十三日の条。
(28)『寧古塔副都統衙門檔案』第一一〇冊、乾隆四十四年七月十八日、および同書第一一二冊、乾隆四十四年六月一日の条。
(29)『三姓副都統衙門檔案』第六八冊、乾隆五十六年九月二十七日の条。
(30)黒貂の毛皮に等級があったことについては、『柳辺紀略』巻三。また三田了一他編『支那毛皮』(満鉄臨時経済調査委員会、一九二九年)「松貂皮」を参照。
(31)一例をあげると、『清実録』崇徳五年正月辛巳の条に次の如く記す。
賜貢貂東方克宜克勒氏布珠、〔……〕蟒衣・帽・韡・鞓帯・布疋・器用等物有差。
(32)満文老檔研究会訳註『満文老檔』第六冊(東洋文庫、一九六二年)九四四頁、(『旧満洲檔』国立故宮博物院、一九六九年、四六七一、四六七二頁)。
(33)『清代譜諜檔案』第三八巻、世襲三九二冊(檔案序号)一六(項目編号)、盛京鑲白旗新満洲佐領ウリムボー承襲世管佐領執照(仮称)。
(34)『寧古塔副都統衙門檔案』第二九冊、雍正十二年正月二十六日の条。
(35)清は、サルガンジュイに「濃青色のジンセミ(?)の朝掛(yacin jingsemi i cuba)」を与えたが、「サルガンジュイに褒美として与える朝掛に必要な彭緞……」とあるので、この朝掛は彭緞製であったことがわかる。『寧古塔副都統衙門檔案』第二九冊、雍正十二年正月二十六日の条。
(36)『欽定大清会典』(光緒)巻二四、戸部、田村實造・今西春秋・佐藤長共編『五体清文鑑訳解』上巻(京都大学、一九六六年)

六七三頁を参照。
(37) 徐仲杰『南京雲錦史』(江蘇科学技術出版社、一九八五年)一三一、一三三頁を参照。
(38) 瀧川政次郎「清代文武官服制考」(『史学雑誌』第五三編第一号、一九四二年)一五～一八頁、および王智敏『龍袍』(芸術図書公司、一九九四年)九頁を参照。
(39)『欽定大清会典図』(光緒)巻六六に「文八品官朝服図」があり、それには龍の文様は入っていない。ガシャンイダには同様の衣服が支給されたと考えられる。
(40)『寧古塔副都統衙門檔案』第二九冊、雍正十二年八月十九日の条に、「ハライダ、ガシャンイダ、ハライダ・ガシャンイダの子弟(halai da gašan i da i deote juse)、バイニヤルマ」とあり、子弟というのは、「ハライダ・ガシャンイダの子弟」の省略と考えられる。本章第一節四〇六頁を参照。
(41) 藪内清編『天工開物の研究』(恒星社厚生閣、一九五三年)二五四頁を参照。
(42) 本書第十一章「ウリンの輸送問題と辺民制度の改革」三八〇～三八二頁を参照。
(43)『三姓副都統衙門檔案』第四一三冊、光緒十八年四月五日の条。『三姓副都統衙門満文檔案訳編』第五八号は、その原文である。
(44)『寧古塔副都統衙門檔案』第二六冊、雍正十年二月二十七日、第三九冊、乾隆六年四月十四日、および第四五冊、乾隆十年四月七日の条。
(45)『寧古塔副都統衙門檔案』第三六冊、乾隆三年三月二十一日、および第三八冊、乾隆五年四月十九日の条。また『清稗類鈔』廉倹類・高宗倹徳。
(46)『寧古塔副都統衙門檔案』第六〇冊、乾隆二十年二月七日の条。
(47) 天野元之助『中国農業史研究』(増補版)(御茶の水書房、一九七九年)第二編第二章「棉作の展開」五四二頁、および『盛京通志』(乾隆元年)巻二七、物産志。
(48)『寧古塔副都統衙門檔案』第七〇冊、乾隆二十四年正月二十二日の条。
(49) 田口喜三郎『太平洋産サケ・マス資源とその漁業』(恒星社厚生閣、一九六六年)六二、七一頁などを参照。
(50)『元史』巻二〇、成宗本紀、大徳四年十一月壬寅朔の条。

併遼陽省所轄狗站、牛站為一、仍給鈔以賙其乏。

『清実録』天命元年八月丁巳の条。

遂又招服使犬路、諾洛路、石拉忻路路長四十人、乃班師。

（51）A.B.Смоляк, *Традиционное хозяйство и материальная культура народов Нижнего Амура и Сахалина*, Москва, 1984,（以下 *Традиционное хозяйство* と省略する）стр. 140.

（52）Смоляк, *Традиционное хозяйство*, стр.141, 144, 145, 175-179, 213.

（53）Смоляк, *Традиционное хозяйство*, стр. 153, 154, 190.

（54）Смоляк, *Традиционное хозяйство*, стр. 148-151, 182-184.

（55）同書（吉林省社会科学院蔵）

義気満洲、婦女多衣錦繡、而足穿烏喇、三五成群、入市貿易。

（56）注（24）に同じ。「これらの税の貂皮を貢納する多くの姓（氏族）のものは、性格や考えが正直であるが、粗野なところがある。シャーマンを尊敬する。着るものや使うものは、紅や緑色のものが好みである。」とみえる。また『寧古塔紀略』に「毎歳五月間、此三処人〔……〕進貂。〔……〕其人最喜大紅盤金蟒袍及各色錦片粧緞。」と記される。

（57）松田伝十郎『北夷談』（『北門叢書』第五冊所収、国書刊行会、一九七二年）一七〇頁を参照。

（58）Du Halde, *Description*, tome 4, pp. 10, 11.

（59）齋藤玲子「素材としての魚皮と鞣めし技術」（『民具マンスリー』第三一巻第四号、一九九八年）一二頁、および橋本康子「魚皮衣の形態について」（『日本服飾学会誌』第一八号、一九九九年）二九頁を参照。

（60）Смоляк, *Традиционное хозяйство*, стр. 155, 161, 185. L. Black, The Nivkh (Gilyak) of Sakhalin and the Lower Amur, *Arctic Anthropology*, X, 1, 1973, pp. 29, 32.

（61）荘吉発『謝遂《職貢図》満文図説校注』（国立故宮博物院、一九八九年）一二～一五頁を参照。

（62）『寧古塔副都統衙門檔案』第八六冊、乾隆三十一年六月一日の条。

（63）J. F. G. de la Pérouse, *A Voyage round the World*, vol. 2, London, 1799, pp. 47, 52. なお小林忠雄編訳『ラペルーズ世界周航記 日本近海編』（白水社、一九八八年）は、フランス語原本からの翻訳であり参考になる。一一六、一二三頁などを参照した。

(64) W. C. H. Robert (ed.), *Voyage to Cathay, Tartary and the Gold- and Silver- rich Islands East of Japan, 1643*, Amsterdam, 1975, pp. 131, 133, 143, 151, 155. なお北構保男『一六四三年アイヌ社会探訪記』（雄山閣出版、一九八三年）には、オランダ語刊本からの邦訳が含まれており、参考になる。また本書第六章「十八世紀のサハリン交易とキジ事件」注（10）を参照。

(65)『北夷分界余話』（前掲『東韃地方紀行』に所収）巻八、七八頁を参照。

(66) 拙稿「満洲語檔案に現れる北方少数民族の言語」（平成十四・十五年度科学研究費補助金〔基盤研究C1〕研究成果報告書『十三世紀以降のアムール川下流・サハリン地方に関する研究』二〇〇四年、に所収）oronco の項を参照。

(67)『北夷分界余話』巻七、七二頁を参照。

(68) 本書第九章「十八世紀のアムール川中流地方における民族の交替」第三節を参照。

(69) Смоляк, *Традиционное хозяйство*, стр.143.

(70) Смоляк, *Традиционное хозяйство*, стр.168.

(71) Смоляк, *Традиционное хозяйство*, стр.176.

(72) 大塚孝子「ナナイの刺繍——花嫁衣装を中心に」（大塚和義編『北太平洋の先住民交易と工芸』思文閣出版、二〇〇三年）一二一頁を参照。なおアムール川・サハリン地方の住民が、刺繍に絹糸を用いたことについては、田中淑乃「ウイルタの刺繍」（北海道教育庁編『ウイルタ民俗文化財緊急調査報告書(10)』(北海道教育委員会、一九八九年)八五、八六頁、Смоляк, *Традиционное хозяйство*, стр. 151, 172.

(73) La Pérouse, *A Voyage round the World*, vol. 2, pp. 44,45.『ラペルーズ世界周航記 日本近海編』一一一、一一四頁を参照。なお現在もアムール沿岸の各地に残っている蟒袍の中に、死者の顔をおおうために一部をはさみで切り取られたものがみられる。北海道新聞社編『蝦夷錦の来た道』（北海道新聞社、一九九一年）五五頁、および青森県立郷土館編『蝦夷錦と北方交易』（青森県立郷土館、二〇〇三年）一二六頁を参照。

(74) Смоляк, *Традиционное хозяйство*, стр. 192.

(75) Смоляк, *Традиционное хозяйство*, стр.193, Black, The Nivkh (Gilyak) of Sakhalin and the Lower Amur, pp. 67, 68.

(76) А.В.Смоляк, *Шаман: личность, функции, мировоззрение (народы Нижнего Амура)*, Москва, 1991, стр. 228.

(77) 中村和之「北海道神宮旧蔵『満洲古衣』について」(『北海道札幌稲西高等学校研究紀要』第三号、一九八六年)、同「蝦夷

錦の残存数とその研究の調査（1）」（『北海道高等学校教育研究会研究紀要』第二五号、一九八八年）などを参照。

附篇第一　十九世紀における
アムール川下流地方辺民の貢納状況

一

清朝は、雍正十年（一七三二）まではアムール川下流・サハリン地方のほとんどを勢力下に置き、住民を辺民に組織した。そして乾隆十五年（一七五〇）には辺民の戸数を二千三百九十八戸と定めて、清の統治は最高潮に達した。それ以来半世紀の間は、清がこれらの辺民をほぼ掌握していたことは確かであるが、十九世紀に入りそれがどうなったかは明らかではない。『三姓副都統衙門檔案』によるとアムール川下流・サハリン地方の辺民組織は、表面上は乾隆五十六年から同治十二年（一八七三）まで、ほとんど変化しなかったように見えるが、実際の状況はかなり異なっていたと想像される。なぜならば清は、十九世紀半ば以降ロシアのために、アムール川左岸地域と沿海地方を相継いで奪われたが、アムール川下流地方に存在した辺民組織が、その影響をまったく受けなかったとはとても考えられないからである。そこで『三姓副都統衙門檔案』を今少し詳細に検討して、当時の辺民の貢納がいかなるものであったかを明らかにし、それを通して十九世紀における清朝のアムール地方統治について考えることにする。

『三姓副都統衙門檔案』には、清朝に貂皮を貢納した辺民の人数と代表者の名が、具体的に記録されているので、その分析から始めよう。(1) 康熙五十三年に設置されたイランハラ副都統は、始めはクイェフィヤカのみを管轄していたが、乾隆四十四年（一七七九）からは、それにヘジェフィヤカも含めたアムール川下流域の辺民全体を統轄するようになった。(2) そこで乾隆八年から同四十二年までの四年分の檔案においては、ネオデ以下六姓（氏族）についてしか記述されていないが、乾隆五十六年から同治十二年までの全部で十二年分の檔案には、ゲイケレ姓以下五十六姓の辺民すべてに関して記述が残されている。始めに各年度ごとにそれぞれの姓について、貂皮を貢納した辺民の戸数を調査してみる。その結果をまとめたものが、表35と表36である。次にそれと関連して、貢納した辺民のハライダとガシャンイダ、デオテジュセの全員と、一部のバイニヤルマの名前を拾い出す。ただ五十六姓（氏族）全部について比較することは大変煩雑なので、その代表例として上流方面に住むフスハラ姓と、下流方面のフィヤカ姓の二姓を取りあげることにする。これらの二姓は、それぞれ上流と下流の辺民各姓に共通する特徴をそなえている。表37と表38がそれである。表37と表38の内容は、表36の内容と表裏の関係にある。

表36をみて気づくことは、乾隆十五年に辺民の戸数は二千三百九十八戸に決定されたといいながら、実際にその数に達するのは道光五年以後のことである。それ以前はわずか数戸のことではあるが、定額に不足している。しかしこれには理由があって、貢納の義務をもたないサルガンジュイの戸数が除かれているからである。

さらに表36はその性格上、アムール川下流域でも比較的に上流方面にいたゲイケレ姓からロンキル姓までの二十五姓と、下流方面の遠隔地に居住したアヤマカ以下トー姓までの三十一姓とに大別できる。前者のグループは欠貢をすることがしばしばあり、全員が完納することは少ないのに対して、後者のグループは判で押したように

表35　サハリンの辺民（クイェフィヤカ）の年度別貢納戸数（前半[①]）

	乾隆８年(1743)	乾隆19年(1754)	乾隆25年(1760)	乾隆42年(1777)
Neode	45	45	45	45
Duwaha	5	5	5	5
Yadan	26	26	26	26
Comin	15	15	15	15
Šulungguru	*4*	38〈72[②]〉	*4*（38）	—
Too	—	19〈38〉	—	19
合　　計	95	148〈201〉	95（148）	110（148）

注①　本文注（1）に引いた檔案を参考にして作成した。表36～38も同様である。
②　数字は、清に貂皮を貢納した辺民の戸数である。斜体の数字は、その年度に実際に貢納した戸数が、辺民の総戸数よりも少なかったことを表す。(　) 内の数字は、総戸数を表す。〈　〉の数字は、補貢分も加えた総枚数である。表36も同様である。

全員が貢納を行ない、欠貢することはない。辺民が何かの理由で欠貢するという事態は、日常的に起こりうるものであって、一般的に言えば反対になるのがふつうである。それにもかかわらずこうした逆の現象が起こるということは、どのように理解すべきであろうか。ここでこの問題について、それぞれの場合に分けて考えてみよう。

二

最初に上流方面の二十五姓は、乾隆五十六年と同五十九年の二年間は順調に貢納を行なっており、欠貢したのはわずかに四、五戸である。ところが嘉慶八年（一八〇三）と九年に大きな変動が起こっている。まず八年にはエイイェルグ、ビルダキリ、ウジャラ、ジャクスルの四姓は、この年の規定数に前年の欠貢分をあわせた分の貂皮を貢納したが、その一方でキレル、サイマル、ブルガル、キジンの各姓は大量の欠貢者を出

表36　アムール川下流地方の辺民の年度別貢納戸数（後半）

	乾隆56年（1791）	乾隆59年（1794）	嘉慶８年（1803）	嘉慶９年（1804）	道光５年（1825）～同治12年（1873）
Geikere	31	31	31	*16*（31）	31
Eiyergu	82	82	82〈127〉	*27*（82）	82
Fushara	165	165	165	*107*（165）	165
Bildakiri	322	322	322〈548〉	*169*（322）	323
Hecikeri	228	228	228	*149*（227）	228
Ujala	89	89	89〈147〉	*50*（89）	89
Jaksuru	83	83	83〈91〉	*43*（83）	83
Biral	43	43	43	*22*（43）	43
Jelturi	11	11	11	11	11
Tulduhuru	6	6	6	6	6
Udingke	4	4	4	4	4
Hudingke	14	14	14	14	14
Homiyan	27	27	27	27	27
Coig'or	26	26	26	28	28
Jolhoro	11	11	11	11	11
Tumelir	59	59	59	59	59
G'akila	59	59	59	59	59
Kiler	134	134	*34*〈45〉（134）	134〈235〉	135
Saimar	107	107	*35*〈36〉（109）	109〈183〉	109
Caisela	12	12	12	12	12
Burgal	64	*63*（64）	*17*（66）	66〈115〉	67
Kijin	*63*（65）	65	*15*（65）	65〈115〉	67
Halgun	*32*（33）	*32*（33）	33	33	33
Udir	*17*（18）	*16*（18）	18	18	18
Longkir	8	*7*（8）	8	8	8
Ayamaka	8	8	8	8	8
Moktohi	2	2	2	2	2

Toromoko	4	4	4	4	4
Uden	4	4	4	4	4
Fiyaka	264	264	265	265	265
Kuye	17	17	17	17	17
Oroncon	34	34	34	34	34
Temeyen	6	6	6	6	6
Kadaye	5	5	5	5	5
Warul	17	17	17	17	17
Kepin	8	8	8	8	8
Dobononggo	18	18	18	18	18
Oyolo	3	3	3	3	3
Tonggocol	3	3	3	3	3
Somnin	6	6	6	6	6
Diyancan	4	4	4	4	4
Cuweni	33	33	33	33	33
Cukciheri	3	3	3	3	3
Heoweti	4	4	4	4	4
Hute	4	4	4	4	4
Iongkumi	3	3	3	3	3
Heigule	30	30	30	30	30
Puniyahūn	12	12	12	12	12
Banjirgan	16〈32〉	—	16〈32〉	—	〔16〈32〉〕
Kiyakara	29〈58〉	—	29〈58〉	—	〔29〈58〉〕
Neode	45	45	45	45	45
Duwaha	5	5	5	5	5
Yadan	26	26	26	26	26
Comin	15	15	15	15	15
Šulungguru	38	38	38	38	38
Too	19	19	19	19	19
合　計	2382〈2427〉(2386)	2336(2386)	2118〈2512〉(2391)	1888〈2162〉(2392)	2353(2398)または〔2398〈2443〉〕①

注①　バンジルガン、キヤカラの２姓は、隔年に２年分の貂皮をまとめて貢納した。道光５年以降においては、同治５年だけが２姓が欠貢する年にあたっている。

した。さらに翌九年にはゲイケレ、エイイェルグ、フスハラ、ビルダキリ、ヘチケリ、ウジャラ、ジャクスル、ビラルの八姓が、のきなみに欠貢しているのに対して、前年に多数のものが欠貢したキレル、サイマル、ブルガル、キジンの四姓は、補貢分も含めて規定通りに貂皮を貢納した。嘉慶八、九年に起こった不規則な貢納は、一体いかなる原因にもとづくものなのか、残念ながら『三姓副都統衙門檔案』には何も述べられていない。しかしアムール川の辺民組織には本来限られた安定性しかなかったことは、この事実からも十分にうかがうことができる。

次に道光五年（一八二五）から同治十二年までの約五十年間の統計を見ると、上流の二十五姓はいずれの年にも全員が貂皮を貢納している。嘉慶八、九年に大きな変動があったことを考えると、この数字には何か人工的な不自然さがある。先に述べたように、辺民の総戸数が定額の二千三百九十八戸で一定するのも、道光五年からである。『三姓副都統衙門檔案』第一八八冊、道光五年五月四日の条によると、道光四年には天然痘が流行して、感染を恐れた辺民たちは貢納に来なかった。そこで困ったイランハラの佐領トジンガらは余ったウリンを千五百両で売却し、それで貂皮七百五十枚を購入して不足分を補ったという(3)。天然痘が猛威をふるって、少数民族に大打撃を与える例は、北アジアの歴史では珍しいことではない(4)。したがってかれらがそれを極度に恐れるのは当然であり、そのために清朝に貂皮を欠貢することがあっても無理はない。それにもかかわらず表36では、道光五年以降に二十五姓が毎年規定通りに貢納したことになっているが、それはかなり疑わしいとみなければならない。因みに『三姓副都統衙門檔案』の同条によると、欠貢分の貂皮を清の役人が買付けることは、道光四年以前には行われなかったというが、詳細は不明である。

ところで表37によると、フスハラ姓は延べ十二村落百六十五戸からなるが、嘉慶九年を除けば、他の年度には全員が貂皮を朝貢している。フスハラ姓にはハライダ、ガシャンイダ、デオテジュセがそれぞれ一名、十名、六

表37　フスハラ姓の貢納者名簿

	乾隆56年 (1791)	乾隆59年 (1794)	嘉慶８年 (1803)	嘉慶９年 (1804)	道光５年(1825)～ 同治12年(1873)
Marin	g, Uice[1]	Uice	Uice	— b, Geohe	Uice Geohe
〈Jergu- len〉[2]	g, Wanggʻa	Wanggʻa	Wanggʻa	Wanggʻa	Wanggʻa
Gʻaijin	g, Arci	Arci	Arci	Arci	Arci
Gʻaijin	g, Larini d, Geremboo	Larini Geremboo	Larini Geremboo	—— Geremboo	Larini Saimboo
Marin	d, Masemboo	Masemboo	Ayanta	b, Ciksi	Ayanta
Dondon	h, Umboo g, Turi d, Lioge d, Kara	Barini Janggulda Mahaci Kara	Lahari Janggulda Hetao Kara	Lahari Janggulda Gʻaota ——	Lahari Janggulda Gʻaota Kara
Gasin	g, Jarini	Jarini	Geremboo	b, Dolii	Geremboo
Heojimi Wen Yen	g, Kimuru	Kimuru	Kimuru	b, Abkūlu	Kimuru
〈Heojimi Wen Yen〉	g, Yosho	Yosho	Geremboo	Geremboo	Geremboo
〈Gasin〉	d, Barha	Barha	Barha	b, Cicuku	Turana
〈Jergulen〉	g, Fuyambu	Fuyambo	Fuyambu	Fuyambu	Fuyambu
Weksumi	g, Gempe d, Eldase	Tehi Yerini	Geyengge Futahi	—— Futahi	Geyengge Futahi

注①　h, g, d, b は、それぞれハライダ、ガシャンイダ、デオテジュセ（シジギヤンエトゥレ）、バイニヤルマの四階層を表す。
②　〈　〉は、「……村から分離した」と記されるグループを表す。

名いたが、嘉慶九年にはこの中からガシャンイダ四名とデオテジュセ三名が欠貢して、それに代わってバイニヤルマ五名の名前があがっている。これらの人名を個別に見ていくと、乾隆五十六年から嘉慶九年まではひとが頻繁に変わるのに対して、道光五年から同治十二年までは誰ひとり交替していない。その間に五十年近くも経過していながら、何の変更も見られないというのは、大変不思議な話である。マリン村のウイチェやジェルグレン村のワンガ、ガイジン村のラリニ、ドンドン村のカラ、ヘオジミウェンイェン村のキムル、ジェルグレン村のフヤンブなどは、乾隆五十六年以来名前があがっている。綴りに若干の相違はあるが、それは書き誤りその他によるもので、許容の範囲である。もしそれが真実であるならば、この六人は少なくとも八十年以上その地位に留まっていたことになる。しかしそういうことは実際にはありえない。これには意図的な情報操作が行なわれたと考えるほかない。上述した如く苛酷な自然条件の中で生きる辺民にしてみれば、一度や二度は欠貢してもおかしくはない。それにもかかわらず道光五年以後に、上流の辺民の貢納人数が定額通りに一定するのは、辺民が欠貢した分の貂皮をイランハラ副都統衙門が第三者から補充していたからにちがいない。そうした場合には数字だけはいつも充足されるので、表面上は辺民全員が貢納したように見える。そのため誰が貢納したのかという事実を問題にすることはないから、辺民の名前は最初に固定したまま、何十年も機械的に記録されることになる。間宮林蔵によれば、サハリン西海岸に住むアイヌ、ヤダン姓のヤエンクルアイノは、長期にわたって欠貢していたはずなのに、『三姓副都統衙門檔案』においては、ヤエンクルアイノの父ヨチヒヤンダヌ（楊忠貞）が毎年貢納したことになっている。(5) これはサハリンの例であるが、上流方面の辺民についても同一の事実があったと考えられる。すなわち道光五年以後の名簿は真実を反映しておらず、まったくの虚構である。かれらの大部分はすでに亡くなっており、その地位は子や孫へと受け継がれていた。すなわち現実の辺民組織は、表とは別に存在していたのである。

アムール川の下流方面に住む三十一姓に関しては、意図的な情報操作のあとが一層顕著である。たとえばクイフィヤカのシュルングル姓とトー姓は、乾隆八年と同二十五年には五十三戸、そして同四十二年には三十八戸が欠貢している。なお同十九年にシュルングル姓とトー姓は、その年度に割り当てられた貂皮以外に前年度分の五十三枚を補貢しているが、これは同十八年に伝染病が流行したために欠貢した分である[6]。これらの二姓は乾隆七年にキジ事件が起こって以来、清から離反する傾向にあった。ところが乾隆五十六年以降はこれら二姓を含めた下流方面の三十一姓は、すべて毎年規定数だけの貂皮をきちんと貢納したことになっている。しかし上流の辺民と比較しても、この数字は不自然であって、おそらくそれはイランハラ副都統衙門が辺民の欠貢した分の貂皮を補充した結果であろう。

ここで表38を見てみると、フィヤカ姓は延べ四十五の集落に居住しており、サルガンジュイ以外の総戸数は、最初の乾隆五十六年と同五十九年は二百六十四戸であったが、嘉慶八年に一戸増えて二百六十五戸となり、それ以来一定している。フィヤカ姓ではハライダ六名、ガシャンイダ二十六名、デオテジュセ十四名、それにバイニヤルマ六名の名前が明らかであるが、嘉慶八年以降はガシャンイダとデオテジュセの各一名が、バイニヤルマに降格されたのが唯一の異動である。ところがそれからはかれらに交替はなく、乾隆五十六年から同治十二年まで終始同一の人物が貢納したことになっている。変化が見られるのは、わずかに乾隆五十九年と嘉慶八年だけである。乾隆五十九年にはモンゴロ村のソソ以下、全部で十三人が交替しているが、この十三人はみなこのとき一度だけしか現れず、次の嘉慶八年には全員がまた誰かと交替している。しかもビヨロンゴ村のバイニヤルマ、ギヤクチャンがベルヘムに代わった外は、他の十二名は、例えばモンゴロ村のソソがピルジイェジイェヌに戻ったように、乾隆五十六年に貢納したもとの人物に再度交替している。そしてそれ以来同治十二年までは、まったく変更がないのである。なおジャハダ村においては嘉慶八年にデルトゥからティヤバクヌに代わっているが、これは

表38　フィヤカ姓の貢納者名簿

	乾隆56年(1791)	乾隆59年(1794)	嘉慶８年(1803)	嘉慶９年(1804)	道光５年(1825)～同治12年(1873)
Dugūlan	g, Lioge	Lioge	Lioge	Lioge	Lioge
〈Halgun〉	g, Tuhene	Tuhene	Duhene	Duhene	Duhene
Miyoo	g, Wargi d, Sarha	Wargi Sirha	Wargi Sirha	Wargi Siraha	Wargi Sirha
〈Koiman〉	g, Gabcinu	Gabcinu	Gabcinu	Gabcinu	Gabcinu
〈Jahada〉	b, Dertu	Dertu	Tiyabakūnu	Tiyabakūnu	Tiyabakūnu
Dukujin	d, Darbungga	Darbungga	Darbungga	Darbungga	Darbungga
〈Halgun〉	h,Tembunu d, Ilbanu	Tembunu? Ilbanu	Tembunu Ilbanu	Tembunu Ilbanu	Tembunu Ilbanu
Wabcinu	g, Dasanu	Dasanu	Dasanu	Dasanu	Dasanu
〈Uktun〉	g, Kuskunu	Kuskunu	Kuskinu	Kuskinu	Kuskinu
Sikduri	g, Teikinu	Tengginu	Tengkinu	Teikinu	Teikinu(Ten-gkinu)
Utun	g, Ikunu	Iokunu	Iokunu	Iokunu	Iokunu
Monggolo	d, Pirjiyejiyanu	Soso	Pirjiyejiyenu	Pirjiyejiyenu	Pirjiyejiyenu
Monggolo	d, Tanangganu	Tanangganu	Danangga	Danangga	Danangga
Buyereo	g, Hūrkiyanu	Hūrkiyanu	Hūrkiyanu	Hūrkiyanu	Hūrkiyanu
Da	h, Dasinu g, Hoyonggonu	Karanu Hoyonggonu	Dasinu Hoyonggonu	Dasinu Hoyonggonu	Dasinu Hoyonggonu
Monggolo	g, Abakūlu	Abakūlu	Abakūlu	Abkūlu	Abkūlu
Hukun	h, Hoisangga	Hūwaijingga?	Hoisangga	Hoisangga	Hoisangga
Koiman	h, Lig'a g, Fundaka d, Dabtangga	Yakjinu Fudaka Dabtangga	Lirg'a Fundaka Dabtangga	Lirg'a Fundaka Dabtangga	Lirg'a Fundaka Dabtangga
〈Monggolo〉	d, Sele	Sele	b, Selenggunu	Selenggunu	Selenggunu
〈Cohonggo〉	b, Kiru	Kiru	Kiru	Kiru	Kiru
Manggaca	g, Mekiya	Mekiya	Mekiya	Mekiye	Mekiye
Manggaca	h, Mangdanu	Mangdanu	Mangdanu	Mangdanu	Maidanu
〈Manggaca〉	g,Lasihiyanu	Lasihiyanu	Lasihiyenu	Lasihiyanu	Lasihiyanu

Oori	g, Buktu	Bungto	Bukto	Buktu	Buktu
Formi	g, Ardasi	Hundu?	Ardasi	Irdasi	Irdasi
Formi	g, Tosingga	Dorho	b, Tosungga	Tosongga	Tosungga
Diyabuha	g,Kʻakʻanu	Kʻakʻanu	Gʻakʻanu	Gʻagʻanu	Gʻagʻanu
〈Diyabuha〉	g, Miminu	Miminu	Miminu	Miminu	Miminu
Dergi Diyan	b, Darka	Kuri	Darana	Darana	Darana
〈Uktun〉	h, Gotonggū g, Sikdungge d, Seje	Godonggo Sikdungge Seje	Godonggo Sikdungge Seje	Godonggo Sikdungge Seje	Godonggo Sikdungge Seje
〈Uktun〉	g, Furunu	Koika	Furunu	Fureonu?	Fugʻaonu
Hasulgi	d, Sakū	Sakū	Sakū	Sakū	Sakū
Diyan Hongko	g, Bithenu	Bithenu	Bithenu	Bithenu	Bithenu
〈Halgun〉	d, Kimcinu	Kimcinu	Kimcinu	Kimcinu	Kimcinu
Cohonggo	g, Lahabarnu	Lahabaranu	Lahabaranu	Lahabaranu	Lahabaranu
〈Cohonggo〉	d, Cingge	Kumeke	Cingge	Cingge	Cingge
Guwelen	g, Honike	Honike	Honike	Hūnike	Honike
Gʻakin	g, Tuksa	Tuksa	Tuksa	Tuksa	Tuksa
〈Gʻakin〉	g, Onggoho	Onggoho	Onggoho	Onggoho	Onggoho
Ferimu	d, Nionggiyanu	Nionggiyanu	Nionggiyanu	Nionggiyanu	Nionggiyanu
Guwelen	d, Omho	Filakta	Omho	Omho	Omho
〈Biyoronggo〉	b, Yerhu	Giyakcan	Berhemu	Berhemu	Berkimu
Hukun	b, Anggenu	Emhu	Eiginu	Eiginu	Eigenu
Hiyari	d, Ijinu	Nakū	Ijinu	Ijinu	Ijinu
〈Hukun〉	b, Durbe	Jursa	Durbe	Durbe	Durbe

例外的な事実である。乾隆五十六年から同治十二年までは、その間に八十年余りが経過しており、嘉慶八年からでも七十年が過ぎている。特定の一個人がその地位に留まった期間としては、八十年とか七十年はあまりにも長すぎる。表38の名簿もやはり虚構なのである。表38においてフィヤカ姓の人名が嘉慶八年以降一定になる理由は、すでに別稿で論じた如く、乾隆五十六年頃に交付した劄付にある辺民の名を再びこの時期から書くようになったからであろう(7)。

三

フスハラとフィヤカ以外の姓についても、貢納した辺民の人名に現れる大体の傾向を指摘しておきたい。五十六姓の中でフスハラ姓とほぼ同じ傾向を表すのは、ゲイケレ、エイイェルグ、ビルダキリ、ヘチケリ、ウジャラ、ジャクスル、ウディンケ、フディンケ、チョイゴル、キレル、サイマル、ブルガル、キジン、ウディル等の十四姓である。すなわちこれらの姓においては、始めのうちはハライダ以下の地位にしばしば変更が見られるが、道光五年以降は同一人物に固定して、動かなくなってしまう。さらにビラル、トゥルドゥフル、ジョルホロ、トゥメリル、ガキラ、ハルグン、ロンキル等の七姓は、人物の交替は乾隆五十九年と嘉慶八年だけに限られ、嘉慶九年からはすべての人名が固定化する。かれらもまた、フスハラ姓と同じグループに入れてよいだろう。これらの七姓はいずれも、人口が少なくて事例が限られているので、たまたま乾隆五十九年と嘉慶八年以外に、交替の例が見られないだけなのであろう。残るジェルトゥリ、ホミヤン、チャイセラの三姓は、乾隆五十六年から人名にはまったく変化がない。かれらの場合も事例が少ないので、こうした結果が現れたと見られる。フスハラ姓も含めた以上の二十五姓は、辺民組織の中では比較的に上流方面、つまり清朝と接触しやすい地域に拠っていた。清の統治は、これらの辺民に対しては相当に浸透しており、少なくとも嘉慶九年頃まではかなりの実効性をもっていたと推測できる。

他方フィヤカ姓と同じ性格を示すのは、下流方面のクイェ、オロンチョン、ケピン、ドボノンゴ、ヘイグレ、プニヤフンの六姓である。これらの姓において異動があるのは、大体乾隆五十九年に限られ、そして次の嘉慶八年にはまた乾隆五十六年当時の人物に返っている。ただクイェ姓のチュドゥチェ村では嘉慶八年に、例外的にバイニヤルマ、ユンフから新たにフトゥリヌへと代わっている。サハリンのクイェフィヤカ六姓においても、ほぼこれと同じ傾向を指摘することができる。フィヤカ姓等はアムール川では最も下流域を占め、イランハラからは遠く離れていたので、清朝はかれらを強力に統治することはできず、乾隆末期にはすでにかれらに対する統制力を失っていたと考えられる。

最後に残った十八姓、アヤマカ、モクトヒ、トロモコ、ウデン、テメイェン、カダイェ、ワルル、オヨロ、トンゴチョル、ソムニン、ディヤンチャン、チュウェニ、チュクチヘリ、ヘオウェティ、フテ、イオンクミ、バンジルガン、キヤカラなどは、乾隆五十六年以来人名にはまったく変更がない。これらの姓の居住地域は、アムグン川流域と沿海地方、それからサハリンの北部である。表36ではかれらは、どの年にも全員が清に貂皮を貢納したことになっているが、イランハラからの距離を考えると、清朝がこれらの辺民を安定的に統治することは困難であったとみられる。たとえば辺民に組織されていたはずの一部のキヤカラは、イランハラ副都統が管轄する地域を出て、ニングタ副都統治下の南海地方（沿海地方南部）に移っていた。嘉慶七年のことである。(8) これらの集団は、清に帰順したときに辺民として登録されたのであるが、果たしてその後いつまで辺民組織に留まっていたかは、疑問である。

注

（1）『三姓副都統衙門檔案』第五冊、乾隆八年十一月十四日、第二四冊、乾隆十九年十一月十五日、第四〇冊、乾隆二十五年十一月九日、第五〇冊、乾隆四十二年十月十日、第七〇冊、乾隆五十六年十一月五日、第八六冊、乾隆五十九年十一月五日、第一〇〇冊、嘉慶八年十一月一日、第一一二冊、嘉慶九年十月二十五日、第一九二冊、道光五年十月二十日、第二五二冊、道光二十一年十月二十五日、第二七三冊、道光二十五年十一月五日、第二九七冊、咸豊七年十一月十二日、第三一八冊、同治五年三月二十一日、第三二一冊、同治五年十一月五日、第三二九冊、同治六年十一月十七日、第三六四冊、同治十二年十二月十九日の合計十六檔案である。なお遼寧省檔案館他編『三姓副都統衙門満文檔案訳編』（遼瀋書社、一九八四年）の第六六〜第七三、第七五〜第七七、第八五、第八八〜第九一号は、その中国語訳である。このうち同治五年三月二十一日の檔案だけは、前年度分の決算報告である。

（2）本書第十章「清朝のアムール地方統治」第二節を参照。

（3）『三姓副都統衙門満文檔案訳編』の第七四号は、その中国語訳である。なおトジンガに関しては、本書附篇第二「間宮林蔵がデレンで出会った中国人」二を参照。

（4）B. O. Dolgikh, The Formation of the Modern Peoples of the Soviet North, *Arctic Anthropology*, IX, 1, 1972, pp. 20, 22.

（5）拙稿「間宮林蔵の著作から見たアムール川最下流域地方の辺民組織」（神田信夫先生古稀記念論集編纂委員会編『清朝と東アジア』山川出版社、一九九二年）第一章を参照。

（6）『三姓副都統衙門檔案』第二三冊、乾隆十九年九月二十一日の条。『三姓副都統衙門満文檔案訳編』の第六号は、その中国語訳である。

（7）拙稿「間宮林蔵の著作から見たアムール川最下流域地方の辺民組織」第一章を参照。

（8）『三姓副都統衙門檔案』第九四冊、嘉慶七年十一月二十二日の条に、次のようにいう。

ニングタ副都統ゴルミンガ Golmingga が帰って報告したところでは、「今回南海等の地方を調べているときに、貂皮を貢納するキヤカル（キヤカラ）Kiyakar 姓のものに三、四度出会った。〔……〕これらのものは当然イランハラ地方の管轄地域に住むべきである。いまどうして南海等の地方に至ったのか、ここには調べるべき文書がひとつもない。〔……〕」

附篇第二　間宮林蔵がデレンで出会った中国人

はじめに

日本に伝存する北方史料の中には、アムール下流とサハリン地域の研究に有用なものが少なくないが、中でも間宮林蔵の『東韃地方紀行』は最も重要な著作である。周知の如く『東韃地方紀行』に関しては、これまで数多くの研究が積み重ねられており、一般的にはすでに研究し尽くされたと言われるかもしれない。しかしわたしは、まだ多くの点で検討すべき余地があると考える。ことに近年になり本格的に利用されるようになった『三姓副都統衙門檔案』などの満洲語檔案の存在は、ごく短期間にアムール下流の歴史研究に革命的とも呼べる進展をもたらした(1)。今その研究成果に立脚すると、従来知られている日本の北方史料は、満洲語檔案との比較研究が不可欠となっており、それを待って初めて正当な評価を下すことができるのである。本篇において『東韃地方紀行』をとりあげる理由もまた、この点にある。

さて文化五年（嘉慶十三年、一八〇八）に松田伝十郎とともにサハリンを見分した間宮林蔵は、翌年の再見分を命ぜられてサハリンにひとり残ることになり、西海岸の村トンナイにおいてその冬を越した。翌文化六年には清朝の辺民であったノテト村のガシャンイダ、コーニが、アムール下流のデレンまで貂皮を貢納するのに同行して、七月二日にタタール海峡を渡り初めて大陸の東海岸に着いた。それからアムール川をさかのぼり、七月十一日にはついに目的地デレンに到着している。間宮林蔵がデレンに滞在したのは、十一日から十七日までのわずか一週間にすぎないが、その間にアムール最下流地域の辺民が、清に貢納する情景をつぶさに観察することができた。間宮は十七日にはデレンを出発して帰途につき、帰りは往路とはルートを変更して、アムール河口を経由してサハリンに帰り着いた。

間宮林蔵はアムール下流地方において観察した事実を、帰国後『東韃地方紀行』に書き記したが[2]、『東韃地方紀行』巻中には注目すべき記述が残されている。かれはデレンにおいて中国人三人と出会って、かれらからそれぞれの名刺を手渡されたという。それらの名刺には、次の通り書かれていた。

(1)　正白旗満洲委署筆帖式　魯姓伏勒恒阿（ベジケガ）
(2)　鑲紅旗六品官驍騎校奨賞藍翎　葛姓名撥勒渾阿（ブツシカカク）
(3)　正紅旗満洲世襲佐領　姓舒名托精阿（ハンスイガ）

これらの中国人は、辺民が貢納する貂皮を受領するためにイランハラから派遣された旗人の一部で、その中では最も地位が高かった。間宮林蔵はかれらを上官夷と呼んで、かれらに従っていた他の中官夷・下官夷と区別する。(1)については原文では「委著筆帖式」と作るが、委署筆帖式の誤りである。また三人の名前には片仮名で括弧内のようなルビが振られているが、それらはいずれも正確な発音を写しておらず、間宮林蔵本人がこう呼んだかど

『東韃地方紀行』「進貢」　満洲仮府内における貢納の情景。段上の三人がトジンガらと思われる。（国立公文書館蔵）

うかは疑問である。

ところで「托精阿」等三名に関しては、これまで中国側には参照すべき史料が存在せず、検討されたことはほとんどなかった。肝心の『三姓副都統衙門檔案』にも嘉慶十四年の部分は欠けており、かれらがデレンに派遣されたことを確認できるものはない。ただ「托精阿」について、数年前にわたしが「三姓正紅旗新満洲佐領ゴムビ承襲世管佐領執照」（仮称）を用いて、[3] その実在を証明しているにすぎない[4]。ところが最近になってわたしは、『三姓副都統衙門檔案』等の史料の中に、これら三人に関する記事がかなりの数存在することを発見した。かれらは歴史上に傑出した人物であったわけではないが、日本の北方史では無視できない存在である。そこで以下にこれらの中国人について、かれらの素性と略歴を地位の高い順に紹介していくことにする。

一　清の辺民統治とデレン

東北の少数民族を統一する過程で清の太祖ヌルハチは、従属させた人民に対して極端な移住政策を実施し、かれの居住する城の周囲に強制的に移住させている。そしてかれらを次々と満洲八旗に組織し、清の強力な軍事力を形成した。[5]ところがアムール川流域に住む一部の住民は、強制移住の対象とせず現住地に留まることを許した。当時交易と自家消費のために貂皮の需要が増大していたので、ヌルハチはかれらを利用して、貂皮を安定的に確保しようとはかったのである。これらの少数民族は辺民の戸籍に所属し、旗人とちがって兵役にはつかなかったが、その代わりに貂皮を貢納する義務を負わされた。ついで立った太宗ホンタイジも、同一方針のもとに拡張政策を断行したので、辺民組織はアムール川の中流地方一帯に広がった。入関以後もアムール流域に進出してきたロシア人と対抗しながら、清はアムール川下流方面に徐々に勢力を伸張していった。アムール川河口付近にまで辺民組織が及ぶのは大体順治末年ごろであり、さらにサハリンの住民が辺民に組織されるのは、康熙二十九年（一六九〇）のことである。そして乾隆十五年（一七五〇）には辺民の戸数を合計二千三百九十八戸と定めて、以後それを固定して変更を行なわなかった。[6]なおその間の康熙二十八年にはロシアとネルチンスク条約を締結して、アムール流域の領有を承認させている。

順治末から乾隆四十四年までアムール川の辺民組織を実質的に管轄していたのは、ニングタ将軍（のちにはニングタ副都統）であったので、大部分の辺民はニングタまで貂皮を貢納していた。ただこれには例外もあって、遠隔地や不便な地方に住む辺民については、居住地の周辺に一定の地点を選んで旗人を派遣し、辺民にはそこに貂皮を貢納させたのである。たとえばサハリン中・南部の住民百四十六戸（のち百四十八戸に増加）は、雍正十年に清に初めて従うと、直ちにイランハラ副都統の管轄下に入ったが、これらの辺民（クイェフィヤカ）はアムール下流の村キジにおいて、イランハラから出張してきた官員に貂皮を貢納した。それから乾隆四十四年以降はアムール川下流地方の辺民（ヘジェフィヤカ）もすべて、イランハラ副都統が管轄することに改められ、フィヤカ姓等のアムール河口付近に住む辺民もキジに貢納することになる。だが十九世紀初めには貢納地点は、キジから上流のデレンに移った。[7] 文化六年にノテトのガシャンイダ、コーニがタタール海峡を渡り、アムールをさかのぼってデレンまで達した目的も、デレンにおいて貂皮を貢納することにあった。

『三姓副都統衙門檔案』の中には辺民の貂皮を受取りに、キジないしはデレンに出張した旗人を記録した檔案が存在するが、これらの官員はいずれも、イランハラに駐防する佐領下の佐領や驍騎校である。[8] たとえば乾隆十九年の正黄旗佐領ドゥンサナは、『吉林通志』巻六五、職官志のイランハラ正黄旗佐領「董薩那」のことである。さらに道光二十一年の佐領ジジュンゲは、同書の鑲白旗佐領「吉忠額」に該当する。間宮林蔵がデレンで出会った三人の中国人も、イランハラ副都統の命を受けて、辺民の貂皮を受け取りに下ってきたイランハラの旗人であったと考えられる。

そもそもイランハラ（漢名は三姓）という地名は、康熙二十年前後にアムール川中流からこの地域に移り住んだ辺民、ゲイケレ・ヌイェレ・フシカリの三氏族に由来する。当時かれらの間にはシュムル氏族も含まれていたが、シュムル氏族はヌイェレ氏族に従属していたので、[9] 四姓という意識はなかったらしい。やがて康熙五十三年（一七一四）にイランハラ地方に協領が置かれたとき、四姓の集団のうち二百丁がまず四佐領に組織された。それから雍正十年に副都統が増設された際には、残りの壮丁を六佐領に編成して、既存の四佐領に加え全部で十佐領とし、兵丁の数もそれぞれ百名に増やしたのである。[10] なお雍正十年には、やはりアムール中流の辺民であった八姓千名もまた、十佐領に組織されている。[11] デレンに貂皮を受領しに遣わされた官員は、ほとんどがこれら三姓と八姓の子孫であった。

二　トジンガ（Tojingga）

『吉林通志』職官志によると、歴代の三姓正紅旗佐領（正四品）の中に確かに托精阿なる人物はいたことはいたが、その任期は乾隆三十四年（一七六九）から五十八年（一七九三）までの間であって、間宮林蔵が調査した嘉慶十四年（一八〇九）よりも十六年以上も前のことである。これに対して『吉林通志』職官志よりも根本史料である「三姓正紅旗新満洲佐領ゴムビ承襲世管佐領執照」においては、康熙五十三年にイランハラに協領が設置されたときに、同時に創られた新満洲シュムル氏族のチョンギカの正紅旗世管佐領では、その後カオワルダ、ウサムボー、ゴムビ、ナルヒオ、フルボー、ムクデムボーと、チョンギカの一族が代々佐領を世襲し、そしてトジンガすなわち托精阿が、ムクデムボーの後をうけて世管佐領を継いだのは、乾隆五十八年のことになっている。[12] 同じ乾隆五十八年に一方は佐領を退いたといい、他方は佐領に就任したというから、同名の別人がいたと考えるよりも、ふたつの史料のいずれかが誤っているとするのが妥当であろう。ところで『吉林通志』職官志にはしばしば年代に誤りが見られるので、この場合もその一例であると考えられる。後述するように『三姓副都統衙門檔案』においても、トジンガは嘉慶から道光初めまでイランハラ正紅旗佐領の地位に留まっている。「三姓正紅旗新満洲佐領ゴムビ承襲世管佐領執照」が記述する通り、トジンガが正紅旗佐領を継いだのは、乾隆五十八年であることにまちがいない。さらにイランハラにおいては、一般に舒姓は新満洲のシュムル氏族が名乗った漢姓であり、[13]

この点でも矛盾はない。間宮林蔵がデレンにおいて会った正紅旗佐領の托精阿は、トジンガ本人である。『三姓副都統衙門檔案』によって、その後のトジンガの経歴を見てみると、かれは間宮と偶然に出会った嘉慶十四年以外に、同九年にもアムール下流の辺民のもとに派遣されており、ヘジェフィヤカとクイェフィヤカから貂皮計六百二十五枚を受け取って帰ってきた。[14]この年十月にはまた、イランハラ副都統が辺民から集めた貂皮合計二千百六十二枚を、北京の内務府まで輸送する任についている。[15]なおその前年には辺民に給付する嘉慶九年分のウリン全部を取りに盛京に行っており、[16]トジンガはウリンの受領から貂皮の輸送まで、一連の業務全てに責任を負っていたと考えられる。

トジンガは嘉慶二十四年にも、アムール川下流地方に出かけている。『三姓副都統衙門檔案』第一六五冊、嘉慶二十四年七月十一日の条には、佐領のトジンガら三人は、アムール川を下ってウクトゥ（ウクトゥン）村とクイマン（コイマン）村まで達し、そこで辺民から生きている黒狐十二匹と北極狐六匹を買って帰ってきたと述べる。

ところで東北地区を代表する天然資源といえば、まず人参に指を屈するが、清代には政府が積極的な開発を進めたことによって、その生産量は飛躍的に増大した。とくに康熙二十年代にはウスリ川流域に新たな自生地が発見されて、[17]人参の生産量はピークに達するが、乾隆末以降は資源の乱獲等が原因となり、衰退に向かった。トジンガの生きた時代は、ちょうど人参の生産が縮小する時期にあたり、清朝政府が民間人に人参の採取を請負せて、なんとか生産量を維持しようとしていた頃であった。[18]そのために清は東北の諸都市にノルマを課したが、当時東北の辺境には、八旗が駐防するだけだったので、人参に関する業務もそれらの旗人が担当することになった。トジンガは正紅旗の世管佐領として、イランハラでは副都統、協領等に次ぐ地位にあったので、いやおうなく人参の業務に関わっていった。そのために『三姓副都統衙門檔案』の人参関係の檔案には、トジンガの名がしばしば現れる。たとえば同書第五七冊、嘉慶十二年五月二日の条によると、ニングタとベドゥネにおいてはその年に二割以上の参票を短放する結果となり、イランハラではそれが三割以上にも上った。そこでニングタとベドゥネでは、それぞれ協領のミンデと正紅旗佐領のトイナを規則に従って罰俸一年の処分にし、イランハラにおいても正紅旗佐領のトジンガを罰俸二年の処分とした。また第一六九冊、嘉慶二十四年十月十九日の条によれば、嘉慶二十年にはイランハラにおいて参票を四割以上も短放したために、責任者であったトジンガは留任のまま二級降格させられたという。

ここで『欽定大清会典事例』（光緒）巻二三三、戸部について、参票を短放した場合の担当官員に対する処罰の内容を確認すると、嘉慶十五年の規則として、短放した参票の割合が二割以上になると「降一級・留任」、三割以上のときは「降二級・留任」、四割以上のときは「降三級・留任」であったという。嘉慶二十年に参票を四割強短放したトジンガが受けた処罰は、明らかに十五年の規則に準じたものであるが、それに対して同十二年の処罰は、『欽定大清会典事例』では確認することができない。そこで『三姓副都統衙門檔案』を調べると、参票を短放した責任官員に対する処罰は、乾隆末もしくは嘉慶初めとそれから嘉慶十五年の、少なくとも二回以上制度変更されている。すなわち乾隆四十年代にはノルマを果たせなかった官員について、数の多少は問題にせず、任務に励まなかったという理由で処罰を行なっている[19]。この当時は短放に関する規則は、まだ整備されていなかったのであろう。ところが嘉慶七、八年頃にはすでに、短放に対する罰則は制定されており、その当時の罰則もまた、短放の程度に応じて処罰を加重するものであったが、ただその内容は嘉慶十五年の規則とは大分異なっていた。たとえば参票を二割強短放した場合には罰俸一年、三割以上のときは罰俸二年というので[20]、嘉慶十二年にトジンガらが受けた罰則は、十五年以前の規則に則ったものである。嘉慶十五年に制定された法は、それよりもさらに罰則を重くしたものと言える。このように短放した官員に対して、処罰がしだいに厳しくなるのは、人参の採取業務がますます困難な状況に直面していったことによるのであろう。

トジンガはその後正紅旗佐領の地位を保持したまま、吉林協領やイランハラ協領（ともに従三品）のポストを兼任している。嘉慶二十四年に吉林協領デルキシャンが転任した後任に、満洲鑲紅旗はイランハラ正紅旗佐領トジンガを正位にして保題したところ、十二月二日に勅許を得たという。[21]翌年正月にトジンガが祖先の墓参りと吉林での生活に必要な衣服を取りに、一度イランハラに戻りたいと願い出たので、吉林将軍はそれを認めて、トジンガに一か月の休暇を与えた。[22]勅許が下った後に、トジンガが吉林に赴任したことはまちがいない。その後かれは、吉林協領からイランハラの右翼協領に転じたらしい。その正確な年次については不明であるが、道光三年（一八二三）に規則に抵触するとして、トジンガはイランハラの右翼協領から左翼協領に異動になっているので、[23]かれがイランハラ右翼協領に任命されたのは、それよりも前のことである。『吉林通志』巻六三、職官志には、道光元年に「托精額」が右翼協領に就いたとあり、同年にまちがいないであろう。この「托精額」はトジンガのことである。

さて道光三年十二月になって、吉林将軍は次のような決定を行なった。現在イランハラ右翼協領であるトジンガは、左翼の正藍旗公中佐領を兼ねる一方で、かれ自身が世襲した右翼に属する正紅旗佐領は、第三者に代行させている。こうした場合に正紅旗佐領を代行するものが、公務に軽重の差を設けたり、不適切なことを行なっても、それをチェックできるものがいない。また協領が佐領を兼ねる際は、一般的な規則として同じ旗、同じ翼の佐領を兼ねることはできない。そこで左翼協領であるシュルンガを右翼協領に移して、同時に正藍旗の公中佐領も兼ねさせ、これに対してトジンガは右翼から左翼協領に異動させて、正紅旗世管佐領はこれまで通りにトジンガ自身に兼ねさせることにして、翌年末に上奏を行なうと伝えた。[24]『吉林通志』職官志によれば、イランハラ正藍旗第二公中佐領においては「托精阿」は道光元年に佐領に就任し、同五年には次の「西凌阿」と交替している。

この「托精阿」と「西淩阿」が、トジンガとシュルンガに該当するのは言うまでもない。『三姓副都統衙門檔案』第一九五冊、道光六年二月六日の条によると、トジンガは同五年十一月二十九日に協領の地位を革職になった。直接の理由は、刨夫が禁を破って歇山に入るのを取り締まらないで、かれらから金銭を徴収して、参課に流用したということであった。それからまもなくトジンガは病気でなくなる。同年十二月のことである。かれが革職になったのは、殺人や公金横領、収賄などの犯罪に関連してではなかったので、あけて道光六年にはトジンガの正紅旗世管佐領は、かれの第二子エルギイェンに継承させることが承認された。(25)

三　ボルフンガ（Bolhūngga）

「撥勒渾阿」を特定するための手がかりは幾つか存在するが、まず始めにかれが「葛姓」を称したことに注目したい。『吉林依蘭県志』人物門によれば一般に葛姓は、イランハラにおいてはゲイケレ氏族が称した漢姓である。撥勒渾阿もゲイケレ氏族に属したのであろう。次にかれは鑲紅旗の旗人であったが、イランハラにおいて辺民を八旗に組織したのは、康熙五十三年と雍正十年の二回で、鑲紅旗に佐領が設けられたのは雍正十年に一度あるだけである。すなわちゲイケレ氏族のハライダ、メンケイは、デシン村出身の同じゲイケレ氏族のハライダ、コリハ（クリハ）とともに、辺民三百二十四人を率いてイランハラに移住してきたが、コリハらは康熙五十三年に一足早くイランハラ正黄旗に編成されたのに対して、メンケイの系統は雍正十年にイランハラの佐領が四から十に増設されたときに、孫のニカンら百名が初めて鑲紅旗に組織されたのである。(26)撥勒渾阿もまたこのときに、同旗に編成されたと考えられる。さらに撥勒渾阿は、「藍翎」（lamun funggala）という称号をもつが、これは一部の文武品官だけが帽子につけることを認められた特別な鳥の羽毛のことで、翎子と呼ばれる。翎子には藍翎と花翎の二種類があって、原則としては軍功を立てた文武官に授与されたが、特定の爵位や官職を持つものにも与えられた。花翎が五品以上の官に与えられるのに対して、藍翎は六品以下の官に授けられた[27]。撥勒渾阿という人物も、軍功によって藍翎を許可されたと考えられる。したがって藍翎の称号をもつことは、この人物を特定するための有力な手がかりとなる。因みに『東韃地方紀行』に描かれた上官夷の帽子には、この藍翎は付いていない。

撥勒渾阿に関して参照すべき史料の存在は、これまでは未知であったが、わたしは『三姓副都統衙門檔案』にかれに該当する人物が、ボルフンガとして現れることを発見した。このボルフンガの前半生について比較的にまとまった記述をしているのは、『三姓副都統衙門檔案』第一六四冊、嘉慶十九年十月二十五日の条である。この中においてイランハラ副都統は、吉林将軍衙門にイランハラ防御の後任として三人の候補者を推薦したが、その中にボルフンガも含まれていた。この文書に附されたかれの略歴によれば、「鑲紅旗バルギヤンガ佐領下の驍騎校ボルフンガ」はゲイケレ氏族の出身であり、嘉慶十九年（一八一四）当時は四十一歳であったという。ボルフンガの属していたイランハラ鑲紅旗のバルギヤンガ佐領（巴勒吉揚阿、第一公中佐領）は、雍正十年に編成されたニカン（尼坎）佐領に始まるので[28]、この点においても撥勒渾阿の特徴と一致する。さらにボルフンガは、嘉慶二年に当時本土中央部の山岳地帯に広がった白蓮教徒の反乱を鎮圧するために、東北地方に駐防する八旗の一員として動員されている。かれの所属した部隊は、後の参賛大臣デレンタイに率いられて、四川・陝西・湖北・甘粛などを転戦したが、ボルフンガはその間に百二十一度戦って、反乱者十八人を殺し通報者十人を捕えた。そして嘉慶五年三月六日には馬蹄岡の戦いにおいて、反乱を指導したひとり冉添元らを捕虜にし、白蓮教徒を大いに鎮圧したので、その功績により三月二十二日に額外の驍騎校（正六品）に任命されたという[29]。また七年六月十五日にはこの戦争において多大な功績があったと、デレンタイの推挙を受けて藍翎を授与され、同時に銀四十両と銀印二個、緞子一匹、袋二対をもらっている。『欽定剿平三省邪匪方略』（正編）巻一六一には、嘉慶五年三月二十二日に「（吉林）前鋒博勒宏阿」に額外驍騎校を与えたことをいうが、これはボルフンガのことであろう。なおボルフンガが藍翎を与えられたことは、従来の漢文献には確認できないが、まちがいない事実であろう。以上のようにボルフンガの経歴は、間宮林蔵がデレンで出会った撥勒渾阿の地位、特徴と完全に一致する。嘉慶十四年にデレンに出張したのは、このボルフンガ自身にまちがいない。因みにボルフンガは、嘉慶十九年にはイランハラ防御の地位に就くことはできなかったらしい。

その後ボルフンガは、嘉慶二十五年に吉林防御のフチェケがやめた後任として推薦され、ただちに勅許をえたという。[30]この結果かれは、吉林防御（正五品）に昇進したのである。

ボルフンガに関する情報はこれ以後中断しており、その間の異動に関しては不明である。それから『三姓副都統衙門檔案』第二〇四冊、道光七年十二月九日の条に、突然イランハラ正黄旗の公中佐領ボルフンガが病気のためになくなったことをいう。ここで『吉林通志』職官志を見ると、道光七年（一八二七）に「博爾洪阿」がイランハラ正黄旗佐領（第三公中佐領）に就任し、翌八年には「嘎爾炳阿」と交替したことを述べる。この「博爾洪阿」はボルフンガのことであろう。ボルフンガの前任者の「富勒運」は、嘉慶十一年（一八〇六）からずっと佐領の任にあったが、『三姓副都統衙門檔案』第一九七冊、道光六年七月一日の条には、フレフンという人物が二十年間在職したイランハラ正黄旗佐領を、六十三歳という高齢を理由にして辞職したいと申し出たことが記されている。『吉林通志』の「富勒運」はこのフレフンであって、かれがこの後まもなく佐領の地位を去ったことはまちがいない。その後任にあてられたのがボルフンガであったが、ボルフンガは佐領に就任したのもつかのま、まもなく病死したのである。なおフレフンは『カラフトナヨロ文書』第三号にみえる「佐領付勒琿」のことであって、[31]それによるとフレフンもまた、嘉慶二十三年にデレン（徳楞）に出張したことになる。

四　フェルヘンゲ（Ferhengge）

間宮林蔵は、「伏勒恒阿」の肩書について、漢字とともに満洲文字の表記を添えているが、多少の誤りを無視すれば、gulu šanyan manju gūsa bithesi nuyele hala gebu ferhengge と読むことができる。すなわち「正白旗満洲、筆帖式、ヌイェレ氏族、名フェルヘンゲ」という意味である。ヌイェレ氏族もまた、シュムル氏族などとイランハラ地方に移住した新満洲である。八旗に編成された後、ヌイェレ氏族はふつう魯姓を名乗るようになるが、[32]これはヌイェレ氏族の別称であるルイェレから出たのである。

わたしは現在、『三姓副都統衙門檔案』において嘉慶十四年前後のフェルヘンゲの消息をつかむことができない。フェルヘンゲの名前を発見するのは、ようやく第一八六冊、道光四年八月十七日の条においてである。閏七月二十二日付けの吉林将軍衙門の文書には、イランハラ正白旗のギルジャンガ佐領に属した驍騎校ギンジュンガが防御に昇進した後任として、同じ佐領の無品級筆帖式フェルヘンゲを驍騎校に任命して、佐領の事務を処理させ、そして年末に至ってから正白旗に報告し上奏したいと記されている。間宮林蔵が出会った「伏勒恒阿」とはこのフェルヘンゲであって、かれがこのときに驍騎校になったことはまちがいない。フェルヘンゲは、嘉慶十四年以後ずっと無品級筆帖式に留まっていたのであろう。

しかしフェルヘンゲは驍騎校の地位に昇ったのもつかのま、道光五年末か六年始めには革職になっている。[33]

おわりに

以上から間宮林蔵が出会ったという三人は、実在の人物であることが明らかになった。ただこれだけではこの三人が、嘉慶十四年にデレンにいったという証明にはならない。上述した如く『三姓副都統衙門檔案』には嘉慶十四年の檔案は欠落しており、直接その事実を確認することはできない。しかしわたしは、かれらがデレンに来たことは、当時の状況からほぼ確実であると考える。

さて清は辺民に支給するウリンと辺民から徴収した貂皮を、北京と貢納地点を結んで定期的に輸送していた。清の制度によると、それらの輸送はいくつかの部分に分割され、それぞれ関係の旗人に割り当てられた。このうちイランハラの旗人が担当したのは、前年の盛京からイランハラまでのウリンの輸送と、翌年のイランハラからアムール下流の貢納地点にいって辺民にウリンを与え、かれらから貂皮を徴収して同区間を帰ってくる往復の輸送、それにイランハラから北京までの貂皮の輸送であった。これら三つの業務は、もとはそれぞれ異なる人物に担当させたが、ところが嘉慶八、九年から同十八、十九年の間は、そのすべてを同一人物に委ねていた。すなわち前年に盛京にウリンを受け取りにいく人物が、翌年にはアムール下流の貢納地点に出張して、辺民にウリンを与えて貂皮を受け取り、そしてその貂皮を北京の内務府に納入したのである。表39をご覧いただきたい。

間宮林蔵がデレンに行った嘉慶十四年は、ちょうどこうした体制をとっていた時期に当たっている。そこでもしもこの三人が、嘉慶十三年に翌年分のウリンを盛京に受け取りにいったことが明らかになれば、かれらが翌十四年にデレンに出張したことはほぼ確実といえる。幸いなことに『三姓副都統衙門檔案』には嘉慶十三年の檔案

表39　嘉慶前半におけるウリンと貂皮の輸送責任者

年　次	イランハラ→アムール川下流（ウリン・貂皮）	イランハラ→北京（貂皮）	盛京→イランハラ（ウリン）
嘉慶８年	Hebengge（佐領）	Hebengge	Tojingga（佐領）
９年	Tojingga	Tojingga	Waimboo（佐領）
12年	Jakdamboo（佐領）	Jakdamboo	Fulehun（佐領）
13年	Fulehun	Fulehun	Tojingga
14年	(Tojingga)		
18年		Tojingga	Malhūngga（佐領）
19年		Malhūngga	

が残っているので、その部分を調べてみると、関連の史料は確かに存在した。同書第一五二冊、嘉慶十三年十一月四日の条によると、この年に盛京にウリンを受け取りに行ったのは、

左司の文書を、右司に送った。〔……〕盛京にウリンを取りにいくために派遣した佐領などの官兵三十三人の旗分、佐領、名前を別紙にして届けさせた。〔……〕

別紙

正紅旗佐領トジンガ、フジュルンガ佐領の驍騎校ボルフンガ、〔……〕ベリン、馬甲イリシャン、チュンシェンボー佐領の委署筆帖式フェルヘンゲ、馬甲エルチュンガ、〔……〕。

などの三十三人であったといい、トジンガ、ボルフンガ、フェルヘンゲの三人は、いずれもその中に含まれている。したがってトジンガらは、嘉慶十四年の春にはアムール川下流の貢納地点に出張する予定であったことがわかる。そして間宮林蔵は、翌年に確かにこの三人にデレンにおいて出会ったのである。

注

（1）『三姓副都統衙門檔案』を使った研究は、一九八〇年代に中国において始まった。その概況については、拙稿「一九八〇年以降の中国における清代東北史研究の新動向」（『東洋学報』第六九巻第三・四号、一九八八年）二〇九～二一〇頁を参照。
（2）本稿においては、洞富雄・谷澤尚一編注『東韃地方紀行』（平凡社、一九八八年）をテキストに用いた。
（3）『清代譜牒檔案』（内閣）第三九巻、世襲三九三冊（檔案序号）二一（項目編号）、「三姓正紅旗新満洲佐領ゴムビ承襲世管佐領執照」（仮称）。
（4）拙稿「リダカとトジンガ」（『鹿大史学』第三八号、一九九一年）を参照。
（5）拙稿「ヌルハチ（清・太祖）の徙民政策」（『東洋学報』第六七巻第三・四号、一九八六年）を参照。
（6）本書第十一章「ウリンの輸送問題と辺民制度の改革」第二節を参照。
（7）本書第十章「清朝のアムール地方統治」第二節を参照。
（8）第十章表27を参照。
（9）注（3）に同じ。
（10）本書第九章「十八世紀のアムール川中流地方における民族の交替」第二節を参照。
（11）注（10）に同じ。
（12）拙稿「リダカとトジンガ」二二頁を参照。なお中村和之氏は、中国に現存する『三姓正紅旗満洲舒穆魯氏族譜』にもとづいて、シュムル氏族の系譜を検討された。その中でナルヒオと阿勒琇の違いを指摘されたが、「三姓正紅旗新満洲佐領ゴムビ承襲世管佐領執照」においてはナルヒオでまちがいない。同「トジンガの家系について」（『北大史学』第三二号、一九九二年）を参照。
（13）『吉林依蘭県志』政治門、沿革。
（14）『三姓副都統衙門檔案』第一一二冊、嘉慶九年十月二十五日の条。遼寧省檔案館他編『三姓副都統衙門満文檔案訳編』（遼瀋書社、一九八四年）第七三号は、その中国語訳である。
（15）注（14）に同じ。
（16）『三姓副都統衙門檔案』第一一二冊、嘉慶九年十月一日の条。『三姓副都統衙門満文檔案訳編』第七三号は、その中国語訳である。

(17) 王佩環「清代東北采参業的興衰」(『社会科学戦線』一九八二年第四期)一九〇頁を参照。

(18) 川久保悌郎「清代人参採取制度についての一考察」(『鈴木俊教授還暦記念東洋史論叢』東京、一九六四年)、「清朝人参採取制度の衰微について」(『文経論叢』〔弘前大学〕創刊号、一九六五年)、「清代参政考」(『集刊東洋学』第五五号、一九八六年)を参照。

(19) 『三姓副都統衙門檔案』第五七冊、乾隆四十六年二月二十三日の条。

(20) 『三姓副都統衙門檔案』第一二〇冊、嘉慶十二年六月二十九日の条。

(21) 『三姓副都統衙門檔案』第一七〇冊、嘉慶二十五年二月四日の条。

(22) 注(21)に同じ。

(23) 『三姓副都統衙門檔案』第一八〇冊、道光三年十二月三十日の条。

(24) 注(23)に同じ。

(25) 『三姓副都統衙門檔案』第一九六冊、道光六年五月十日および第一九九冊、同年十月三日の条。

(26) 『清代譜牒檔案』第三八巻、世襲三八七冊一九、「三姓正黄旗新満洲佐領ドゥルヒヨー承襲世管佐領執照」(仮称)。

(27) 瀧川政次郎「清代文武官服制考」(『史学雑誌』第五三編第一号、一九四二年)三四〜三九頁を参照。

(28) 『吉林通志』巻六五、職官志・三姓佐領。

(29) この前後の事情については、鈴木中正『清朝中期史研究』(東京、一九七一年)二〇二頁を参照。

(30) 『三姓副都統衙門檔案』第一六九冊、嘉慶二十五年五月十三日の条。

(31) 池上二良「カラフトのナヨロ文書の満州文」(同『ツングース・満洲諸語資料読解』北海道大学図書刊行会、二〇〇二年)四五一頁を参照。

(32) 注(13)に同じ。

(33) 『三姓副都統衙門檔案』第一九五冊、道光六年正月二十九日の条。

あとがき

本書を構成する各章の論文は、雑誌や紀要においてすでに発表したものであるが、このたび再録するにあたり、誤りを訂正したり重複を削るなど手を加えている。各論文の初出は以下の通りである。

第一章「ネルチンスク条約直後清朝のアムール川左岸調査」（『史林』第八〇巻第五号、一九九七年）
第二章「一七〇九年イエズス会士レジスの沿海地方調査」（『史林』第八四巻第三号、二〇〇一年）
第三章「一七二七年の北京会議と清朝のサハリン中・南部進出」（『史林』第八六巻第一号、二〇〇三年）
第四章「十七世紀アムール川中流地方住民の経済活動」（『東方学』第九五輯、一九九八年）
第五章「十八世紀アムール川下流地方のホジホン」（『東洋史研究』第五五巻第二号、一九九六年）
第六章「十八世紀のサハリン交易とキジ事件」（『京都大学総合人間学部紀要』第一〇巻、二〇〇三年）
第七章第一節「清朝辺民制度の成立」（『史林』第七〇巻第四号、一九八七年）
第七章第二節・第三節「十八世紀末アムール川下流地方の辺民組織」（『人文学科論集』〔鹿児島大学法文学部〕第三四号、一九九一年）
第八章「康熙前半におけるクヤラ・新満洲佐領の移住」（『東洋史研究』第四八巻第四号、一九九〇年）
第九章「一八世紀のアムール川中流地方における民族の交替」（『東洋学報』第七九巻第三号、一九九七年）
第十章「清朝のアムール地方統治」（『京都大学総合人間学部紀要』第六巻、一九九九年）

第十一章「ウリンの輸送問題と辺民制度の改革」(『京都大学総合人間学部紀要』第七巻、二〇〇〇年)
第十二章「繊維製品の流入と辺民社会」(『十三世紀以降のアムール川下流・サハリン地方に関する研究』平成十四・十五年度科学研究費補助金〔基盤研究C1〕研究成果報告書、二〇〇四年)
附篇第一「十八世紀末アムール川下流地方の辺民組織」(『人文学科論集』〔鹿児島大学法文学部〕第三四号、一九九一年)
附篇第二「間宮林蔵がデレンで出会った中国人」(神田信夫編『日本所在清代檔案史料の諸相』東洋文庫清代史研究室、一九九三年)

わたしが考える理想の研究は、自分で問題を立て、自分の構想で展開し、自分の方法で解決するものである。上記の各論文は、大体それに近い内容を実現できたと思っている。

とはいえわたしは、自らの研究がまったく一個人の力だけでなったというつもりはない。事実はその反対である。わたしの研究は、先行の研究に負うところがきわめて大きい。わたしはすべての研究において、可能な限り多くの研究論文を参照することに努めた。それは、自らの足りないところを補うためと同時に、他方では自分の見解が独善に陥っていないか、妥当なものであるかどうかを検証するためであった。そうした先行研究のおかげで、本書はより意義のあるものになったと思う。

またこの研究を進めていく間に、わたしはさまざまな方々から多くのご援助とご協力をいただいた。わたしに門戸を開いて下さった中国の機関・個人の方々、そしてこのような檔案調査のきっかけを作っていただいた満族史研究会の方々、さらには各種の資料・写真を提供して下さった機関・個人の皆様に対して、この場をお借りして心から御礼を申し上げる。

本書の上梓により、わたしはこれまでの研究にひとくぎりをつけることができた。しかしわたしの研究はようやく始まったばかりであり、わたしの行く手には新たなそしてより困難な問題が広がっている。微力ではあるがわたしは、今後ともそれらの課題に向かって精進を続けたいと思っている。

なおこれまでの研究を東洋史研究叢刊の一冊としてまとめるように慫慂して下さったのは、東洋史研究会会長の夫馬進教授（博士）である。また京都大学学術出版会の小野利家氏には、編集全般にわたり有益なご助言をいただいた。厚く御礼を申し上げる。

本書の出版にあたっては、日本学術振興会から平成十七年度科学研究費補助金（研究成果公開促進費）の交付を受けた。関係の各位に謝意を表する。

二〇〇六年一月九日

Ульчский язык. Ленинград, 1985.

Таксами, Ч. М. и Косарев, В. Д. *Кто вы, айны? Очерки истории и культуры.* Москва, 1990. （熊野谷葉子訳『アイヌ民族の歴史と文化』明石書店，1998年）

Цинциус, В.И. *Сравнительный словарь тунгусо-маньчжурских языков,* 2 vols. Ленинград, 1975-77.

Атлас Сахалинской области. Москва, 1967.

Атлас Нижнего Амура. Хабаровск, 1994.

Из истории востоковедения на Российском Дальнем Востоке, 1899-1937 гг. Владивосток, 2000.

Великом.) *Россия-Голландия. Книжные связи XV-XX вв.,* Санкт-Петербург, 2000.

Прыткова, Н. Ф. Верхняя одежда. *Историко-этнографический атлас Сибири.* Москва-Ленинград, 1961.

Роон, Т. *Уйльта Сахалина. Историко-этнографическое исследование традиционного хозяйства и материальной культуры XVIII-середины XX веков.* Южно-Сахалинск, 1996. （永山ゆかり・木村美希訳『サハリンのウイルタ』北海道大学大学院文学研究科，2005年）

Руднев, А. Новые данные по живой манджурской речи и шаманству. *Записки Восточного отделения Императорского русского археологического общества,* 21, 1912.

Сгибнев, А. Попытки русских к заведению торговых сношений с Япониею в XVIII и начале XIX столетий. *Морской сборник,* 1869,1.

Сем, Л. И. *Очерки диалектов нанайского языка. Бикинский (Уссурийский) диалект.* Ленинград, 1976.

Скачков, П. Е. *Очерки истории русского китаеведения.* Москва, 1977.

Смоляк, А. В. Состав, происхождение и расселение ульчских родов, (середина XIX-первая четверть XX в.) *Труды Института этнографии,* 84, 1963.

Родовой состав нивхов в конце XIX-начале XX в. *Социальная организация и культура народов Севера,* Москва, 1974.

Этнические процессы у народов Нижнего Амура и Сахалина, середина XIX -начало XX в. Москва, 1975.

Народы Нижнего Амура и Сахалина. *Этническая история народов Севера,* Москва, 1982.

Традиционное хозяйство и материальная культура народов Нижнего Амура и Сахалина. Москва, 1984.

Шаман: личность, функции, мировоззрение (народы Нижнего Амура). Москва, 1991.

Народы Нижнего Амура и Сахалина. Фотоальбом. Москва, 2001.

Степанов, Н. Н. Первые русские сведения об Амуре и гольдах. *Советская этнография,* 1950, 1.

Суник, О.П. О языке зарубежных нанайцев. *Доклады и сообщения Института языкознания АН СССР,* 1958, 11.

Каргер, Н. Г. *Отчет об исследовании родового состава населения бассейна р. Гарина, Гарино-Амгунская зкспедиция 1926 года.* Ленинград, 1929 （富田良作訳「サマーギル族に就いて」（上）（下）〔『書香』第16巻第１，２号，1944年〕）

Кормушин, И. В. *Удыхейский язык.* Москва, 1998.

Крашенинников. С. П. *Описание земли Камчатки..* Москва-Ленинград, 1949.

Крейнович, Е. А. Нивхгу. Москва, 1973.（枡本哲訳『サハリン・アムール民族誌』法政大学出版局，1993年）

Ларькин, В.Г. Некоторые данные о родовом составе удэгейцев. *Краткие сообщения Института этнографии,* 27, 1957.

Мыльникова, К. М. и Цинциус, В. И. Материалы по исследованию негидальского языка. *Тунгусский сборник,* 1, 1931.

Новлянская. М. Г. *Иван Кирилович Кирилов. (Географ XVIII века.)* Москва- Ленинград, 1964.

Филипп Иоганн Страленберг.(Его работы по исследованию Сибири.) Москва, 1966.

Огородников, В.И. *Туземное и русское земледелие на Амуре в XVII в.* Владивосток, 1927.

Озолиня, Л. В. *Орокско-русский словарь.* Новосибирск, 2001.

Оненко, С. Н. *Нанайско-русский словарь.* Москва, 1980.

Патканов, С. Опыт географии и статистики тунгусских племен Сибири на основании данных переписи населения 1897 г. и других источников. *Записки Императорского русского географического общества по отделению этнографии,* 31, ч. II, 1906.

Позднеев, Д. *Описание Маньчжурии,* том 1. С.-Петербург,1897 （中野二郎・県文夫訳『満洲通志』（東京，1906年）

Полевой, Б. П. О местонахождении Ачанского городка. *Советская археология,* 1960, 3.

Семен Ремезов и Владимир Атласов. Известия Академии наук СССР, Серия географическая, 1965, 6.

О карте 《Камчадалии》 И. Б. Гомана. *Известия Академии наук СССР, Серия географическая,* 1970, 1.

О картах Северной Азии Н. К. Витсена. *Известия Академии наук СССР, Серия географическая,* 1973, 2.

Николаас Витсен и Россия. (Из истории русско-голландских отношений XVII-XVIII веков, преимущественно при Петре

Москва-Ленинград, 1965.

Бахрушин, С. В. *Очерки по истории колонизации Сибири в XVI и XVII вв.* Москва, 1928. （外務省調査局訳『スラヴ民族の東漸』新時代社，1971年）

Берг, Л. С. *Открытие Камчатки и экспедиции Беринга, 1725-1742.* Москва-Ленинград, 1935. （小場有米訳『カムチャッカ発見とベーリング探検』原書房，1982年）

Беспрозванных, Е.Л. *Приамурье в системе русско-китайских отношений, XVII-середина XIX в.* Москва, 1983.

Вареп, Э. Ф. О картах, составленных русскими, в атласе И. Б. Гомана 1725 г. *Известия Всесоюзного географического общества,* 91, 3, 1959.

Волкова, М. П. *Нишань самани битхэ.* （*Предание о Нишанской шаманке.*） Москва, 1961.

Гнучева, В. Ф. *Географический департамент Академии наук XVIII века.* Москва, 1946.

Гребенщиков, А. В. *Маньчжуры, их язык и письменность.* Владивосток, 1912.

Гусарова, Е.В. Первая навигационная карта Каспийского моря и её создатель Карл Петрович ван Верден. *Россия-Голландия. Книжные связи XV-XX вв.,* Санкт-Петербург, 2000.

Долгих, Б. О. *Родовой и племенной состав народов Сибири в XVII в.* Москва, 1960.

Социальная организация народов Нижнего Амура и Сахалина в XIX -начале XX в. *Общественный строй у народов северной Сибири, XVII -начало XX в.*, Москва, 1970.

Ефимов, А.В. О картах, относящихся к великим русским географическим открытиям XVII и первой половины XVIII вв. С. П. Крашенинников, *Описание земли Камчатки,* Москва-Ленинград, 1949.

Атлас географических открытий в Сибири и в Северо-западной Америке XVII-XVIII вв. Москва, 1964.

Знаменский, С. *В поисках Японии ;* из *истории русских географических открытий и мореходства в Тихом океане.* Благовещенск, 1929. （秋月俊幸訳『ロシア人の日本発見』北海道大学図書刊行会，1986年）

Золотарев, А. Пережитки родового строя у гиляков района Чомэ. *Советский Север*, 1933, 2.

Казанин, М. И. Об одной надписи на карте в 《Чертежной книге Сибири》 С. Ремезова. *Страны и народы востока,* 1, 1959.

Sebes, J. *The Jesuits and the Sino-Russian Treaty of Nerchinsk (1689)*. Rome, 1961.

Shirokogoroff, S. M. *Social Organization of the Northern Tungus*. Shanghai, 1933.（川久保悌郎・田中克己訳『北方ツングースの社会構成』東京，1941年）

Sinor, D. *Introduction à l'étude de l'Eurasie centrale*. Otto Harrassowitz, 1963.

Sladkovsky, M. I. *The Long Road: Sino-Russian Economic Contacts from Ancient Times to 1917*. Moscow, 1981.

Smith, R. J. *Chinese Maps*. Oxford University Press, 1996.

Spence, J. D. *The Memory Palace of Matteo Ricci*. Viking Penguin, 1984.（古田島洋介訳『マテオ・リッチ　記憶の宮殿』平凡社，1995年）

Stephan, J. J. *Sakhalin: A History*. Oxford University Press, 1971.（安川一夫訳『サハリン―日・中・ソ抗争の歴史―』原書房，1973年）

Szcześniak, B. Matteo Ricci's Maps of China. *Imago Mundi*, 11, 1954.

The Seventeenth Century Maps of China. An Inquiry into the Compilations of European Cartographers. *Imago Mundi*, 13, 1956.

Tamburello, A. Japan in the Martino Martini's work. G. Melis (ed.), *Martino Martini*, Museo Tridentino di Scienze Naturali, 1983.

Urness, C. *Bering's Voyages: The Reports from Russia*. The University of Alaska Press, 1986.

Wallis, H.M. The Influence of Father Ricci on Far Eastern Cartography. *Imago Mundi*, 19, 1965.

Missionary Cartographers to China. *The Geographical Magazine*, 47, 12, 1975.

Wallis, H.M. and Grinstead, E.D. A Chinese Terrestrial Globe, A.D.1623. *The British Museum Quarterly*, 25, 1962.

Walravens, H. Father Verbiest's Chinese World Map (1674). *Imago Mundi*, 43, 1991.

Walter, L. A Typology of Maps of Japan Printed in Europe (1595-1800). L. Walter (ed.), *Japan*, Munich, 1994.

Engelbert Kaempfer and the European Cartogrphy of Japan. L. Walter (ed.), *Japan*, Munich, 1994.

Аврорин, В.А. и Лебедева, Е.П.

Орочские тексты и словарь. Ленинград, 1978.

Андреев, А.И. *Очерки по источниковедению Сибири*, вып. 2 (XVIII век).

Chinese Clothing: An Illustrated Guide. Oxford University Press, 1994.

Golder, F. A. *Russian Expansion on the Pacific 1641-1850*. Cleveland, 1914.

Bering's Voyages. 2 vols. New York, 1922-25.

Harrison, J. A. Notes on the Discovery of Yezo. *Annals of the Association of American Geographers*, 40, 4, 1950.

Japan's Northern Frontier. University of Florida Press, 1953.

The Saghalien Trade: A Contribution to Ainu Studies. *Southwestern Journal of Anthropology*, 10, 1954.

Hayes, D. *Historical Atlas of the North Pacific Ocean*, The British Museum Press, 2001.

Huttmann, W. On Chinese and European Maps of China. *The Journal of the Royal Geographical Society of London*, 14, 1844.

Isnard, A. Joseph-Nicolas Delisle, sa biographie et sa collection de cartes géographiques à la Bibliothèque nationale. *Bulletin du Comité des travaux historiques et scientifiques*, Section de géographie, 30, 1916.

Keuning, J. Nicolaas Witsen as a Cartographer. *Imago Mundi*, 11, 1954.

Lach, D.F. *Asia in the Making of Europe*, vol.1. The University of Chicago Press, 1965.

Lattimore, O. The Gold Tribe, "Fishskin Tatars" of the Lower Sungari. *Memoirs of the American Anthropological Association*, 40, 1933.

Lebedjewa, E. P. Die Geschlechtsnamen der Mandschu. Eine sprachwissenschaftliche Analyse. *Acta Orientalia*, 7, 1957.

Majewicz, A. F. The Oroks: Past and Present. A. Wood (ed.), *The Development of Siberia*, St. Martin's Press, 1989.

Mancall, M. *Russia and China. Their Diplomatic Relations to 1728*. Harvard University Press, 1971.

Miasnikov, V. S. *The Ch'ing Empire and the Russian State in the 17 Century*. Moscow, 1985.

Mungello, D. E. *Curious Land. Jesuit Accommodation and the Origins of Sinology*. University of Hawaii Press, 1989.

Pfister, L. *Notices biographiques et bibliographiques sur les Jésuites de l'ancienne mission de Chine 1552-1773*. 2 vols. Shanghai, 1932-1934.

Ravenstein, E. G. *The Russians on the Amur*. London, 1861.

Robert, W.C.H. (ed.) Voyage to Cathay, Tartary and the Gold- and Silver-rich Islands East of Japan, 1643. Amsterdam, 1975.

年）

Cordier, H. Du Halde et D'anville. (Cartes de la Chine.) *Recueil de mémoires orientaux. Textes et traductions publiés par les professeurs de l'École spéciale des langues orientales vivantes. À l'occasion du XIVe Congrèss international des orientalistes, réuni à Alger.* (*Avril, 1905*), Paris, 1905.

Histoire générale de la Chine et de ses relations avec les pays étrangers depuis les temps les plus anciens jusqu'à la chute de la dynastie mandchoue. 4 vols. Paris, 1920-1921.

Crone, G. R. John Green. Notes on a Neglected Eighteenth Century Geographer and Cartographer. *Imago Mundi*, 6, 1949.

De la Brunière, M. P. B. Missions de la Mandchourie. Lettre de Mgr de la Brunière. *Annales de la Propagation de la Foi*, 20, 1848.（衛藤利夫訳「黒龍江を下った二人の仏蘭西・羅馬カトリック僧の話」〔同『韃靼』所収，東京，1956年〕）

Dehergne, J. *Répertoire des Jésuites de Chine de 1552 à 1800*. Rome, 1973.

Dolgikh, B. O. The Formation of the Modern Peoples of the Soviet North. *Arctic Anthropology*, 9, 1, 1972.

Florovsky, A. Maps of the Siberian Route of the Belgian Jesuit, A. Thomas (1690). *Imago Mundi*, 8, 1951.

Forsyth, J. *A History of the Peoples of Siberia*. Cambridge University Press, 1992.（森本和男訳『シベリア先住民の歴史』彩流社，1998年）

Foss, Th. N. The Editing of an Atlas of China. A Comparison of the Work of J.-B. d'Anville and the Improvements of John Green on the Jesuit / K'ang-hsi Atlas. C.C. Marzoli (ed.), *Imago et Mensura Mundi*, Rome, 1985.

A Western Interpretation of China: Jesuit Cartography. Ch. E. Ronan and B. B. C. Oh (eds.), *East Meets West: the Jesuits in China, 1582-1773*, Loyola University Press, 1988.

Frank, V.S. The Territorial Terms of the Sino-Russian Treaty of Nerchinsk, 1689. *Pacific Historical Reviw*, 16, 1947.

Fuchs, W. Über einige Landkarten mit Mandjurischer Beschriftung.（『満洲学報』第２号，1933年）

Materialien zur Kartographie der Mandju-Zeit. I, II. *Monumenta Serica*, 1, 3, 1935-38.

Garrett, V. M. *Mandarin Squares*. Oxford University Press, 1990.

go Mundi, 2, 1937.
The First Russian Maps of Siberia and Their Influence on the West-European Cartography of N. E. Asia, *Imago Mundi*, 9, 1952.
A Few Remarks on Maps of the Amur, the Tartar Strait and Sakhalin. *Imago Mundi*, 12, 1955.
A History of Russian Cartography up to 1800. The Walker Press, 1975.
Baldacci, O. The cartographic validity and success of Martino Martini's *Atlas Sinensis*. G. Melis (ed.), *Martino Martini*, Museo Tridentino di Scienze Naturali, 1983.
Bernard, H. Les étapes de la cartographie scientifique pour la Chine et les pays voisins. *Monumenta Serica*, 1, 1935.
Note complémentaire sur l'Atlas de K'ang-hi. *Monumenta Serica*, 11, 1946.
Black, L. The Nivkh (Gilyak) of Sakhalin and the Lower Amur. *Arctic Anthropology*, X, 1, 1973.
Boscaro, A. and Walter, L. Ezo and Its Surroundings through the Eyes of European Cartographers. L. Walter (ed.), *Japan*, Munich, 1994.
Bosmans, H. L'œuvre scientifique d'Antoine Thomas de Namur, S.J. (1644-1709). *Annales de la Société scientifique de Bruxelles*, sér.B, Sciences physiques et naturelles, 46, 1926.
Breitfuss, L. Early Maps of North-Eastern Asia and of the Lands around the North Pacific. Controversy between G. F. Müller and N. Delisle. *Imago Mundi*, 3, 1939.
Broc, N. *La géographie des philosophes ; géographes et voyageurs francais au XVIIIe siècle*. Paris, 1974.
Cahen, G. *Les cartes de la Sibérie au XVIIIe siècle*. Paris, 1911
Some Early Russo-Chinese Relations. Shanghai, 1914.（東亜外交史研究会訳『露支交渉史序説』東京，1941年）
Ch'en, K. A Possible Source for Ricci's Notices on Regions near China. *T'oung Pao*, 34, 1938.
Matteo Ricci's Contribution to, and Influence on, Geographical Knowledge in China. *Journal of the American Oriental Society*, 59, 1939.
Cooper, M. *Rodrigues the Interpreter: An Early Jesuit in Japan and China*. Weatherhill, 1974.（松本たま訳『通辞ロドリゲス』原書房，1991

関克笑　　「清代吉林地区卡倫概述」(『歴史檔案』1985年第4期)
関嘉録　　「里達喀及其進京納婦浅析」(『歴史檔案』1982年第4期)
関嘉録・王桂良・張錦堂　「清代庫頁費雅喀人的戸籍与賞烏林制」(『社会科学輯刊』1981年第1期)
　「乾隆四十年庫頁島満文文件翻訳訂正」(『清史論叢』第3輯，1982年)
関嘉録・佟永功　「清朝発遣三姓等地賞奴述略」(『社会科学輯刊』1983年第6期)
　「乾隆朝対黒龍江下游及庫頁島地区管轄一例」(『歴史檔案』1984年第1期)
　「清朝貢貂賞烏林制度的確立及演変」(『歴史檔案』1986年第3期)
劉小萌　　「清前期東北辺疆“徙民編旗”考察」(呂一燃『中国辺疆史地論集』黒龍江教育出版社，1991年)
劉景憲・郭成康・劉建新「清太宗時期的“新満洲”問題」(『歴史檔案』1981年第4期)
劉遠図　　「≪柳辺紀略≫所記威伊克阿林界碑補証」(『学習与探索』1985年第6期)
蔣秀松　　「清初的呼爾哈部」(『社会科学戦線』1981年第1期)
　「明代東北民族雑考」(『中華文史論叢』1983年第3期)
　「呼爾哈与赫哲」(『北方論叢』1984年第3期)
遼寧省檔案館　『清代三姓副都統衙門満漢文檔案選編』(遼寧古籍出版社，1996年)
遼寧省檔案館・遼寧社会科学院歴史研究所・瀋陽故宮博物館
　『三姓副都統衙門満文檔案訳編』(遼瀋書社，1984年)
薛虹　　「庫頁島在歴史上的帰属問題」(『歴史研究』1981年第5期)
　「彩絵満文黒龍江地図和格爾必斉河的位置」(『清史研究』1993年第4期)
鞠徳源　　「清初的貂皮貢賦」(『文物』1976年第9期)
　「関于明代奴児干永寧寺碑記的考察和研究」(『文献』1980年第1輯)
　「従《三万衛選簿》看明朝政府対奴児干地区的経営」(『文物集刊』第2集，1980年)
　「蔣友仁絵坤輿全図」(曹婉如他編『中国古代地図集 清代』文物出版社，1997年)
叢佩遠　　「清代東北的駅路交通」(『北方文物』1985年第1期)
盧雪燕　　「院蔵康熙満文本『黒龍江流域図』考介」(『故宮文物月刊』第225期〔第19巻第9期〕，2001年)

c．欧文文献

Bagrow, L.　　Ivan Kirilov, Compiler of the First Russian Atlas, 1689-1737. *Ima-*

頭考察文集』青海人民出版社，1982年）
黄潤華・屈六生　『全国満文図書資料聯合目録』（書目文献出版社，1991年）
黒龍江省地図集編輯委員会　『黒龍江省地図集』（哈爾濱地図出版社，2003年）
傅柏齢　「《打牲烏拉志典全書》“補訂”之補正及穆克登其人其事」（『満族研究』1992年第3期）
嵇若昕　「翎与翎管」（『故宮文物月刊』第30期〔第3巻第6期〕1985年）
鈕仲勲　「我国各民族対清朝康熙乾隆年間経緯度測量的貢献」（『民族研究』1980年第3期）
馮宝琳　「康熙《皇輿全覧図》的測絵考略」（『故宮博物院院刊』1985年第1期）
「記幾種不同版本的雍正《皇輿十排全図》」（『故宮博物院院刊』1986年第4期）
楊合義　「清代活躍於東北的漢族商人」（『食貨月刊復刊』第5巻第3期，1975年）
楊余練　「簡論清代康熙時期的“新満洲”与“布特哈八旗”」（『社会科学戦線』1980年第4期）
「清代盛京地区的駐防八旗」（『東北地方史研究』創刊号，1984年）
楊余練・関克笑　「清廷対吉林辺疆少数民族地区的統治」（『歴史研究』1982年第6期）
「清朝対東北辺陲民族的聯姻制度」（『黒龍江文物叢刊』1984年第2期）
楊暘・袁閭琨・傅朗雲　『明代奴児干都司及其衛所研究』（中州書画社，1982年）
福克司　「康熙時代耶蘇会教士所絵之中国地図」（『中徳学誌』第3巻第3号，1941年）
董万崙　「関于東海恰喀拉人歴史的探討」（『歴史檔案』1984年第2期）
「清代庫雅喇満洲研究」（『民族研究』1987年第4期）
鉄玉欽・王佩環　「試論康熙東巡的意義」（『故宮博物院院刊』1988年第4期）
趙永復　「利瑪竇《坤輿万国全図》所引用的中国資料」（『歴史地理研究』第1輯，1986年）
趙志強・呉元豊　「錫伯族南遷概述」（『歴史檔案』1981年第4期）
「錫伯族遷居雲南考」（『歴史檔案』1982年第2期）
「吉林烏拉錫伯世管佐領源流考」（『歴史檔案』1983年第4期）
「黒龍江地区錫伯族的歴史変遷」（『黒龍江文物叢刊』1984年第3期）
「錫伯族由科爾沁蒙古旗編入満洲八旗始末」（『民族研究』1984年第5期）
趙展　「尚堅烏黒今地考」（『学習与探索』1980年第2期）
趙鳴岐　「烏扎拉村考」（『求是学刊』1982年第2期）

四百週年中西文化交流国際学術会議論文集』輔仁大学出版社，1983年）
季永海　「《尼山薩満》的版本及其価値」（『民族文学研究』1994年第３期）
侯瑞秋　「《皇清職貢図》与赫哲族民俗」（『満族研究』1998年第３期）
哈爾濱地図出版社　『黒龍江省地図冊』（哈爾濱地図出版社，1997年）
姜黎・石一山　「三家子陶氏族属考」（『北方文物』1987年第１期）
胡宝林　「試論清代黒龍江辺防」（『北方論叢』1985年第５期）
草成　「関于赫哲族的綽各楽氏族」（『北方文物』1987年第１期）
荘吉発　『謝遂《職貢図》満文図説校注』（国立故宮博物院，1989年）
凌純聲　『松花江下游的赫哲族』２冊（国立中央研究院，1934年）
唐暁峰　「梵蒂岡所蔵中国清代長城図」（『文物』1996年第12期）
孫喆　「《中俄尼布楚条約》与《康熙皇輿全覧図》的絵制」（『清史研究』2003年第１期）
徐仲杰　『南京雲錦史』（江蘇科学技術出版社，1985年）
秦国経　「18世紀西洋人在測絵清朝輿図中的活動与貢献」（『清史研究』1997年第１期）
秦国経・劉若芳　「清朝輿図的絵制与管理」（曹婉如他編『中国古代地図集　清代』文物出版社，1997年）
翁文灝　「清初測絵地図考」（『地学雑誌』第18年第３期，1930年）
高文風　「中俄黒喇蘇密之戦」（『黒龍江大学学報』1979年第１期）
張太湘・呉文銜　「赫哲族歴史研究的幾箇問題」（『黒龍江文物叢刊』1982年第１期）
張玉興　『清代東北流人詩選注』（遼瀋書社，1988年）
張存武　『清韓宗藩貿易（1637～1894）』（中央研究院，1978年）
張杰　「清初招撫新満洲述略」（『清史研究』1994年第１期）
張嘉賓　「依蘭赫哲族三姓考」（『黒龍江民族叢刊』1991年第１期）
「試析“貢貂与賞烏林”制度」（波少布編『黒龍江民族歴史与文化』中央民族学院出版社，1993年）
曹婉如他　「中国現存利瑪竇世界地図的研究」（『文物』1983年第12期）
郭燕順　「赫哲族的名称」（『社会科学戦線』1981年第４期）
「涅吉達爾人的先人及氏族」（『社会科学戦線』1985年第３期）
「清代奇勒爾部及其源流」（『北方文物』1986年第3期）
陶勉　「清代封祭長白山与派員踏査長白山」（『中国辺疆史地研究』1996年第３期）
黄十慶　「清代的引見制度」（『歴史檔案』1988年第１期）
黄時鑒・龔纓晏　『利瑪竇世界地図研究』（上海古籍出版社，2004年）
黄盛璋　「黄河上源的歴史地理問題与測絵的地図新考」（祁明栄編『黄河源

王智敏　『龍袍』（芸術図書公司，1994年）
王雲英　『清代満族服飾』（遼寧民族出版社，1985年）
王樹人　「清代記述河源的一篇重要文献—通智的《河源記》」（『西北史地』1989年第1期）
史筠　「蒙古族学者明安図在我国科学史上的貢献」（『民族団結』1964年第2・3期）
民族問題五種叢書遼寧省編輯委員会
　『満族社会歴史調査』（遼寧人民出版社，1985年）
申成信　「《巴雅喇氏家譜》浅探」（『満族研究』1989年第3期）
任金城　「康熙和乾隆時期我国地図測絵事業的成就及其評価」（『科学史集刊』第10集，1982年）
呉文銜・李士良　「清代官員巡査東北辺境的記録」（『東北考古与歴史』第1輯，1982年）
呉玉清　「雍正与怡親王允祥」（『清史研究』1993年第1期）
呉洋　「清代“俄羅斯佐領”考略」（『歴史研究』1987年第5期）
呂光天　「論黒龍江流域上、中游各族与明清両朝的隷属関係」（『社会科学戦線』1981年第2期）
　「明清之際黒龍江下游和庫頁島的少数民族」（『社会科学輯刊』1982年第6期）
　「清代布特哈打牲鄂温克人的八旗結構」（『民族研究』1983年第3期）
李林　『満族家譜選編』（1）（遼寧民族出版社，1988年）
　『満族宗譜研究』（遼瀋書社，1992年）
李洁平　「“伊蘭孛”屯的形成及其族俗」（『黒龍江文物叢刊』創刊号，1981年）
李書・劉景憲　「三家子陶氏家族史料」（『満語研究』1986年第2期）
李徳啓　『国立北平図書館・故宮博物院図書館満文書籍聯合目録』（国立北平図書館・故宮博物院図書館，1933年）
李興盛　『辺塞詩人呉兆騫』（黒龍江人民出版社，1986年）
　『東北流人史』（黒龍江人民出版社，1990年）
汪前進　「乾隆十三排図定量分析」（曹婉如他編『中国古代地図集 清代』文物出版社，1997年）
国立北平故宮博物院文献館　『清内務府造辦処輿図房図目初編』（国立北平故宮博物院，1936年）
孟憲振　「清初吉林至璦琿駅站考」（『歴史檔案』1982年第4期）
於福順　「清雍正十排《皇輿図》的初歩研究」（『文物』1983年第12期）
林東陽　「利瑪竇的世界地図及其対明末士人社会的影響」（『紀念利瑪竇来華

第1・2号，1980年）
『ロシアの東方進出とネルチンスク条約』（東洋文庫，1984年）
『ロシアと中国の東部国境をめぐる諸問題』（環翠堂，1992年）
吉田東伍　『大日本地名辞書』5冊（東京，1907-09年）
リプスキー述　「黒龍江畔ウルミ及ツングースカ居住ゴリド族に就て」（『人類学雑誌』第37巻第9号，1922年）
臨時台湾旧慣調査会編　『清国行政法』8冊（東京，1910-15年）
ルイズデメディナ『遥かなる高麗』（近藤出版社，1988年）
リッチ著（川名公平訳）　『中国キリスト教布教史』2冊（岩波書店，1982-83年）
ジョアン=ロドリーゲス著（佐野泰彦他訳）『日本教会史』2冊（岩波書店，1967-70年）
若松寛　「ガンチムールのロシア亡命事件をめぐる清・ロシア交渉」（上），（下）（『京都府立大学学術報告』〔人文〕第25，26号，1973-74年）
和田清　『東亜史論藪』（東京，1942年）
『東亜史研究』（満洲篇）（東洋文庫，1955年）

b．中国語文献（著者名筆画順）
中国第一歴史檔案館
『清代中俄関係檔案史料選編』第一編（中華書局，1981年）
「順治十七年招撫赫哲等部族之人史料」（『歴史檔案』1995年第2期）
中国第一歴史檔案館・中国人民大学清史研究所・中国社会科学院中国辺疆史地研究中心
『清代辺疆満文檔案目録』12冊（広西師範大学出版社，1999年）
方豪　「康熙間西士在貴州餘慶測絵輿図考」（『方豪文録』北平，1948年）
「康熙五十三年測絵台湾地図考」（『文献専刊』創刊号，1949年）
「康熙五十八年清廷派員測絵琉球地図之研究」（『国立台湾大学文史哲学報』第1期，1950年）
「康熙間測絵滇黔輿図考」（『方豪六十自定稿』台北，1969年）
「『西蔵学』的開拓者」（同上）
王佩環　「清代東北采参業的興衰」（『社会科学戦線』1982年第4期）
「《寧古塔紀略》史事鉤補」（『東北地方史研究』1986年第1期）
「康熙東巡史事鉤補」（『歴史檔案』1987年第1期）
王佩環・趙徳貴　「清代三姓城的勃興及其経済特点」（『社会科学戦線』1987年第1期）
王孟白　「詩人呉兆騫系年箋証」（『北方論叢』1985年第6期）
王庸　「国立北平図書館蔵清内閣大庫輿図目録」（『国立北平図書館館刊』第6巻第4号，1932年）

編『人文地理学の諸問題』大明堂，1968年）
「レメゾフの『シベリア地図帳（1701年）』の第21図」（『史淵』第111輯，1974年）

水原重光　「Nertchinsk（尼布楚）締約後黒龍江方面に於ける清朝の実辺策」（『大分師範学校研究報告』〔人文〕1949年）
「近世前期国家領域劃定時のBoundary zone経営の一例としての清朝の黒龍江省経営」（『西日本史学』第3号，1950年）

三田了一他　『支那毛皮』（満鉄臨時経済調査委員会，1929年）

三田村泰助　『清朝前史の研究』（東洋史研究会，1965年）

宮崎正義　『近代露支関係の研究　沿黒龍地方の部』（大連，1922年）

村上直次郎　『耶蘇会士日本通信』2冊（東京，1927-28年）

森川哲雄　「チャハルのブルニ親王の乱をめぐって」（『東洋学報』第64巻第1・2号，1983年）

矢沢利彦　「リッチ（利瑪竇）史料に見えた日本関係記事」（『史学雑誌』第62編第12号，1953年）
「マッテオ・リッチと文禄慶長の役」（『日本歴史』第70号，1954年）

保井克己　「璦琿満洲語」（『音声学協会会報』第74・75号，1943年）

柳元悦　「ウリチの帯織り技術」（大塚和義編『北太平洋の先住民交易と工芸』思文閣出版，2003年）

柳澤明　「いわゆる『ブトハ八旗』の設立について」（『松村潤先生古稀記念清代史論叢』汲古書院，1994年）

矢野仁一　『満洲近代史』（東京，1941年）

藪内清編　『天工開物の研究』（恒星社厚生閣，1953年）

山本祐弘　『北方自然民族民話集成』（相模書房，1968年）

ユック著（後藤冨男他訳）　『韃靼・西蔵・支那旅行記』2冊（原書房，1980年）

楊合義　「清代東三省開発の先駆者－流人－」（『東洋史研究』第32巻第3号，1973年）

吉川秀造　「徳川時代に於ける蝦夷交易の官営」（『経済史研究』第37号，1932年）

吉田金一　「ロシアと清の貿易について」（『東洋学報』第45巻第4号，1963年）
「露中関係史をめぐる諸問題」（『東洋学報』第56巻第2・3・4号，1975年）
「十七世紀中ごろの黒竜江流域の原住民について」（『史学雑誌』第82編第9号，1973年）
『近代露清関係史』（近藤出版社，1974年）
「郎談の『吉林九河図』とネルチンスク条約」（『東洋学報』第62巻

1972年）
増井寛也　「清初の東海フルガ部とゴルドの形成過程」（『立命館史学』第４号，1983年）
「新満洲ニル編成前後の東海フルガ部」（『立命館文学』第496～498号，1986年）
「クルカ Kůrka とクヤラ Kůyala―清代琿春地方の少数民族―」（『立命館文学』第514号，1989年）
増田忠雄　「ネルチンスク条約の国境に就て」（『史林』第26巻第１号，1941年）
松浦茂　「天命年間の世職制度について」（『東洋史研究』第42巻第４号，1984年）
「ヌルハチ（清・太祖）の徙民政策」（『東洋学報』第67巻第３・４号，1986年）
「清朝辺民制度の成立」（『史林』第70巻第４号，1987年）
「一九八〇年以降の中国における清代東北史研究の新動向」（『東洋学報』第69巻第３・４号，1988年）
「リダカとトジンガ」（『鹿大史学』第38号，1991年）
「間宮林蔵の著作から見たアムール川最下流域地方の辺民組織」（神田信夫先生古稀記念論集編纂委員会編『清朝と東アジア』山川出版社，1992年）
「一七世紀以降の東北アジアにおける経済交流」（『松村潤先生古稀記念清代史論叢』汲古書院，1994年）
『清の太祖ヌルハチ』（白帝社，1995年）
「清代中期における三姓の移住と佐領編成」（石橋秀雄編『清代中国の諸問題』山川出版社，1995年）
「満洲語檔案に現れる北方少数民族の言語」（松浦茂編『13世紀以降のアムール川下流・サハリン地方に関する研究』〔平成14・15年度科学研究費補助金基盤研究Ｃ１研究成果報告書〕，2004年）
松好貞夫　『流通経済前史の研究』（名著出版，1972年）
満文老檔研究会　『満文老檔』７冊（東洋文庫，1955-63年）
三上次男　「十七世紀以降に於ける漢人の満洲移住に就て」（『国民の歴史』第１巻第１号，1947年）
三上正利　「康熙時代におけるゼスイットの測図事業」（『史淵』第51輯，1952年）
「1673年のシベリア地図」（『人文地理』第16巻第１号，1964年）
「スパファリのシベリア地図」（『史淵』第99輯，1968年）
「一六八七年のシベリア地図」（小牧實繁先生古稀記念事業委員会

平林広人　「ベーリングの大探検と北太平洋地図の修訂について」(『地図』第4巻第2号，1966年)
藤田元春　『改訂増補日本地理学史』(原書房，1984年)
船越昭生　「康熙時代のシベリア地図」(『東方学報』〔京都〕第33冊，1963年)
「在華イエズス会士の地図作成とその影響について」(『東洋史研究』第27巻第4号，1969年)
「『坤輿万国全図』と鎖国日本」(『東方学報』〔京都〕第41冊，1970年)
「マテオ=リッチ作成世界地図の中国に対する影響について」(『地図』第9巻第2号，1971年)
『北方図の歴史』(講談社，1976年)
『鎖国日本にきた「康熙図」の地理学史的研究』(法政大学出版局，1986年)
フロイス著(松田毅一・川崎桃太訳)
『日本史』第2巻(中央公論社，1977年)
細谷良夫　「盛京鑲藍旗新満洲の『世管佐領執照』について」(『文経論叢』〔弘前大学〕第12巻第4号，1977年)
「盛京鑲藍旗新満洲の『世管佐領執照』について」(『江上波夫教授古稀記念論集』〔歴史篇〕山川出版社，1977年)
北海道開拓記念館『「北の歴史・文化交流研究事業」研究報告』(北海道開拓記念館，1995年)
北海道教育庁　『オロッコ・ギリヤーク民俗資料調査報告書』(北海道文化財保護協会，1974年)
『ウイルタ民俗文化財　緊急調査報告書(10)ウイルタ語生活語彙・ウイルタの刺繍』(北海道教育委員会，1989年)
『アイヌ衣服調査報告書—樺太アイヌが伝承する衣文化—』3冊(北海道文化財保護協会，1987-89年)
北海道新聞社　『蝦夷錦の来た道』(北海道新聞社，1991年)
北海道総務部　『樺太関係文献総目録』(北海道，1970年)
北海道大学附属図書館　『日本北辺関係旧記目録』(北海道大学図書刊行会，1990年)
洞富雄　『樺太史研究－唐太と山丹－』(新樹社，1956年)
『北方領土の歴史と将来』(新樹社，1973年)
『間宮林蔵』(吉川弘文館，1986年)
洞富雄・谷澤尚一編注　『東韃地方紀行』(平凡社，1988年)
マーク著(北方産業研究所編訳)
「アムール河流域民族誌」(1)～(3)(『ユーラシア』第5～7号，

巻，朝日新聞社，1976年）
「黒龍江と北樺太」（同上）
「満文字の地図と職貢図」（『鳥居龍蔵全集』第10巻，朝日新聞社，1976年）
内藤虎次郎　「支那史学史」（『内藤湖南全集』第11巻，筑摩書房，1969年）
「間島吉林旅行談」（『内藤湖南全集』第６巻，筑摩書房，1972年）
永原慶二　『新・木綿以前のこと』（中央公論社，1990年）
中村和之　「北海道神宮旧蔵『満洲古衣』について」（『北海道札幌稲西高等学校研究紀要』第３号，1986年）
「蝦夷錦と山丹交易」（『北海道高等学校教育研究会研究紀要』第24号，1987年）
「蝦夷錦の残存数とその研究の調査（１）」（『北海道高等学校教育研究会研究紀要』第25号，1988年）
「トジンガの家系について」（『北大史学』第32号，1992年）
「アムール川下流から間宮林蔵が持ち帰った清朝官吏の満州語文書」（『北海道新聞』1994年６月21日夕刊）
中村チヨ口述（村崎恭子編）『ギリヤークの昔話』（北海道出版企画センター，1992年）
中村拓　『鎖国前に南蛮人の作れる日本地図』３冊（東洋文庫，1966-67年）
「ダンヴィルの手翰並にカステル神父の答書」（『横浜市立大学論叢』〔人文科学系列〕第23巻第２・３号，1973年）
成田修一　『蝦夷地図抄』（沙羅書房，1989年）
新岡武彦　「樺太古代の交通路」（『樺太時報』第21号，1939年）
仁井田陞　『補訂中国法制史研究』（土地法・取引法）（東京大学出版会，1980年）
日露協会　『極東露領に於ける毛皮』（日露協会報告８）（東京，1921年）
日本海軍測量隊　『松花江江図』（軍政部，1933年）
野見山温　『露清外交の研究』（酒井書店，1977年）
橋本康子　「魚皮衣について」（『研究報告集』〔大阪私立短期大学協会〕第33号，1996年）
「魚皮衣の形態について―ギリヤーク族の資料を中心に―」（『日本服飾学会誌』第18号，1999年）
畠山歌子　「アイヌ民族の魚皮衣」（『北海道の文化』第66号，1994年）
服部健　「シュレンクの樺太探検」（『樺太時報』第22号，1939年）
『服部健著作集―ギリヤーク研究論集―』（北海道出版企画センター，2000年）
平岡雅英　『日露交渉史話』（東京，1944年）

スハープ著（永積洋子訳）『南部漂着記』（キリシタン文化研究会，1974年）
スモリャーク著（灰谷慶三訳）「十九世紀サハリン島のアイヌと同島およびアムール河下流域の原住民との交流」（『国立民族学博物館研究報告別冊』第5号，1987年）
平和彦　「琉球国絵図と中山伝信録」（『アジア・アフリカ資料通報』第18巻第4号，1980年）
高倉新一郎　「近世に於ける樺太を中心とした日満交易」（『北方文化研究報告』第1輯，1939年）
高倉新一郎・柴田定吉　「我国に於ける樺太地図作製史」（『北方文化研究報告』第2輯，1939年）
「我国に於ける北海道本島地図の変遷」（1），（2）（『北方文化研究報告』第6，7輯，1942-52年）
高野明　『日本とロシア』（紀伊国屋書店，1994年）
高橋正　「中国・朝鮮製地図に見える初期日本図」（『ビブリア』第75号，1980年）
瀧川政次郎　「清代文武官服制考」（『史学雑誌』第53編第1号，1942年）
竹内運平　「山丹交易に関する考察」（『国学院雑誌』第39巻第5，6号，1933年）
田口喜三郎　『太平洋産サケ・マス資源とその漁業』（恒星社厚生閣，1966年）
田中克己　「明末の野人女直について」（『東洋学報』第42巻第2号，1959年）
「清鮮間の兀良哈（ワルカ）問題」（『史苑』第20巻第2号，1959年）
玉貫光一　『増補改訂樺太博物誌』（国書刊行会，1977年）
田村實造・今西春秋・佐藤長　『五体清文鑑訳解』2冊（京都大学文学部，1966-1968年）
チースリク　『北方探検記』（吉川弘文館，1962年）
鶴見立吉　「会寧開市に就て」「同（再び）」（『朝鮮史学』第4，5号，1926年）
寺内威太郎　「李氏朝鮮と清朝との辺市について—会寧・慶源開市を中心として—」（1），（2）（『駿台史学』第58，59号，1983年）
「慶源開市と琿春」（『東方学』第70輯，1985年）
「義州中江開市について」（『駿台史学』第66号，1986年）
「柵門後市と湾商」（神田信夫先生古稀記念論集編纂委員会編『清朝と東アジア』山川出版社，1992年）
照井壮助　『天明蝦夷探検始末記』（八重岳書房，1974年）
鳥居龍蔵　「人種学上より見たる『皇清職貢図』」（『人類学雑誌』第39巻第2号，1924年）
「人類学及人種学上より見たる北東亜細亜」（『鳥居龍蔵全集』第8

海道』北方書院，1948年）
「江戸時代初期のアイヌ服飾の研究」（『北方文化研究報告』第20輯，1965年）
児玉作左衛門・伊藤昌一「アイヌの髪容の研究」（『北方文化研究報告』第5輯，1941年）
小林忠雄　『ラペルーズ世界周航記　日本近海編』（白水社，1988年）
小堀巌　「璦琿附近の満洲族の言語について―『附』ダグール語資料―」（『民族学研究』第14巻第2号，1949年）
齋藤玲子　「素材としての魚皮と鞣めし技術」（『民具マンスリー』第31巻第4号，1998年）
佐々木史郎　「アムール川下流域諸民族の社会・文化における清朝支配の影響について」（『国立民族学博物館研究報告』第14巻第3号，1990年）
「レニングラードの人類学民族学博物館所蔵の満州文書」（畑中幸子・原山煌編『東北アジアの歴史と社会』名古屋大学出版会，1991年）
「北海道、サハリン、アムール川下流域における毛皮及び皮革利用について」（小山修三編『狩猟と漁労』雄山閣出版，1992年）
笹木義友　「17世紀における日本の「北方」認識の推移」（『「北の歴史・文化交流研究事業」研究報告』，北海道開拓記念館，1995年）
参謀本部・陸地測量部　「五十万分一薩哈嗹附近素図」2枚　（参謀本部・陸地測量部，1941年）
島田好　「近代東部満洲民族考」（『満洲学報』第5号，1937年）
「（東韃紀行）解説」（『東韃紀行』大連，1938年）
島谷良吉　『最上徳内』（吉川弘文館，1989年）
白鳥庫吉　「『東韃紀行』の山丹に就いて」（『白鳥庫吉全集』第5巻，岩波書店，1970年）
白山友正　「山丹交易事情」（『経済史研究』第40号，1933年）
末永雅雄・伊東信雄　『挂甲の系譜』（雄山閣，1979年）
末松保和　『近世に於ける北方問題の進展』（東京，1928年）
「末期の山丹交易に就て」（『東亜経済研究』第13巻第2号，1929年）
鈴木中正　「清代の満洲人蔘について」（『愛知大学文学論叢』〔開学十周年記念〕1957年）
『清朝中期史研究』（燎原書房，1971年）
周藤吉之　「清朝に於ける満洲駐防の特殊性に関する一考察」（『東方学報』〔東京〕第11巻第1号，1940年）
『清代満洲土地政策の研究』（東京，1944年）

「清代人参採取制度についての一考察」(『鈴木俊教授還暦記念東洋史論叢』東京, 1964年)
「清朝人参採取制度の衰微について」(『文経論叢』〔弘前大学〕創刊号, 1965年)
「清代参政考」(『集刊東洋学』第55号, 1986年)
河内良弘　『明代女真史の研究』(同朋舎出版, 1992年)
「骨看兀狄哈管見」(神田信夫先生古稀記念論集編纂委員会編『清朝と東アジア』山川出版社, 1992年)
神田信夫　『清朝史論考』(山川出版社, 2005年)
神田信夫・松村潤・岡田英弘　『旧満洲檔(天聡九年)』2冊(東洋文庫, 1972-75年)
菊池勇夫　『北方史のなかの近世日本』(校倉書房, 1991年)
菊池新一　「近世における山丹交易について」(『経済論集』〔大東文化大学経済学会〕第6号, 1966年)
木崎良平　『漂流民とロシア－北の黒船に揺れた幕末日本－』(中央公論社, 1991年)
岸野久　『西欧人の日本発見』(吉川弘文館, 1989年)
北構保男　『一六四三年アイヌ社会探訪記－フリース船隊航海記録－』(雄山閣出版, 1983年)
楠木賢道　「『清代譜牒檔案内閣』について」(『清史研究』第3号, 1987年)
「黒龍江将軍衙門檔案からみた康熙二十三年の露清関係」(『歴史人類』第24号, 1996年)
工藤長平　「ジロラモ・デ・アンジェリスの蝦夷地図について」(『歴史地理』第83巻第3号, 1952年)
黒田源次　「皇輿全覧図について」(『満洲史学』第1巻第1号, 1937年)
「再び皇輿全覧図について」(『満洲史学』第1巻第2号, 1937年)
河野六郎　「満洲国黒河地方に於ける満洲語の一特色―朝鮮語及び満洲語の比較研究の一報告―」(『学叢』〔京城帝国大学文学会〕第3輯, 1944年)
児島恭子　「18, 19世紀におけるカラフトの住民－『サンタン』をめぐって－」(北方言語・文化研究会編『民族接触―北の視点から―』六興出版, 1989年)
「山丹交易とカラフト諸民族の状況」(『昭和女子大学国際文化研究所紀要』第2号, 1995年)
児玉作左衛門　「デ・アンジェリスの蝦夷国報告書に就て」(『北方文化研究報告』第4輯, 1941年)
「外国文献に現はれた初期の北海道」(札幌中央放送局編『異国北

大友喜作　「山丹貿易と工藤平助」(『仙台郷土資料』第3巻第6号，1933年)
大野晃嗣　「清代加級考」(『史林』第84巻第6号，2001年)
岡本良知　『豊臣秀吉』(中央公論社，1963年)
『十六世紀における日本地図の発達』(八木書店，1973年)
小川運平　『満洲及樺太』(東京，1909年)
荻原（小川）真子　「アムール下流域の『クイ』に由来する氏族について」(『フオクロア』第3号，1978年)
「アムール川・沿海州地域の人・生活・衣服」(森浩一編『古代日本海域の謎Ⅱ 海からみた衣と装いの文化』 新人物往来社，1989年)
長田夏樹　『長田夏樹論述集』下巻（ナカニシヤ出版，2001年)
織田武雄他　『日本古地図大成』(世界図編)(講談社，1975年)
海保嶺夫　「近世の樺太における鉄器と土器」(『北海道地方史研究』第90号，1973年)
「『北蝦夷地御引渡目録』について—嘉永六年（一八五三）の山丹交易—」(『「北の歴史・文化交流研究事業」中間報告』(1990年度）北海道開拓記念館，1991年)
加藤九祚　『北東アジア民族学史の研究』(恒文社，1986年)
加藤定子　「シベリアの衣服—ナナイ（族）の魚皮を中心に—」(森浩一編『古代日本海域の謎Ⅱ 海からみた衣と装いの文化』新人物往来社，1989年)
加藤繁　『支那経済史考証』2冊（東洋文庫，1952-53年)
紙屋敦之　「幕藩制国家の成立と東アジア」(『歴史学研究』第573号増刊号，1987年)
「日本近世の統一と韃靼」(田中健夫編『日本前近代の国家と対外関係』吉川弘文館，1987年)
鎌田重雄　『ソ領沿海地方の原住民』(東光協会出版部，1948年)
上牧瀬三郎　『ソロン族の社会』(東京，1940年)
樺太庁　『樺太庁施政三十年史』2冊（原書房，1973-74年)
川久保悌郎　「清末に於ける吉林省西北部の開発」(『歴史学研究』第5巻第2号，1935年)
「清代に於ける辺疆への罪徒配流について」(『人文社会』〔弘前大学〕第15号，1958年)
「清代満洲における焼鍋の簇生について」(『和田博士古稀記念東洋史論叢』東京，1961年)
「清代満洲の辺疆社会」(『人文社会』〔弘前大学〕第27号，1962年)

『増訂満洲発達史』（東京，1935年）
井上紘一　「スパタルス『大いなる河アムールの物語』」（『ロシアと日本』第2集，東京，1990年）
今西春秋　『満和対訳満洲実録』（新京，1938年）
『満和蒙和対訳満洲実録』（刀水書房，1992年）
入江啓四郎　「ネルチンスク条約の研究」（アジア・アフリカ国際関係研究会編『中国をめぐる国境紛争』巌南堂書店，1967年）
岩井茂樹　「十六・十七世紀の中国辺境社会」（小野和子編『明末清初の社会と文化』京都大学人文科学研究所，1996年）
ヴィソーコフ著（板橋政樹訳）　『サハリンの歴史』（北海道撮影社，2000年）
海野一隆　「支那地図学史上の日本」（『東洋文庫書報』第9号，1978年）
『地図の文化史―世界と日本―』（八坂書房，1996年）
『地図に見る日本』（大修館書店，1999年）
『東西地図文化交渉史研究』（清文堂出版，2003年）
江嶋壽雄　『明代清初の女直史研究』（中国書店，1999年）
榎一雄　「乾隆朝の西域調査とその成果－特に西域同文志について－」（『榎一雄著作集』第2巻，汲古書院，1992年）
榎森進　「蝦夷地をめぐる北方の交流」（丸山雍成編『日本の近世』第6巻，中央公論社，1992年）
「松花江流域の寛永通宝」（『満族史研究通信』第7号，1998年）
大井晴男　「『サハリン・アイヌ』の形成過程」（『北方文化研究』第17号，1985年）
大熊良一　『幕末北方関係史考』（増補版）（近藤出版社，1990年）
太田（澤）美香　「『皇輿全覧図』について－チベット図作成をめぐって－」（『文学研究科紀要』別冊第11集〔哲学・史学編〕〔早稲田大学〕，1984年）
「『皇輿全覧図』についての新史料」（『史観』第113冊，1985年）
「檔案史料から見た『皇輿全覧図』とヨーロッパ技術」（『史観』第121冊，1989年）
大塚和義　「山丹交易の世界を行く」（１）～（８）（『京都新聞』1997年９月～10月）
「北太平洋の先住民交易」（『ラッコとガラス玉―北太平洋の先住民交易―』千里文化財団，2001年）
「ウリチの帯・クイウマリ―存在の確認とその意味―」（大塚和義編『北太平洋の先住民交易と工芸』思文閣出版，2003年）
「アムール川流域先住民の魚皮衣」（同上）
大塚孝子　「ナナイの刺繍―花嫁衣装を中心に―」（同上）

B．二次資料

a．日本語文献（著者名50音順）

青森県立郷土館　『蝦夷錦と北方交易』（青森県立郷土館，2003年）
赤松智城・秋葉隆『満蒙の民族と宗教』（東京，1941年）
秋月俊幸　『日露関係とサハリン島』（筑摩書房，1994年）
『日本北辺の探検と地図の歴史』（北海道大学図書刊行会，1999年）
秋山謙蔵　「明代支那人の日本地理研究」（『歴史地理』第61巻第1号，1933年）
東俊佑　「サハリン島をさす呼称－「カラフト」の語源に関する覚書－」（『アジア文化史研究』第3号，2003年）
跡部治　「ロシア地図学初期の発達」（『地図』第7巻第1号，1969年）
阿南惟敬　『清初軍事史論考』（甲陽書房，1980年）
阿部真琴　「十八世紀に於けるロシア人の『蝦夷地』探検」（『歴史地理』第62巻第6号，1933年）
天野元之助　『中国農業史研究』（増補版）（御茶の水書房，1979年）
鮎沢信太郎　「艾儒略の職方外紀に就いて」（『地球』第23巻第5号，1935年）
「南懐仁が支那に紹介した世界地理書に就て」（1），（2）（『地球』第24巻第5，6号，1935年）
有高巌　「黒龍江省呼蘭平野の開発に就きて」（『内藤博士還暦祝賀支那学論叢』京都，1926年）
「清代満洲流人考」（『三宅博士古稀祝賀記念論文集』東京，1929年）
池内宏　「加藤清正のオランカイ攻伐」（『史学雑誌』第26編第3号，1915年）
池上二良　「東北アジアの言語分布の変遷」（三上次男・神田信夫編『東北アジアの民族と歴史』（山川出版社，1989年）
「十九世紀の樺太西部の住民について」（『北海道民族学会通信』1995年第1・2号，1996年）
『ウイルタ語辞典』（北海道大学図書刊行会，1997年）
『満洲語研究』（汲古書院，1999年）
『ツングース・満洲諸語資料訳解』（北海道大学図書刊行会，2002年）
石田英一郎　「邦領南樺太オロッコの氏族に就いて（一）」（『石田英一郎全集』第5巻所収，筑摩書房，1977年）
石田幹之助　『欧人の支那研究』（東京，1932年）
『欧米に於ける支那研究』（東京，1942年）
稲葉岩吉（君山）「湾商」（『朝鮮史講座』第12号，朝鮮史学会，1924年）
「朝鮮孝宗朝に於ける両次の満洲出兵に就いて」（上），（下）（『青丘学叢』第15，16号，1934年）

sterdam, 1968
Cordier, H. (ed.) De la situation du Japon et de la Corée. Manuscrit inédit du Père A. Gaubil S. J. *T'oung Pao*, 9, 1898.
Manuscrit inédit du Père A. Gaubil S. J. *T'oung Pao*, 16, 1915.
De Mailla, J.de M. *Histoire générale de la Chine*, tome 11. Paris, 1780.
Du Halde, J.B. *Description géographique, historique, chronologique, politique, et physique de l'Empire de la Chine et de la Tartarie Chinoise*. 4vols Paris, 1735.
Gaubil, A. *Correspondance de Pékin, 1722-1759*. Geneva, 1970.
La Pérouse, J. F. G. de *A Voyage round the World*, vol.2. London, 1799.
Maffeii, I. P. *Historiarum Indicarum libri XVI. Selectarum item ex India Epistolarum, eodem interprete libri IV*. Cologne, 1593. (*L'histoire des Indes orientales et occidentales*, Paris, 1665.)
Владиславич Л.,С. Секретная информация о силе и состоянии Китайского государства. *Русский вестник*, 1842 3,
Ремезов. С. У. *Чертежная книга Сибири*, 2 vols. Москва, 2003.
Русско-китайские отношения в XVII веке, том 1. Москва, 1969
Русско-китайские отношения в XVII веке, том 2. Москва, 1972
Русско-китайские отношения в XVIII веке, том 1. Москва, 1978
Русско-китайские отношения в XVIII веке, том 2. Москва, 1990

d．日本語史料（著者名50音順）

高橋寛光 『瓦剌弗吐島雑記』（国立公文書館蔵）
中村小市郎・高橋次太夫「唐太嶋見分仕候趣左ニ奉申上候」（『新撰北海道史』第5巻史料1所収，北海道庁，1936年）
中村小市郎 『唐太雑記』（高倉新一郎編『犀川会資料』所収，北海道出版企画センター，1982年）
松浦竹四郎 『竹四郎廻浦日記』2冊（北海道出版企画センター，1978年）
松田伝十郎 『北夷談』（北門叢書第5冊所収，国書刊行会，1972年）
間宮林蔵 『東韃紀行』（南満洲鉄道株式会社，1938年）
『東韃地方紀行』（平凡社，1988年）
『北夷分界余話』（同上所収）
最上徳内 『蝦夷草紙後篇』（北門叢書第3冊所収，国書刊行会，1972年）
『度量衡説統』（日本経済叢書所収，東京，1916年）
『カラフトナヨロ文書』第3，4号（北海道大学附属図書館蔵）

『陶家祖先家譜』(1955年抄本)(個人蔵)
『黒龍江外記』8巻　西清(黒龍江人民出版社, 1984年)
『黒龍江志稿』62巻大事志4巻　万福麟・張伯英(黒龍江人民出版社, 1992年)
『黒龍江述略』6巻　徐宗亮(黒龍江人民出版社, 1985年)
『黒龍江庫雅喇氏宗譜』栄凱(民国14年排印本)(遼寧省図書館蔵)
『富克錦輿地略』1巻　祁寯藻(『黒龍江述略』所収, 黒龍江人民出版社, 1985年)
『満洲名臣伝』48巻(『満漢名臣伝』所収, 黒龍江人民出版社, 1991年)
『絶域紀略』1巻　方拱乾(『黒龍江述略』所収, 黒龍江人民出版社, 1985年)
『欽定剿平三省邪匪方略』352巻続編36巻附編12巻首9巻　嘉慶15年勅撰(成文出版社, 1970年影印)
『楊大瓢先生雑文残稿』1巻　楊賓(呉中文献小叢書所収)
『琿春県志』23巻首1巻　朱約之(『琿春史志』所収, 吉林文史出版社, 1991年)
『義県志』3巻前1巻後1巻　趙興徳・王鶴齢等(民国20年排印本)
『寧古塔山水記』1巻　張縉彦(『寧古塔山水記・域外集』所収, 黒龍江人民出版社, 1984年)
『寧古塔紀略』1巻　呉桭臣(『龍江三紀』所収, 黒龍江人民出版社, 1985年)
『碑伝集』160巻末2巻　銭儀吉(中華書局, 1993年)
『関氏譜単』(仮称)(抄本)(個人蔵)
『遼左見聞録』1巻　王一元(吉林省社会科学院蔵)
『嘯亭雑録』10巻続録5巻　昭槤(中華書局, 1980年)
『錦県志』24巻　王文藻・陸善格等(民国10年排印本)
『樺川県志』6巻　鄭士純・朱衣點等(民国16年排印本)
『龍沙紀略』1巻　方式済(『龍江三紀』所収, 黒龍江人民出版社, 1985年)
『瑷琿県志』14巻　孫蓉図・徐希廉等(民国9年排印本)
『職方外紀』5巻　艾儒略(天学初函所収)(名古屋市蓬左文庫蔵)
『籌海図編』13巻　胡宗憲(天啓4年序曾孫維極重校刊本)
『籌辦夷務始末』道光朝80巻咸豊朝80巻同治朝100巻　官撰(台聯国風出版社, 1972年影印)

『北路紀略』4巻(亜細亜文化社, 1974年影印)
『行中記事(北征録)』1巻　申瀏(朴泰根『国訳北征日記』所収, ソウル, 1980年影印)
『海槎録』2巻　慶暹(海行摠載第2冊所収, 朝鮮古書刊行会, 1914年)
『朝鮮王朝実録』(国史編纂委員会, 1971年影印)

c. 欧文史料

Blaeu, J.　*Le grand atlas, ou cosmographie Blaviane*, vol.11, (reprint). Am-

『文献通考』348巻　馬端臨（新興書局，1963年影印）
『水道提綱』28巻　斉召南（伝経書屋刊本）
『外国紀』１巻　張玉書（昭代叢書辛集補所収）
『平定羅刹方略』４巻（朔方備乗所収）
『広輿図』２巻　朱思本原本羅洪先補訂（万暦７年刊本）（学海出版社，1969年影印）
『永楽大典』姚広孝等奉勅編（『重編影印永楽大典』大化書局，1985年影印）
『白雲集』17巻　張貢（乾隆17年刊本）
『吉林他塔拉氏家譜』魁陞（中国社会科学出版社，1989年影印）
『吉林外記』10巻　薩英額（『吉林外記・吉林地理紀要』所収，華文書局，1969年影印）
『吉林依蘭県志』不分巻　楊歩墀（民国９年排印本）
『吉林通志』122巻　長順・李桂林等（吉林文史出版社，1986年影印）
『西伯利東偏紀要』１巻　曹廷杰（『曹廷杰集』所収，中華書局，1985年）
『国朝耆献類徴初編』484巻首204巻　李桓（文友書店，1966年影印）
『坤輿万国全図』利瑪竇（京都大学附属図書館蔵）
『坤輿全図』南懐仁（咸豊10年重刊）（国立国会図書館蔵）
『奉天通志』260巻　臧式毅等（瀋陽古旧書店，1983年影印）
『明史』332巻　張廷玉等（中華書局，1974年）
『東三省政略』12巻　徐世昌（文海出版社，1965年影印）
『金史』135巻　脱脱等（中華書局，1975年）
『柳辺紀略』５巻　楊賓（『龍江三紀』所収，黒龍江人民出版社，1985年）
『皇朝文献通考』300巻　乾隆中勅撰（『清朝文献通考』新興書局，1963年影印）
『秋笳集』８巻　呉兆騫（叢書集成初編所収）
『帰来草堂尺牘』１巻　呉兆騫（合衆図書館叢書所収）
『帰来草堂尺牘』１巻　呉兆騫（『秋笳集』所収，上海古籍出版社，1993年）
『乾隆内府輿図』（『清代一統地図』国防研究院，1966年影印）
『域外集』１巻　張縉彦（『寧古塔山水記・域外集』所収，黒龍江人民出版社，1984年）
『康熙起居注』中国第一歴史檔案館整理（中華書局，1984年）
『清史列伝』80巻（中華書局，1987年）
『清史稿』529巻　趙爾巽等（中華書局，1976-77年）
『清実録』（『大清歴朝実録』新文豊出版公司，1978年影印）
『清稗類鈔』不分巻　徐珂（中華書局，1984-86年）
『盛京通志』32巻　伊把漢・哲備等（康熙23年刊本）
『盛京通志』48巻　呂耀曽・魏枢等（乾隆元年刊本）（文海出版社，1965年影印）
『欽定盛京通志』130巻首１巻　乾隆43年勅撰（遼海出版社，1997年影印）
『扈従東巡日録』２巻附録１巻　高士奇（遼海叢書所収，遼瀋書社，1985年影印）
『陳学士文集』15巻　陳儀（畿輔叢書初編所収）

参考文献

A．一次資料

a．満洲語史料（書名筆画順）

『三姓副都統衙門檔案』（遼寧省檔案館蔵）

『三姓諸旗男丁三代冊』（中国国家図書館蔵）

『戸科史書』（中国第一歴史檔案館蔵）

『礼科史書』（中国第一歴史檔案館蔵）

『旧満洲檔』（国立故宮博物院，1969年影印）

『軍機処満文録副奏摺』（中国第一歴史檔案館蔵）

『宮中檔康熙朝奏摺』第８輯（国立故宮博物院，1977年影印）

『清代譜牒檔案』（内閣）（中国第一歴史檔案館蔵）

『盛京吉林黒龍江等処標注戦蹟輿図』（満洲文化協会，1935年影印）

『盛京義州鑲黄新満洲旗佐領車瑠承襲世管佐領印軸』（中国国家図書館蔵）

『黒龍江将軍衙門檔案』（黒龍江省檔案館蔵）

『満漢合璧清内府一統輿地秘図』（奉天故宮博物館，1929年影印）

『寧古塔副都統衙門檔案』（中国第一歴史檔案館蔵）

『盛京正黄旗新満洲佐領アシトゥ承襲世管佐領執照』（東洋文庫蔵）

『カラフトナヨロ文書』第１，２号（北海道大学附属図書館蔵）

b．漢文史料（書名筆画順。「欽定」と始まる書名は以下の文字の筆画による）

『欽定八旗通志』342巻首12巻　嘉慶中官撰（吉林文史出版社，2002年）

『八旗通志初集』250巻　雍正中勅撰（『八旗通志』東北師範大学出版社，1985年）

『八旗満洲氏族通譜』80巻目録２巻　乾隆９年勅撰（遼瀋書社，1989年影印）

『大清一統志』356巻　乾隆９年勅撰（刊本）

『大清一統志』500巻　乾隆29年勅撰（光緒28年石印本）

『大清一統志』560巻　嘉慶25年勅撰（四部叢刊続編史部所収）

『大清会典』162巻　康熙29年勅撰（刊本）

『大清会典』250巻　雍正10年勅撰（刊本）

『欽定大清会典』100巻　光緒25年勅撰（新文豊出版公司，1976年影印）

『欽定大清会典図』270巻　光緒25年勅撰（新文豊出版公司，1976年影印）

『欽定大清会典事例』1220巻　光緒25年勅撰（新文豊出版公司，1976年影印）

『元史』210巻　宋濂等（中華書局，1976年）

『欽定戸部則例』100巻　同治４年官撰（刊本）

ヤ 行

ラ 行

ワ 行

ナ　行

ハ　行

マ　行

タ　行

人名索引

ア 行

カ 行

サ 行

ワ　行

マ　行

ヤ　行

ラ　行

ハ　行

ナ　行

タ 行

サ　行

カ　行

索　引

（アムール・サハリン地方を中心に、重要であると考えられるものを拾い出した。ローマ字綴りは満洲語の表記である。）

事項索引

ア　行

Appendix II. The Chinese Whom Mamiya Rinzō Saw in Deren

Mamiya Rinzō 間宮林蔵 wrote in his book *Travels in Northeastern Asia* 東韃地方紀行 that he saw three Chinese bannermen in Deren in 1809. I show that these were real people and that they probably went to Deren that year.

trict. At the time, the two offices of the Vice-General in the Ningguta region and the Vice-General in the Ilan Hala region had control over the frontier people, and they transported the *ulin* separately. It was argued that the latter should have jurisdiction over the entire transportation process because it was a waste of effort to transport it separately, but the government rejected this proposal. Then some Chinese merchants went and purchased sable pelts before the frontier people paid the tribute. Consequently the quality of sables paid to the Qing deteriorated. As a result, in 1779 the Qing decided that the office of the Vice-General in the Ilan Hala region should have jurisdiction over all frontier people in the Amur district, and this reduced the burden of transporting *ulin*.

Chapter XII. The Influx of Textiles and the Society of Frontier People

From the mid-seventeenth century onwards a great many textiles such as silk and cotton flowed into the middle and lower reaches of the Amur River, and they greatly changed the society of the frontier people. They entered the Amur region as *ulin* given in return for the tribute of sable pelts and through the purchase of furs by the Qing government, trade with Chinese merchants, and illegal trade. At first the amount of textiles in the form of *ulin* predominated, but soon it was exceeded by textiles acquired through trade. Some frontier people wore Chinese clothes as they were, but most people made their own clothes according to their taste. Frequently they made use of textiles for other purposes too, for example, in burials.

Appendix I. Tribute of Frontier People in the Lower Amur in the Nineteenth Century

According to the *Documents of the Office of the Vice-General in the Ilan Hala Region* 三姓副都統衙門檔案, all frontier people in the lower Amur paid a tribute of a sable pelt every year from the end of the eighteenth century. By analyzing these documents, I demonstrate that this was not the case and that this assertion was a fabrication.

sables in one mission. Then in the mid-nineteenth century Russia occupied the lower reaches of the Amur River, the Qing lost control of the frontier people of the lower Amur, and missions were no longer able to go there.

The bannermen dispatched downstream collected not only sables but also information about neighboring Russia and Sisa gurun (Hokkaido). They also adjudicated minor cases and settled disputes. The Qing government forbade them to trade with the frontier people, but they frequently violated this ban.

Chapter XI. The Question of the Transport of *Ulin* Goods and the Reforms of the Institutions Concerning Frontier People

The Qing government gave *ulin* to frontier people who paid the tribute of sable pelts. It consisted mainly of textiles, the greater part of which was transported from Peking. The Qing had to solve some difficult problems in administrative procedures and infrastructure in order to transport sufficient *ulin* to Ningguta (later Ilan Hala) annually.

The *ulin* had to reach Ningguta before spring, when the frontier people came to pay tribute, but initially it arrived too late each year in Ningguta. The main problem was that *ulin* garments were made in Mukden with fabric coming from Peking, and this resulted in a delay. In 1728 the Qing government stopped sewing the garments and gave only textiles.

Later, as the population of frontier people increased, the number of frontier people paying tribute also increased. The Qing also increased the quantity of *ulin* given to them, but there were people who went home without the *ulin* because of a lack of supply. Since the transport capacity had come close to its limit, the Qing was moreover unable to increase supplies. In 1750 the government decided to place a limit on the population of the frontier people and not to increase it thereafter. Furthermore, when the tribute was not paid in one year, the Qing admitted tribute only when the unpaid tribute was made up the following year. As a result of these reforms it became possible to give *ulin* to all frontier people.

Transporting the *ulin* was also an onerous burden for the people of the dis-

Eight Clans, moving the latter to the confluence of the Sungari and Mudan Rivers in 1732. As a result no inhabitants were left along the middle reaches of the Amur.

But from the mid-eighteenth century the Seven Clan Heje advanced into and occupied this region. Though they were called frontier people, they were not included in the 2,398 households of the frontier people recorded in 1750. Among the *Documents of the Office of Vice-General in the Ningguta Region* 寧古塔副都統衙門檔案, there is a document dealing with the composition of the Seven Clan Heje. It says that a part of them called themselves the Iokemi (Iongkumi), Fushara, and Udingke clans. Their *gašan i da* were registered as frontier people and lived in the lower reaches of the Amur River. Therefore, the Seven Clan Heje were originally frontier people in the lower reaches and afterwards advanced into the middle reaches away from their other clans. After 1860 the Qing government began to refer to them simply as Heje, and so they came to be known as today's Heje people.

Part IV. The Administrative System in the Amur District under Qing Rule and the Society of Frontier People

Chapter X. The Amur District under Qing Rule

Most of the frontier people in the lower Amur sailed upstream to Ningguta (later Ilan Hala) in order to pay the tribute of a sable pelt. Other people living at some distance and unable to sail there, for example people on Sakhalin and at the mouth of the Amur River, went to a designated place to pay tribute, and the Qing government dispatched bannermen to receive the sables.

At first it designated villages such as Da and Pulu, which were located at the mouth of the Amur, but from 1779 onwards this was centralized at the village of Kiji. But at the end of the eighteenth century it moved from Kiji to upstream Deren because the Qing was in decline and it had become difficult to maintain the mouth of the Amur, and the number of missions was increased from one to two or three annually because they were unable to collect all the and stationed them at Ningguta. In the following year they were sent to Jilin 吉林.

Secondly, in 1674 it organized the Hūrha tribe, which lived mainly along the lower reaches of the Sungari River, into forty New Manchu banner companies, from which twelve banner companies were separated in 1676. Since the so-called Three Feudatories 三藩 and Burni (Prince of the Chahar Mongols) revolts occurred at this time, it became necessary to reorganize the military units and transfer these new banner companies. In 1676 the Qing government stationed the New Manchu banner companies in Ningguta and the following year transferred most of them to Jilin. During 1678 and 1679 three banner companies from Jilin were transferred to the Mukden district. At the end of 1679 these banner companies were moved from Mukden to Peking.

Moreover, in 1690, following the conclusion of the Treaty of Nerchinsk between the Qing and Russia, the Qing government immediately sent an eight banner garrison, which included many Kūyala and New Manchu banner companies, to the Heilongjiang 黒龍江 district.

Chapter IX. The Change of People in the Middle Reaches of the Amur River in the Eighteenth Century

Before the seventeenth century groups such as the New Manchus, Three Clans, and Eight Clans resided along the middle reaches of the Amur River, one below the other. The government of the Qing dynasty organized the upper New Manchus into eight banners in 1674, and then moved them to Ningguta, Jilin, and Mukden. At the same time, the Three Clans, following the New Manchus, migrated to the confluence of the Sungari and Mudan Rivers, and consequently only the Eight Clans remained along the middle reaches of the Amur River. It was the Eight Clans that were called the Shaved-head Hejes 剃髪黒金 in the *Short Account of the Region beyond the Willow Frontier* 柳辺紀略 by Yang Bin 楊賓, who travelled to Ningguta in 1689.

The Qing government organized a part of the Three Clans into the eight banners in 1714, and then organized the rest of the Three Clans and all of the

Part III. Frontier People in the Middle and Lower Reaches of the Amur River

Chapter VII. The Organization of Frontier People in the Middle and Lower Reaches of the Amur River

When Nurhaci, or Taizu 太祖 of the Qing dynasty, unified Manchuria, he implemented a policy of resettlement. He moved a great number of Manchu people to the vicinity of the capital and organized them into the eight banners. His successors extended their domain to the middle and lower reaches of the Amur River and to Sakhalin, but they allowed most of the minorities to remain in their native places and organized them into frontier people.

In the Kangxi and Yongzheng 雍正 eras the frontier people who lived along the middle Amur were sent to towns in Manchuria in eight banner garrisons. After a while they were assimilated to the Manchu people. On the other hand, the frontier people in the lower Amur and on Sakhalin remained in their native places and became today's minorities. Their places of abode did not change for almost two centuries.

The frontier people consisted of four classes, namely, *halai da* (heads of clans), *gašan i da* (heads of villages), *deote juse* (brothers and sons), and *bai niyalma* (common people). The Qing government fixed the population of the frontier people at 2,398 households in 1750, and their children and brothers inherited the family registers.

Chapter VIII. Migrations of the Kūyala and New Manchu Banner Companies in the First Half of the Kangxi Era

When the Russians entered the Amur region, in about the middle of the seventeenth century, the Qing government conscripted the frontier people of the middle Amur region to form eight banner garrisons in order to reinforce its military strength in the north. First, in 1670 the Qing government organized the Kūyala tribe living along the Ussuri River and in the southern part of the Maritime Province into fourteen Kūyala banner companies 佐領

River. Because it organized the peoples residing there under the category of frontier people and forced them to send sables as tribute, the demand for sables from Sakhalin increased more and more. Therefore, merchants from the lower Amur went to Sakhalin in order to purchase sables.

According to Qing documents dating from the eighteenth century containing information concerning this question, direct trade between the Amur merchants and the Ainu was originally insignificant. But immediately after the Qing and Russian governments negotiated the border between the two countries in 1727, the Qing began to investigate the central and southern parts of Sakhalin, which at that time it did not yet rule, although it was to gain possession of this region five years later. Thereafter the Amur merchants often visited districts inhabited by Ainu and exchanged furs for Chinese textiles. They made use of a route which passed through the central lowlands to the east coast. Consequently villages on the east coast such as Darika and Kūtanggi became the center of the Sakhalin trade.

In 1742 an incident took place in the village of Kiji on the lower reaches of the Amur in which Amur merchants attacked Ainu from the village of Kūtanggi who had come to present tribute, wounding and killing some of them. Troubles surrounding trade had caused this incident. The emperor granted amnesty to the guilty Amur merchants, reducing their punishment to detention in Ningguta on the Mudan River and a tribute of two sables a year.

This incident greatly shocked Ainu society on the east coast. Subsequently the east coast Ainu suspended their tribute to the Qing. The Amur merchants also no longer went to the Ainu villages on the east coast. Thus relations between the two districts ceased, and the main trading route through the central lowlands and east coast fell into decline. Consequently the Amur merchants went south along the west coast to buy furs and carried on an active trade with Ainu people in Shiranushi. As a result the route along the west coast became the main route and trade between Amur merchants and Ainu of the west coast developed. This was the origin of the so-called Santan trade.

Eighteenth Century

From the mid-seventeenth century the Qing government organized most of the minorities living in the lower reaches of the Amur River into a category designated as frontier people 辺民. These people were obliged to pay an annual tribute of one sable pelt per household to Ningguta.

In the eighteenth century some frontier people began to travel to Peking privately, outside the purview of annual tribute missions. These people carried animal furs such as silver fox, black fox, arctic fox, red fox, and sable. Their purpose was to present these furs to the emperor and to marry women from Peking. Such people were termed *hojihon*, or "son-in-law," and together with their wives, called *sargan jui*, or "daughter," they were well-treated. Some *hojihons* and *sargan juis* continued to travel back and forth from the Amur River region to Peking, presenting many furs and receiving much reward.

The furs which the *hojihons* presented to the Qing were all precious and valuable, and were also of great quantity. Judging from these facts, a trade network must have developed in the lower reaches of the Amur River. *Hojihons* were merchants who made large-scale use of this network and succeeded as businessmen. The range of their operations was extensive, and they travelled in the east as far as the east coast of Sakhalin and in the west to Mt. Uyeken on the border with Russia.

Moreover, the *hojihons* intermarried and banded together. They swaggered about, wearing peacock feathers 花翎 and so on which the Qing emperor had given to them in Peking.

Chapter VI. The Sakhalin Trade and the Kiji Case in the Eighteenth Century.

As the use of sable furs became the vogue from the fifteenth century onwards in the Chinese Ming 明 and Korean Yi 李 dynasties, a great many sables were imported from the Amur district, some coming from Sakhalin. In the mid-seventeenth century the Qing ruled the lower reaches of the Amur

Part II. The Economic Structure in the Amur River System and Merchants

Chapter IV. The Economic Activities of Native Inhabitants along the Middle Reaches of the Amur River in the Seventeenth Century

Before the seventeenth century the following groups resided along the middle reaches of the Amur River. (1) The five clans Meljere, Tokoro, Heye, Ujala, and Bayara lived upstream, and after having been organized into the eight banners at the end of the seventeenth century, they had come to be known as the New Manchus. (2) The three clans Geikere, Nuyele, and Hūsikari lived below the New Manchus and were later called the Three Clans. (3) The eight clans Horfokol, Urgungkere, Gufatin, Sinulhū, Bira, Namdula, Muliyaliyan, and Kiyakara lived along the Amur below its confluence with the Ussuri River and in the Ussuri valley, and they were later called the Eight Clans.

These people made their living by fishing and agriculture on the one hand, and also engaged in the transit trade in furs between China, Korea and the lower reaches of the Amur on the other. That is to say, they went down to the lower reaches of the Amur River with textiles, tobacco, and alcohol and visited villages along the river to trade the above goods for furs with the inhabitants. They then resold these furs in the markets to Chinese and Korean merchants and obtained goods which they would trade in the Amur district.

They had had links with the Qing dynasty since 1599, and whenever the Qing advanced into the Amur valley, they actively cooperated. When they went to the lower Amur in order to trade with the inhabitants, they persuaded them to submit to the Qing and pay tribute rather than submit to Russia. They also immediately informed the Qing whenever Russians entered the Amur valley. Some of the wealthy families in particular paid large tributes in furs, and in return the Qing granted them the title of *efu*, or "emperor's son-in-law."

Chapter V. The *Hojihons* in the Lower Reaches of the Amur River in the into the Central and Southern Parts of Sakhalin

In 1726 and 1727 the Qing and Russian governments entered diplomatic negotiations in Peking concerning the border between the two countries. They discussed the demarcation line of not only the Mongol regions but also the Uda River district, which had not been settled during negotiations for the Treaty of Nerchinsk. On this occasion both countries exchanged and examined each other's maps. The Russian ambassador provided the Qing ambassadors with Homann's atlas, in which there was depicted an enormous Kamchatka peninsula, to the south of which the legendary land of Yezo had been appended.

The Qing government was interested in the Yezo question and had investigated the Maritime Province and the northern part of Sakhalin, searching for the land of Yezo. But it had never been south of the central part of Sakhalin. Ultimately both countries were unable to decide on the border in the Uda River district at the Peking conference, and the Russian view that Yezo was the territory of Russia caused alarm within the Qing government. Therefore, immediately after the conference the Qing government began to investigate the central and southern parts of Sakhalin in order to clarify the geographical relationship between Sakhalin and Yezo.

In 1727 the Qing government sent Daiju, who lived in the lower reaches of the Amur River but happened to have been in Peking, to the east coast of central Sakhalin. In 1729 it dispatched bannermen such as Ibgene, a lieutenant in Ilan Hala, to the same district in order to clarify its relationship with Sisa gurun (Hokkaido). They collected and brought back Japanese armor, swords, and lacquer ware. Then in 1732 the Qing again dispatched Ibgene and others to Sakhalin. They subjugated three Ainu clans in the southern part as well as three clans of the Nivkhi people in the northern part of the island, totalling 146 households in all. As a result of these efforts the Qing advanced to the southern end of Sakhalin and gained control of almost all the island.

In 1709 Emperor Kangxi 康熙 of the Qing dispatched an investigating commission, which included Jesuits such as Regis, to Manchuria and the lower Amur in order to produce a new map of East Asia (*Map of a Comprehensive View of Imperial Territory* 皇輿全覧図). The party passed through Manchuria to the town of Ningguta, then went around the Maritime Province, and left for the lower reaches of the Amur River. Because they spent a lot of time en route and it became colder, they were unable to advance to the mouth of the river and turned back.

I believe that the party expressly went to the Maritime Province in order to solve the Yezo question, which was a matter of contention in Europe. At that time, some people thought that Yezo was part of the Eurasian continent, while others thought that it was an island, but in both cases it was thought to lie to the northeast in the direction of Korea or to the north of the main island of Japan. Therefore, Father Regis wanted to go to the Maritime Province to investigate at first hand whether it corresponded to Yezo.

During this investigation Father Regis measured the latitudes and longitudes of several localities. He also ascertained the mouths of the Tumen and Suifen Rivers for himself and was unable to see any land out at sea. But these investigations alone were not sufficient grounds for determining whether it corresponded to Yezo, and of utmost importance was whether or not the Ainu people resided in the Maritime Province. He therefore investigated its inhabitants and tried to discover the Ainu people, but was unable to do so. When the Kangxi Emperor dispatched a Manchu party to Sakhalin in 1711, they traversed only the northern part of that island, and were also unable to discover any Ainu. As a result of these two investigations Father Regis concluded that the Maritime Province was not Yezo, and that Yezo was an island near Japan.

His investigations became a turning point in the study of the Yezo question, for people now came to accept the hypothesis that Yezo was an island.

Chapter III. The Peking Conference in 1727 and the Advance of the Qing

Qing Policy towards the Amur District and Minorities

MATSUURA Shigeru

Part I. Investigations of the Northern Districts Made by the Qing Dynasty

Chapter I. The Investigation of the Left Bank Region of the Amur River Made by the Qing Dynasty Directly after the Treaty of Nerchinsk

In 1690 the government of the Qing 清 dynasty dispatched a large-scale investigating commission to the left bank of the Amur River. Its purpose was to survey the border with Russia that had been defined in the Treaty of Nerchinsk the previous year and to place stone monuments along the border.

The commission consisted of nine parties of more than fifty men each. The members were mainly soldiers of the eight Manchu banners 満洲八旗, Solons, and Dagūrs. Several Russians were added to each group as guides. Since the Qing government regarded the chain of watersheds that were the source of the left-bank tributaries of the Amur river as the border, the parties went up the tributaries of the Amur River, such as the Gorbitsa, Zeya, Selemdzha, Bureya, Goryun and Amgun' Rivers, to the top of the watersheds. They also constructed stone monuments at the mouth of the Argun' and Gorbitsa Rivers and on Mt. Uyeken (at the source of the Tugur river). This investigation began in the fifth month and ended in the seventh month.

The results of this survey were of great political and scientific importance. Today nothing remains of this survey except Langtan's map, but the commission's opinion concerning the border remained the official view of the Qing dynasty for a long time.

Chapter II. Jesuit Father Regis's Investigations of the Maritime Province in 1709

著者略歴

松浦　茂（まつうら　しげる）

京都大学大学院人間・環境学研究科教授

一九五〇年　鳥取県生まれ

一九七八年　京都大学大学院文学研究科博士課程単位修得退学

一九八一年　鹿児島大学法文学部助教授

一九九二年　京都大学教養部助教授

総合人間学部助教授、同教授を経て二〇〇三年より現職

京都大学博士（文学）

主要編著書

『清の太祖ヌルハチ』（白帝社、一九九五年）

A Bibliography of Works on the Manchu and Sibo Languages, *Memoirs of the Research Department of the Toyo Bunko*, 38, 1980.

東洋史研究叢刊之六十九（新装版　7）

清朝のアムール政策と少数民族

二〇〇六年二月二十日　第一刷発行

著　者　松浦　茂

発行者　本山美彦

発行所　京都大学学術出版会

〒606-8305　京都市左京区吉田河原町一五-九京大会館内

電話〇七五（七六一）六一八二　FAX〇七五（七六一）六一九〇

URL　http://www.kyoto-up.gr.jp

印刷所　亜細亜印刷　株式会社

定価はカバーに表示してあります

ISBN4-87698-527-8　C3322

ORIENTAL RESEARCH SERIES No.69

Qing Policy towards the Amur District and Minorities

by

MATSUURA Shigeru

Kyoto University Press

2006